キャリアコンサルタント・人事パーソンのための

キャリア
コンサルティング

組織で働く人のキャリア形成を支援する

浅野浩美 [著]

労務行政

はじめに

「キャリアコンサルティング」という言葉は、今でこそ、それなりに知られるようになってきたのではないかと思いますが、昔からあった言葉ではありません。厚生労働省が、今後の職業能力開発の在り方について検討する中で、労働市場のインフラとして、労働者のキャリア形成を支援する仕組みが必要だとし、その前提となるものとして作り出した言葉です。職業能力開発促進法によると、キャリアコンサルティングとは、「労働者の職業の選択、職業生活設計又は職業能力の開発及び向上に関する相談に応じ、助言及び指導を行うこと」であり、より分かりやすい言い方をすれば、働くことに関する相談です。「キャリアコンサルタント」は、それを行う専門家です。

このように、キャリアコンサルティングは政策的に必要とされ、推し進められてきたものですが、行政が推進したというだけでここまで来ることができたわけではありません。世の中の変化のスピードが増し、先が見えにくくなり、さらに、職業人生が長期化する中で、キャリアコンサルティングのようなことが必要とされるようになってきたということであり、この後さらにその重要性が増していくと考えられます。

本書の主な対象は、第1にキャリアコンサルタントやそれを目指す方たち、第2に企業の人事パーソン、さらに働く人たちです。

キャリアコンサルタントを目指す方たちには、本書を、キャリアコンサルタントとなるに当たって、何を学ぶ必要があるのか、何が期待されているのかということを知るための、学びの第一歩として活用いただきたいと思います。

既にキャリアコンサルタントの資格を持っている方にとっては、本書に書かれていることは、知っていることであったり、実践していることであったりするかもしれません。しかし、働くことを巡る環境は、激しく変化しています。仕事をしながら、労働情勢や労働政策に関する動きをフォローしていくのは大変なことです。キャリアコンサルタント制度が作られた当初には、年単位の時間をかけて養成すべきとの指摘もありましたが、日本の現状を考慮し、ミニマム基準のような仕組みが作られたので、もともと資格取得後さらに学ぶことが求められているという事情もあります。資格取得後も学び続けなければいけないことが多い中で、世の中の動きや政策的な動きなどをフォローする負担を軽減し、その分の時間を経験を踏まえた振り返りや学び合いなどに費やしていた

だけたらと考えます。

　企業の人事パーソンには、「キャリア」や「キャリアコンサルティング」「キャリアコンサルタント」について、まず知り、意識していただきたいと思います。人事に携わる方は、従業員のキャリアと関わりの深い仕事をされていますが、これからは、キャリアコンサルタントと一緒に仕事をしたり、キャリアコンサルタントを活用したりすることも増えてくると思います。キャリアコンサルティングやキャリアコンサルタントについて理解することにより、こうしたことがより良くできるものと考えます。企業など組織で働く人たちには、相談相手として、こんな人たちがいるのだ、ということを知ってもらいたいと思います。

　キャリアコンサルタントの活動領域は、大きく企業領域、就職支援領域、教育領域に分けられます。本書は、キャリアコンサルタントに加えて、人事パーソンなどをターゲットとしたことから、企業領域を意識した記載を充実させていますが、各領域に共通することは多いと考えています。また、働く人の多くが企業で働いていることを考えると、就職支援領域や教育領域など企業以外の領域で活動するキャリアコンサルタントにとっても、企業について知ることは必要不可欠であり、今以上に知っていただくことが必要だと考えています。

　執筆に当たっては、学びの第一歩としやすいよう、厚生労働省が示している「能力体系」に沿った形としています。学び直しなどの重要性が指摘され、キャリアコンサルティングへの期待が高まる中、本書が、1人でも多くの方にとってキャリアコンサルティングについて学んだり、理解を深めたりするための「きっかけ」となれば幸いです。

　本書は、就職支援領域で求職者と接するハローワーク職員向けに執筆したキャリアコンサルティングテキストを、企業領域向けに全面的に書き直したものです。私は厚生労働省で勤務しておりましたが、そこでの最後の仕事として、ハローワーク職員向けにキャリアコンサルティングテキストを執筆することになり、それが本書執筆のきっかけとなりました。その機会を与え、かつ、その一部を本書に活用することを認めてくださった同省の田中誠二職業安定局長に、心より感謝申し上げます。また、松瀬貴裕職業安定局総務課首席職業指導官（当時。現香川労働局長）、桐田徹職業安定局総務課中央職業指導官（当時。現京都労働局職業安定部職業安定課課長補佐）、井関義浩ハローワーク会津若

松所長（当時。現福島労働局職業安定部職業安定課長）、鈴木玲子ハローワーク品川事業所第一部門統括職業指導官（当時。現東京労働局職業安定部職業安定課職業紹介第二係長）をはじめ、職員向けテキスト執筆時に、助言いただいた多くの方に感謝申し上げます。

　さらに、同省在籍中に、人材育成、キャリアコンサルティング、就職支援、女性活躍支援等の施策の企画立案、実施に関わる貴重な経験をさせていただいたこと、同省の出先機関、独立行政法人なども含め、ともに働いた皆さんから、多くのご指導、ご支援、ご示唆をいただいたことに、改めて感謝申し上げます。

　昨年3月にご逝去された木村周先生に、心より敬愛の意を表します。キャリアコンサルティング推進の後ろには、木村先生のお力がありました。謹んでご冥福をお祈りするとともに、微力ではありますが、先生のお力、思いを伝えていけたらと思う次第です。

　本書の完成は、当初予定していたよりも、かなり遅れてしまいました。最大の理由は私の筆が遅かったことですが、多少言い訳をさせていただきますと、この間、働くことを取り巻く環境の変化があり、これを受けてキャリアコンサルティングに関しても動きがあったということもあります。

　最後に、本書の出版に際し、労務行政研究所　理事の荻野敏成氏、編集部の市村しの氏、制作部の川津元洋氏、山田佳代子氏に、大変お世話になりました。ここに記し、お礼申し上げたいと思います。

　2022年5月

浅野浩美

※執筆に当たっては、極力、原典に当たり内容を確認しておりますが、もし誤っている点や分かりにくい点などがあった場合はご指摘いただければ幸甚です。また、本書の見解のうち意見に関する部分は筆者の個人的な意見であり、筆者が所属している組織（事業創造大学院大学）や所属していた組織（厚生労働省）の公式見解ではありません。

※キャリアコンサルコンサルティングに関して求められることは多岐にわたります。また、近年働くことを取り巻く環境変化のスピードは非常に速くなっています。分かりやすく、できる限り最新かつ正確な内容となるよう、関係者のお知恵など

もお借りしつつ、最大限の努力を払ったところですが、情報の最新性、正確性などに問題があった場合は、すべて私の不徳によるものです。また、お気づきになったことなど教えていただければ幸いです。

キャリアコンサルタント・人事パーソンのための
キャリアコンサルティング 目次

第1章 キャリアコンサルティングと企業人事部門

1. キャリアコンサルティング、キャリアコンサルタントとは ············· 14
2. 企業人事とキャリアコンサルティング ··················· 24
   [1] 企業におけるキャリアコンサルティングの導入状況 ··········· 24
   [2] 企業におけるキャリア形成とキャリアコンサルティング ········· 25
   [3] 人事部門の役割とキャリアコンサルティング ············· 28
   [4] キャリアコンサルタントは人事部門をどう見ているか ········· 31
3. キャリアコンサルティングについて学ぶことの意味 ··········· 34
4. キャリアコンサルタント登録制度 ·················· 36

第2章 キャリアコンサルティングの社会的意義

1. キャリア形成支援の必要性 ····················· 42
2. キャリアコンサルタントに求められる役割 ··············· 43

第3章 キャリアコンサルティングを行うために必要な知識

1. キャリアに関する理論 ······················ 46
   [1] 職業選択の理論 ······················· 47
   [2] キャリア発達の理論 ····················· 57
   [3] 比較的新しい理論 ······················ 66

[4] 経営から見た働く人に関する理論 ················ 72

2. カウンセリングに関する理論 ················ 84

[1] カウンセリングとは ················ 84

[2] カウンセリングに影響を与えた三つの動き ················ 85

[3] カウンセリング理論・アプローチの全体像 ················ 86

[4] 精神分析理論──精神分析的カウンセリング ················ 89

[5] 特性・因子理論──特性・因子カウンセリング ················ 90

[6] 行動的アプローチ ················ 91

[7] 自己理論──来談者中心カウンセリング ················ 94

[8] 論理・認知などを重視したアプローチ ················ 97

[9] 包括的・折衷的アプローチ ················ 101

[10] 社会構成主義的アプローチ
    （コンストラクション系のアプローチ） ················ 110

[11] キャリアコンサルティングの特徴 ················ 112

[12] グループを活用したカウンセリング ················ 113

3. 職業能力開発 ················ 119

[1] 職業能力開発施策を巡る動向 ················ 119

[2] 職業能力開発施策の概要 ················ 124

[3] リカレント教育 ················ 133

[4] 職業能力開発関連のサイト ················ 136

4. 企業のキャリア形成支援 ················ 136

[1] 人事管理の基礎知識 ················ 136

[2] 雇用管理 ················ 139

[3] 報酬管理 ················ 149

[4] 人事評価 ················ 152

[5] 昇進管理 ················ 153

[6] 企業内のキャリア形成 ················ 154

[7] 企業が行うキャリア形成に係る支援制度 ················ 161

[8] 企業の人事を巡る最近のトピックスなど ················ 171

[9] 主な業種における勤務形態、賃金、労働時間等の具体的な労働条件 ········ 177

5. 労働市場の知識 ……… 181

[1] 労働市場を巡る大きな動きの把握 ……… 181

[2] 労働市場情報の把握 ……… 186

[3] 生きた情報の把握 ……… 190

6. 労働政策、労働関係法令、社会保障制度の基礎知識 ……… 190

[1] 労働関係法制度の基礎知識 ……… 190

[2] 働き方改革 ……… 211

7. 学校教育制度とキャリア教育 ……… 218

[1] 学校教育制度 ……… 218

[2] キャリア教育 ……… 220

[3] 第3期教育振興基本計画 ……… 224

[4] キャリア・パスポート ……… 224

8. メンタルヘルスの基礎知識 ……… 228

[1] メンタルヘルス指針
（労働者の心の健康の保持増進のための指針） ……… 228

[2] ストレスチェック制度 ……… 230

[3] こころの耳 ……… 233

[4] 自殺予防 ……… 234

[5] 企業におけるメンタルヘルス対策 ……… 235

[6] キャリアコンサルティングとメンタルヘルス ……… 240

[7] ストレスについての理論 ……… 240

[8] 就労年齢で見られる主な精神疾患等と精神医学の基礎知識 ……… 245

9. 中高年齢期を展望するライフステージと発達課題 ……… 250

[1] ライフステージと発達課題についての理論 ……… 250

[2] 中高年齢期の課題と特徴 ……… 254

10. 人生の転機とキャリア ……… 261

[1] シュロスバーグ（Schlossberg,N.K.：1929 〜） ……… 262

[2] ブリッジス（Bridges, W.：1933 〜2013） ……… 263

[3] ニコルソン（Nicholson,N.：1944 〜） ……… 264

11. 個人の多様な特性とキャリア ………………………………………………… 265

[１] 不本意に非正規雇用で働く若年者、安易な離職願望を有する若年者等 … 266

[２] 出産・育児と仕事の両立に困難を感じている女性等 ……………………… 268

[３] キャリアチェンジを求められている中高年齢者等 ………………………… 269

[４] 治療と職業生活の両立に課題を抱える者 …………………………………… 270

[５] 就職氷河期世代 ……………………………………………………………………… 272

[６] LGBT …………………………………………………………………………………… 274

[７] 外国人留学生や高度外国人材等 …………………………………………………… 275

第 **4** 章 | キャリアコンサルティングを行うために必要な技能

1. 基本的な技能 ……………………………………………………………………………… 280

[１] カウンセリングの技能 …………………………………………………………… 280

[２] グループアプローチの技能 ……………………………………………………… 283

[３] キャリアシートの活用 …………………………………………………………… 283

[４] 相談過程の進行管理 ……………………………………………………………… 285

2. 相談過程において必要な知識・技能 ……………………………… 285

[１] 相談場面の設定 …………………………………………………………………… 285

[２] 自己理解の支援 …………………………………………………………………… 286

[３] 仕事理解の支援 …………………………………………………………………… 300

[４] 自己啓発の支援 …………………………………………………………………… 318

[５] 意思決定の支援 …………………………………………………………………… 319

[６] 方策の実行の支援 ………………………………………………………………… 320

[７] 新たな仕事への適応の支援 ……………………………………………………… 321

[８] 相談過程の総括 …………………………………………………………………… 321

第 **5** 章   キャリアコンサルタントの倫理と行動

1. キャリアコンサルティングの普及 ································· 324

2. 環境への働き掛け ··· 325

[1] 相談者個人に対する支援だけでは解決できない環境の問題点の発見や
指摘を行う場合 ··· 325

[2] 改善提案などの環境への介入、働き掛けを行う場合 ············· 326

3. ネットワークの構築・活用 ····································· 327

[1] ネットワークの重要性と形成 ······························· 327

[2] 専門機関へのリファー(紹介)と専門家へのコンサルテーション
(照会) ·· 329

4. 自己研鑽とスーパービジョン ··································· 330

[1] 自己研鑽 ·· 331

[2] スーパービジョン ··· 336

5. キャリアコンサルタントとしての倫理と姿勢 ····················· 341

[1] 活動範囲・限界の理解 ····································· 341

[2] 守秘義務の遵守 ·· 343

[3] 倫理規定の遵守 ·· 345

[4] キャリアコンサルタントとしての姿勢 ······················· 345

巻末資料 ·· 347

①【職業能力開発促進法】キャリアコンサルティング、キャリアコンサルタント
に関する主な条文

②【キャリアコンサルタント倫理綱領】

引用文献 ·· 357

参考文献 ·· 361

事項索引 ·· 374

人名索引 ·· 380

略称一覧

本書において、略称で示している法令の正式名称は次のとおりである。

略称	正式名称
育児・介護休業法	育児休業、介護休業等育児又は家族介護を行う労働者の福祉に関する法律
求職者支援法	職業訓練の実施等による特定求職者の就職の支援に関する法律
高年齢者雇用安定法	高年齢者等の雇用の安定等に関する法律
個人情報保護法	個人情報の保護に関する法律
若者雇用促進法	青少年の雇用の促進等に関する法律
障害者雇用促進法	障害者の雇用の促進等に関する法律
女性活躍推進法	女性の職業生活における活躍の推進に関する法律
男女雇用機会均等法	雇用の分野における男女の均等な機会及び待遇の確保等に関する法律
パートタイム・有期雇用労働法	短時間労働者及び有期雇用労働者の雇用管理の改善等に関する法律
労働時間等設定改善法	労働時間等の設定の改善に関する特別措置法
労働施策総合推進法	労働施策の総合的な推進並びに労働者の雇用の安定及び職業生活の充実等に関する法律
労働者派遣法	労働者派遣事業の適正な運営の確保及び派遣労働者の保護等に関する法律

第1章

▼

キャリアコンサルティングと企業人事部門

1. キャリアコンサルティング、キャリアコンサルタントとは

「キャリアコンサルティング」とは、個人のキャリア形成に係る相談を総称するものであり、職業能力開発促進法2条5項において「労働者の職業の選択、職業生活設計又は職業能力の開発及び向上に関する相談に応じ、助言及び指導を行うこと」と定義されている。「職業生活設計」とは、あまり見慣れない言葉かもしれないが、いわゆる「キャリアデザイン」のことである。

「キャリアコンサルタント」は、これを行う専門家で、名称独占の国家資格である。企業、ハローワークなど労働力需給調整機関、教育機関などで活躍しており [図表1-1]、2022(令和4)年2月末時点の登録者数は6万644人である。キャリアコンサルタントの主な活動領域の推移は、[図表1-2] のとおりである。近年、企業領域で活動するキャリアコンサルタントが増えてきていることが分かる。

キャリアコンサルタントは、何らかの社会経験をした者がなることを想定している資格である。このため、一口にキャリアコンサルタントと言ってもさま

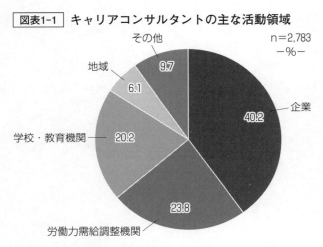

図表1-1 キャリアコンサルタントの主な活動領域

n=2,783
－％－

- その他 9.7
- 地域 6.1
- 学校・教育機関 20.2
- 企業 40.2
- 労働力需給調整機関 23.8

資料出所：労働政策研究・研修機構「キャリアコンサルタント登録者の活動状況等に関する調査」(2018年)

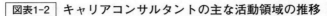

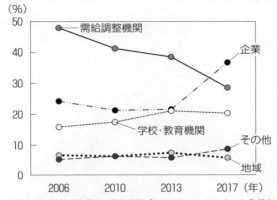

図表1-2 キャリアコンサルタントの主な活動領域の推移

資料出所：労働政策研究・研修機構「キャリアコンサルタント登録者の活動状況等に関する調査」（2018年）

ざまな経験を有する者がいる。カウンセリングを学び、人々の支援に当たる中でキャリア支援の必要性を感じたという者、企業で働く中でキャリア支援の必要性を感じたという者、就職支援を行う中でキャリア支援の必要性を感じたという者、教育に携わる中でキャリア教育の必要性を感じたという者といった具合である。それぞれ、相談に関する知識・スキルに優れている、企業組織や組織の立場についての理解が深い、幅広い業種・職種、相談者についての知識・理解がある、キャリア発達に詳しいなど得意分野を有する一方、すべての領域にわたって造詣が深いというわけにはいかない。

　キャリアコンサルタントの活動内容は領域によって異なる。[図表1-3] は、各領域と必要な能力との関係をイメージで示したものである。すべての領域に共通して必要な能力、各領域においてさらに求められる能力がある。

　厚生労働省が示す「キャリアコンサルティング実施のために必要な能力体系」[資料1] は、共通部分を念頭に設計されたものである。本書の記載は基本的にその範囲とするが、企業領域で特に求められる知識・スキルについては、一部その範囲を超える部分についても記載することとする。

図表1-3 キャリアコンサルティングの主な領域と求められる能力のイメージ

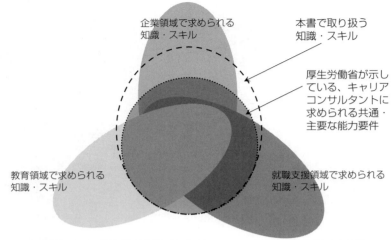

企業領域で求められる
知識・スキル

本書で取り扱う
知識・スキル

厚生労働省が示し
ている、キャリア
コンサルタントに
求められる共通・
主要な能力要件

教育領域で求められる
知識・スキル

就職支援領域で求められる
知識・スキル

※領域としては、地域（地域若者サポートステーション、女性センターなど）もあるが、
　この図では、3領域のみを取り上げた。

資料出所：筆者作成

資料1 キャリアコンサルティング実施のために必要な能力体系
（2020［令和2］年4月改訂）

細目	能力要件	目標訓練時間		
		講義	演習	合計
Ⅰ　キャリアコンサルティングの社会的意義				
一　社会及び経済の動向並びにキャリア形成支援の必要性の理解	技術革新の急速な進展等様々な社会・経済的な変化に伴い、個人が主体的に自らの希望や適性・能力に応じて、生涯を通じたキャリア形成を行うことの重要性と、そのための支援の必要性が増してきたこと、個々人のキャリアの多様化や、社会的ニーズ、また労働政策上の要請等を背景に、キャリアコンサルタントの活動が期待される領域が多様化していることについて十分に理解していること。			
二　キャリアコンサルティングの役割の理解	キャリアコンサルティングは、職業を中心にしながらも個人の生き甲斐、働き甲斐まで含めたキャリア形成を支援すること、また、個人が自らキャリアマネジメントにより自立・自律できるように支援すること、さらには、個人と組織との共生の関係をつくる上で重要なものであること等、その役割、意義について十分に理解していること。 　また、キャリアコンサルティングは、個人に対する相談支援だけでなく、キャリア形成やキャリアコンサルティングに関する教育・普及活動、組織（企業）・環境への働きかけ等も含むものであることを十分に理解していること。	2H以上	―	2H以上

細目	能力要件	目標訓練時間		
		講義	演習	合計
Ⅱ　キャリアコンサルティングを行うために必要な知識				
一　キャリアに関する理論	キャリア発達理論、職業指導理論、職業選択理論等のキャリア開発に関する代表的理論の概要（基礎知識）について十分に理解していること。	3H以上		35H以上
二　カウンセリングに関する理論	キャリアコンサルティングの全体の過程においてカウンセリングの理論及びスキルが果たす役割を十分に理解していること。 　また、来談者中心アプローチや認知行動アプローチ等の代表的なカウンセリング理論の概要（基礎知識）、特徴について理解していること。 　なお、グループを活用したキャリアコンサルティング（グループワーク、グループガイダンス、グループカウンセリング、グループエンカウンター、サポートグループ等のグループアプローチ）の意義、有効性、進め方の留意点等について理解していること。	3H以上	―	
三　職業能力開発（リカレント教育を含む）の知識	個人の生涯に亘る主体的な学び直しに係るリカレント教育を含めた職業能力開発に関する知識（職業能力の要素、学習方法やその成果の評価方法、教育訓練体系等）及び職業能力開発に関する情報の種類、内容、情報媒体、情報提供機関、入手方法等について理解していること。 　また、教育訓練プログラム、能力評価シート等による能力評価、これらを用いた総合的な支援の仕組みであるジョブ・カード制度目的、内容、対象等について理解していること。	5H以上		
四　企業におけるキャリア形成支援の知識	企業における雇用管理の仕組み、代表的な人事労務施策・制度の動向及び課題、セルフ・キャリアドックをはじめとした企業内のキャリア形成に係る支援制度・能力評価基準等、ワークライフバランスの理念、労働者の属性（高齢者、女性、若者等）や雇用形態に応じたキャリアに関わる共通的課題とそれを踏まえた自己理解や仕事の理解を深めるための視点や手法について理解していること。 　また、主な業種における勤務形態、賃金、労働時間等の具体的な労働条件について理解していること。 　さらに、企業内のキャリア形成に係る支援制度の整備とその円滑な実施のための人事部門等との協業や組織内の報告の必要性及びその具体的な方法について理解していること。	5H以上		
五　労働市場の知識	社会情勢や産業構造の変化とその影響、また、雇用・失業情勢を示す有効求人倍率や完全失業率等の最近の労働市場や雇用の動向について理解していること。	1H以上		
六　労働政策及び労働関係法令並びに社会保障制度の知識	職業安定法、雇用対策法、高年齢者雇用安定法、障害者雇用促進法、若者雇用促進法、労働者派遣法、職業能力開発促進法、労働基準法、労働安全衛生法、労働契約法、男女雇用機会均等法、育児・介護休業法、女性活躍推進法等の労働関係法規及びこれらに基づく労働政策や、年金、社会保険等に関する社会保障制度等、労働者の雇用や福祉を取り巻く各種の法律・制度について、キャリア形成との関連において、その目的、概念、内容、動向、課題、関係機関等を理解していること。	4H以上		
七　学校教育制度及びキャリア教育の知識	学校教育制度や、初等中等教育から高等教育に至る学校種ごとの教育目標、青少年期の発達課題等に応じたキャリア教育のあり方等について理解していること。	2H以上		

細目	能力要件	目標訓練時間 講義	目標訓練時間 演習	目標訓練時間 合計
八 メンタルヘルスの知識	メンタルヘルスに関する法令や指針、また、職場におけるメンタルヘルスの保持・増進を図る対策の意義や方法、職場環境改善に向けた働きかけ方等、さらに、ストレスに関する代表的理論や職場のストレス要因、対処方法について理解していること。 　また、代表的な精神的疾病の概要、特徴的な症状を理解した上で、疾病の可能性のある相談者に対応する際の適切な見立てと、特別な配慮の必要性について理解していること。 　さらに、専門機関へのリファーやメンタルヘルス不調者の回復後の職場復帰支援等に当たっての専門家・機関の関与の重要性、これら機関との協働による支援の必要性及びその具体的な方法について十分に理解していること。	4H以上		
九 中高年齢期を展望するライフステージ及び発達課題の知識	職業キャリアの準備期、参入期、発展期、円熟期、引退期等の各ライフステージ、出産・育児、介護等のライフイベントにおいて解決すべき課題や主要な過渡期に乗り越えなければならない発達課題について理解していること。 　また、それらを踏まえた中高年齢期をも展望した中長期的なキャリア・プランの設計、キャリア・プランに即した学び直しへの動機付けや機会の提供による支援の必要性及びその具体的な方法について理解していること。	4H以上		
十 人生の転機の知識	初めて職業を選択する時や、転職・退職時等の人生の転機が訪れた時の受け止め方や対応の仕方について理解していること。			
十一 個人の多様な特性の知識	相談者の個人的特性（例えば、障害者については障害の内容や程度、ニート等の若者については生活環境や生育歴、病気等の治療中の者については治療の見通しや職場環境）等によって、課題の見立てのポイントや留意すべき点があることについて理解していること。	2H以上		
Ⅲ　キャリアコンサルティングを行うために必要な技能				
一　基本的な技能				
1 カウンセリングの技能	カウンセリングの進め方を体系的に理解したうえで、キャリアコンサルタントとして、相談者に対する受容的・共感的な態度及び誠実な態度を維持しつつ、様々なカウンセリングの理論とスキルを用いて相談者との人格的相互関係の中で相談者が自分に気づき、成長するよう相談を進めることができること。 　また、傾聴と対話を通して、相談者が抱える課題について相談者と合意、共有することができること。 　さらに、相談者との関係構築を踏まえ、情報提供、教示、フィードバック等の積極的関わり技法の意義、有効性、導入時期、進め方の留意点等について理解し、適切にこれらを展開することができること。	6H以上		
2 グループアプローチの技能	グループを活用したキャリアコンサルティングの意義、有効性、進め方の留意点等について理解し、それらを踏まえてグループアプローチを行うことができること。 　また、若者の職業意識の啓発や社会的・基礎的能力の習得支援、自己理解・仕事理解などを効果的に進めるためのグループアプローチを行うことができること。			
3 キャリアシート（法第十五条の	キャリアシートの意義、記入方法、記入に当たっての留意事項等の十分な理解に基づき、相談者に対し説明できるとともに適切な作成指			

細目	能力要件	目標訓練時間		
		講義	演習	合計
四第一項に規定する職務経歴等記録書を含む。)の作成指導及び活用の技能	導ができること。 　また、職業能力開発機会に恵まれなかった求職者の自信の醸成等が図られるよう、ジョブ・カード等の作成支援や必要な情報提供ができること。			
4　相談過程全体の進行の管理に関する技能	相談者が抱える課題の把握を適切に行い、相談過程のどの段階にいるかを常に把握し、各段階に応じた支援方法を選択し、適切に相談を進行・管理することができること。			
二　相談過程において必要な技能				
1　相談場面の設定				
(1)物理的環境の整備	相談を行うにふさわしい物理的な環境、相談者が安心して積極的に相談ができるような環境を設定することができること。			
(2)心理的な親和関係（ラポール）の形成	相談を行うに当たり、受容的な態度（挨拶、笑顔、アイコンタクト等）で接することにより、心理的な親和関係を相談者との間で確立することができること。			
(3)キャリア形成及びキャリアコンサルティングに係る理解の促進	主体的なキャリア形成の必要性や、キャリアコンサルティングでの支援の範囲、最終的な意思決定は相談者自身が行うことであること等、キャリアコンサルティングの目的や前提を明確にすることの重要性について、相談者の理解を促すことができること。			
(4)相談の目標、範囲等の明確化	相談者の相談内容、抱える問題、置かれた状況を傾聴や積極的関わり技法等により把握・整理し、当該相談の到達目標、相談を行う範囲、相談の緊急度等について、相談者との間に具体的な合意を得ることができること。	60H以上		76H以上
2　自己理解の支援		10H以上		
(1)自己理解への支援	キャリアコンサルティングにおける自己理解の重要性及び自己理解を深めるための視点や手法等についての体系的で十分な理解に基づき、職業興味や価値観等の明確化、キャリアシート等を活用した職業経験の棚卸し、職業能力の確認、個人を取り巻く環境の分析等により、相談者自身が自己理解を深めることを支援することができること。			
(2)アセスメント・スキル	面接、観察、職業適性検査を含む心理検査等のアセスメントの種類、目的、特徴、主な対象、実施方法、評価方法、実施上の留意点等についての理解に基づき、年齢、相談内容、ニーズ等、相談者に応じて適切な時期に適切な職業適性検査等の心理検査を選択・実施し、その結果の解釈を適正に行うとともに、心理検査の限界も含めて相談者自身が理解するよう支援することができること。			
3　仕事の理解の支援	キャリア形成における「仕事」は、職業だけでなく、ボランティア活動等の職業以外の活動を含むものであることの十分な理解に基づき、相談者がキャリア形成における仕事の理解を深めるための支援をすることができること。 　また、インターネット上の情報媒体を含め、職業や労働市場に関する情報の収集、検索、活用方法等について相談者に対して助言することができること。 　さらに、職務分析、職務、業務のフローや関係性、業務改善の手法、			

細目	能力要件	目標訓練時間		
		講義	演習	合計
	職務再設計、（企業方針、戦略から求められる）仕事上の期待や要請、責任についての理解に基づき、相談者が自身の現在及び近い将来の職務や役割の理解を深めるための支援をすることができること。			
4 自己啓発の支援	インターンシップ、職場見学、トライアル雇用等により職業を体験してみることの意義や目的について相談者自らが理解できるように支援し、その実行について助言することができること。 　また、相談者がそれらの経験を自身の働く意味・意義の理解や職業選択の材料とすることができるように助言することができること。			
5 意思決定の支援				
(1)キャリア・プランの作成支援	自己理解、仕事理解及び啓発的経験をもとに、職業だけでなくどのような人生を送るのかという観点や、自身と家族の基本的生活設計の観点等のライフプランを踏まえ、相談者の中高年齢期をも展望した中長期的なキャリア・プランの作成を支援することができること。			
(2)具体的な目標設定への支援	相談者のキャリア・プランをもとにした中長期的な目標や展望の設定と、それを踏まえた短期的な目標の設定を支援することができること。			
(3)能力開発に関する支援	相談者の設定目標を達成するために必要な自己学習や職業訓練等の能力開発に関する情報を提供するとともに、相談者自身が目標設定に即した能力開発に対する動機付けを高め、主体的に実行するためのプランの作成及びその継続的見直しについて支援することができること。			
6 方策の実行の支援				
(1)相談者に対する動機づけ	相談者が実行する方策（進路・職業の選択、就職、転職、職業訓練の受講等）について、その目標、意義の理解を促し、相談者が自らの意思で取り組んでいけるように働きかけることができること。			
(2)方策の実行のマネジメント	相談者が実行する方策の進捗状況を把握し、相談者に対して現在の状況を理解させるとともに、今後の進め方や見直し等について、適切な助言をすることができること。			
7 新たな仕事への適応の支援	方策の実行後におけるフォローアップも、相談者の成長を支援するために重要であることを十分に理解し、相談者の状況に応じた適切なフォローアップを行うことができること。			
8 相談過程の総括				
(1)適正な時期における相談の終了	キャリアコンサルティングの成果や目標達成具合を勘案し、適正だと判断できる時点において、相談を終了することを相談者に伝えて納得を得たうえで相談を終了することができること。			
(2)相談過程の評価	相談者自身が目標の達成度や能力の発揮度について自己評価できるように支援することができること。 　また、キャリアコンサルタント自身が相談支援の過程と結果について自己評価することができること。			
Ⅳ　キャリアコンサルタントの倫理と行動				
一　キャリア形成及びキャリアコンサルティングに	個人や組織のみならず社会一般に対して、様々な活動を通じてキャリア形成やキャリアコンサルティングの重要性、必要性等について教育・普及することができること。	2H 以上		

細目	能力要件	目標訓練時間 講義	演習	合計
関する教育並びに普及活動	また、それぞれのニーズを踏まえ、主体的なキャリア形成やキャリア形成支援に関する研修プログラムの企画、運営をすることができること。			
二 環境への働きかけの認識及び実践	個人の主体的なキャリア形成は、個人と環境（地域、学校・職場等の組織、家族等、個人を取り巻く環境）との相互作用によって培われるものであることを認識し、相談者個人に対する支援だけでは解決できない環境（例えば学校や職場の環境）の問題点の発見や指摘、改善提案等の環境への介入、環境への働きかけを、関係者と協力（職場にあってはセルフ・キャリアドックにおける人事部門との協業、経営層への提言や上司への支援を含む）して行うことができること。	3H 以上		
三 ネットワークの認識及び実践				
(1)ネットワークの重要性の認識及び形成	個人のキャリア形成支援を効果的に実施するためには、行政、企業の人事部門等、その他の専門機関や専門家との様々なネットワークが重要であることを認識していること。 ネットワークの重要性を認識したうえで、関係機関や関係者と日頃から情報交換を行い、協力関係を築いていくことができること。 また、個人のキャリア形成支援を効果的に実施するため、心理臨床や福祉領域をはじめとした専門機関や専門家、企業の人事部門等と協働して支援することができること。	4H 以上	10H 以上	27H 以上
(2)専門機関への紹介及び専門家への照会	個人や組織等の様々なニーズ（メンタルヘルス不調、発達障害、治療中の（疾患を抱えた）者）に応えるなかで、適切な見立てを行い、キャリアコンサルタントの任務の範囲、自身の能力の範囲を超えることについては、必要かつ適切なサービスを提供する専門機関や専門家を選択し、相談者の納得を得た上で紹介あっせんすることができること。 個人のキャリア形成支援を効果的に実施するために必要な追加情報を入手したり、異なる分野の専門家に意見を求めることができること。			
四 自己研鑽及びキャリアコンサルティングに関する指導を受ける必要性の認識				
(1)自己研鑽	キャリアコンサルタント自身が自己理解を深めることと能力の限界を認識することの重要性を認識するとともに、常に学ぶ姿勢を維持して、様々な自己啓発の機会等を捉えた継続学習により、新たな情報を吸収するとともに、自身の力量を向上させていくことができること。 特に、キャリアコンサルティングの対象となるのは常に人間であることから、人間理解の重要性について十分に認識していること。	3H 以上		
(2)スーパービジョン	スーパービジョンの意義、目的、方法等を十分に理解し、スーパーバイザーから定期的に実践的助言・指導（スーパービジョン）を受けることの必要性を認識していること。 また、スーパービジョンを受けるために必要な逐語録等の相談記録を整理することができること。			

細目	能力要件	目標訓練時間		
		講義	演習	合計
五 キャリアコンサルタントとしての倫理と姿勢				
(1)活動範囲・限界の理解	キャリアコンサルタントとしての活動の範囲には限界があること と、その限界には任務上の範囲の限界のほかに、キャリアコンサルタント自身の力量の限界、実践フィールドによる限界があることを理解し、活動の範囲内においては誠実かつ適切な配慮を持って職務を遂行しなければならないことを十分に理解し、実践できること。　また、活動範囲を超えてキャリアコンサルティングが行われた場合には、効果がないだけでなく個人にとって有害となる場合があることを十分に理解していること。	5H 以上		
(2)守秘義務の遵守	相談者のプライバシーや相談内容は相談者の許可なしに決して口外してはならず、守秘義務の遵守はキャリアコンサルタントと相談者の信頼関係の構築及び個人情報保護法令に鑑みて最重要のものであることを十分に理解し、実践できること。			
(3)倫理規定の厳守	キャリア形成支援の専門家としての高い倫理観を有し、キャリアコンサルタントが守るべき倫理規定（基本理念、任務範囲、守秘義務の遵守等）について十分に理解し、実践できること。			
(4)キャリアコンサルタントとしての姿勢	キャリアコンサルティングは個人の人生に関わる重要な役割、責任を担うものであることを自覚し、キャリア形成支援者としての自身のあるべき姿を明確にすることができること。　また、キャリア形成支援者として、自己理解を深め、自らのキャリア形成に必要な能力開発を行うことの必要性について、主体的に理解できること。			
その他		10H 以上		
訓練時間合計		150H 以上		

資料出所：厚生労働省「キャリアコンサルタントの能力要件の見直し等に関する報告書（キャリアコンサルタント登録制度等に関する検討会）」（2018 年）、職業能力開発促進法施行規則別表第 11 の 3 の 2

▶COLUMN　**キャリアコンサルタントの法制化までの道のりと能力体系**

「キャリア形成」が施策の柱として初めて位置づけられたのは、2001（平成 13）年のことである。

2001（平成 13）年に職業能力開発促進法および雇用対策法（2018［平成 30］年の改正により「労働施策の総合的な推進並びに労働者の雇用の安定及び職業生活の充実等に関する法律」［労働施策総合推進法］となった）が改正され、「職業生活の設計」という文言が、新たに記載された。「第 7 次職業能力開発基本計画」（平成 13 〜 17 年度）にも、キャリア形

成支援システムを労働市場のインフラとして位置づけることやそのための具体策が盛り込まれた。「職業生活」というのがキャリアのことであり、この設計に関わる専門支援人材がキャリアコンサルタントである。

　これを受け、2002（平成14）年に「キャリア・コンサルティング実施のために必要な能力体系」がまとめられ、標準レベルのキャリアコンサルタント能力評価試験制度が開始された。さらに、2008（平成20）年には2級（熟練レベル）、2011（平成23）年からは1級（指導レベル）のキャリアコンサルティング技能検定が開始された。そして、2016（平成28）年4月、改正職業能力開発促進法に基づき、キャリアコンサルタントは名称独占の国家資格となった。

　「キャリア・コンサルティング実施のために必要な能力体系」は、2005（平成17）年度、2010（平成22）年度、さらに2018（平成30）年度に見直しが行われた。

　2018（平成30）年度の見直しの背景には、キャリア支援に関わる社会環境、産業構造・労働構造の変化や労働政策上のキャリア支援の重要度の高まりがある。これを受け、キャリアコンサルタントが「働き方改革」や「人生100年時代構想」等における新たな政策的課題に対応した役割を的確に担うことができるよう見直しが行われた。

　具体的には、以下を中心に拡充・強化が図られた。
①セルフ・キャリアドック等の企業におけるキャリア支援の実施に関する知識・技能
②リカレント教育等による個人の生涯にわたる主体的な学び直しの促進に関する知識・技能
③職業生涯の長期化、仕事と治療、子育て・介護と仕事の両立等の課題に対する支援に関する知識・技能
④クライエントや相談場面の多様化への対応に関する知識・技能

　2018年度の見直し後の能力体系は、2020（令和2）年4月から施行されている（能力体系については、[**資料1**] 参照のこと）。

　さらに、2021（令和3）年の労働政策審議会人材開発部分科会報告では、「労働者の自律的・主体的な学び・学び直しを促し、キャリアの持続的展開を支援していく上で、『労働市場全体』及び『企業内』双方に関わるキャリアコンサルティングの役割が益々重要となる」とされ、2022（令和4）

年の法改正により記載が充実された。「企業内」のキャリアコンサルタントの重要性はさらに高まりそうだ。

2. 企業人事とキャリアコンサルティング

このところ、企業内のキャリアコンサルタントに熱い期待が寄せられているが、企業領域でキャリアコンサルティングはどの程度普及しているのだろうか。また、キャリアコンサルティング施策が進められる中で、企業領域には何が期待されてきたのだろうか。企業側、とりわけ企業の人事部門で働いている人たちは、キャリアコンサルティングという言葉を、どのように受け止めてきたのだろうか。さらに、企業領域で働くキャリアコンサルタントたちは、キャリアコンサルティングを行う中で何を考えてきたのだろうか。順に見ていきたい。

[1] 企業におけるキャリアコンサルティングの導入状況

厚生労働省「令和2年度能力開発基本調査」によると、キャリアコンサルティングを行う仕組み[※1]を導入している事業所は38.1％である[図表 1-4]。これに対し、令和元年度中にキャリアコンサルティングを受けた労働者は9.8％である。次に、企業がキャリアコンサルティングを行う目的を見ると、多い順に①「労働者の自己啓発を促すため」、②「労働者の仕事に対する意識を高め、職場の活性化を図るため」、③「労働者の希望等を踏まえ、人事管理制度を的確に運用するため」となっている[図表 1-5]。

> ※1 調査では、「キャリアに関する相談（キャリアコンサルティング：労働者の職業の選択、職業生活設計又は職業能力の開発及び向上に関する相談に応じ、助言及び指導を行うこと）を行うしくみで、セルフ・キャリアドックをはじめ、社内規定などで明確に制度化されているものに限らず、慣行として行われるものなども含む」とされている。

キャリアコンサルティングを行う仕組みには、制度化されておらず、慣行として行われているものも含まれているが、それでも4割程度であること、また、

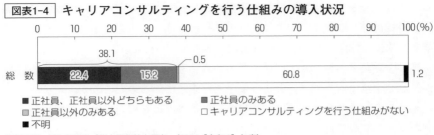

図表1-4　キャリアコンサルティングを行う仕組みの導入状況

総　数

| | 22.4 | 15.2 | 0.5 | 60.8 | 1.2 |

38.1

■ 正社員、正社員以外どちらもある　　■ 正社員のみある
■ 正社員以外のみある　　□ キャリアコンサルティングを行う仕組みがない
■ 不明

資料出所：厚生労働省「能力開発基本調査」（2020［令和2］年度）

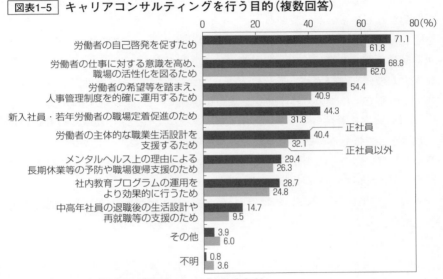

図表1-5　キャリアコンサルティングを行う目的（複数回答）

項目	正社員	正社員以外
労働者の自己啓発を促すため	71.1	61.8
労働者の仕事に対する意識を高め、職場の活性化を図るため	68.8	62.0
労働者の希望等を踏まえ、人事管理制度を的確に運用するため	54.4	40.9
新入社員・若年労働者の職場定着促進のため	44.3	31.8
労働者の主体的な職業生活設計を支援するため	40.4	32.1
メンタルヘルス上の理由による長期休業等の予防や職場復帰支援のため	29.4	26.3
社内教育プログラムの運用をより効果的に行うため	28.7	24.8
中高年社員の退職後の生活設計や再就職等の支援のため	14.7	9.5
その他	3.9	6.0
不明	0.8	3.6

資料出所：厚生労働省「能力開発基本調査」（2020［令和2］年度）

仕組みはあっても、実際にキャリアコンサルティングを受けたのは一部の労働者であることや、労働者の自己啓発を促すことを目的としていることなどが分かる。

[2]　企業におけるキャリア形成とキャリアコンサルティング

　職業能力開発促進法4条には、企業は、従業員が職業生活を設計し、能力を開発し、向上させていけるよう援助に努めなければいけない旨が定められてい

る。また、キャリア支援に関して事業主がすべきことを定めた「労働者の職業生活設計に即した自発的な職業能力の開発及び向上を促進するために事業主が講ずる措置に関する指針」（平13.9.12　厚労告296）もある。本指針において、企業に、従業員のキャリア形成支援のために努力することを求めているわけだが、なぜ企業に対して、このようなことを求めているのだろうか。

　キャリアコンサルティングが政策として位置づけられたばかりの頃に策定された「第7次職業能力開発基本計画」（平成13〜17年度）には、キャリア形成支援システムに関し、「こうしたシステムの構築は、同時に新たな雇用の機会の創出を進め、特に、中高年ホワイトカラーの雇用の確保にもつながるものと期待される」という記載がある。さらに、キャリア形成支援システムの整備を図るための具体策として、「キャリア・コンサルティング技法の開発」「キャリア形成に関する情報提供、相談等の推進」「民間におけるキャリア形成支援システムの確立及び人材育成」に並び、「企業内におけるキャリア形成支援システムの確立」について具体的な記載がなされている（これら四つの具体策の中で、「企業内におけるキャリア形成支援システムの確立」の記載が最も長い）。

　政策として推し進め始めた当初の段階から、中高年ホワイトカラーのことを気にかけていたこと、また、企業におけるキャリアコンサルティングに大きな期待をかけていたことが分かる。

　さらに、2018（平成30）年に行われたキャリアコンサルタントの能力体系改定に当たっても、以下のことを拡充・強化すべきであるとした。

- セルフ・キャリアドック等の企業におけるキャリア支援の円滑な実施に当たって必要となる人事制度の運用や組織に関する知識、キャリア研修の実施、キャリアプランの作成支援、人事部門との協業や組織に対する報告に関する知識・技能
- 個人の生涯にわたる主体的な学び直しと、これによるキャリアアップやキャリアチェンジの支援において必要となる、関連制度・施策の適切な提案のための知識・技能
- 職業生涯の長期化、仕事と治療の両立支援、子育て・介護と仕事の両立支援等、企業におけるキャリア支援と関わりの深い課題の解決に必要な知識・技能

人事制度の運用や組織に関する知識、人事部門との協業や組織に対する報告に関する知識および技能など人事部門の業務と関わりの深い項目について、拡充・強化すべきとして、ここまではっきり示されたことは、人事パーソンとして知っておくべきであろう。

　2020（令和2）年4月に出された「キャリアコンサルタントの継続的な学びの促進等に関する報告書」においても、以下のとおり企業領域に重点が置かれている。

- 企業領域のキャリアコンサルタントの活動の場は広がりを見せているが、いまだ活用は限定的な水準にとどまっており、特に中小企業において導入の余地が大きい
- 企業の人材確保・定着や、組織全体の活性化などを図っていく上で、企業がキャリアコンサルタントを活用する意義は増していくと考えられる
- キャリアコンサルタントが果たし得る役割や効果について、企業経営層に十分な理解が得られているとは言えない状況である
- キャリア形成サポートセンター（第2章3.[2](4)③）を整備するなどセルフ・キャリアドック支援拠点を拡充し、企業への導入を積極的に推進すること
- 産業界、企業に対して、キャリアコンサルティングの有用性やキャリアコンサルタントの果たし得る役割について、十分な理解を促すこと

　これを、企業側から見るとどうだろう。企業経営の中では、どうしても利益に直結する施策が優先される。また、効果が見えやすい部門が優先されがちである。パターソンほか（2016）など人的資源管理施策が生産性や利益に与える影響は大きいとの報告もあるが、少なくとも、キャリアコンサルティングについて言えば、実施したからすぐ利益が上がる、実施しなかったからすぐ悪いことが起こるといったものとは言いにくい。このため、企業の人事や経営層が、従業員のキャリアについてもっと考える必要があると思ったとしても、すぐに仕組みをつくって取り組もう、とはなりにくい。

　最近は、キャリアコンサルティングの必要性を感じるという企業が増えてきているが、中には、キャリアコンサルティングに対して冷たい見方をする企業もある。比較的よく見られるのは、従業員の転職を危惧する企業である。「キャリアコンサルティングをすると、従業員が（考えなくてもよいような）いろい

ろなことを考えるようになり、離職が増えるのではないか」というものである。これとは別に従業員のことをよく考えていると自負する企業の中にも、冷ややかな見方をする企業もある。「キャリアコンサルティングという言葉がまだない頃から、わが社は従業員の人生のことを考えてきた。キャリアコンサルタントに頼まなくても従業員のことは自分たちが一番よく知っている」といった具合である。

こうした状況に対し、どう考えればよいのだろうか。まず、人事部門の側から、次いでキャリアコンサルタントの側から見てみよう。

[3] 人事部門の役割とキャリアコンサルティング

(1) 人事部門の役割

人事部門は、「ヒト」「モノ」「カネ」「情報」という経営資源のうち、①「ヒト」以外の資源を動かし、②自ら思考・学習し、成長する一方、③意思や感情を持っていて好き勝手に使うことのできない「ヒト」という特別な資源を所掌しており、企業の経営と現場をつなぐ大事な部門である。

人事部の役割に対する代表的な見方を紹介しておこう。

第1に、人事部門が行う人事施策ごとの整理である。島貫（2018）によると、1980〜90年代まで人事部門の役割は、人事施策と同様に機能別に定義されることが一般的だったという。人材配置、報酬、人材開発、業績評価、労使関係などといった具合である。

第2に、人事部門が提供する価値による整理である。ウルリッチ（Ulrich, D.）（1997）は、人事部門のステークホルダーを複数設定し、人事部門に求められる提供価値を、「将来と日常業務」「プロセスと人材」の2軸により、①戦略パートナー、②管理エキスパート、③従業員チャンピオン、④変革エージェントの四つに整理した **[図表 1-6]**。ウルリッチは、戦略パートナーの役割を重要だと指摘したが、他の役割についても達成されなければならないとしている。分かりやすく言えば、戦略パートナーとして期待され、変革の一翼を担うことをも期待される一方、日々の仕事をきちんと処理し、従業員の声に耳を傾け、これに応えることも期待されるとした。平野（2010）は、これをそのまま真似るのでなく、日本の人事管理の良いところを残しつつ、取り入れるべきであると指摘している。

図表1-6 人事部門に求められる提供価値

```
                        将  来
     戦略パートナー              変革エージェント

プロセス ─────────────────────────────── 人  材

     管理エキスパート            従業員チャンピオン
                        日常業務
```

資料出所：Dave Ulrich (1997) Human Resource Champions: The Next Agenda for Adding Values and Delivering Results. Boston: Harvard Business School Press, p.24,25. を基に筆者作成

　このほか、人事パーソンが果たすべき機能に着目した整理もある。安藤 (2008) は、人事部門の役割として、「トップとのパイプ役」「ラインとのパイプ・調整・助言役」「良好な労使関係の維持・支援」の三つを挙げている。

　いずれにしても、経営層の信頼を得て、従業員の声を聞き、法改正への対応を含め制度を整備し、しっかり運用していかなければいけない。日本企業の人事部は、アメリカ企業などに比べて人事権を有するなど強い権限を持っているとの見方が一般的だが、その一方でオペレーションに追われがちとの指摘もある（労務行政研究所編, 2010）。また、守島（2002）が指摘するように、人事部は変化し続けることが求められる。経営を取り巻く環境がさまざまに変化する中で、経営層を含むステークホルダーから求められる役割を果たしていくことは易しいことではないだろう[2]。

　　※2　KPMG インターナショナルが 2020 年に人的資源管理部門のリーダーを対象に行った調査によると、日本の人事部門は価値提供部門とみなされておらず、管理部門と考えられているという。

(2) 人事部門でこれまで以上に求められるようになったこと

　だいぶ前の調査になるが、労働政策研究・研修機構が 2008 年に実施した「企業における人事機能の現状と課題に関する調査」では、人事部長を対象に、調査前 5 年間において重要度が高まったことについて尋ねており、以下の結果であった。各項目の末尾に付した（　）内は過去 5 年間において「重要度が高まった」と答えた者の割合を示す。

〈人事担当部門に求められる役割（複数回答）〉

①従業員の勤労意欲（モラール）の向上（75.2％）

②経営戦略を実行し、達成するために必要な人事制度や施策の開発（67.7％）

③直接および間接の労務コストの管理（65.4％）

④従業員の定着の促進（62.9％）

⑤長期的な人材育成のために必要なシステムやプログラムの開発（60.0％）

〈人事労務管理の施策〉

①人材確保（人手不足への対応）（74.7％）

②定年退職者の再雇用・勤務延長（69.9％）

③従業員の精神衛生（メンタルヘルス）への配慮（69.5％）

④従業員全体の能力向上を目的とした教育訓練の実施（64.3％）

⑤経営目標や経営理念の従業員への伝達（58.1％）

　制度設計的なものもあるが、従業員の勤労意欲（モラール）の向上や定着、人材育成に関する役割のほか、再雇用者の活用に関することや従業員のメンタルヘルスなどキャリアコンサルティングと関わりの深い項目が多く含まれている。

　新しいところでは、2020（令和2）年に経済産業省が公表した「持続的な企業価値の向上と人的資本に関する研究会報告書〜人材版伊藤レポート〜」がある。それによると、「経営における人材や人材戦略の重要性はこれまで以上に増して」おり、人事部はこれまで人事施策のオペレーションを中心に担ってきたが、「ビジネスの価値創造をリードする機能を担っていく必要がある」と指摘している。併せて、HRテクノロジーの適切な活用や、個人の自律的なキャリア構築の支援の重要性についても指摘している。

（3）企業内キャリアコンサルティングの役割と機能

　労働政策研究・研修機構（2015）によると、企業領域で活躍するキャリアコンサルタントの役割・機能は明確化してきている。また、日本的特徴として、①組織内の人材を引き止め、保持する「リテンション機能」、②上司との対話促進など職場内における「関係調整・対話促進機能」、③働くことの意味を見いだすことを手助けしたり、価値を考え直す支援を行ったりする「意味付与・価値提供機能」があるという。

　さらに、同機構は、調査結果を基に、企業内キャリアコンサルティングの運営と体制について議論はあるものの、現在は、人事部門や他のさまざまな従業員支援の部門と連携して従業員サービスを提供している例が多いこと、キャリ

ア研修その他のキャリア形成支援施策と密接に連携させて相談を行っている場合が多いこと、上司部下の関係調整にとどまらず、組織開発的な役割を担うようになっていることを報告している。

［4］ キャリアコンサルタントは人事部門をどう見ているか

（1）企業領域で活動するキャリアコンサルタントが抱える課題

　企業領域で活動するキャリアコンサルタントは増えているが、他の領域で活動しているキャリアコンサルタントに比べ、悩みも多いようだ。

　［図表1-7］は、キャリアコンサルタントとしての自らの活動に対する満足度と活動領域を示したものである。企業領域で活動するキャリアコンサルタントの満足度は他の領域で活動するキャリアコンサルタントに比べ、低い。

　［図表1-8］は活動領域別の課題である。課題だと回答している者の割合を見ると、企業領域で活動するキャリアコンサルタントは、他の領域で活動するキャリアコンサルタントに比べて広範囲にわたって強い課題認識を持っている。「自身が所属する組織のトップ層の理解が十分ではない」「支援対象者に相談・支援を受けるゆとりがない」「支援対象者が所属する組織の理解が十分で

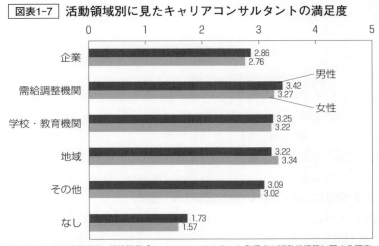

図表1-7　活動領域別に見たキャリアコンサルタントの満足度

資料出所：労働政策研究・研修機構「キャリアコンサルタント登録者の活動状況等に関する調査」（2018年）

図表1-8 活動領域別に見たキャリアコンサルティングの課題

-（人）、%-

区　分	企業	需給調整機関	学校	地域	その他	なし
	(1119)	(661)	(563)	(169)	(271)	(491)
	100.0	100.0	100.0	100.0	100.0	100.0
自身が所属する組織のトップ層の理解が十分ではない	28.1	17.1	23.1	12.4	16.2	21.2
自身が所属する組織の現場管理者の理解が十分ではない	19.6	15.1	18.5	8.9	15.5	15.3
キャリア形成支援に対する関係者間の連携を図るのが難しい	23.7	21.6	25.2	24.9	20.3	17.1
相談・支援を行う環境（場所）が整っていない	39.1	25.1	26.3	32.5	38.4	48.5
支援対象者に相談・支援を受けるゆとりがない	24.3	15.0	14.4	14.2	24.0	14.9
支援対象者が消極的であったり、相談に来るのをためらったりする	18.9	17.5	19.5	24.3	19.2	9.6
支援対象者が所属する組織の理解が十分でない	22.1	10.7	13.0	14.8	12.5	10.8
キャリアコンサルタントとしての自分自身の力量が十分でない	37.9	41.5	37.1	46.7	37.6	50.1
キャリアコンサルタントの組織内における立場や権限、受け持ち範囲が明確でない	27.8	18.5	26.5	25.4	21.8	18.5
キャリアコンサルタントとしての自身の処遇（就業形態、報酬等）が十分でない	25.7	41.0	40.5	41.4	36.9	23.2
「キャリアコンサルタント」「キャリアコンサルティング」というものが知られていない	55.2	43.1	45.3	45.0	53.9	49.9
その他	4.7	3.0	2.7	4.7	7.4	9.0
特に課題であると感じることはない	4.6	4.7	5.5	4.1	5.2	5.1

資料出所：労働政策研究・研修機構「キャリアコンサルタント登録者の活動状況等に関する調査」（2018 年）

ない」「キャリアコンサルタントの組織内における立場や権限、受け持ち範囲が明確でない」などが他の領域に比べ高い。また、「『キャリアコンサルタント』『キャリアコンサルティング』というものが知られていない」も他の領域に比べ高い。組織の理解が十分でなく、組織内における立場や権限、受け持ち範囲が明確でないことから関係者との連携が図りにくく、また、支援対象者である従業員も忙しいことから、キャリアコンサルティングを利用してもらいにくい状況がうかがえる。

（2）企業領域において多い相談と難しい相談

　[図表 1-9] は企業における相談の内容である（複数回答）。多い相談は「現在の仕事・職務の内容」56.3%、「今後の生活設計、能力開発計画、キャリア・プラン等」48.4%、「職場の人間関係」44.5%であった。また、難しい相談は、

企業領域におけるキャリアコンサルティングでの「多い相談」と
「難しい相談」(複数回答)

-%-

区 分	多い相談	難しい相談
合計	100.0	100.0
現在の仕事・職務の内容	56.3	3.3
今後の生活設計、能力開発計画、キャリア・プラン等	48.4	10.1
企業内の異動希望等	16.1	5.0
職場の人間関係	44.5	16.7
部下の育成・キャリア形成	24.5	5.4
就職・転職活動の進め方	23.4	2.8
将来設計・進路選択	15.1	4.2
過去の経験の棚卸し、振り返り等	15.3	0.4
履歴書やエントリーシートの書き方・添削等	10.3	0.4
職業適性・自己分析	7.8	1.8
面接の受け方	6.8	0.4
個人的な生活面に関すること（家庭生活や人間関係など）	8.7	6.4
学生生活に関すること（授業やゼミの選択など）	0.6	1.4
メンタルヘルスに関すること	17.5	18.2
発達障害に関すること	3.9	21.6
その他	0.7	1.8

資料出所：労働政策研究・研修機構「キャリアコンサルタント登録者の活動状況等に関する調査」（2018 年）

「発達障害に関すること」21.6％、「メンタルヘルスに関すること」18.2％、「職場の人間関係」16.7％の順に高かった。企業でキャリアコンサルティングを行うためには、他の領域にも増して力を付ける必要があると考えられる。

（3）企業でより良いキャリアコンサルティングを行うために

　企業内にキャリアコンサルティングの仕組みがある場合は、人事部の直下にある場合と人事部と少し離れた位置づけとなっている場合がある。直下にある場合は、人事部との連携を図りやすい一方、従業員から警戒される可能性があると考えられる。少し離れた位置づけの場合は、そこまで警戒されないかもしれないが、いずれの場合であっても、安心して相談できることを従業員にしっかりと伝えることが必要である。

　企業領域で活躍するキャリアコンサルタントは、企業の従業員である者と、企業の従業員以外で企業から依頼を受けて相談を行う者に大別できる。

　企業の従業員であるキャリアコンサルタントであれば、企業や人事部門のこ

とについてある程度分かっている。しかし、キャリアコンサルティングの仕組みをつくるための働き掛けなど、仕組みの構築をゼロから始めなければいけないこともある。そのような場合は、キャリアコンサルティングとはどういうもので、それを行うことによって何が期待できるのかというところから人事部門の担当者や責任者に説明し、分かってもらわなければいけない。既に仕組みがある場合は、この苦労はないが、仕組みがあるからといって、従業員が相談に来るというものでもない。研修と組み合わせる、待っているのではなく従業員の中に入っていくなど、さまざまな工夫が必要である。

　企業の従業員以外で相談を行う者の場合は、既にキャリアコンサルティングを行う仕組みはあるわけだが、従業員ではないことから、企業の業務内容や企業内の力関係が十分に分からないといった悩みがあるだろう。関係者との連携について苦労したり、委託元である人事部門へのフィードバックに気を使ったりすることも考えられる。その一方で、従業員でないからこそできる支援もあるだろう。

　いずれにしても、企業領域において、キャリアコンサルティングがより良いものとなるためには、まず第1に、企業領域で働くキャリアコンサルタントが、企業経営や企業組織についてある程度以上の知識を持つことが必要である。従業員でなく、組織で働いた経験がそれほどない場合など、特にこれらについて学ぶことが必要である。第2に、経営層や企業人事の従業員に、キャリアコンサルティングについて知ってもらう努力をするとともに、キャリアコンサルタントがどのような支援ができるかを知ってもらうことが必要である。

　これを企業人事の側から見ると、第1に、キャリアコンサルタントに企業の人事などの方針や業務内容、企業組織などについて必要な情報を提供すること、第2に、キャリアコンサルタントが有する専門性はどのようなものであり、どのような支援ができるのかについて理解し、さらに、それを経営層に伝えたり、従業員に周知したりすることが求められることになる。

3. キャリアコンサルティングについて学ぶことの意味

　キャリアコンサルティングを学び、理論・専門的知識・スキルを身に付ける

メリットとしては、以下のことが挙げられる。

①従業員に対する理解力が高まる

人間理解に関するさまざまな理論や知見をバックグラウンドとして持つことによって、従業員をより深く的確に理解できるようになることが期待できる。

②相談時に活用できる各種技法を習得できる

カウンセリング技法やキャリアシート作成技法など、「従業員のことを理解するための技法」や「従業員自身が自己理解を得ることを支援するための技法」を習得できる。

③自らが行う相談のプロセスを客観的に見ることができるようになる

相談プロセスのマネジメントができるようになることにより、相談の質の向上が期待できる。

④相談時に限らず、あらゆる場面で効果的な支援が実践できる

キャリアについての支援を行う際に、基本的態度や信頼関係の構築、問題把握、具体的展開などを行う上で的確な対応が可能となる。

業務を行う中でも、経験から学んだり、必要なものを学んだりすることができる。しかし、前記 1. で説明したように、キャリアを巡る状況はかつてに比べ、変化が激しく複雑なものとなっている。これに対応できるよう「キャリアコンサルティング実施のために必要な能力体系」は[**資料 1**]のとおり定められている。高度化した業務に対応していくためには学びが必要だが、キャリアコンサルティングについて学ぶことで、それを体系的・効率的に行うことができる。

また、従業員に求められる能力の急速な変化、職業人生の長期化・多様化が進む中で、キャリアについて専門的に学んだ者による支援の必要性は高まっている。

さらに、新型コロナウイルス感染症の影響により、職場でコミュニケーションを取ることがこれまでより難しくなってきている。従業員が抱える課題を把握し、課題に応じた解決策を考えていくというキャリアコンサルティングの手法を学ぶことは、これまで以上に役に立つものとなってきているといえよう。

▶COLUMN　**理論を学ぶことの意味**

専門的知識・スキルはともかく、理論を学ぶことはどう役立つのだろうと思う人もいるかもしれない。確かに、理論を知らなくても従業員の

相談を受けたり、キャリアコンサルティングをしたりすることはできる。相談を繰り返す中で身に付くことも多い。

　では、理論を学ぶことの意味は何だろう。國分（1980）は、①理論を知っていれば、経験したことがなくとも結果を予測することができる、②事実を解釈する手がかりになる、③出来事を分類したり、整理したりすることができる、④仮説を生み出すことができるという。要は、同じものを見ても、よりよく理解し、よりよく活かすことができるという。

　また、企業などにおいて、普段から実践している考え方や手法が、実は理論や技法として位置づけられていることに気づくこともある。今まで培ってきた経験や勘といった「暗黙知」が、理論や技法という「形式知」として改めて認識されることで、既に実施している手法の効果を高め、さらに自信を持って対応できるようになる。

　働くことを巡る環境が大きく変わる中で、これまで経験したことのないことに遭遇することも増えるだろう。これまで以上に理論を学ぶ意味は大きくなると考えられる。

4. キャリアコンサルタント登録制度

　2016（平成28）年4月、職業能力開発促進法の改正に伴い、キャリアコンサルタントは、名称独占の国家資格となり、登録制度が創設された。

　これによって、キャリアコンサルタントを名乗るには登録試験機関が行うキャリアコンサルタント試験または技能検定試験に合格後、登録を行わなければならなくなった。

　さらに、キャリアコンサルタント名簿登録後も更新講習の受講により5年ごとに更新することとされ、また、守秘義務・信用失墜行為の禁止義務も課された。

　キャリアコンサルタント登録制度スキームの概要については、[**図表1-10**]のとおりである。

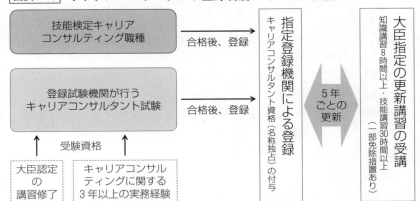

図表1-10 キャリアコンサルタント登録制度スキームの概要

技能検定キャリアコンサルティング職種 → 合格後、登録

登録試験機関が行うキャリアコンサルタント試験 → 合格後、登録

受験資格
大臣認定の講習修了
キャリアコンサルティングに関する3年以上の実務経験

指定登録機関による登録
キャリアコンサルタント資格（名称独占）の付与

5年ごとの更新

大臣指定の更新講習の受講
知識講習8時間以上・技能講習30時間以上（一部免除措置あり）

資料出所：厚生労働省ホームページを基に筆者作成

▶ **COLUMN** 　**キャリアコンサルタントになろう**

　キャリアコンサルタントになるための方法について、もう少し詳しく見てみよう。

●**登録試験機関が行うキャリアコンサルタント試験**

（試験実施機関）

　2022（令和4）年4月1日現在、登録試験機関は、以下の2機関である。

- 特定非営利活動法人キャリアコンサルティング協議会

　https://www.career-shiken.org/

- 特定非営利活動法人日本キャリア開発協会

　https://www.jcda-careerex.org/

（受験資格）

　キャリアコンサルタント試験を受験するためには、厚生労働大臣が認定する150時間の講習（大臣認定講習は「キャリアコンサルタント講習検索サイト」で閲覧できる）を修了している、または、キャリアコンサルティングに関し3年以上の実務経験を有することなどが必要である。

　実務経験については、以下の項目などとされている。

- 支援対象者が「労働者」（求職者を含む）であること
- 相談の内容・目的が職業の選択、職業生活設計または職業能力開発および向上に関するものであること
- キャリアコンサルティングが1対1で行われるか、またはおおむね6名以内で行われるグループワークであって、情報提供にとどまるものや授業・訓練の運営そのものではないこと

　人事部（総務等）で採用関係業務に携わった経験だけでは、実務経験に該当しない。具体的には、試験機関が受験希望者一人ひとりについて個別に判断することとされている。

（試験科目）

　試験科目は、以下のとおり。具体的内容については［**資料1**］の能力体系が参考となる。

- 職業能力開発促進法その他関係法令に関する科目
- キャリアコンサルティングの理論に関する科目
- キャリアコンサルティングの実務に関する科目
- キャリアコンサルティングの社会的意義に関する科目
- キャリアコンサルタントの倫理と行動に関する科目

（試験日程）

　2022（令和4）年度の試験日は以下のとおりである。

〇特定非営利活動法人キャリアコンサルティング協議会

実施回	試験区分	試験日
第20回	学科試験・実技試験（論述）	令和4年7月3日（日）
	実技試験（面接）	令和4年7月16日（土）、17日（日）、23日（土）、24日（日）
第21回	学科試験・実技試験（論述）	令和4年11月6日（日）
	実技試験（面接）	令和4年11月12日（土）、13日（日）、19日（土）、20（日）
第22回	学科試験・実技試験（論述）	令和5年3月5日（日）
	実技試験（面接）	令和5年3月11日（土）、12日（日）、18日（土）、19日（日）

○特定非営利活動法人日本キャリア開発協会

実施回	試験区分	試験日
第20回	学科試験・実技試験（論述）	令和4年7月3日（日）
	実技試験（面接）	令和4年7月9日（土）、10日（日）、16日（土）、17日（日）
第21回	学科試験・実技試験（論述）	令和4年11月6日（日）
	実技試験（面接）	令和4年11月12日（土）、13日（日）、19日（土）、20日（日）
第22回	学科試験・実技試験（論述）	令和5年3月5日（日）
	実技試験（面接）	令和5年3月11日（土）、12日（日）、18日（土）、19日（日）

※学科試験は、両機関で同一日、同一問題

（料金）

学科試験　8,900円

実技試験　29,900円

※両機関共通である。

（合格率等）

　各回のキャリアコンサルタント試験結果の概要は、厚生労働省ホームページに掲載されている。参考までに、第18回キャリアコンサルタント試験（2021［令和3］年10月）は、以下のとおりであった。

	申込者数	受験者数	合格者数	合格率
学科試験	4,981人	4,652人	3,771人	81.1%
実技試験	4,817人	4,604人	2,924人	63.5%

※実受験者数　5,618人

	受験者数	合格者数	合格率
学科、実技試験同時受験者	3,638人	2,187人	60.1%

（登録）

　2022（令和4）年4月1日現在、指定登録機関は、特定非営利活動法人キャリアコンサルティング協議会である。更新講習は、知識講習と技能講習から成る。

• 知識講習：資格取得後に改定のあった労働法令等の最新知識を修得するものである。大臣指定講習はキャリアコンサルタント講習検索サイトで閲覧できる。

- 技能講習：受講者のキャリアコンサルタントとしての経験、活動分野や能力水準等に応じて、補うべき分野やさらに伸ばすべき分野が異なることから、一定の科目の範囲内から受講者が必要な科目を選択して受講するものである。大臣指定講習はキャリアコンサルタント講習検索サイトで閲覧できる。

  https://careerkousyu.mhlw.go.jp/

●キャリアコンサルティング技能検定

　キャリアコンサルティング技能検定は、キャリアコンサルタント試験の上位に位置づけられ、合格者は「キャリアコンサルティング技能士」と呼ばれる。具体的には、キャリアコンサルティング技能士の1級は指導レベル、2級は熟練レベルとして位置づけられている。「熟練レベル」には、豊富な実践経験に加え、在職者・求職者のみならず、学生・生徒も含めた幅広い相談者に対して一定程度以上の支援が可能な「厚みと広がり」を持った実践力のあるレベルに相当する知識とスキルが求められる。「指導レベル」には、キャリアコンサルティングの普及促進における指導的な役割が期待されるほか、他のキャリアコンサルタントの模範として相応の社会的機能とこれを裏付ける能力が求められる。

　技能検定の受検に当たっては、キャリアコンサルティングに関する実務経験が必要である。受験する級のほか教育歴等によって必要な年数は異なる。

　詳しくは、指定検定機関に指定されている特定非営利活動法人キャリアコンサルティング協議会のホームページを参照いただきたい。

　キャリアコンサルティング技能検定に合格した場合においても、キャリアコンサルタントを名乗るためには、検定の合格後に、指定登録機関に登録し、さらに5年ごとに必要な更新講習を受けることが必要である。

第**2**章

▼

キャリアコンサルティングの
社会的意義

1. キャリア形成支援の必要性

少子高齢化、グローバル化、技術革新などのほか、新型コロナウイルス感染症の感染拡大により産業・就業構造や働き方の変化が、さらに加速している。以下にその主なものを挙げる。

- 労働者の職業人生の長期化、働き方の多様化が進む中で、生涯を通じて学び続け、職業能力開発・キャリア形成を行う必要性が高まっている
- 新卒一括採用や長期雇用等に特徴づけられる日本型の雇用慣行も徐々に変化し、ジョブ型雇用への関心も高まってきている
- サービス経済化、第4次産業革命（IoT、センシング、ビッグデータ、AI、ロボット等）に伴う技術革新等により、求められる職業能力も変化しつつある
- 社会全体のデジタルトランスフォーメーション（DX）の加速化や、カーボンニュートラル対応などにより、リスキリング（再教育）やリカレント教育の重要性が高まっている
- 新型コロナウイルス感染症の感染拡大により雇用の見通しが不透明さを増す中、キャリアプランの見直しを迫られる労働者が増えてきている
- テレワークの浸透に伴って、働き方やキャリアに対する意識を巡る変化も見られる

このような中、労働者には、変化に対応していくために、自律的・主体的なキャリア形成が求められる。一方、企業には、組織戦略として、従業員の主体性を活かし、組織力強化にも資するキャリア形成支援を行うことが求められる。後掲「第3章 3.職業能力開発」および「第3章 6.労働政策、労働関係法令、社会保障制度の基礎知識」で具体的に説明するが、労働政策上もキャリア形成支援の重要度は高まっている。

しかしながら、労働者が自らの力のみで、自律的・主体的なキャリア形成を行ったり、企業が従業員の主体性を活かし、組織力強化にも資するキャリア形成支援を行ったりすることには困難が伴う。キャリア形成を支援する専門家であるキャリアコンサルタントが力を発揮することが期待されている。

2. キャリアコンサルタントに求められる役割

　前記 1. で述べたように、キャリア形成支援に関わる社会環境、産業構造・労働構造の変化や、労働政策上のキャリア形成支援の重要度の高まりを背景に、キャリアコンサルタントに求められる社会的役割は拡大・深化している。

　こうした変化を踏まえ、キャリアコンサルタントに求められる具体的な役割のうち、主なものを以下に挙げる。

　第 1 に、職業を中心にしながらも個人の生きがい、働きがいまで含めたキャリア形成を支援するという役割である。これはキャリアコンサルタントの基本的な役割である。

　第 2 に、個人が自らのキャリアマネジメントにより自立・自律できるように支援する役割である。個人の主体的な学び直しを通じたキャリアアップ・キャリアチェンジや、仕事と治療の両立、子育て・介護等と仕事の両立、あるいは、中高年齢者のキャリア充実など、個人がキャリアについて考えるべき機会は増えている。しかし、これらを個人の力だけで行うことは難しいため、それを支援するという役割である。中長期的なキャリア形成に資する学び直しを効果的に行う前提としてキャリアコンサルティングを実施することや、ジョブ・カードの作成支援を適正かつ効果的に運営することなども含まれる。

　第 3 に、個人と組織が共生的な関係でいられるよう支援する役割である。組織に対する支援や働き掛けなどを行うことのほか、個人に対する相談支援の際に個人の立場に加えて組織との関係についても考えることなども求められる。前者の代表的なものとしては、セルフ・キャリアドックをはじめとする企業内での在職者に対するキャリア支援の環境整備や、キャリア開発や組織開発、人的資源管理等に関する理解を踏まえた企業内での人事部門等との連携などが挙げられる。

　第 4 に、キャリア形成やキャリアコンサルティングに関する教育・普及活動などを行うという役割である。個人への支援を行きわたらせることに役立つほか、組織（企業）・環境への働き掛けを円滑に行うことにも資するものである。

▼

キャリアコンサルティングを
行うために必要な知識

ここからは、キャリアコンサルタントを目指そうという人や、既に資格を有している キャリアコンサルタントが、キャリアコンサルティングの理論やキャリアコンサルティングに関する法制度・施策などについて学びやすいよう、キャリアコンサルティング実施のために必要な能力体系に沿った形で記載する。

　キャリアコンサルタントになるためには、カウンセリング理論、相談技法、労働政策や労働法、労働市場に関することなど、さまざまなことを学ばなければならないが、人事パーソンは、日常の業務を通じて、労働政策や労働法などの知識や一定の相談スキルなどを身に付けていることも多い。ここで、キャリアコンサルティングに関することを体系的に学べば、業務にも役立つと思われるが、忙しくてそこまでの時間はないという方も多いかもしれない。

　そのような場合は、見出しや図表だけでもよいので、目を通していただきたい。自らすべて学ばなくとも、キャリアコンサルタントというのはどのようなことを学んでおり、何が期待できる人たちなのかについてイメージをつかむことができるのではないかと考えるからである。そうして、キャリアコンサルタントを「使う」ことの意味を考え、「使いこなす」ためにはどうすればよいのかを考えてみていただければ幸いである。

1. キャリアに関する理論

　キャリアに関する理論は、キャリアを捉える視点から、大きく①個人の側から見る、②組織の側から見る——という二つに分けられる。

　①個人の側から見ると、キャリアは、人生の中で、何のために、どのような仕事をするのか、そのためにどのようなプランを立て、どうしていくのかという視点で捉えることになる。このため、仕事を通じて、いかに生きるか、が課題となる。

　一方、②組織の側から見ると、個人は、組織が目標を達成するために必要な資源の一つ（人的資源）ということになる。このため、組織の中で個人の能力をいかに伸ばし、発揮させていくのかが課題になる。

　キャリアについての研究は、学際的な分野であり、心理学、経営学、教育学、社会学など、関連する学問分野は多い。一概に分類しづらいところはあるが、

本節では、初めて学ぶ者にとっても分かりやすいよう、この二つの見方に加え、アプローチの仕方についても意識し、基礎的な理論を押さえていく。[**図表 3-1**] は、キャリアについての代表的な理論を、俯瞰（ふかん）できるように、まとめたものである。

[1] 職業選択の理論

職業選択の理論としては、①特性・因子理論、②個人環境適合理論、③意思決定理論、④社会的学習理論などがある。

キャリア発達も職業選択に影響を与えるが、キャリア発達の理論については、後掲 [2] で取り扱う。

（1）特性・因子理論

①パーソンズ（Parsons, F.：1854 ～ 1908）

パーソンズは、1909 年、『職業の選択』を著し、後に「特性・因子理論」と呼ばれる理論の原型となる考え方を発表した。彼は、この考えに基づいて、職業指導を行うことを提唱し、職業指導運動を創始した。「職業指導の父」と呼ばれている。

パーソンズの有名な言葉に「丸いくぎは丸い穴に」がある。人には個人による違い、職業には職業による違いがあるが、両者をうまく適合させることが可能であり、それが良い職業選択であるという考えを示すものである。その根底には、「人と職業の適合」という基本原理（個人の特性と職業に求められる能力などがマッチしていればいるほどよい）があり、「マッチング理論」とも呼ばれる。

パーソンズの理論の背景には、当時のアメリカにおいて、産業革命によって急激な経済成長と都市部への人口集中が進む中、離職率が高まり、失業問題が社会不安を引き起こしていたことがある。パーソンズは、この状態を招いているのは、労働者の技能不足ではなく、場当たり的な職の探し方に原因があり、人と職業の適合を支援すれば、労働者を適職に導くことができる、と考えた。

パーソンズは、職業選択に当たり、

①自分自身（適性、能力、興味、目標、強み、弱みなど）についてはっきり理解すること

②仕事（仕事の内容、求められる要件、有利な点・不利な点、報酬、就職の機

図表3-1 本書で取り上げる主なキャリアの理論家とアプローチの整理表

視　点				アプローチ		代表的な理論家	
個人の側から	職業選択の観点	何を選択するか	特性・因子	個人特性と職業特性のマッチングで職業選択を説明した		1.[1](1)①	パーソンズ
						1.[1](1)②	ウイリアムソン
			個人・環境の適合	人はパーソナリティに合ったキャリア選択をする		1.[1](1)③	ロー
						1.[1](2)①	ホランド
						1.[1](2)②	プレディガー
		どう選択するか	意思決定	どのように職業を選択するかに焦点を当てた		1.[1](3)①	ジェラット
						1.[1](3)②	ティードマン
						1.[1](3)③	ヒルトン
			社会的学習	人はいろいろなことが起こる中で、学び、職業を選択する		1.[1](4)①	クランボルツ
個人・組織の側から	発達の観点			生涯にわたるキャリア発達の解明に焦点を当てた		1.[2](1)	ギンズバーグ
						1.[2](2)	スーパー
						1.[2](3)	シャイン
個人の側から				人は転機に選択と意思決定を繰り返すことにより発達し続ける		1.[2](4)、10.[1]	シュロスバーグ
						1.[2](5)、10.[2]	ブリッジス
						1.[2](6)、10.[3]	ニコルソン
				変化の激しい社会を前提とする		1.[3](1)	ホール
						1.[3](2)	ハンセン
						1.[3](3)	プライヤーブライト
						1.[3](4)	サビカス
組織の側から						1.[4](1)①	テイラー
						1.[4](2)①	メイヨーら
						1.[4](2)②	バーナード
						1.[4](3)①	マズロー
						1.[4](3)②	マクレガー
						1.[4](3)③	ハーズバーグ

資料出所：筆者作成

頁数	概　要
47	特性・因子理論。職業指導の父。「丸いくぎは丸い穴に」
50	特性・因子理論をカウンセリングに取り入れ、心理テスト等を用いて、人と職業のマッチングを基本とする「特性・因子理論カウンセリング」を確立
50	フロイト（2.［4］(1)）、マズロー（1.［4］(3) ①）の影響を受け、パーソナリティと職業選択を関連づけ、職業を対人、対物に二分した
50	パーソナリティ、環境をそれぞれ6タイプ（六角形モデル、RIASEC）に分け、パーソナリティと環境が調和しているほうがより良い職業選択であるとした。これに基づき、職業興味検査（VPI）を開発
52	ホランド（1.［1］(2) ①）を継承し、六角形の領域の基礎は4要素であるとし、ワークタスク・ディメンションにまとめた
53	意思決定のプロセスを重視し、連続的意思決定モデル（予測→価値→基準）を提唱
54	キャリアの意思決定には、区別化と統合化の2要素があり、そのプロセスは予期と実行の2段階からなる
54	認知的不協和理論を意思決定理論に応用
55	社会的学習理論、自己効力感を提唱したバンデューラ（1.［1］(4) ②）の影響を受け、計画された偶発性（プランドハプンスタンス理論）を提唱
57	職業選択のプロセスを発達的に捉えた
58	キャリアを「役割（ライフスペース）」と「時間軸（ライフステージ）」で捉え、ライフ・キャリア・レインボーを提案
62	キャリアを外的キャリア、内的キャリアの2軸で説明。キャリアにおける自己概念であるキャリア・アンカーを提唱するとともに、組織内でのキャリア発達をキャリア・コーンで示した
66、262	転機には、予測していた転機、予測していなかった転機、期待していたことが起こらなかった転機の3タイプがある。転機に対処するためには、四つのSを活用することが重要
66、263	転機は、終わり→ニュートラルゾーン→始まりの3段階からなる
66、264	転機は、準備→遭遇→適応→安定化の四つのサイクルで展開される
66	他者との関係を重視する関係性アプローチの立場から、「プロティアン・キャリア」を提唱
67	男性中心、仕事中心にキャリアを考えるのでなく、人生の四つのLを統合する統合的ライフ・プランニングを提唱
68	一つの「正解」を見いだそうとするのでなく、一人ひとりが偶然を活かしてキャリアを発展させていくことを推奨
69	スーパー（1.［2］(2)）のキャリア発達理論のほか、さまざまな理論を統合し、職業パーソナリティ、キャリア・アダプタビリティ、ライフテーマからなるキャリア構築理論を提唱
72	標準的な作業方法、作業時間を研究して課業として明示し、科学的管理を実施。経済人モデル
73	ホーソン実験を実施し、職場の人間関係に気づき、人間関係論を提唱。社会人モデル
73	組織は、目標を達成するだけでなく、組織を構成する個人の意欲を満たすことも重要。自律人モデル
74	生理的欲求から安全への欲求、所属と愛の欲求、承認の欲求を経て自己実現欲求に至る欲求階層説を提唱。自己実現人モデル
75	X理論、Y理論を提示し、Y理論のほうが適切であるとした
75	職務満足や不満足を規定する要因には、満足を規定する動機づけ要因と不満足を規定する衛生要因があるとした

会、将来性など）について情報を得ること

③①②について、合理的な推論をし、人と仕事とのマッチングをすることが必要であるとし、これを行うために、❶個人資料の記述、❷自己分析、❸選択と意思決定、❹カウンセラーによる分析、❺職業についての概観と展望、❻推論とアドバイス、❼選択した職業への適合のための援助、の七つが必要であるとしている。

　パーソンズの理論は、人の成長や発達にあまり焦点を当てていないという批判もあるが、職業適性検査の開発のほか、職務分析、職業分類、職業情報などを行う上での基礎となっているものである。

②ウイリアムソン（Williamson, E. G.：1900 ～ 1979）

　ウイリアムソンは、「特性・因子理論」の考え方はカウンセリングに有効であるとし、カウンセリングに取り入れた（特性・因子カウンセリング）。ウイリアムソンが行ったカウンセリングについては、後掲2.［5］をご覧いただきたい。

③ロー（Roe, A.：1904 ～ 1991）

　臨床心理学者であったローは、フロイトに代表される精神分析理論（2.［4]）とマズローの欲求階層説（［4］（3）①）に依拠し、パーソナリティと職業選択を関連づけた。彼女は、親の養育態度がパーソナリティ、さらに、その後の職業に影響を与えるとした。親に愛情深く育てられれば対人的な仕事を、親から関心を持ってもらえずに育てられれば対物的な仕事を選ぶといった仮説である。この理論は実証されていないが、職業分類に当たって、対人的なものと対物的なものに分けるという方法を提起したものである。

（2）個人環境適合理論

①ホランド（Holland, J. L.：1919 ～ 2008）

　ホランドは、個人の性格に着目し、個人の性格を六つのタイプに分けた。また、人は、人と環境との相互作用の中で発達すると考え（個人環境適合理論。P-E fit theory：Person-Environment fit theory）、個人の性格と環境が調和しているほうが、より良い職業選択であり、より良い仕事ができるとした。ホランドは、個人の性格と環境が相互作用の中で発達する様子を図式化した［**図表3-2**］。

　ホランドの理論の骨子は、次のとおりである。
①大多数の人の性格は、現実的（Realistic）、研究的（Investigative）、芸術的

図表3-2 個人と環境の適合イメージ

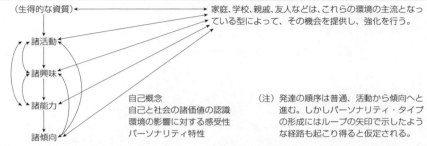

人　間　　　　　　　　　　　　　　　　　　　　　　環　境

（生得的な資質）←→　　　　　　　　→　家庭、学校、親戚、友人などは、これらの環境の主流となっ
　　　　　　　　　　　　　　　　　→　ている型によって、その機会を提供し、強化を行う。

諸活動←→

諸興味←→

諸能力←→　　　　　自己概念　　　　　　　　（注）発達の順序は普通、活動から傾向へと
　　　　　　　　　　自己と社会の諸価値の認識　　　　進む。しかしパーソナリティ・タイプ
　　　　　　　　　　環境の影響に対する感受性　　　　の形成にはループの矢印で示したよう
諸傾向←→　　　　　パーソナリティ特性　　　　　　　な経路も起こり得ると仮定される。

資料出所：J. L. Holland 原著、労働政策研究・研修機構『VPI 職業興味検査手引　改訂第 3 版』日本文化科学社
（2002 年）P.29.

（Artistic）、社会的（Social）、企業的（Enterprising）、慣習的（Conventional）
の六つのパーソナリティ・タイプのうちの一つに分類できる（頭文字を取っ
て「RIASEC」と呼ぶ）

②私たちが生活する環境も、①と同じように、現実的、研究的、芸術的、社会
的、企業的、慣習的の六つの領域に分類できる（同じく、頭文字を取って
「RIASEC」と呼ぶ）

③個人は、自分の役割や能力を発揮できるような環境を求める

④人の行動は、パーソナリティと環境の特徴との相互作用によって決定される

　ホランドは、性格を一つの分野に限定して捉えるのでなく、六つの分野のう
ち上位 3 領域の頭文字を並べて「スリーレターコード」と呼んだ（例えば
「ASE」など）。

　六つの領域には関連性があり、似ているものと似ていないものがあるとし、
六角形の図で表した **[図表 3-3、3-4]**。対角上に位置する領域同士は最もかけ
離れ、隣の角に位置する領域同士は似ている領域である。

　各人のプロフィールをこの六角形モデルの上で表してみると、例えば興味領
域が一貫して安定していることや、職業選択の方向性が絞り込めていないこと
などが視覚的に分かる。

　ホランドは、この理論に基づいてキャリアガイダンスの代表的なツールの一
つである職業興味検査（VPI：Vocational Preference Inventory）を開発した。
VPI は日本にも導入され、大学生等の進路指導に貢献している（VPI について
は、「第 4 章 2. [2]（2）アセスメント・スキル」を参照すること）。

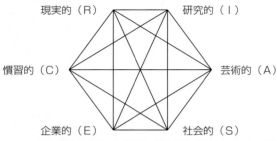

図表3-3 ホランド六角形モデル（パーソナリティ・タイプの相互関係）

現実的（R）　　　　　研究的（ I ）

慣習的（C）　　　　　　　　　　芸術的（A）

企業的（E）　　　　　社会的（S）

資料出所：Holland, J. L.（1997）（渡辺三枝子、松本純平、道谷里英 共訳『ホランドの職業選択理論―パーソナリティと働く環境―』雇用問題研究会 [2013年] P.69-77）を基に筆者作成（[図表3-4] も同じ）

図表3-4 六つの環境

現実的環境 （Realistic：R）	物や道具、機械を対象とする具体的で現実的な仕事や活動の領域
研究的環境 （Investigative：I）	研究や調査のような研究的、探索的な仕事や活動の領域
芸術的環境 （Artistic：A）	音楽、芸術、文学など芸術的領域での仕事や活動の領域
社会的環境 （Social：S）	人と接したり、人に奉仕したりする仕事や活動の領域
企業的環境 （Enterprising：E）	企画・立案、組織の運営や経営などの仕事や活動の領域
慣習的環境 （Conventional：C）	定まった方式や規則に従って行うような仕事や活動の領域

②プレディガー（Prediger, D. J.：1934 ～ 2019）

　プレディガー（1993）は、ホランドの研究を継承し、ホランドの六角形の領域の基礎となっているものは、①データ、②アイディア、③ひと、④ものという四つの要素（ワークタスク）であるとし、これをワークタスク・ディメンションにまとめた [図表3-5]。

　「データ」はデータと関係する活動、「アイディア」は研究者、芸術家などが行うようなアイディア的活動、「ひと」は援助など対人的活動、「もの」は機械、道具など対物的活動である。プレディガーは、これら四つを二つの次元にまとめ、ホランドの六つの領域を「データ」対「アイディア」、「ひと」対「もの」の2軸で整理した。

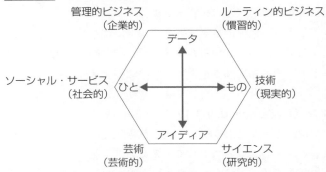

図表3-5 ワークタスク・ディメンション

資料出所：Prediger, D., Swaney, K. & Mau, W.-C. (1993) Extending Holland's hexagon: Procedures, counseling applications, and research. Journal of Counseling & Development, 71(4), P.423.

(3) 意思決定理論

①ジェラット（Gelatt, H. B.：1926 ～ 2021）

　職業選択は、職業に関する意思決定の連鎖的なプロセスである、とする立場がある。「意思決定理論」と呼ばれ、大まかに①意思決定のプロセスを重視する立場（ジェラット、ティードマン、ヒルトンなど）と、②意思決定の要因を重視する立場（クランボルツ、バンデューラなど）に分けられる。

　ジェラットは、意思決定のプロセスを重視する論者の1人である。自己理解と職業理解などさまざまな情報を用いた探索的な選択を繰り返し、選択肢を絞った後に最終的な決定に至るというもので、1962年に「連続的意思決定モデル」（予測→価値→基準）を提唱した。

　連続的意思決定モデルでは、意思決定のプロセスにおいて、

①予測システム：選択可能な行動とその結果の予測を行う

②価値システム：予測される結果の望ましさを評価する

③基準システム：各選択肢の価値について、基準に照らして評価し、選択・決定する

という三つの戦略を用いる。

　ジェラットは、1980年代後半から、社会経済状況の変化が激しくなっている状況を踏まえ、「積極的不確実性（Positive Uncertainty）」を重視するようになった。現代のような、不確定要素が多く、将来の予測が難しい時代には、不確実性を前向きに捉え、それを受容する態度で意思決定に臨むということであ

る。これは、かつて提唱した連続的意思決定モデルを否定するものではなく、社会経済状況に応じた意思決定の枠組みを提供するものである。

　分かりやすく言えば、連続的意思決定モデルは、情報を集めて、どの仕事がよいか検討し、職業を決めるといったイメージ、積極的不確実性は、先が見通しにくいけれども、それを前向きに捉えて職業選択をするといったイメージである。

②ティードマン（Tiedeman, D. V.：1919 ～ 2004）

　ティードマンは、キャリア形成を、一連の意思決定プロセスによってもたらされる自己概念の変化のプロセスとして捉えており、個人のアイデンティティが形成されるに従って、意思決定もより良いものとなるとする。

　ティードマンの理論では、キャリア開発における意思決定には、「区別化」と「統合化」という二つの要素があり、さらに、意思決定のプロセスは「予期の段階」と「実行の段階」の二つからなるとされる。それぞれの段階は、さらに、以下の段階からなる。

●予期の段階

　探索：多くの選択肢を探す

　結晶化：選択肢を絞り込む

　選択：絞り込まれた選択肢の中から自分に合ったものを選択する

　明確化：選択肢を具体化・明確化する

●実行の段階

　導入：目標実現のために行動する

　変革：新しい知識、問題解決方法を身に付ける

　統合：目標の実現

　分かりやすく言えば、予期の段階では、選択肢を探して絞り込み、これだと決める、実行の段階では、行動し、学ぶことにより、これまでと違う自分になるといったイメージである。

③ヒルトン（Hilton, T. J.：1924 ～ 2013）

　ヒルトンは、心理学で使う認知的不協和理論（人は矛盾する認知を抱えた時に不快を感じ、不快を軽減させるために認知や行動を変化させるという理論。フェスティンガー［Festinger, L., 1957］が提唱した）を意思決定プロセスに応用し、キャリア意思決定モデルを提唱した。

　キャリア意思決定モデルは、職業選択も、これと同じメカニズムで行われる

というもので、自分の考えと矛盾した情報があった時に、認知的不協和が生じ、これを軽減させる方向で調整が行われ、この繰り返しにより、意思決定が行われる。

　仕事探しを例にして言えば、自分の希望と仕事の条件が不協和だった場合、希望を調整して仕事を探すことを繰り返すといったイメージである。

（4）社会的学習理論

①クランボルツ（Krumboltz, J. D.：1928 ～ 2019）

　クランボルツは、キャリア選択をさまざまな経験や個人を取り巻く人々との相互作用の結果であると考え、「キャリア意思決定における社会的学習理論」（Social Learning Theory of Career Decision Making）として理論化した。

　この理論では、キャリア選択のプロセスに影響を及ぼす要因は、
①遺伝的特性（人種、性別、身体条件、知能、運動能力など）
②環境（求人数、雇用・訓練機会、労働条件、労働政策など）
③学習経験（直接経験によって得たもののほか、他人を観察することによって得たもの）
④課題解決スキル（①～③を踏まえ、課題解決に向けて取り組むスキル）
の四つで、これらが影響し合ってキャリア選択につながる、とした。

　クランボルツは、学習理論をカウンセリングに適用した、行動カウンセリングの提唱者だが、次第に「キャリア意思決定における社会的学習理論」の考えだけでは、変化の激しい社会においてクライエントを援助する上で十分でないと考えるようになった。そして、キャリアカウンセリングにおける学習理論（LTCC：The Learning Theory of Career Counseling）を提唱するようになった。クライエントは、①自分の能力や興味を広げていく必要がある、②変化し続ける仕事に備えなければいけない、③診断されるのでなく行動するよう勇気づけられる必要があり、キャリアカウンセラーは、職業選択だけでなくキャリア全般の援助で主たる役割を担う必要があるとした。

　さらに、クランボルツは、1999 年に「計画された偶発性」（プランドハプンスタンス理論、Planned Happenstance Theory）を提唱した[※1]。従来のキャリア理論では偶然の影響にほとんど注目してこなかったが、「予期せぬ出来事がキャリアの機会に結びつく」という理論である。予期せぬ出来事によってキャリアが決定されるが、自らの主体性や努力によって偶発的な出来事をキャリアに最大限に活用していくことを強調している。クランボルツは、「偶然の出来

事」を「計画された偶発性」とするためには、①好奇心、②持続性、③柔軟性、④楽観性、⑤冒険心の五つのスキルが必要であるとしている。

　人は学習し、行動を変化させることができる存在である。人は、従来の行動を変化させたり、新しい行動を獲得することによって、変化し続ける環境に対応できるという考え方は、変化の激しい現代においてキャリア問題に直面している人々に勇気を与えるものであろう。

> ※1　商標登録の関係で、クランボルツは『Luck Is No Accident : Making the Most of Happenstance in Your Life and Career』の中で「Planned happenstance」ではなく、「Luck is no accident」と呼んでいた。

▶COLUMN　**学習と認知**

　学習（Learning）：「学習」というと、学校の勉強を思い浮かべる方も多いと思うが、心理学では、学習とは「経験によってもたらされる持続的な行動変容及びその過程」と定義される。

　認知（cognition）：「認知」とは、平たく言えば「知ること」だが、学術用語としては、「知覚、記憶、学習、思考を含む、より広範な各種知的行動の総称」として用いられている。

---

②バンデューラ（Bandura, A.：1925〜2021）

　バンデューラは、社会的学習理論（Social Learning Theory. 後に社会的認知理論 Social Cognitive Theory に改訂）、自己効力感（Self-Efficacy）などを提唱した心理学者である。

　社会的学習理論とは、社会関係性に着眼した学習理論で、自ら経験したことからだけでなく、他者の行動を観察したり、模倣したりすること（モデリング）によっても学習が成り立つというものである。ちなみに、それ以前の学習理論（行動主義的学習理論）では、自ら行動したことに対し何らかの刺激が加わることによって学習が成立するとされていた。

　自己効力感とは、自分がある行動を遂行できるという自己評価である。バンデューラは、自己効力感を高める上では、①成功体験、②代理的体験、③社会的説得、④身体的感情的状態のコントロールが有効だとしている。成功体験と

は、あることを自分の力でやり遂げた経験であり、これが最も有効性が高い。代理的体験とは、他者の体験を通じて学ぶというもので、自分と似たような人が努力して成功しているのを見聞きすることである。社会的説得は、他者から認められたり、励まされたりすることである。身体的感情的状態のコントロールとは、身体的状態を良好な状態に保ち、ストレスを軽減することによって、ポジティブな気分を保つということである。

　社会的学習理論は、行動主義的学習理論の流れの中から誕生したものだが、学習を認知の過程の一つとして捉えていた。後にバンデューラが社会的認知理論と改訂したのは、学習のみならず、広く認知を対象にし、より一般化して人間の行動を理解しようとしたものだと考えられる。なお、バンデューラは、個人の認知の中でも特に自己効力感を重視している。前記①で説明したクランボルツは、自己効力感の概念を用いてキャリア発達論を展開している。

　人は、キャリア選択に当たって、自己効力感が高い分野や職業を選択する傾向がある。また、自己効力感が高い人は、チャレンジでき、それに成功することにより、さらに自己効力感を高めることができる。自己効力感の概念は、キャリア発達のみに関わる枠組みではなく、人間行動の理解に適用されるものであるが、従業員などの支援を行う立場としては、ぜひとも押さえておきたい概念である。

[2] キャリア発達の理論

（1）ギンズバーグ（Ginzberg, E.：1911 ～ 2002）

　エコノミストであったギンズバーグ（1951）は、職業選択のプロセスを発達的に捉える職業的発達理論を提唱した。

　具体的には、①職業選択は、長期の発達的なプロセスである、②そのプロセスは、非可逆的である、③そのプロセスは、個人の欲求と現実の調整（最適化）の過程である、とし、空想期（11 歳以下）、試行期（11 ～ 17 歳）、現実期（17 ～ 20 歳代初期）の各段階を経るものと考えた。試行期は、興味、能力、価値、移行の各段階からなり、現実期は、探索、結晶化、特定化の各段階からなるという。

　職業選択のプロセスを発達的に捉えるというギンズバーグの考え方は、スーパーに受け継がれ、大きく発展した。

（2）スーパー（Super, D. E.：1910〜1994）

　スーパーは、ギンズバーグが提唱した職業的発達の概念を発展させ、キャリアに関する包括的理論を打ち立てた。

①キャリア発達と自己概念

　スーパーは、キャリア発達は、自己概念を実現するプロセスであると考えた。

　また、キャリアを生涯にわたって発達し変化するものだと考え、5段階からなる職業的発達理論を提唱した。5段階とは、①成長段階（児童期〜青年前期）、②探索段階（青年前期〜成人前期）、③確立段階（成人前期〜40歳代中期）、④維持段階（40歳代中期〜退職まで）、⑤下降段階（65歳以上）である［**図表 3-6**］。

　また、キャリア発達のプロセスは、職業を通して自己概念を実現するプロセスだと考えた。「自己概念」とは、人が主観的に形成する自己についてのイメージ（主観的自己）と、他者からの客観的フィードバックに基づいて個人が形成した自己についてのイメージ（客観的自己）とが、個人の経験を通じて統合して構築されていくものだという。分かりやすく言えば、個人が家庭、学校、地域、職場などで体験したことやフィードバックされたことから形成される自己イメージといえるだろう。

　自己概念には、肯定的なものと否定的なものがあり、肯定的な自己概念は人を積極的に行動させ、否定的な自己概念は人を消極的にする。また、否定的な自己概念は、職業選択を不適切なものとしたり、不満足な結果を生み出したりすることが多い。

②ライフ・キャリア・レインボー

　さらに、スーパーは、キャリアを「役割（ライフスペース、ライフロール）」と「時間軸（ライフステージ、ライフスパン）」の二つの次元で捉え、これを視覚的に示したライフ・キャリア・レインボー（Life Career Rainbow）を提案した［**図表 3-7**］。

　「役割（ライフスペース）」は、子供、学生、余暇人、市民、労働者、家庭人、その他のさまざまな役割などからなる（スーパーは、さまざまなモデルを提示し、何度も手を入れている。ライフ・キャリア・レインボーも、役割を九つとしたものなどもある）。

　時間軸（ライフステージ）は、前記①で示した5段階である。なお、スーパーは、ライフステージ論で示した五つの発達段階の間に、移行期（Transition）

図表3-6 職業的発達段階（Super, D. E. & Jordaan, J. P. 1974）

発達段階	時期	職業的発達課題	説明
A　成長段階	児童期 青年前期	自分がどういう人間であるかということを知る。職業世界に対する積極的な態度を養い、また働くことの意味についての理解を深める。	1つの役割を果たすこと（しばしば尊敬する成人や友人に自分を同一化する結果として）により、また学校や自由時間、その他の活動によって児童は自分は何がうまくやれるのか、何を好むか、他の人と自分はどんな点で違うかということを理解し、このような知識で自己像というものをつくりあげる。
B　探索段階 　1　試みの段階	青年前期 青年中期	職業についての希望を形づくっていく。	自分に適切だと思う職業の水準や分野について、おおまかな予想を立てていく。
2　移行の時期	青年後期 成人前期	職業についての希望を明らかにしていく。	学校から職場へ、あるいは学校から高等教育機関に移行する。その際おおまかな予想をある1つの選択へと絞っていく。
3　実践試行の時期	成人前期	職業についての希望を実践していく。	暫定的な職業について準備し、またそれを試みることによって、それが生涯にわたる自分の職業となるかどうかを考える。その職業経験はまだ準備的なもので、その経験によって、積極的にその職業を続けるか他の分野に進むかが考えられる。もし他の分野を考えるようになれば、改めてその他の分野が何であるかとかその職業に対する方向づけを行っていかなければならない。
C　確立段階 　1　実践試行の時期	成人前期から30歳ごろまで	職業への方向づけを確定し、その職業に就く。	必要な機能や訓練経験を得て、一定の職業に自分を方向づけ、確立した位置づけを得る。今後起こる職業についての移動は1つの職業内の地位、役割、あるいは雇用場所の変化が主になる。
2　昇進の時期	30歳代から40歳代中期	確立と昇進。	その後経験を積み、輩下を得、また能力を高めることによって、その地位を確かなものにし、また昇進する。
D　維持段階	40歳代中期から退職まで	達成した地位やその有利性を保持する。	若年期が、競争が激しく新奇な発想が豊富なのに比べて、この時期は、現状の地位を保持していくことに、より力が注がれる。
E　下降段階	65歳以上	諸活動の減退と退職。	人びとは、やがてくるかまたは実際に当面する退職にあたって、その後の活動や楽しみを見出すことを考え実行していく。

資料出所：木村　周『キャリアコンサルティング理論と実際 5訂版』雇用問題研究会（2018年）P.37.

ライフ・キャリア・レインボー

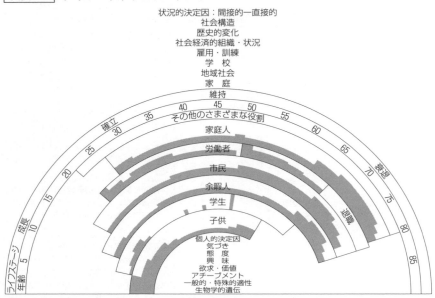

資料出所：Nevill, D. D. & Super, D. E. (1986) The Salience Inventory: Theory, application, and research. Palo Alto, CA: Consulting Psychologists Press, P.4. に筆者加筆

があり、変化のたびに「成長→探索→確立→維持→下降」の小さなサイクルが発生すると言っており、生涯を通じた一連のライフステージを「マキシサイクル」、移行期に発生する小さなサイクルを「ミニサイクル」と呼んだ。そして、キャリアは、ミニサイクルを経ながら、らせん状に発達していくとした。

　ライフ・キャリア・レインボーの図は、それぞれの段階における役割を示したものである。うまくバランスを取りながら役割を果たし、満足できる場合はよいが、そうでない場合はバランスや役割を見直すなど調整が必要となる。

　スーパーは、成人期以降のキャリア発達においては、従来のキャリア成熟（career maturity）という概念とは別に、キャリア・アダプタビリティ（career adaptability）という概念が必要であるとし、成人期以降は社会環境の変化に対応することが重要であると指摘した。キャリア・アダプタビリティの概念は、サビカス（後掲 [3] (4)、2. [10] (2)）に引き継がれている。

③職業的発達の 12 の命題

　また、スーパーは、キャリア発達に関する研究から得た知見を「命題」とい

う形にまとめ上げた。1953年に「職業的発達の10の命題」を示したが、その後、修正を続け、1957年に12、1990年に14の命題とした。ここでは、12の命題を紹介する。

「職業的発達の12の命題」（仙崎・野々村・渡辺［1991］を基に一部改変）

①職業的発達は、常に前進する継続的な、一般に後戻りできない過程である

②職業的発達は、順次性があり、類型化でき、したがって予測することができる一つの過程である

③職業的発達は、ダイナミックな過程である

④自己概念は、青年期以前に形成され始め、青年期にさらに明確となり、職業的な言葉に置き換えられる

⑤現実的要因（個人特性という現実と社会という現実）は、青年期前期から成人へと年齢が増すにつれて職業選択上ますます重要な役割を果たすようになる

⑥親またはそれに代わる人との同一視は、適切な役割の発達、相互に一貫性と調和のある役割取得に影響を与え、また、職業計画やその結果という点から行う個人の役割の意味づけの仕方とも関連性がある

⑦個人の、一つの職業水準から他の水準への垂直移動の方向と比率は、知能、親の経済的水準、地位要求、価値観、興味、対人関係の技術、経済界における需要と供給の状態と関係がある

⑧個人が入る職業の分野は、興味、価値観、欲求、親またはそれに代わる人の役割モデルとの同一視、地域社会の資源、教育的背景の水準と質、地域社会の構造、職業動向、職業に対する態度と関係がある

⑨職業は、能力、興味、性格特性について特徴的な型を求めるが、一つの職業にさまざまなタイプの人が従事できるし、1人の人が異なる職業に従事することができるなどの許容性がある

⑩職業満足や生活上の満足は、個人がその能力、興味、価値観、性格特性に対するはけ口を、仕事の中で見いだす程度に依存する

⑪個人が仕事から得る満足度は、その自己概念を実現できた程度に比例する

⑫仕事と職業は、たいていの男女にとって人格構成上の一つの焦点となる。一部の人にとっては、この焦点が一時的、偶然的、または全く存在しなかったりする。また、社会的活動や家庭が焦点となることもある

（3）シャイン（Schein, E. H.：1928 〜）

　発達的視点、臨床的視点を持った組織心理学者であるシャインは、組織の中の個人に目を向け、個人と組織の相互作用と個人のキャリア発達に着目した。そして、キャリアを外的キャリア（external career）と内的キャリア（internal career）の二つの軸から説明した。外的キャリアは、一般的に現実社会で認知される職業や地位、処遇など外的な基準で示されるキャリアであり、内的キャリアは、個人のキャリアの内的側面、内的価値に焦点を当てる主観的なキャリアである。以下、彼が提唱した、①組織と個人のニーズの調和に関係する三つのサイクル、②キャリアにおける自己概念であるキャリア・アンカー（career anchor）、③組織内でのキャリア発達について説明する。

①キャリアを巡る三つのサイクル

　シャインは、仕事をするのは「個人全体」であるので、キャリアについて考える上では、「仕事・キャリア」のサイクルのほか、「生物学的・社会的」「家族関係」という二つのサイクルについて考える必要があるとした。そして、それぞれのサイクルは重なり合い、影響し合うとして、**[図表3-8]** のモデルを示した。

図表3-8　ライフ・キャリア・家族サイクル相互作用モデル

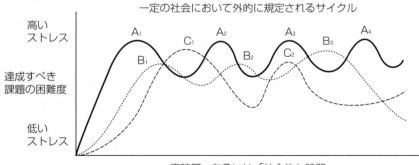

一定の社会において外的に規定されるサイクル

高い
ストレス

達成すべき
課題の困難度

低い
ストレス

実時間、あるいは「社会的」時間

記号解：
A ━━ 生物社会的ライフサイクル　　B ┈┈ 仕事／キャリアのサイクル　　C --- 新家族のサイクル
A_1 青春期　　　　　　　　　　　　B_1 キャリア／組織へのエントリー　C_1 結婚、子ども
A_2 30 代の危機　　　　　　　　　　B_2 在職権の獲得　　　　　　　　　C_2 子どもの成長
A_3 中年の危機　　　　　　　　　　B_3 引退
A_4 老年の危機

資料出所：エドガー・シャイン著、二村敏子・三善勝代訳『キャリア・ダイナミクス—キャリアとは、生涯を通しての人間の生き方・表現である。』白桃書房（1991 年）P.27.

キャリアの段階モデル

　ここまで幾つかキャリアの段階モデルを示してきた。段階モデルは、提唱者のキャリアの捉え方によって少しずつ異なるが、共通点も多い。具体的には、①おおよその年齢を念頭に設定されていること、②それぞれの段階には個人が達成すべき発達課題が示されていることなどである。

　段階モデルに対しては、白人男性をモデルにしたものであり、性・人種によっては当てはまりにくい、少子高齢化、長寿化が進んだ現代では年齢的に違和感があるなどといった批判もある。しかし、重要なことは、何歳からその段階が始まるのかといったことではなく、それぞれの段階には達成すべき課題があり、その課題を達成することによって、心理的、社会的に発達するということである。

　そして、これら三つのサイクルのうち、「仕事・キャリア」のサイクルの段階を九つの段階にまとめた。

①第1段階「探索期」：成長、空想、探究（0〜21歳）

②第2段階「参入期」：仕事の世界へのエントリー（16〜25歳）（役割：新人）

③第3段階「基礎訓練期」：基本訓練（16〜25歳）（役割：初心者）

④第4段階「初期キャリア」：キャリア初期の正社員資格（17〜30歳）

⑤第5段階「中期キャリア」：正社員資格、キャリア中期（25歳〜）

⑥第6段階「中期キャリア危機」：キャリア中期の危機（35〜45歳）

⑦第7段階「後期キャリア」：キャリア後期（40歳〜）（指導者と非指導者に分かれる）

⑧第8段階「下降期」：衰えおよび離脱（40歳〜。衰えの始まる年齢は人により異なる）

⑨第9段階「退出期」：引退

　目安となる年齢は示されているが、シャインのキャリア発達段階の特徴の一つは、年齢と段階を結びつけるというよりも、むしろ組織内の役割と段階を結びつけたところであろう。

②キャリア・アンカー

　シャインは、キャリアの選択を規定する自己概念として「キャリア・アンカー」を提唱した。キャリア・アンカーの「アンカー」は船の錨のことで、転じて「拠り所」となるものを指す言葉である。キャリア・アンカーとは、個人がキャリアを選択する際に、どうしても譲ることのできない価値観や欲求のことである。

　シャインはキャリア・アンカーを、以下の八つのカテゴリーに分類した[2,3]。

①専門・職能別コンピタンス（technical/functional competence）：自分の専門性を追求し、高めることに価値があると考える

②全般管理コンピタンス（general managerial competence）：組織の中で責任ある役割を担うことに価値があると考える

③自律・独立（autonomy/independence）：他者に指揮されず、自律的に仕事をすることに価値があると考える

④保障・安定（security/stability）：身分的・経済的に安定した状態で仕事をすることに価値があると考える

⑤起業家的創造性（entrepreneurial creativity）：新しいものを創造することに価値があると考える

⑥奉仕と社会貢献（service/dedication to a cause）：世の中を良くするために貢献することに価値があると考える

⑦純粋な挑戦（pure challenge）：解決困難な課題に挑戦することに価値があると考える

⑧ライフスタイル（lifestyle）：個人、家族、仕事のバランスを取ることに価値があると考える

　　※2　「コンピタンス」とは、「有能さ」のことである。
　　※3　当初①〜⑤の五つに分類していたが、その後⑥〜⑧を加え、八つとした。

　シャインは、職業的発達におけるキャリア初期段階の重要性を指摘し、この時期にキャリア・アンカーを形成することが、その後の職業選択やキャリア発達を方向づけるとしている。

　シャインは、キャリアを外的キャリアと内的キャリアの二つの軸から説明したが、キャリア・アンカーは、このうち内的キャリアという捉え方を支える概念といえよう。

③組織内でのキャリア発達

　シャインは、組織内でのキャリア発達について「キャリア・コーン」と呼ばれる3次元モデルで示した [**図表3-9**]。

　これによると、組織内でのキャリアは3方向からなる。

①垂直方向：職位や職階を上がる移動（係長、課長、部長などの職に就くなど）

②水平方向：職能での移動（営業部から人事部へなど、異なる職能部門に移るなど）

③中心方向：中心に近づくほど、組織にとってより重要な人物となる（支店から本社に移るなど）

　シャインは、キャリア・アンカーに焦点を当てる一方で、組織内でキャリアを形成していくためには、組織や職務から期待される役割にも注意する必要が

図表3-9 　キャリア・コーン

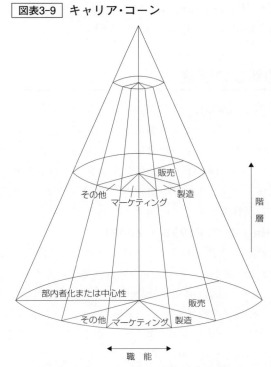

資料出所：Schein, E. H.（1978）（二村敏子・三善勝代訳『キャリア・ダイナミクス―キャリアとは、生涯を通しての人間の生き方・表現である。』白桃書房［1991 年］P.27.）

あるとし、「キャリア・サバイバル」という言葉を用いている。「サバイバル」を直訳すると、「生き残ること」だが、生きるか死ぬかといった切迫した意味合いではなく、キャリア形成がうまくいくためには、個人のニーズと組織のニーズをうまくマッチさせていくことが重要だという趣旨の言葉である。マッチングは静的なものではなく、組織や職務と個人の相互作用は何度も繰り返される。シャインは、キャリアが順調に開発されていくためには、組織の求める具体的な役割やその特徴を把握し、「職務と役割のプランニング」を行う必要があるとしている。

（4）シュロスバーグ（Schlossberg, N. K.：1929 〜）

シュロスバーグについては、後掲 10.［1］で説明する。

（5）ブリッジス（Bridges, W.：1933 〜 2013）

ブリッジスについては、後掲 10.［2］で説明する。

（6）ニコルソン（Nicholson, N.：1944 〜）

ニコルソンについては、後掲 10.［3］で説明する。

［3］ 比較的新しい理論

次に、比較的新しい理論について説明する。どこからが、「比較的新しい」のかについては、いろいろな見方もあるが、本書では、変化の激しい社会を前提にキャリアを考えていくという色合いの濃いものを「比較的新しい」と捉えた。その意味では、［1］（4）①で紹介したクランボルツが 1999 年に提唱した、計画された偶発性（プランドハプンスタンス理論）のほか、後掲 10. で説明する転機と関係する理論なども、この項に入り得るものである。

（1）ホール（Hall, D. T.：1938 〜 2008）

アメリカの組織心理学者であるホールは、キャリアは他者との関係の中で互いに学び合うことで形成されていくという関係性アプローチの立場から、新たに「プロティアン・キャリア」（protean career）の概念を提唱した（Hall, 1976）。「プロティアン」という言葉は、ギリシャ神話に出てくる思いのままに自分の姿を変えることができる神であるプロテウスから取ったもので、「変幻自在である」ことを意味する。「プロティアン・キャリア」とは、環境の変化に応じて柔軟に変わることのできる変幻自在なキャリアのことであり、組織の中よりもむしろ個人によって形成され、個人のニーズによって変更されるものである。

ホール（1996）は、キャリアを巡る環境が変化する中で、キャリア支援者に求められる役割として、以下の10項目を挙げている。

①キャリアを持っているのは個人であるという認識からスタートする

②個人のキャリア形成の努力に対して、情報提供や支援を行う

③キャリア支援者の役割はキャリア形成につながる経験を仲介するブローカーである

④常に研鑽し、キャリア形成のための情報やアセスメントの専門家となる

⑤組織、従業員双方に、キャリア形成のための情報を発信する

⑥長期プランの作成支援より、今後数年間の仕事についてのプランニングを支援する

⑦難しい仕事に連携して取り組む中で、それを活かして学習することを促進する

⑧組織への働き掛けを行う

⑨高業績だけを評価するのでなく、転職や異動などから学ぶことについても評価する

⑩現在の仕事、人事評価、メンタリングなどがキャリア形成に役立つことに気づかせる

　なお、ホール（1976）もキャリア段階を設定している。「探索期」「確立期」「親展期」「維持期」「退出期」の5段階である。

(2) ハンセン（Hansen, L. S.：1929 ～ 2020）

　ハンセンは、「統合的ライフ・プランニング（ILP：Integrative Life Planning）」を提唱した。「統合的ライフ・プランニング」とは、人生やキャリア設計に当たって、仕事に関することだけでなく、より全体的なアプローチをすべきであるという考えで、背景には多くの領域で速いスピードで変化が生じ、これに社会が追い付いていないということがある。

　統合的ライフ・プランニング理論では、① Labor（労働）、② Learning（学習）、③ Leisure（余暇）、④ Love（愛）を人生の四つの要素（「人生の四つのL」）であるとし、これら四つが統合されることによって、人は意味ある人生を送ることができるとしている。

　ハンセン（1997）は、人生における六つの重要課題として、以下のことを挙げている。

①グローバルな視点でキャリア選択を行う

キャリア選択に当たっては、自分のニーズに合っているかという視点だけでなく、技術革新、環境、職場、家族、ジェンダーなどの問題やニーズを解決する上で役に立つかというグローバルな視点からも考える。

②さまざまな役割を組み合わせ、意味のある人生とする

　キャリア選択に当たっては、仕事と仕事以外の人生のさまざまな役割をうまく組み合わせ、意味のある人生としていく。

③家族と仕事のつながりを意識し、男女の役割を見直す

　共働き家庭やひとり親家庭が一般的になっていることを踏まえ、男女がともにキャリアを開発していけるよう、社会・家族における男女の役割を見直していく。

④多様性を活かす

　人種、宗教、性別、年齢、障害の有無、性的指向など、さまざまな多様性を受け入れ、価値を認め、互いの相違を活かしていく。

⑤仕事に精神的な意味を見いだす

　精神性（spirituality）の重要性を認め、仕事に精神的意味を見いだす。キャリアを物語として考え、意味を探究する。

⑥個人の転機（transition）と組織の変革にうまく対処する

　一生一つの会社に勤務する時代でなくなり、自律的に自分のキャリアを選択し、人生の変化に柔軟に対応できるスキルが必要となってきた。キャリアの専門家は、個人が変化にうまく対処できるよう支援することが求められる。

　ハンセンの統合的ライフ・プランニングは、社会における問題点を取り込んだ統合的なものであり、男性中心、仕事中心的発想で、精神性について考えなかった従来のキャリア理論から見ると新鮮なものであった。彼女は、統合的ライフ・プランニングの説明に当たって、「キルト」という言葉を使って、さまざまな役割、さまざまな要素が互いに縫い合わされ、統合されていくさまを表現した。

（3）キャリア・カオス理論

　オーストラリアの学者であるプライヤー（Pryor, R. G. L.）とブライト（Bright, J.）は、カウンセリング・モデルを補うものとして、キャリア・カオス理論（CTC：Chaos Theory of Careers）を形成した。

　カオス理論は、気象学者のローレンツが発見した数学の理論で、予測の難し

い分野で用いられている。カオス理論では、ほんの少しの違いがその後の結果を大きく変えてしまう一方、不規則に見える複雑な現象であっても、その背景には何らかのパターンがあり、全体としてはある範囲内で変化しているとみる。

これをキャリアに応用したキャリア・カオス理論では、人は変動の激しい社会に生きているということを受け止め、キャリアが偶然によって不規則に変化する中で、一つの「正解」を見いだそうとするのでなく、一人ひとりが偶然を活かしてキャリアを発展させていくことを推奨する。

キャリア・カオス理論では、❶複雑性（complexity：複雑であることを意識すること）、❷創発性（emergence：潜んでいる意味を見いだすこと）、❸非線形性（nonlinearity：比例関係でなく、小さな変化が大きな変化を生み出すこと）、❹非予測性（unpredictability：偶然が影響を与えること）、❺フェイズ・シフト（phase shift：急激に変化すること）、❻アトラクタ（attractor：制約を与えること）という六つの視点から、キャリアを考える。すなわち、人は、複雑な中で生きており（❶）、制約があるが（❻）、そこから浮かび上がるものに気づけば（❷）、偶然を活かして（❹）、大きな変化を起こす（❸）ことができるという。

（4）コンストラクション系のキャリア理論

キャリアを、構築論的（自分のキャリアは自分で作る）、物語論的（キャリアを一つの物語のように考える）、構成論的（広い意味で他者とともに考える）にとらえる理論もある。

いわゆるコンストラクション系のキャリア理論だが、その背景には、安定的なキャリアが想定しにくくなったということがある。かつては、「1回の職業選択を正しく行う」という考え方であったが、世の中が不安定で動的で流動的なものとなり、そのように考えないと、キャリア発達やキャリア支援がうまくいかなくなったということであろう。

ここでは、サビカスのキャリア構築理論を紹介する。

• サビカス（Savickas, M. L.：1947 ～）

キャリア心理学者であるサビカスは、スーパーのキャリア発達理論を引き継ぐとともに、パーソンズからホランドに至る特性・因子理論や個人環境適合理論、さらに、さまざまなキャリア発達理論を統合し、キャリア構築理論（Career Construction Theory）を組み立てた。キャリア構築理論は、理論化に当たって社会構成主義を用いている。社会構成主義というのは、分かりやすく言えば、

人との関係が主観的側面を重視している。

　キャリア構築理論は、職業パーソナリティ（vocational personality）、キャリア・アダプタビリティ（career adaptability）、ライフテーマ（life theme）という三つの主要概念から成り立っている。

　「職業パーソナリティ」は、個人差を捉えるもので、キャリアに関連する能力、ニーズ、価値観、興味によって定義される。ホランドに代表される個人環境適合理論（Person-Environment fit theory, P-E fit theory）の延長線上にある概念だが、サビカスは、ホランドの六角形モデルについて、幅広く活用でき、個人や環境を集団の中で評価する上では役に立つが、個人の主観的な経験の意味や独自性を把握することは困難であると指摘している。また、職業的興味は変化するものであるとし、重視してはいけないと指摘した。

　「職業パーソナリティ」は、どんな職業が自分に合っているのか（What）に係わる概念である。

　「キャリア・アダプタビリティ」は、スーパーによって提示された概念だが、サビカスはこれをキャリア構築理論の中核概念として取り入れた。キャリア・アダプタビリティは、どのようにしてキャリアを絶えず変化する社会環境に適応させていくのか（How）に係わる概念である。サビカスは、キャリア・アダプタビリティに対して、段階的に、関心（concern）、統制（control）、好奇心（curiosity）、自信（confidence）という四つの次元があるとしている。自分のキャリアに関心を持ち、コントロールすることができ、探求する好奇心を持ち、自信を持つということで、各次元は、それに関連する「態度と信念」（Attitudes and Beliefs）、「能力」（Competence）で構成される。サビカスはこれらの頭文字を取ってキャリア構築の ABC と呼び、この ABC が、個人が発達課題や転機（トランジション）に対処する際に役に立つとしている **[図表 3-10]**。

　「ライフテーマ」とは、直訳すれば、生きる意味ということになるが、個人にとって「重要なこと」であり、なぜその職業を選んだのか、なぜ働くのか（Why）に係わる概念である。サビカスは、人は「キャリアストーリー」（発達課題や職業上のトランジションが語られたもの）を語ることを通じて、その人にとっての働く意味を再構成するという。キャリアストーリーで語られることは、実際にあったことのみからなる歴史的真実ではなく、個人的な考えを含んだ物語的真実（narrative truth）であるが、これがあることによって、個人は変化に柔軟に適応しながら、一貫性、連続性を持った意味を保つことができ

アダプタビリティの次元	態度と信念	能力	対処行動	キャリアの問題
関心	計画的	計画	認識、関与、準備	無関心
統制	決断的	意思決定	主張、秩序、意思	決断しないこと
好奇心	探求的	探索	試行、リスクテーキング、調査	現実的でないこと
自信	効力感	問題解決	持続、努力、勤勉	抑制

資料出所：Savickas, M. L. (2013) Career construction theory and practice. In Brown, S. D. & Lent, R. W. (Eds.), Career Development and Counseling: Putting Theory and Research to Work, NJ: John Wiley & Sons, Inc..P.158.

▶COLUMN　**知っておきたい日本のキャリア研究**

　日本においてもキャリアの研究が盛んに行われるようになった。日本の企業組織や社会に合っているだけに腹落ちするものも多い。たくさんあるが、ここでは、従業員の支援を行う上で役立ちそうなものの中から何点かを紹介する。

〈キャリア・デザイン、キャリア・ドリフト、J字型カーブ〉

　まず、金井（2002）が提唱する「人生の節目にキャリア・デザインする」という考え方を挙げたい。シャインの指導を受けた金井は、節目はしっかりとデザインする一方で、節目と節目の間は多少「キャリア・ドリフト」（流れに身を任せること）するのもよいという。また、鈴木（2007）は、組織と個人との関係について、日本では入社後数年は組織への愛着は低下するが、6、7年後から大きく高まることを見いだし、J字型カーブと呼んだ。

〈キャリアストレッチング〉

　花田ら（2003）は、キャリア自律を重視し、自らの能力を高め、成長の可能性や機会の拡大に向けた活動を実践することをキャリアストレッチングと呼び、企業に対し、これを支援することを提案している。

る。「ライフテーマ」は、「キャリアストーリー」に意味を持たせるものである。

　サビカスは、理論の進化の過程で、カウンセラーがクライエントと協力してキャリアストーリーの構築に取り組むキャリア構築カウンセリングのモデルを加えた。キャリア構築カウンセリングについては、後掲2.［10］（2）に記載している。

［4］　経営から見た働く人に関する理論

　次に、経営者や経営学研究者などが、キャリア開発の対象となるヒトをどのように捉えてきたかを見てみよう。

　経営サイドから見ると、労働者は、ヒト、モノ、カネ、情報といった経営資源の一つである。経営学では「人的資源」という言い方をするが、「企業が自由にコントロールできない」「成長する」など、他の経営資源にはない特徴がある。経営サイドとしては、ヒトに意欲を持って効率よく働いてもらい、能力を伸ばしてもらう必要がある。

　働く人に対する見方は、大きく、①経済人モデル、②社会人モデルのほか、③自己実現人モデルなどに分けられる。なお、［2］（3）で取り上げたシャインは、これらのモデルはあまりにも単純化され、一般化され過ぎているとして、さらに「複雑人モデル」を付け加えている。

（1）経済人モデル

①テイラー（Taylor, F. W.：1856 〜 1915）

　19世紀から20世紀初めにかけて、アメリカ東部の機械工業を中心に、工場管理の合理化運動が起こった。その代表的な推進者がテイラーである。もともとエンジニアであったテイラーは、標準的な作業方法や作業時間を研究し、1日の作業量を科学的に算定して、「課業」（task）の考え方を生み出した。それまで成り行き任せだった仕事を合理的に設計しようという挑戦である。熟練工が頭の中で描いていた仕事の流れや個々の作業手順を科学的に分析し、作業に必要な要素を抽出し、誰もが同じように遂行できるよう標準化し、課業として明示したのである。そして、標準以上の出来高となった場合、報償を高い賃率とする差別的出来高給制度を考案するなどして効率向上を図った。

　このやり方は「科学的管理法」と呼ばれ、彼の名を取って「テイラーリズム」とも呼ばれている。人は、経済的報酬によって動機づけられるという点で「経

済人モデル」といわれる。労働者を機械視するなどと批判されたが、マネジメントの基本であることは間違いなく、企業経営に革新をもたらし、経営学の祖と呼ばれた。「課業」の考え方は職務分析の出発点にもなった。

（2）社会人モデル
①メイヨー（Mayo, E.：1880 〜 1949）、レスリスバーガー（Roethlisberger, F. J.：1898 〜 1974）

　ハーバード大学のメイヨーやレスリスバーガーらは、1927〜1932年に、ウェスタン・エレクトリック社のホーソン工場で、従業員の生産性を上げることを目的に、大規模な実験を行った（ホーソン実験）。当初は、照明を明るくするなど物理的な環境を改善し、生産性との関係を調査したが、照明の明るさと関係なく、生産性は上昇した。そればかりか、照明を暗くしても、見えないほど暗くした場合を除き、生産性は向上した。次に、メイヨーらは、休憩時間との関係を調べたが、休憩時間を長くしても短くしても、生産性は向上した。メイヨーらは、さらに、研究者の1人を見習工として働かせ、従業員の行動を観察するなどし、従業員の生産性は注目を受けることや非公式グループのルールによって影響を受けていることを突き止め、従業員は職場の人間関係に規定されて働いているとして、「社会人モデル」を提示した。

　この結果は、それまでの産業心理学の考え方（「生産能率は、賃金、作業時間、労働環境といった物的条件の関数である」）を覆すものであり、人間は経済合理性だけで動くものではなく、集団や仲間への思いに影響されるという人間関係の大切さを示すものであった。この実験を契機に、モチベーションなどの研究がスタートした。これが「人間関係論」である。

　ちなみに、この実験の過程では、2万1000人に対し、大規模な面接が行われた。その際、話を聞いてもらうことによって不満が解消する効果が見いだされ、後に上司との面談制度やキャリアカウンセリングに発展することとなった。

②バーナード（Barnard, C. I.：1886 〜 1961）

　長年、電話会社社長などを務めたバーナードは、経営者としての経験や経済学などについての知識を基に、経営組織論を構築した。彼は、組織をシステム的に捉えるとともに、組織成立の要素として、❶コミュニケーション、❷貢献意欲、❸共通目的の三つを挙げ、経営者はこの三つを確保する必要があるとした。貢献意欲というのは、組織のために努力しようという個人の意欲のことである。さらに、貢献意欲の確保のためには、メンバーに、経済的な誘因だけで

なく、組織に属することによる満足などそれ以外の誘因も提供する必要があり、管理者はこれを適切に管理しなければいけないとした。つまり、組織にとって、目標の達成だけでなく、組織を構成する個人の意欲を満たすことも大事だとした。メイヨーらに代表される「人間関係論」的な考えを取り入れ、個人を全人的な自律した存在と捉えたのである。

(3) 自己実現人モデル

①マズロー（Maslow, A. H.：1908 〜 1970）

　マズローの欲求階層説（Maslow, 1954）は、欲求の観点からモチベーションを捉える理論として、おそらく最も有名であろう。マズローによると、人間の欲求にはさまざまなものがあるが、その欲求は [図表 3-11] のように階層をなしており、下位の欲求が十分満たされると、さらに高次の欲求を満足させようと行動する。食欲などの「生理的欲求」が満たされると、危険を避けたいという「安全への欲求」を満足させようとし、それが満たされると友人のグループや職場集団に所属したいという「所属と愛の欲求」を満たそうとする。さらに、認められたいという「承認の欲求」を満たそうとし、最高次の自己の理想を追求しようという「自己実現欲求」に至る。人は自己実現を目指しているという「自己実現人モデル」を提示した[※4]。

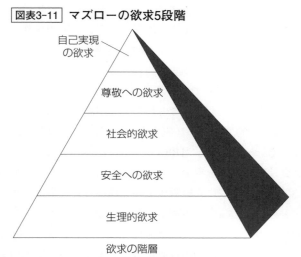

図表3-11 マズローの欲求5段階

自己実現
の欲求

尊敬への欲求

社会的欲求

安全への欲求

生理的欲求

欲求の階層

資料出所：A. H. マズロー著、金井壽宏監訳、大川修二訳『完全なる経営』
日本経済新聞社（2001 年）P.40.

　　　あるとされている。また、数種類あるほか、誤解もある。詳しく知りたい方は、マズ
　　　ロー著、金井壽宏監訳『完全なる経営』の監訳者解説などを読むことをお勧めする。

②マクレガー（McGregor, D. M.：1906 ～ 1964）

　マクレガー（1960）は、人間の持つ本性をX理論、Y理論という二つの理論として対比させた。

　X理論では、人間は生来仕事が嫌いで、責任を回避したがり、野心を持たず安全を望んでおり、したがって、組織目標の達成のためには、命令したり、強制したり、処罰すると脅かしたりしなければならないと考える。昔の職工を基に立てられた理論であり、伝統的な見方であるとしている。

　一方、Y理論では、人間は生来仕事が嫌いということはない。承認や自己実現といった報酬が得られる場合には、自ら進んで責任を取ろうとし、創意工夫を凝らすものであり、したがって、組織目標の達成のためには、個人の目標と企業目標との統合を図ることが重要であるとしている。

　マクレガーは、Y理論のほうが適切であるとし、経営者にとっては、従業員を信頼し、その能力を引き出す場を与えることが重要であると指摘した。マズローが提示した自己実現という概念は、マグレガーのX理論、Y理論によって、産業界に非常に大きな影響をもたらした。

③ハーズバーグ（Herzberg, F.：1923 ～ 2000）

　ハーズバーグ（1959）は、「動機づけ・衛生理論」を提唱した。彼によれば、職務満足や不満足を規定する要因には、動機づけ要因と衛生要因がある。

●動機づけ要因

　達成、承認、仕事そのもの、責任、昇進、成長の可能性などがこれに当たり、長期間の満足と動機づけの高さをもたらす。満足を規定する要因であり、十分満たされていれば満足するが、あまり満たされていなくとも不満が大きくなるわけではない。

●衛生要因

　賃金、労働環境、上司との人間関係などがこれに当たり、不満足を規定する要因である。「衛生」というのは、医学の予防衛生に由来している。予防衛生のレベルが低ければ病気を招くが、高くてもより健康にはならないように、この要因が満たされなければ不満足となるが、満たされても満足が高まることはない。

この理論によれば、仕事への満足を高めるためには、能力を発揮する機会が増える、職務充実を図るなど、達成感を得られるような仕事を従業員にいかに与えるかが重要になってくる。企業における実際の労務管理に理論的根拠を与えるものであり、大きな貢献をした。

④アージリス（Argyris, C.：1923 ～ 2013）

アージリス（1957）は、ヒトは自己実現を目指し、未成熟から成熟へと成長・発展すると考えた。すなわち、受動的な状態から能動的に、依存的な状態から自律的な状態にといったように成長していくと考えた。これを企業内で考えれば、従業員は成長していくということになる。

彼は、指示的な管理アプローチ（モデルⅠ）は、ヒトを未熟な状態に留め置くものであるとした。また、潜在的な力があるのに発揮できないのは、組織の側に問題があるとし、従業員を参加させ、力を引き出すアプローチ（モデルⅡ）を提案した。

アージリスは、ショーン（Schön, D. A.）とともに「組織学習」について研究し、既存の枠組みの中で行う「シングル・ループ学習」にとどまらず、既存の前提から見直す「ダブル・ループ学習」を提唱したことでも有名である。

個人を経済人として捉える伝統的な考え方から、社会人と捉えるようになり、自己実現人、さらに、多様な面を持つ複雑人として捉えるようになる中で、組織において人に力を発揮させることと関係の深い、モチベーション理論、リーダーシップ理論も発展してきた。

組織と個人の関係も変化してきている。このような中、キャリアコンサルティングによってできることは多いのではないだろうか。

▶COLUMN　**キャリアに関連する比較的新しい概念（海外編）**

①バウンダリーレス・キャリア

新しいキャリアの概念としては、[3]（1）で紹介した「プロティアン・キャリア」のほか、アーサー（Arthur, M. B., 1994）らが提唱する「バウンダリーレス・キャリア」（boundaryless career）がある。バウンダリーとは境界のことであり、「バウンダリーレス・キャリア」とは、境界線のないキャリアということである。幾つもの職場を渡り歩いたり、特

定の企業に属さずに自由な契約の下で働いたりするようなキャリアを指す。ホールが提唱した「プロティアン・キャリア」は、組織内外のキャリアを扱うが、個人によって形成され、組織外で形成される部分もあるという点で、バウンダリーレス・キャリアはこれと共通する部分もある概念である。

②心理的契約

「心理的契約」（psychological contract）とは、ルソー（Rousseau, D. M., 1989）が「当該個人と他者との間の互恵的な交換において合意された項目や条件に関する個人の信念」と定義した概念である。さまざまなことが起こり得る中で、雇用契約においてそのすべてを文章化することはできない。このため、雇用契約には記載されていないが、組織と従業員の間には暗黙の「約束」があり、相互期待がある。働くことを巡る環境が変化する中で、組織と個人の関係に影響を及ぼすものであり、良い雇用関係とは一体何なのかということを考える上でも、今後重要となってくる概念であろう。

③心理的安全性

「心理的安全性」（Psychological Safety）というのは、エドモンドソン（Edmondson, A. 1999）が提唱したグループレベルの概念で、「チームメンバーに非難される不安を感じることなく、安心して自身の意見を伝えることができる状態」のことである。職務における創造性の発揮や成長、職務への積極的な取り組みを促進するものとされる。

組織の中で自律的なキャリア形成を促していく上で、頭に入れておきたい概念である。

▶COLUMN **キャリアに関わる人間であれば知っておきたい キャリアについての概念**

①キャリア権

働く人々が意欲と能力に応じて希望する仕事を選択し、職業生活を通じて幸福を追求する権利。諏訪（2005）が提唱した概念。現段階では法

的な理念であり、具体的な権利として確立されているとまでは言えないが、労働施策総合推進法や職業能力開発促進法にその考え方が取り入れられている。

②社会正義のキャリアガイダンス

　キャリア支援に当たって、社会全体の多様性や公平性、公正性を重視し、最終的に社会正義を目指すという考え方。ヨーロッパ発祥の考え方であり、下村（2016）がわが国に紹介した。

▶COLUMN　　**モチベーション理論早わかり**

　モチベーション理論については、多様な考え方が展開されてきている。

　既に学んでいる人事パーソンも多いと思うが、ここまで紹介してきた理論と併せて整理してみよう。

　モチベーション理論の整理の仕方の一つに、内容理論（人は何に動機づけられるのか）と過程理論（人はどのように動機づけられるのか）がある。

①モチベーションの内容理論

　1.［4］（3）①で取り上げたマズローの「欲求階層説」、1.［4］（3）②で取り上げたマクレガーのX理論、Y理論、1.［4］（3）③で取り上げたハーズバーグの「動機づけ・衛生理論」などは、内容理論の代表的なものである。「欲求階層説」であれば、空腹であるなど生理的欲求が満たされていなければ、食べ物のために頑張る、下の階層の欲求が満たされると、自己実現という高次の欲求を満たすために頑張るということとなる。アルダーファー（Alderfer, C. P.）は、欲求階層説に対し、実証的なアプローチを行い「ERG理論」を提唱した（Alderfer, 1972）。人は、①生存欲求（Existence）、②関係欲求（Relatedness）、③成長欲求（Growth）を持ち、それを満たすために努力するとした。より高い欲求の前提条件として、低次の欲求の充足を考えていないことなどが、マズローと異なる。

　こうした自己実現欲求と関連して、「内発的動機づけ」と呼ばれる概念がある。デシ（Deci, E. L.）が提唱した概念で、子どもが遊びに夢中に

なるように、報酬のためでなく、その活動自体を行うことが楽しく、動機づけの源泉となるとする（Deci, 1975）。このほか、内発的動機づけの一つにチクセントミハイ（Csikszentmihalyi, M.）の「フロー理論」がある（Csikszentmihalyi, 1990）。外科医が困難な手術をしている時に、自然な流れ（フロー）の中に没頭することがあることから見いだされたもので、行っていることに夢中になり、そこに入り込み、その場を支配している感覚があるという。

②モチベーションの過程理論

　モチベーションの過程理論としては、まず、ブルーム（Vroom, V. H.）の「期待理論」が挙げられる（Vroom, 1964）。

　人の動機づけの力（F）は、それが報酬をもたらす期待（E）と報酬の魅力度（V）によって規定されるという。

　　F＝EΣI・V

　　E：期待（成し遂げられるという主観的確率）

　　I：道具性（成し遂げたことにより報酬に結びつくと感じる主観的確率）

　　V：誘意性（本人にとっての魅力度）

　ブルームの考えに対し、実際の会社では業績を上げることが必ずしも報酬に結びつかないことから、これを考慮したのが、ポーター（Porter, L. W.）とローラー（Lawler, E. E., III）である。頑張って業績を上げて報酬をもらい、その報酬に満足した結果、報酬をもたらす見込みと報酬の魅力度が増す。モチベーションが上がって、さらなる頑張りにつながることを示したのである。

　これに対し、アダムス（Adams, J. S.）は「公平理論」を提唱した（Adams, 1963）[参考1]。モチベーションは、他人と比べた公平性に規定されるとした。同じような条件と思われるのに、他の人よりも処遇が悪ければやる気が出ないということになる。

参考1 **公平理論**

資料出所：若林 満監修『経営組織心理学』ナカニシヤ出版（2008 年）P.51 を基に筆者作成

ハックマン（Hackman, J. R.）とオールダム（Oldham, G. R.）が提唱したのは「職務特性理論」である（Hackman & Oldham, 1975）[**参考2**]。モチベーションは、仕事の中身や職務の特性に左右されるとし、経営者の工夫で、職務の特性を変えることにより、モチベーションを変化させることができるとした。

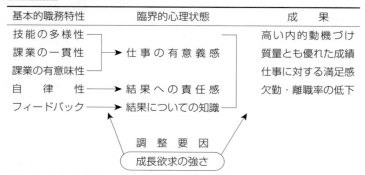

参考2　職務特性理論

基本的職務特性	臨界的心理状態	成　果
技能の多様性 課業の一貫性 課業の有意味性	→ 仕事の有意義感	高い内的動機づけ 質量とも優れた成績 仕事に対する満足感 欠勤・離職率の低下
自　律　性	→ 結果への責任感	
フィードバック	→ 結果についての知識	

調整要因
成長欲求の強さ

資料出所：Hackman & Oldham（1975）（田中堅一郎編『産業・組織心理学エッセンシャルズ 改訂3版』ナカニシヤ出版［2011年］P.47.）

ロック（Locke, E. A.）とレイサム（Latham, G. P.）は「目標設定理論」を提唱した。意識的かつ適切に設定された目標を提示すれば、人は動機づけられる、とした（Locke & Latham, 1990）。

具体的には、①目標の困難度（適度に困難であること）、②目標の具体性（数値目標、期間が示されているなど）、③目標の受容度（一方的に指示されるものでないこと）、④フィードバック（成果の水準が開示されること）である。MBO（目標管理制度）というのは、ドラッカー（Drucker, P. F.）が1954年に提唱したマネジメント手法だが、ロックとレイサムは、動機づけ理論を具体的なマネジメント手法に落とし込んだことになる。

リーダーシップ理論早わかり

　リーダーシップについても、多くの理論がある。企業の現場と関わりが深い理論も多いので、なじみのあるものが多いかと思うが、ざっとおさらいしてみよう。

〈特性への着目〉

　リーダーシップ研究は、優れたリーダーが備えている特性に着目するところから始まった。さまざまな研究がなされたが、特性を測定することが難しい上に、一概に言えない部分が多く、課題も多かった。

〈行動への着目：課題・対人関係の 2 軸〉

　1950 〜 1960 年代にかけて、リーダーの取る「行動」に焦点が移った。ミシガン大学、オハイオ州立大学などで、盛んに研究が行われた。日本でも、三隅が、「PM 理論」を提唱した（三隅, 1984）[**参考 3**]。リーダーシップの役割・機能は「目標達成機能（Performance function）」と「集団維持機能（Maintenance function）」にあるとし、目標達成機能、集団維持機能ともに平均より高い PM 型のリーダーの下で、業績、満足度が高くなるとした。それなりに説得的であったが、当てはまらない例も見られた。

| 参考3 | **PM理論によるリーダーシップの類型** |

資料出所：三隅二不二『リーダーシップ行動の科学』有斐閣（1984 年）P.116. に筆者加筆

〈状況への着目：条件適合理論、SL 理論など〉

　1960 年代からは、リーダーの置かれた状況との適合性を取り上げようというアプローチがなされた。フィードラー（Fiedler, F. E.）の「条件適合理論」[**参考 4**]やハーシー（Hersey, P.）とブランチャード（Blanchard, K. H.）の「SL 理論」、ハウス（House, R. J.）の「パス・ゴール理論」が有名である。

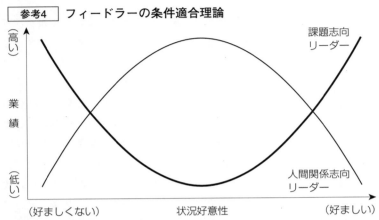

| 参考4 | フィードラーの条件適合理論 |

資料出所：鈴木竜太・服部泰宏『組織行動　組織の中の人間行動を探る』有斐閣ストゥディア（2019 年）P.143. を一部改変

　フィードラーの条件適合理論は、最も有利な状況と最も不利な状況では、課題志向的なリーダーが業績を高め、中間的な状態においては人間関係志向的なリーダーが業績を高めるという関係を明らかにした（Fiedler, 1967）。ハーシー＆ブランチャードの SL 理論は、成熟度の低い M1 の部下に対しては指示を与える教授型、成熟度のやや低い M2 の部下に対してはコミュニケーションを取りながら指導するコーチング型、成熟度のやや高い M3 の部下に対しては部下の意見に耳を傾ける参加型、成熟度の高い M4 の部下に対しては仕事を任せる権限委譲型がよいというものである（Hersey & Blanchard, 1977）。

　ハウス（House, R. J.）の「パス・ゴール理論」は、リーダーの役割はフォロワーの目標達成を支援することであるとし、リーダーの行動として指示型、支援型、達成志向型、参加型を想定する。リーダーシップの有効性は、リーダーの行動によって、部下が動機づけられるかどうかに

よるが、状況によって、どの型のリーダー行動が有効となるかは異なるとする（House, 1971）。

〈変革型リーダーシップ〉

1970年代以降、既存の価値観や考え方では、企業が継続的に成長することが難しくなってきた。このような状況を受け、バーンズ（Burns, J. M.）は、既存の価値観や考え方を変えさせることこそがリーダーシップの重要な機能であるとし、「変革型リーダーシップ理論」を提唱した（Burns, 1978）。変化や改革が切に求められているということであろう。

金井（1991）によると、変革型リーダーシップの条件は以下のとおりである。

- 将来に関する夢のある大きな絵をビジョンとして示す
- 会社や部門の環境変化の動向をかぎ分け、変化の理由や意味づけを行う
- ビジョンの実現に資するような具体的なプロジェクトに、人々がチャレンジするのを促進する
- ビジョン実現のプロセスでの厳しさ
- 自分についてくる人々の育成、世話
- ビジョン実現に必要な情報や資源を入手する人的ネットワーク
- 変革のプロセスで、人々が感じるエモーションの問題に敏感である

〈さまざまなリーダーシップ〉

一方で、同じく、1970年代に、グリーンリーフ（Greenleaf, R. K.）は、相手に奉仕することで相手を成長させるという「サーバント・リーダーシップ論」を提唱している（Greenleaf, 1977）。

また、1990年代に入ってから、ハイフェッツ（Heifetz, R. A.）は、受動的なフォロワーを想定する従来のリーダーシップに対し、能動的なフォロワーを想定したリーダーシップを示した（Heifetz, 1994）。

さらに、近年は、集団の多様性が増す中で、メンバーの所属感を高め、独自性に価値があることを示し、インクルージョン（包摂性）を高める、インクルーシブ・リーダーシップという考えも示されている（ショアら：Shore, L. M. et al, 2011）。

[1] カウンセリングとは

　カウンセリングというと、心理的な問題や悩み、症状などを解決するために行われるものと理解している人もいるかもしれない。しかし、カウンセリングの中には「育てるカウンセリング」もあり、キャリアカウンセリングは、その代表的なものである。

　ここでは、まず、カウンセリング理論を学ぶことの意義について説明した後、代表的な理論について説明する。

　カウンセリングと一口に言っても、さまざまなものがある。対象別に見ると、個人、家族、グループ、組織を対象としたものなどがある。目的別に見ると、治療的なもの、予防的なもの、開発的なものなどがある。キャリアコンサルティングは、個人のほか、グループ、組織を対象とすることがある。また、開発的なものの一つである。

　カウンセリングの定義も幾とおりもあるが、ここでは、國分（1996）にならって「カウンセリングとは、言語的および非言語的コミュニケーションを通して行動の変容を試みる人間関係である」としたい。行動の変容には、治療的カウンセリングにおける問題解決のほか、開発的カウンセリングにおける問題解決も含まれる。キャリアコンサルティングにおける職業人としての成長なども含まれることになる。

　カウンセリングに関する理論も数多くあり、世の中が変化する中で、さらに増え続けている。これらの理論を学ぶに当たっては、各理論に共通していることと、理論の読み解き方を頭に入れることが有効である。

　なお、カウンセリングの基本理論は、①精神分析理論（精神分析）、②自己理論（来談者中心療法）、③行動理論（行動療法）であり、論理療法、ゲシュタルト療法、交流分析などが、これらに続く第三勢力であるとされている。また、新しい動きとして、社会構成主義を取り入れたカウンセリングがある。

　一方、キャリアコンサルティングとの関係で、特に関係が深いものとしては、①特性・因子カウンセリング（仕事と人のマッチングに強い）、②来談者中心

カウンセリング（問題解決面は弱いが、カウンセリング技法の基本）、③行動カウンセリング（科学的・効率的・効果的である）が挙げられる。

　平木（2004）によれば、各理論に共通していることは、「理解の重要性」である。そのためには、第1に、クライエントが「何を言っているか」ではなく「何を言おうとしているか」に留意することである。その際、理論に基づいて理解することは有効だが、理論に当てはめようとするのでなく、クライエントはどう理解しているかを考えることが重要である。第2に、話している内容だけでなく、話しているプロセス、すなわち雰囲気、文脈にも十分留意することが重要である。第3に、何に悩んでいるかだけでなく、その人全体を見ることが重要である。

　理論の読み解きに当たっては、その背景を理解することが必要である。理論の背景には、クライエントの支援の過程で人をどのように理解しようとしているかがある。これによりアプローチ方法が変わってくる。各アプローチの特徴については、後掲［3］で説明するほか、各理論の説明の中でも触れる。

［2］ カウンセリングに影響を与えた三つの動き

　カウンセリングに影響を与えた動きとしては、職業指導運動、教育測定運動、精神衛生運動の三つが挙げられる。

　1909 年から始められた職業指導運動は、パーソンズ（前記1.［1］（1）①）が提唱した。人と職業の適合を支援することで労働者を適職に導こうというもので、個人の分析、職業の分析、それらに基づくマッチングが必要だとした。

　教育測定運動は、職業指導運動に少し遅れて、第1次世界大戦の開始とともに発達した。人間の能力を測定し、パイロットに適した者を選抜するなど、戦争にそれを活用しようとしたのである。きっかけは不幸なものであったが、これにより心理テストが大いに発達した。

　精神衛生運動は、1908 年にビアーズ（Beers, C.W.：1876 ～ 1943）が『わが魂にあうまで』を執筆し、うつ病に苦しんだ自らの経験を基に精神障害者の内的世界を公にし、人を内側から理解することの必要性を知らしめた。

　すなわち、カウンセリングの源流は、職業指導と教育測定と精神衛生であるといえる。

[3] カウンセリング理論・アプローチの全体像

　数多くあるカウンセリング理論を学ぶに当たって、全体像を俯瞰したい。

　カウンセリング理論は、クライエントの支援の過程で、人をどのように理解しようとしているかによって異なる。

　歴史的に見ると、古くからあるカウンセリング理論は、「精神分析」「特性・因子理論」であるし、各アプローチは、互いに影響を与え合うところもあるので、分類しづらいところもある。しかし、理解を助けるためには、全体像は有効である。このため、[図表 3-12] を作成した。本章では、これに従って、感情の果たす役割を重視するアプローチを感情的アプローチ、ビリーフ（信念）など思考を重視するものを認知的アプローチ、行動を重視するものを行動的アプローチ、包括的・折衷的なものを包括的・折衷的アプローチ、さらに、社会構成主義的アプローチに分類し、これに沿った形で、説明を進める。

　本書では、カウンセリングに関する理論のうち、基本的なもの、キャリアコンサルティングを行う上で押さえておく必要性が高いものに絞って紹介する。なお、本書で紹介するのは、あくまでも理論の概要である。スキルを身に付けるためには、実践的な演習を積み、さらに学び続けることが必要であることは

図表3-12　キャリアコンサルティングに関係するカウンセリング理論の概要

代表的な理論家等			頁数	概　　要
2.[4](1)	精神分析的カウンセリング	フロイト	89	現代の日本において普及しているとはいえないが、他の理論に大きな影響を及ぼした 精神分析では、人は、イドと自我、超自我が融合されたものである、とする
2.[5]	特性・因子カウンセリング	ウイリアムソン	90	カウンセリングの源流の一つ。人間のパーソナリティは特性の束。その組み合わせで個人差が表れる。テストをして、これを把握する
2.[6](2)	系統的脱感作法	ウォルピ	93	不安階層表を作成し、これに基づき、リラクゼーションを行いつつ、段階的に、不安をなくしていく
2.[6](3)	アサーション・トレーニング		93	どうして自己表現できないのかを明らかにした上で、自分の意見、感情、権利を抑圧せずに適切に表現できるよう訓練する
2.[7](2)	来談者中心カウンセリング	ロジャーズ	94	精神分析、指示的カウンセリング、行動主義的心理学の人間観などを否定する形で打ち立てられた。クライエントのあるがままを受け入れつつ、「自己概念」と「経験」が一致する方向へ援助する。他の多くの心理療法などに取り入れられている
		ジェンドリン		

代表的な理論家等		頁数	概　　要
2.[8](1)	交流分析	バーン	97	人と人との関わり方を中心に考えられた心理療法で、もともとは集団心理療法の一つであった。精神分析の流れをくむが、「今、ここ」の感覚を重視し、より現実的である
2.[8](2)	論理療法	エリス	99	ある出来事の結果によって起こる感情は、その出来事をどう受け止めるかという信念（ビリーフ）によって生じる。ビリーフを論理的に書き換えることにより不適応を治療する
2.[8](3)	認知療法	ベック	100	認知の歪みに焦点を当てることによって、うつ病など精神疾患を治療する
2.[8](4)	ゲシュタルト療法	パールズ	101	人を全体として捉え、「図」と「地」に気づくことによって、認知の固定化による問題行動を解決しようとする
2.[9](1)	マイクロカウンセリング	アイビイ	102	技法を系統的に配列し、これに基づいてカウンセリングを行う。「基本的かかわり技法」「積極技法」「技法の統合」に大別される
2.[9](2)	ヘルピング技法	カーカフ	106	お互いに同格の者同士が助けたり助けられたりする関係にあるとして、カウンセラーをヘルパー、クライエントをヘルピー、開発した援助技法をヘルピングと呼んだ。ヘルピーにも応じ方がある
2.[9](3)	コーヒーカップ・モデル	國分康孝	106	①初期（リレーションをつくる）→②中期（問題をつかむ）→後期（処置、問題の解決）のプロセスを踏む
2.[9](4)	システマティック・アプローチ		108	アメリカ、カナダの公的職業紹介機関などで広く使われてきたもので、現在のハローワークの職業相談の基本モデルである
2.[9](5)	発達的カウンセリング		109	職業選択の方向づけと準備から始まって、意思決定と現実の吟味へと発展するというプロセスを踏む。特性・因子理論と来談者中心理論を基礎とし、同時に発達理論の影響を受けている
2.[10](1)	ナラティブ・アプローチ	コクラン	110	カウンセラーは、クライエントの「物語、語り」の共同制作者として、中立的な立場から支援する
2.[10](2)	キャリア構築カウンセリング	サビカス	111	カウンセラーとクライエントが協力して、キャリアストーリーの構築に取り組む。その際、クライエントが目的をつくったり、考えを固めたり、目的にかなう活動に取り組んだりすることに焦点を当てる
2.[10](3)	ソシオダイナミック・カウンセリング	ピーヴィー	112	「対話的な傾聴」を重視し、クライエントのライフ・スペースにおけるマッピング（位置づけ）を重視する

資料出所：筆者作成

心理療法とカウンセリング

　一般的な見方として、カウンセリングは心理療法の一般的なものといったイメージもあるが、國分（1980）は、心理療法とカウンセリングは、原理も方法も一致するところが多いが、カウンセリングは心理療法ではないという。神経症の治療（心理療法の一例）と、進路相談（カウンセリングの一例）を挙げ、進路についての相談も人の一生に関わるものであり、進路相談のほうが易しいということはないという。また、カウンセリングは、心理療法に比べ、対象者が広範囲で、目的もさまざまであり、それゆえにさまざまな手法、テストなどについて幅広く学ぶ必要があるという。さらに、心理療法と異なり、「治療」するのでなく、クライエントがよりよく生きられるように「援助」するものだという。その一方で、日常会話とは異なり、理論に基づいて予測しつつ、行われるものだとしている。

キャリアカウンセリングとは

　「キャリアカウンセリング」は、端的には、「個人のキャリア形成を支援するカウンセリング」（木村, 2016）、「人を育て、能力開発を支援するためのカウンセリング」（宮城, 2009）、「職業生活に焦点を当てたカウンセリング」（渡辺, 2001）などと定義される。進路指導、職業指導、職業能力開発の各分野で行われてきたこともあってさまざまな使い方をされており、渡辺・Herr（2001）は、「キャリア」「カウンセリング」という用語の多様性、不明確性などから、日本において統一された見解はないと述べている。
　一方、「キャリアコンサルティング」は、職業能力開発促進法2条5項において「労働者の職業の選択、職業生活設計又は職業能力の開発及び向上に関する相談に応じ、助言及び指導を行うこと」と定義されている。
　2002年に厚生労働省が公表した「キャリア形成を支援する労働市場政

策研究会 報告書」には、アメリカで「キャリアカウンセリング」と呼称しているものとほぼ同義だが、「カウンセリング」という用語が心理的療法を想起させる面があるほか、「キャリア・カウンセリング」という用語の多義性、さらに、わが国におけるニーズ等を考慮し、このように称することとしたものであるとの記載がある。

かつては、キャリアカウンセリングは1対1の個別相談、キャリアコンサルティングは環境への働き掛けや集団支援などを含むより幅広い支援とするなど、両者を区別する見方もあったが、下村が『新時代のキャリアコンサルティング』（労働政策研究・研修機構）でも述べているように、近年は、区別にこだわらない見方が一般的となってきている。

言うまでもない。

先に結論を言うこととなるが、キャリアコンサルティングは包括的・折衷的なものである。したがって、キャリアコンサルタントは、さまざまなカウンセリング理論を学び、それらを統合し、上手に組み合わせて活用することが求められる。対象者が健常者であることが多いなどの理由で、治療的なカウンセリングよりも平易であり、それほど勉強しなくとも何とかなるなどといったことはない。

[4] 精神分析理論──精神分析的カウンセリング

（1）フロイトの精神分析理論

精神分析は、精神科医であったフロイト（Freud, S.：1856 ～ 1939）が創始した理論に基づく心理療法である。精神力動的な人間観に立った診断を重視し、いわゆる正統派の精神分析においては、訓練を受けた精神科医が、夢分析や自由連想法を用いて人間の心を解釈し、治療を進めていく。

精神分析では、以下の点を重視する。

• 人間の心は、イド（id。「エス」ともいう）、自我（ego。「エゴ」）、超自我（super-ego。「スーパーエゴ」）の三つの部分からなる。イドは「～したい」という本能的・衝動的欲求、超自我は「～すべきだ」といった道徳的・社会的な規範、自我は理性的、現実的にイドと超自我を調整するものである

・幼少期の体験が重要である

（2）精神分析的カウンセリング

　精神分析的カウンセリングは、精神分析理論とこれに基づく治療法をカウンセリングの分野に応用したものである。無意識のものを意識化することなどを通して、症状や問題行動を生じさせると考えられる人格の変容を目指すカウンセリングだが、治療ではない。

　医師でなければ精神分析者と認められなかった時代が長かったこと、理論が複雑で習得に時間を要すること、仮説の実証が困難であることなどから、現在の日本において、精神分析療法が普及しているとはいえない。また、社会学的、文化人類学的観点が弱い、幼児期以降の発達にほとんど関心を示していないといった問題点も指摘されている。しかしながら、他の理論に及ぼした影響は絶大である。後掲［8］（2）で説明する論理療法のエリスや、［8］（4）で説明するゲシュタルト療法のパールズも、当初は精神分析者であった。［8］（1）で説明する交流分析のバーンも精神科医である。さらに、ユング、エリクソンのほか、「個人心理学」を創始したアドラーなどに影響を与えた。また、ロールシャッハ・テストなど投影法による心理テストが生まれるきっかけとなった。

　なお、キャリア形成にはストレスがつきものである。個人の心理的葛藤の解決という意味でも、精神分析的カウンセリングの持つ意味は大きいといえよう。

［5］　特性・因子理論──特性・因子カウンセリング

　特性・因子理論は、心理テストを用いたカウンセリングの基礎理論のことである。パーソンズが提唱した"人には個人差、職業には職業差があるが、両者を適合させることが可能であり、重要である"という職業指導、進路指導の世界で最も古くから広く用いられてきた理論を基にしている。特性・因子理論によると、人間はさまざまな特性を持っていて、その特性を合わせたものがパーソナリティを形成している。

　ウイリアムソン（前記1.［1］（1）②）は、この特性・因子理論の考え方をカウンセリングに取り入れた。このカウンセリングの基本は「人と職業のマッチング」である。人と人との「差」に着目し、「人はすべて異なる。この個人の差異性は測定でき、複数のパターンで示すことができる。それは職業についても同じである」という立場に立つ。分析的、合理的色合いの濃いアプローチ

である。

　特性・因子カウンセリングは、①心理テストによるデータ収集、②収集した
データの分析、③分析結果による診断、④診断結果に基づく方策の提示、⑤ク
ライエントへの助言、⑥フォローアップにより行われるという。

　國分（1980）は、カウンセリングの対象が、問題を抱える者だけでなく、
特に大きな問題を持たない健常者の育成へと拡大する中で、心理テストなどに
よって効率的に自己理解の機会を与えることができる特性・因子カウンセリン
グは、有効性が高いという。

　特性・因子カウンセリングは、職業指導運動の流れをくみ、それを科学的な
方法に発展させたもので、カウンセリングの流れの中において重要な位置を占
めている。木村（2018）によると、特性・因子カウンセリングは、特性・因
子理論をカウンセリングとして定式化したものであり、最も古くから職業や雇
用カウンセリングの基礎となってきたものである。

　個人の職業選択や就職、進路の選択と適応のために用いられることが多く、
多数のテスト、職業情報などのツールが開発されて、学校のほか、労働行政、
産業界などでも広く行われてきた。

　特性・因子カウンセリングでは、テストの実施および解釈、職業情報の活用
が行われるが、テスト結果は、専門的知識を有したカウンセラーが解釈し、具
体的な方策を示したり、助言したりする際にクライエントに伝えられる。また、
職業情報は、選択すべき方策の確認・比較・検証などに用いられる。これに対
し、木村（2018）は、指示的、論理的にアプローチするという点では認知的
なアプローチだが、ラポール（rapport）を重視する点では感情的アプローチ
でもあり、行動計画を立てて、実行するという点では行動的アプローチでもあ
るという。

　特性・因子カウンセリングは、折衷的・効率的であり、限られた時間、回数
で、具体的な結果を求めることの多いキャリアに関するカウンセリングの中核
的なものの一つである。

［6］ 行動的アプローチ

（1）概要

　行動的アプローチは、行動主義（behaviorism）をその基礎に置いている。

行動主義は、人は「白紙」の状態で生まれてきて、いろいろなことを学習すると考える。行動は条件付けの結果であると考え、問題行動は学習の結果であるとする。

　条件付けには、パブロフ（Pavlov, I. P.）が発見した古典的条件付け（レスポンデント条件付け。刺激によって反応する：餌が出る時にベルが鳴ることをイヌが学習し、ベルが鳴ると唾液が出るようになるなど）と、ソーンダイク（Thorndike, E. L.）の発見をスキナー（Skinner, B. F.）が発展させた道具的条件付け（オペラント条件付け。刺激がなくても自発的に反応する：試行錯誤からレバーを押すと餌が出てくることをネズミが学習し、レバーを押すようになるなど）がある。行動療法では、学習のし直しという観点から治療し、行動を変えることを目的とする。心の中を推し量ってこれを治すのでなく、表面に現れた反応（行動）を見てこれを変えるというものである。伝統的心理療法（精神分析・来談者中心療法）に対する一種の挑戦ともいえる。

　近年の行動的アプローチの特徴は、人間の行動に及ぼす要因として、認知を重視するようになったことである。認知行動療法と呼ばれるものもある。後掲[8]（2）で説明する論理療法などは「認知の変容を通して行動の変容を図る」という点で認知行動療法でもある。

　行動カウンセリングは、学習理論に基づき、行動面にアプローチをするカウンセリングである。クライエントの行動に焦点を当てて、働き掛けを行い、行動科学的方法を用いて問題行動を修正したり、症状を除去したりすることにより不適応状態を改善する。カウンセリングも、一つの「学習プロセス」であるので、達成目標を明らかにし、目標を達成できたかどうかを測定する。

　カウンセリングに当たっては、不適応の原因となっているクライエントの行動を発見し、これを分析した上で、クライエントと話し合って目標を設定し、計画を立て、これに基づいて、働き掛けを行い、不適応状態を改善し、改善状況を評価する。

　キャリアに関するカウンセリングを行う場合も、適性、興味、パーソナリティなどのテストを用いるより、行動そのものにより理解する。また、キャリア探索のために、職業情報の提供を重視する。木村（2018）は、行動的アプローチによるキャリアカウンセリングは、今日のCACG®（Computer Assisted Career Guidance、コンピュータによるキャリア・ガイダンスシステム）の発展に貢献したとしている。キャリアに関するカウンセリングの成果は、キャリ

アに関する不適応行動の除去・軽減、意思決定スキルの習得、行動変容である。

　以下では、古典的オペラント条件付けに基づく行動療法である系統的脱感作法（<ruby>脱感作<rt>だっかんさ</rt></ruby>）とアサーション・トレーニングについて説明する。

（2）系統的脱感作法（systematic desensitization）

　行動療法の代表的な技法は系統的脱感作法である。精神科医であったウォルピ（Wolpe, J.：1915 ～ 1998）によって開発された。「系統的」とは「段階的に」という意味であり、「脱感作」とは「敏感でなくなる」という意味である。

　リラックスさせる、楽しい気持ちにさせるなど快感をもたらす刺激を繰り返して条件付けを行い、不安を段階的に消失させるというもので、「逆制止」という原理に基づいている。「逆制止」とは、快感など恐怖や不安と同時には生じない反応を与えることによって、恐怖や不安などの反応が起こらなくすることである。

　具体的には、不安階層表の作成→弛緩訓練→脱感作の順で行われる。まず、クライエントが不安を覚える対象や場面をリストアップし、それを不安の強度を段階的に分類した 0 ～ 100 の点数（SUD：Subjective Unit of Distress。主観的不安単位）で評価させる。次に、心身のリラクゼーションを行ってから、先に作成した不安階層表の中の不安度の低い対象・場面を想起させ、どの程度不安であったかを述べさせる。不安があれば、さらにリラクゼーションを行い、これを不安がなくなるまで繰り返す。

（3）アサーション・トレーニング（自己表現訓練）

　「アサーション」とは「相手の立場や権利を侵すことなく、自分の意見、感情、権利を抑圧せず適切に表現する行動」である。「アサーション・トレーニング」（assertion training）は、これをできるようにする訓練で、自己主張訓練とも呼ばれる。

　もともとは行動療法において対人不安のある神経症者の自己感情の表現援助のための技法の一つであったが、1970 年代以降、アメリカにおける人種差別、ジェンダー差別撤廃のための公民権運動の高まりとともに、人間性心理学、論理療法の考え方を取り入れて、一つのトレーニング体系としてまとめられた。自己表現の技術というよりは、自己と他者を双方とも尊重するという人権感覚を備えた態度ともいえる。

　アサーション・トレーニングに当たって重要なことは、訓練に先立って、どうして自己表現できないのか（対人不安のためか、社会的スキルが不足してい

るためか）を明らかにすることである。対人不安のためであれば、系統的脱感作法と同じような方法を用いる。

　社会的スキルが不足しているためであれば、面接や観察、テストなどによって、どのくらい自己表現できているか、どんなスキルが不足しているかを把握する。個人指導のほか小グループによるプログラムもある。内容は、①アサーティブな自己表現の意味と方法の理解、②自己表現に関する人権の確認、③アサーティブな認知や思考の検討、④言語レベルと非言語レベルでのアサーションの獲得である。講義形式で伝えるだけでなく、手本を示したり、ロールプレイなどの手法を用いたりして参加者に行動レベルの実習の機会を提供する。

[7] 自己理論 —— 来談者中心カウンセリング

　木村（2018）によると、感情的アプローチの代表は、ロジャーズ（Rogers, C. R.：1902 〜 1987）とその共同研究者たちによって展開された来談者中心カウンセリングである。

　来談者中心カウンセリングは、1940年代に、当時心理療法として中心的な立場にあった精神分析学や指示的カウンセリング、行動主義的な心理学の人間観などに対し、ロジャーズが自らの臨床体験を基に反論し、打ち立てたものだという。ロジャーズは、カウンセリングでの基本的態度として、「無条件の肯定的配慮」「共感的理解」「自己一致」を挙げた。

（1）ロジャーズの自己理論

　来談者中心療法は、自己理論（self-theory）に基づく面接法である。

　自己理論では、人は自分を中心とする主観的に認知した世界、すなわち「現象的な場」に生きており、個人の行動は実際にどうかではなく、その個人の受け取り方や意味づけによって決まるとする。自己理論は19の命題からなる。[図表3-13] は、19の命題を分かりやすくまとめたものである。

（2）来談者中心カウンセリング

　ロジャーズは、パーソナリティの基本要素は「自己概念」と「経験」であるとし、その構造を三つの領域に分けた [図表3-14]。

- 領域Ⅰは「自己一致」の状態で、自己概念と経験が一致している状態である
- 領域Ⅱは「歪曲された部分」で、自己概念のうち経験と一致しない部分である

ロジャーズの19の命題

〈現実の捉え方〉
①人（生物）は「現象的な場」に存在している
②生物にとっては「現象的な場」が現実である
③生物は生物全体で「現象的な場」に反応する
〈自己実現欲求〉
④生物は、自身を実現・維持・強化しようという傾向と力を持っている
⑤行動とは、生物が「現象的な場」で欲求を満たすために行うことである
⑥感情は欲求や満足と関係しており、それが重要であるほど強い
〈自己概念〉
⑦行動を理解するために最も良いのは、人を内側から見ることである
⑧現実として認識しているものの一部は、「自己」として認識されるようになる
⑨他者や環境との相互作用によって、自己概念が形成される
⑩他者や環境との相互作用から価値観を構築するが、時には他者の価値観を自分のもので
　あるかのように歪曲して知覚する
⑪人が経験したことは、a）自己と関係あるものとして組織化される、b）自己と関係な
　いので無視される、c）自己と矛盾するので否認または歪曲されるかのいずれかである
⑫生物は、ほとんどの場合、自己概念に沿った行動をする
⑬自己概念に沿わない行動をすることもあるが、その場合、人はそれを受け入れない
〈自己一致、自己不一致と方向性〉
⑭心理的な不適応は、自分の経験と自己概念が矛盾する場合に生じる。その場合、心理的
　緊張が生じる→「自己不一致」
⑮心理的な適応は、自分の経験と自己概念が一致した場合に生じる→「自己一致」
⑯自己概念と矛盾する経験は脅威と認識され、その場合、自己概念に固執してしまう
⑰安全だと感じている場合は、自己概念と矛盾する経験を認め、自己概念を修正できる
⑱あるがままの自分を受け入れる時、他者を理解し、受容できる
⑲人は、自分を受け入れられるようになるにつれて、歪曲された価値観を、自分の経験に
　基づいた価値観に置き換える

資料出所：Rogers, C. R.（1951）および Merry, T.（2002）を基に筆者翻訳
［注］ organism は「生物」のほか「生命体」「有機体」と訳されることがある。自己理論の理解に当たっては、
　　　いずれも個人としての人間を指すと解釈して問題ないと解される。

図表3-14 ロジャーズによるパーソナリティ

心理的不適応　　　　　　　　　　　　　　　　　　心理的適応
自己概念　経験　　　　　　　　　　　　　　　自己概念　経験

歪曲され　自己一致し　否認され　　　　　歪曲され　自己一致し　否認され
た部分　　ている部分　た部分　　　　　　た部分　　ている部分　た部分

資料出所：Rogers, C. R.（1951）（伊東 博編訳『ロージァズ全集8　パースナリティ理論』
　　　　　岩崎学術出版社［1967 年］P.149.）を基に筆者作成

- 領域Ⅲは「否認された部分」で、経験のうち自己概念と一致しない部分である

　領域Ⅱと領域Ⅲは、いずれも自己概念と経験が不一致を起こしており不適応状態にある。クライエントの自己概念と経験が一致する方向へ援助するのが、カウンセリングの役割であるという。

　時期によって異なるところもあるが、来談者中心カウンセリングは、自己概念を変えるための面接であり、「自己不一致」を「自己一致」に至らしめる面接である。また、指示的カウンセリングや精神分析と異なり、クライエントとカウンセラーとの間の関係（リレーション）を重視する。

　ロジャーズは、こうした観点から来談者中心カウンセリングにおけるカウンセラーの基本的態度として、次の3点を挙げている。

- クライエントに対して無条件の肯定的関心を持つこと（受容的態度）
- クライエントの内的世界を共感的に理解し、それを相手に伝えること（共感的理解）
- クライエントとの関係において、心理的に安定しており、ありのままの自分を受容していること（自己一致または誠実な態度）

　ロジャーズは、このような態度によって、クライエントは本来の力を十分に発揮し、問題を解決していくと考えた。

　カウンセリング技法としては、受容、繰り返し、感情の反映、明確化、非指示的リード、および要約などの技法が使われる。

　来談者中心カウンセリングについては、あるがままを受け入れるが、これが過ぎると環境への働き掛けを軽視する危険性があるなどといった批判もある。ひと頃のブームは去ったといわれているが、他の学派にもリレーションの重要性を気づかせるなど、今日のカウンセリングの基礎となっていることは間違いない。國分（1980）によると、後掲［9］（1）で説明するアイビイのマイクロカウンセリングや、後掲［9］（2）で説明するカーカフのヘルピング技法も、ロジャーズの理論をベースとしている。

（3）キャリアコンサルティングとの関係

　木村（2018）によると、キャリアコンサルティングとの関係でいえば、来談者中心カウンセリングによるキャリアカウンセリングという特別のものがあるわけではない。ロジャーズの関心は、人間の心理的適応にあり、特に職業問題に関心があるわけではない。職業の問題も取り扱うが、個人の生活の一つの

領域として取り扱っているにすぎない。「クライエントが心理的に真に適応できれば、キャリアについてのカウンセリングを特別に受けなくとも、自動的に職業の問題も解決できる」という立場と考えられるという。

[8] 論理・認知などを重視したアプローチ

(1) 交流分析 (transactional analysis)

　カナダで生まれ、アメリカに移住した精神科医バーン（Berne, E.：1910 ～ 1970）は、1950 年代初頭から交流分析を提唱し始めた。交流分析は、人と人との関わり方を中心に考えられた心理療法の理論で、①構造分析、②交流パターン分析、③ゲーム分析、④脚本分析が基本となる理論である。もともとは、集団心理療法の一つとして考案されたもので、TA グループ（TA は Transactional Analysis の頭文字）と呼ばれる小集団による心理療法であった。

①構造分析

　構造分析は最初に行う分析である。バーンは、人には、親（Parent）、大人（Adult）、子ども（Child）という三つの自我状態があるとした（Parent-Adult-Child：PAC モデル）。そして、P と C には 2 種類の自我状態があるとした。CP（Critical Parent：父親のように厳しい親）と NP（Nurturing Parent：母親のように養育的な親。MP [Mother Parent] ということもある）、FC（Free Child：自由な子ども。NP [Natural Child] ということもある）、AC（Adapted Child：順応した子ども）である。また、これら P、A、C を状況に応じて自由に出し入れするのが健全なパーソナリティであるとした。

　これを基に、デュセイ（Dusay, J. M.：1935 ～）は、これら五つの自我状態（CP、NP、A、FC、AC）をグラフ化し、視覚的に把握できるようにした（エゴグラム）。日本では、質問紙により標準化された東大式エゴグラム（TEG）が有名である [図表 3-15]。

②交流パターン分析

　人間関係の中で、P、A、C をどのように発動しているかを解明するのが交流パターン分析である。交流には、相補的交流（かみ合っている交流）、交差的交流（すれ違っている交流）、裏面的交流（裏がある交流）がある。交流には、言語的メッセージのやりとりに加え、非言語的コミュニケーションである表情、ジェスチャー、態度、声の調子・抑揚も含まれる。

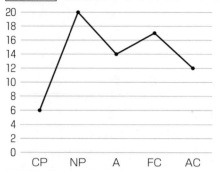

図表3-15 東大式エゴグラムのプロフィールの例

CP（Critical Parent：厳しい親）
NP（Nurturing Parent：養育的な親）
A（Adult：大人の自分）
FC（Free Child：自由な子ども）
AC（Adapted Child：順応した子ども）

資料出所：大沢武志、芝 祐順、二村英幸『人事アセスメントハンドブック』金子書房（2000 年）P.262. を基に筆者作成

　他者の存在を認める言動は「ストローク」と呼ばれる。例えば、挨拶や優しい言葉は「肯定的なストローク」であり、怒りや叱責は「否定的なストローク」である。人はストロークを求めるものである。人が幸せを感じるのも、不幸せだと感じるのも、ストロークの出し方・受け取り方による。

③ゲーム分析

　相手を自分の思いどおりにしたいという交流パターンである。例えば、部下を叱り過ぎたことを気にしている上司が部下の機嫌を取ろうと部下をほめたが、部下は、少しほめられたくらいで喜ぶような人間だと思われたくないと思って、気づかないふりをするケースなどがこれに当たる。交流分析では、ゲームは非生産的なので、これをやめ、本音同士の相補的交流をすべきだとする。

④脚本分析

　人は、幼い頃に両親に言われたことなどから、潜在意識の中に人生プランを持っている。これを「脚本（シナリオ）」と呼び、その人のあらゆる行動に影響を与えるという。脚本の中には、その人らしさを損なう「よくない脚本」もある。そのような場合は、無意識に持っている脚本のよくないところに気づき、そこを修正し、書き換えればよい。

　交流分析は、精神分析の流れをくんでいるが、「今、ここ」の感覚を重視し、より現実的である。専門的な概念も多く、「交流分析者」と称してよい者を一定の訓練を受けた者に限っている。その一方で、構造分析理論に基づいて開発されたエゴグラムは、心理療法、カウンセリングのほか、対人関係訓練、人事

管理などに広く活用されている。

(2) 論理療法

もともとは精神分析者であったエリス（Ellis, A.：1913 ～ 2007）は、1955
年ごろから、論理療法（Rational-Emotive-Behavior Therapy）を提唱した。論
理療法は、思考の過程に焦点を当てた療法で、その頭文字を取って REBT と
呼ばれることもある。

論理療法では、「人の悩みは、起こった出来事そのものによって生じるので
なく、その人がその出来事をどのように受け止めているかによって生じる」と
考える。ある出来事（A：Activating Event）の結果（C：Consequence）によっ
て起こる感情は、その出来事によって直接もたらされるのではなく、その出来
事をどう受け止めるかという信念（B：Belief）によって生じると考えるので
ある。そして、不快な感情は、非論理的ビリーフ（イラショナル・ビリーフ。
Irrational Belief）によってもたらされるものであり、それに対して反論（D：
Dispute）し、論理的ビリーフ（ラショナル・ビリーフ。Rational Belief）に書
き換えれば、不快な感情を低減・解消するという効果（E：Effect）が得られ
るという。例えば、「すべての人に愛されなければならない」（非論理的ビリー
フ）と考えるから、人に愛されない事態が生じると不安になるので、「すべて
の人に愛されるに越したことはない（が、すべての人に愛されなければならな
いわけではない）」（論理的ビリーフ）に修正すればよい。

このように、物事の受け取り方である信念（ビリーフ）を論理的に書き換え
ることで不適応を治療しようとするのが、論理療法で、その理論をそれぞれの
頭文字を取って「ABC（DE）理論」という。

A：Activating event（ある出来事）

B：Belief（信念：受け止め方や思い込み）

C：Consequence（結果としての感情）

D：Dispute（非論理的な B に対する反論）

E：Effect（D による効果）

論理療法では、カウンセリングは、一般に次のようなプロセスをとる。

• ABC（DE）理論やカウンセリングの効果を説明する
• 問題を確認し、目標を設定する
• C の特定：クライエントの中にあるネガティブな感情を明らかにする
• A の特定：その感情を引き起こすきっかけとなった出来事を特定する

- B の特定：非論理的ビリーフを見つける
- D の特定：非論理的ビリーフの非論理性を明らかにする
- 新たなやり方の実践を支援する

　非論理的ビリーフの修正法には、反論して説得するという方法のほか、論理的なビリーフをカードに書いて読み上げさせる、記録用紙に自分の考えを書き出して整理させる、次の面接までにこれまでしたかったのにできなかったこと（例：自分から挨拶する）をさせるなど、具体的な行動をさせるものもある。ビリーフを論理的なものとすることにより、感情や行動にも働き掛けるので、論理情動療法、論理情動行動療法などということもある。論理療法は、精神分析や来談者中心カウンセリングなどに比べて効率的である、若者など思い込みをしやすいと考えられる者に有効であるといった指摘もある。

(3) 認知療法

　精神科医であるベック（Beck, A. T.：1921 〜 2021）は、認知の歪みに焦点を当てることによって、うつ病やパニック障害などの精神疾患を治療する認知療法（Cognitive Therapy）を提唱した。

　認知の歪みには、「自動思考」（Automatic Thoughts）と「スキーマ」（Schemas）という二つのレベルがある。自動思考は、ある状況下で瞬間的に浮かぶ考えで、比較的浅いレベルのもので注意すれば意識できる（例：[何かをすることになったときに] うまくできないかもしれない）。一方、スキーマは、「認知的な構え」で、より深いレベルのものである（例：何でも完全にできなければいけない）。

　認知の歪みの主なものとしては、「全か無か思考」（完璧でないと意味がないなど、極端な二者択一思考）、「極端な一般化」（女性は感情的だなど極端な決めつけをする）、「自己関連づけ」（関係ないことまで自分に関連づけて判断する）、「恣意的な推論」（根拠もないのに信じ込んでしまう）、「拡大視・縮小視」（気になっていることだけを重要視し、それ以外を軽視する）などがある。

　認知療法では、「人間の病理的（神経症）行動は、誤って学習した考え方、イメージ、記憶によって引き起こされる」と考え、治療では、まず、問題を明らかにし、自動思考について見極め・検討し、さらに、スキーマについて見極め・検討することにより、認知を再構成する。最後に治療全体を総括し、将来の展望を話し合う。比較的短期間の療法で精神科領域において注目されている治療法である。

（4）ゲシュタルト療法

　医師であり精神分析家のパールズ（Perls, F. S.：1893 ～ 1970）は、1950 年
ごろから、ゲシュタルト療法を提唱した。ゲシュタルト療法は、ゲシュタルト
心理学の考え方をカウンセリングに取り入れたものである。ゲシュタルトと
は、ドイツ語で「かたち」「全体性」という意味で、ゲシュタルト心理学では、
人間を要素が集まったものと見るのでなく、全体として捉える。**[図表3-16]**
は、壺のようにも、人の横顔のようにも見えるが、これは人間は部分を捉えよ
うとするだけでなく、背景を含めた全体を認知する中で部分を捉えようとする
からだという。

　ゲシュタルト療法では、「図」と「地」に気づくこと、「今、ここ」を重視す
ることによって、認知の固定化による問題行動を解決しようとする。「エンプ
ティ・チェア」（誰も座っていない椅子にクライエントが気になる人物が座っ
ていると仮定し、対話させる）、「ドリーム・ワーク」（夢の中の登場人物にな
りきり、夢のメッセージに気づく）などユニークな技法がある。

[9]　包括的・折衷的アプローチ

　感情的アプローチ、行動的アプローチ、論理・認知などを重視したアプロー
チは、互いにその良いところを取り入れ、一般に包括的・折衷的なアプローチ
をとる傾向にある。これはカウンセリング理論というよりは、各アプローチの
理論と手法を組み合わせ、構造化したカウンセリング・モデルである。

　木村（2018）は、キャリアカウンセリングは、その理論や手法を来談者中
心とか、行動主義だとか、認知的だとか、特定しておらず、「理論から解放さ

図表3-16 ルビンの壺

資料出所：東 洋、大山 正、詫摩武俊、藤永 保編『心
理用語の基礎知識―整理と検証のために』
有斐閣（1991 年、1973 年）P.99.

れて」おり、その意味では包括的・折衷的アプローチであるという。

　ここでは、キャリアカウンセリングモデルとして、わが国で広く行われているものの中から代表的なものを紹介する。

（1）マイクロカウンセリング

　折衷主義に立つカウンセリング心理学者であるアイビイ（Ivey, A. E.：1933〜）は、1960年代後半にマイクロカウンセリングを提唱した。マイクロとは小分けにしたという意味である。彼は、多くの面接のスタイルに共通のスタイル（コミュニケーションの形）があることに気づき、これを技法と呼んだ。マイクロカウンセリングは、この技法を系統的に配列したカウンセリングの訓練プログラムで、これに基づいてカウンセリングを行うことができる。

　マイクロカウンセリングの技法は、「基本的かかわり技法」「積極技法」「技法の統合」に大別される　**[図表 3-17]**。

　「基本的かかわり技法」は、かかわり行動、クライエント観察技法、開かれた質問、閉ざされた質問、はげまし、いいかえ、要約、感情の反映、意味の反映からなる。「かかわり行動」は、視線の位置、身体言語、言語追跡、声の質の4パターンからなる。面接技法は、その文化に合った「かかわり行動」の基盤の上にのっている。

　かかわり行動に習熟したら、その上の基本的かかわり技法に進むというふうに学んでいく。基本的かかわり技法については、**[図表 3-18]** のとおりである。

　かかわり技法は、クライエントへの影響力は弱いが、クライエントとのリレーションを作る上で重要である。

　面接法の基礎も、最終的に行われる「技法の統合」も、クライエントを傾聴し、理解するものである。

　「積極技法」は、より能動的な働き掛けを行い、課題解決を促す技法である。指示、論理的帰結、解釈、自己開示、助言、情報提供、説明、教示、フィードバック、カウンセラー発言の要約などが含まれる。**[図表 3-19]** に、積極技法の一覧表を示す。アイビイは、積極技法を用いた後は、意識的にクライエントを観察し、その結果をよく吟味すべきだとしている。

　「意味の反映」（クライエントにとっての意味を見いだすための技法）と「焦点のあてかた」（クライエントの会話の流れを方向づける技法）は複合技法と呼ばれる。

　「対決」は、クライエントの行動の矛盾や不一致の部分を捉えて、心の葛藤

図表3-17 マイクロ技法の階層表

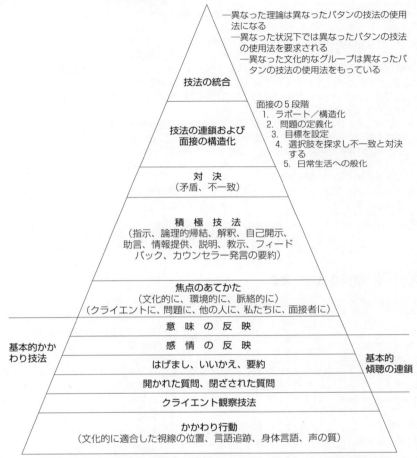

―異なった理論は異なったパタンの技法の使用法になる
―異なった状況下では異なったパタンの技法の使用法を要求される
―異なった文化的なグループは異なったパタンの技法の使用法をもっている

技法の統合

面接の5段階
1. ラポート／構造化
2. 問題の定義化
3. 目標を設定
4. 選択肢を探求し不一致と対決する
5. 日常生活への般化

技法の連鎖および面接の構造化

対　決
（矛盾、不一致）

積　極　技　法
（指示、論理的帰結、解釈、自己開示、助言、情報提供、説明、教示、フィードバック、カウンセラー発言の要約）

焦点のあてかた
（文化的に、環境的に、脈絡的に）
（クライエントに、問題に、他の人に、私たちに、面接者に）

意　味　の　反　映

基本的かかわり技法

感　情　の　反　映

はげまし、いいかえ、要約

開かれた質問、閉ざされた質問

クライエント観察技法

基本的傾聴の連鎖

かかわり行動
（文化的に適合した視線の位置、言語追跡、身体言語、声の質）

1. かかわり行動とクライエントを観察する技法は、効果的なコミュニケーションの基礎を形成しているが、これはかならずしも訓練のはじめがふさわしい場所であるというわけではない。
2. かかわり技法（開かれた質問と閉ざされた質問、はげまし、いいかえ、感情の反映、要約）の基本的傾聴の連鎖は、効果的な面接、マネージメント、ソーシャルワーク、内科医の診療時の面接やその他の状況下でたびたび見出される。

資料出所：アレン・E・アイビイ著、福原真知子・椙山喜代子・國分久子・楡木満生訳編『マイクロカウンセリング："学ぶ－使う－教える"技法の統合：その理論と実際』川島書店（1985年）P.8.

| 図表3-18 | 基本的かかわり技法 |

- かかわり行動：視線の位置、身体言語、言語追跡、声の質の四つのパターンが含まれている
- クライエント観察技法：クライエントを観察することにより、自分のカウンセリング・スタイルが、クライエントに合っているかどうかを察知する
- 開かれた質問・閉ざされた質問（オープンクエスチョン・クローズドクエスチョン）：「開かれた質問」とは、自由に答えることのできる質問である。広がりが期待できるため、気づきを促すことができる。「閉ざされた質問」とは、その逆で、「はい」「いいえ」などで答えることができる質問である
- はげまし、いいかえ、要約：クライエントが考えを明確化し、まとめることを援助するための技法。「（最小限度の）はげまし」で話を促し、「いいかえ」では、クライエントが話した内容に焦点を当て、カウンセラーが聴き取った内容を示す。「要約」では、語られたことの重要部分を繰り返し、短縮し、具体化することにより、クライエントが考えをまとめることを援助する
- 感情の反映：クライエントの感情の世界を正確に感じ取る技法
- 意味の反映：クライエントにとっての意味を見いだすための技法

資料出所：アレン・E・アイビイ著、福原真知子・椙山喜代子・國分久子・楡木満生訳編『マイクロカウンセリング："学ぶ−使う−教える"技法の統合：その理論と実際』川島書店（1985 年）などを基に筆者作成

| 図表3-19 | 積極技法の一覧表 |

技　法	操作的定義	ねらい
指示 directives	カウンセラーがクライエントにどんな行動をとってほしいかを明確に指示すること	クライエントが課題を理解し、行動を確実にできるように助ける
論理的帰結 logical consequences	クライエントの行動によって、起こりうる結果を良否にかかわらず伝えること	クライエントに自分の行動の結果を気づかせ将来に向っての選択をさせる
自己開示 self-disclosure	カウンセラーの考えや感じを、クライエントに伝えること	クライエントの自己開示を促し、クライエントの行動変容のためのよいモデルとなる
フィードバック feedback	カウンセラーあるいは第三者がクライエントをどうみているかというデータを与えること	第三者がクライエントをどうみているかというデータを用いて、自己探究、自己吟味を促す
解釈 interpretation	人生状況にたいするひとつの観点をクライエントに与えること	クライエントが人生状況を別な観点からみたり別な枠組で考える能力を促進する
積極的要約 influencing summary	面接中、カウンセラーのいったことや考えたことをクライエントに要約して伝えること	カウンセラーの有力な発言にクライエントが協力したり、整理して頭にいれ、よく理解できるようにすること

技　法	操作的定義	ねらい
情報 information 助言 advice 教示 instruction 意見 opinion 示唆 suggestion	クライエントにカウンセラーの考えや情報を伝える	新しい助言や新しい情報に、クライエントの目を向けさせる
対決 confrontation	クライエントの行動、思考、感情、意味における不一致、矛盾、葛藤を指摘すること（かかわり技法や積極技法との組み合せで用いる）	矛盾の説明、またその解決策についてクライエントが意見を表明するのを促進させる

資料出所：アレン・E・アイビイ著、福原真知子・椙山喜代子・國分久子・楡木満生訳編『マイクロカウンセリング：“学ぶー使うー教える”技法の統合：その理論と実際』川島書店（1985年）P.116.

の再検討を促す方法であり、基本的かかわり技法や積極技法との組み合わせで用いる。クライエントへの影響力の最も強い技法である。

　技法によってクライエントへの影響力は異なるが、クライエントの様子を見つつ、行きつ戻りつしてカウンセリングを進める **[図表3-20]**。

　なお、「焦点のあてかた」「閉ざされた質問」「開かれた質問」の3技法を中間3技法という。

　「技法の統合」は、技法の連鎖、構造化を通じて問題の解決を支援する。

　アイビイ（1983）は、「基本的かかわり技法」「焦点のあてかた」「積極技法」「対決」を習得することを通して、面接の技法を連続的に構造化することを学ぶことができるという。

　カウンセリングの構造化は、ラポール、問題の定義、目標の設定、選択肢の探求・不一致との対決、日常生活への一般化の5ステップで行われる。

　マイクロカウンセリングは、基本的に教育・開発的カウンセリングであるが、カウンセリング理論の背景に応じて活用することができ、最近は、教育、家族、福祉など各界で広く使われているという。マイクロカウンセリングの技法やカウンセリング・プロセス、包括的・折衷的な立場、さらに積極的に関わる姿勢などから、キャリアに関することを取り扱えば、キャリアコンサルティングそのものといえそうである。

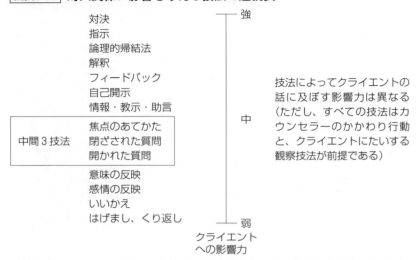

図表3-20 対人関係に影響を与える技法の連続表

```
                                    ─┬─ 強
    対決
    指示
    論理的帰結法
    解釈                                      技法によってクライエントの
    フィードバック                             話に及ぼす影響力は異なる
    自己開示                            中      （ただし、すべての技法はカ
    情報・教示・助言                            ウンセラーのかかわり行動
┌─────────┐                            と、クライエントにたいする
│中間3技法│ 焦点のあてかた                      観察技法が前提である）
│         │ 閉ざされた質問
│         │ 開かれた質問
└─────────┘
    意味の反映
    感情の反映
    いいかえ
    はげまし、くり返し                  ─┴─ 弱
                          クライエント
                          への影響力
```

資料出所：アレン・E・アイビイ著、福原真知子・椙山喜代子・國分久子・楡木満生訳編『マイクロカウン
セリング："学ぶ─使う─教える"技法の統合：その理論と実際』川島書店（1985年）P.119.

（2）ヘルピング技法

折衷主義に立つカウンセリング心理学者であるカーカフ（Carkhuff, R. R.：1934～）は、ヘルピング技法というカウンセリング・モデルを提唱した。カーカフは、お互いに同格の人間が助けたり助けられたりする関係にあるとして、カウンセラーとクライエントをそれぞれヘルパーとヘルピー、開発した援助技法をカウンセリングと言わずにヘルピングと称した。また、教師や看護師なども使えるよう、技法を定式化した。さらに、ヘルパーの技法に対して、ヘルピーにも応じ方があるとした。

ヘルピング技法は、①かかわり技法、②応答技法、③意識化技法、④手ほどき技法の段階があるが、ヘルピーは、これらに対し、それぞれ「参入」「自己探索」「自己理解」「行動化」で応じる **［図表3-21］**。

（3）コーヒーカップ・モデル

カウンセリング心理学者であった國分康孝（1930～2018）がカウンセリングの基本的なプロセスをモデル化したもので、コーヒーカップの断面図に似ていることから「コーヒーカップ・モデル」と呼ばれる **［図表3-22］**。

「心理療法という治療的なものではなく、問題解決志向の育てるカウンセリ

図表3-21 ヘルピング技法における援助段階

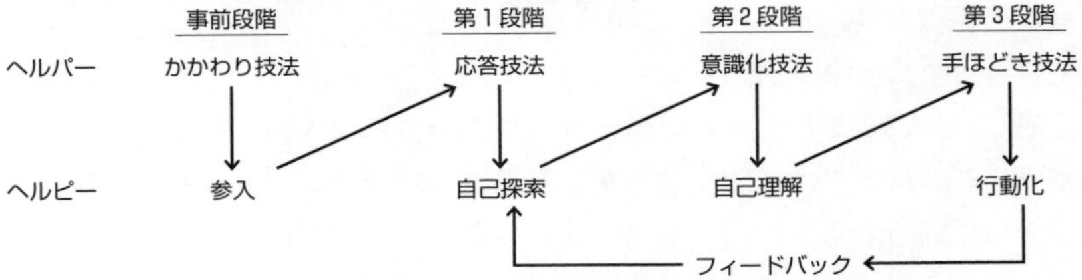

事前段階
第1段階
第2段階
第3段階
ヘルパー
かかわり技法
応答技法
意識化技法
手ほどき技法
ヘルピー
参入
自己探索
自己理解
行動化
フィードバック

資料出所：國分康孝監修『現代カウンセリング事典』金子書房（2001年）P.85.

図表3-22 コーヒーカップ・モデル

リレーションを
つくる
処置
問題の解決方法
問題をつかむ

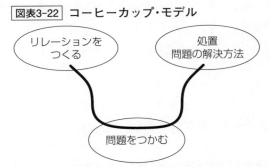

資料出所：國分康孝『カウンセリングの原理』誠信書房（1996年）P.127.

ングである」という考えを基本としており、傾聴技法だけにとどまらず、処置の仕方（対策・処方箋）まで行う。モデルが単純であるため使いやすく、汎用性が高い。

カウンセリング・プロセスとしては、①初期（リレーションをつくる）、②中期（問題をつかむ）、③後期（処置、問題の解決）の3期に分かれる。

リレーションをつくり、問題の本質をつかむために、言語的スキルである①受容、②繰り返し（言い換え）、③明確化（感情、意味の意識化）、④支持、⑤質問（閉ざされた質問、開かれた質問）と、非言語的スキルである、①視線、②表情、③ジェスチャー、④声の質・量、⑤席の取り方、⑥言葉遣い、⑦服装・身だしなみを身に付ける。

処置の仕方としては、

- リファー（信頼できる別の専門家に支援を依頼する）
- ケースワーク（環境に働き掛ける）
- スーパービジョン（スキルを指導する）

- コンサルテーション（情報提供とアドバイスをする）
- 具申（組織の長にアドバイスする）
- 狭義のカウンセリング

を提唱し、これらが役立たない場合は、過去の特定の人物に対して具体的に調べていくことにより内観的な世界観を獲得する内観法、カウンセラーがクライエントの言動の矛盾を指摘する対決法など特別な方法を用いるとしている。

コーヒーカップ・モデルは、わが国においてカウンセリングといえばとかく「心の病」を直すための治療的、治すカウンセリングと考えられがちな現状に対抗して、カウンセリング心理学本来の開発的、教育的側面を強調し、育てるカウンセリングの基本モデルとして提案されたものである。

コーヒーカップ・モデルは、今日、後掲 [12]（4）で説明する構成的グループエンカウンターなどのグループワークとも一体となって、教育界を中心に広く活用されている。コーヒーカップ・モデルの考え方や技法は、育てるカウンセリングであるキャリアコンサルティングに広く取り入れられている。

(4) システマティック・アプローチ

システマティック・アプローチは、1970 年代からアメリカ、カナダの公的職業紹介機関などで広く行われてきたキャリアカウンセリングのカウンセリング・モデルである。雇用職業総合研究所（現、労働政策研究・研修機構）の研究グループによってわが国に紹介され、ハローワークの職業紹介、職業相談の基本的モデルとなった。

システマティック・アプローチでは、カウンセラーとクライエントが共同で目標を定め、その目標を達成するための方策を体系的に進める。木村（2018）によると、一般に、次のプロセスをとる。

①カウンセリングの開始：カウンセリング関係を樹立する。温かい雰囲気の中で、クライエントが安心して話のできる信頼関係を樹立する

②問題の把握：来談の目的、何が問題なのかを明確にする。それをカウンセラーとクライエントが相互に確認し、その問題の解決のためにクライエントが行動する意思を確認する

③目標の設定：解決すべき問題を吟味し、最終目標を決定する。そのプロセスは、まず、クライエントの悩みや阻害要因に気づかせる。次に、具体的な幾つかの方策を選択し、それを一連の行動ステップに組み立てる。契約を結ぶことによって、クライエントのコミットメントを確かにする

④方策の実行：選択した方策を実行する。主な方策は、意思決定、学習および自己管理である

⑤結果の評価：実行した方策とカウンセリング全体について評価する。クライエントにとって方策は成功したか。目標は達成したか。ケースを終了してよいか。カウンセラーにとってどうか

⑥カウンセリングとケースの終了：終了を決定し、クライエントに伝える。成果と変化を相互に確認する。問題があれば再び戻ってこられることを告げる。カウンセラーはケース記録を整理し、完結する

　折衷主義的なアプローチであり、カウンセリング・プロセスを進めるに当たっては、特定のカウンセリング理論や技法にとらわれず、目標達成に向けて有益な技法を使っていく。目標達成（就職した、自らのキャリア形成の道を見いだしたなど）が最重要であり、これに向けて自己理解、職業理解、啓発的経験、方策の実行などを行っていく。

　木村（2003）は、今日、キャリアコンサルティングの分野で中心的なカウンセリング・モデルはシステマティック・アプローチであるという。

（5）発達的カウンセリング

　木村（2018）によると、発達的カウンセリングは、クライエントの職業的発達を助け、促進することを目的としたカウンセリングである。発達的カウンセリングの基本的考え方は職業発達理論にある。要約すると、次のようなものだという。

- 人間は、目標を設定し、選択し、決断し、自分の行動と未来に対して責任を持つことができる存在である
- 職業的発達の中核となるものは自己概念である。職業的発達の過程は、自己概念を発達させ、それを職業を通して実現していくことを目指した漸進的、継続的、非可逆的なプロセスであり、妥協と統合のプロセスである

　一定の時間的経過の中で問題の解決を期待するものであるため、カウンセリングの手法として独自のものがあるわけではないが、一般的には次の手順で進められるという。

- 非指示的に、問題の探索、自己概念の描写をする
- 指示的に、話題を設定する
- 自己受容と洞察のために、非指示的に、感情の反映と明確化を行う
- 現実吟味のために、指示的に、テスト、職業情報などのデータを探索する

- 非指示的に、現実吟味のプロセスで起こった感情や態度を探索し、働き掛ける
- 意思決定を援助するために、非指示的に、選択肢を考えさせる
  これを発達の観点から見れば、
- クライエントが、どの発達段階にあるか評価する
- 未発達の場合は、方向づけと探索に専念する
- 特定の職業を選択できるまで発達していれば、情報を収集し、調査し、理解させる
- 現実吟味が済んだら、意思決定を支援する

ということであるという。

　発達的カウンセリングでは、カウンセリングの中で、必要なテストが行われるほか、職業に関する情報の提供が重視される。

［10］　社会構成主義的アプローチ
　　　　（コンストラクション系のアプローチ）

　近年の欧米のキャリアカウンセリングでは、社会構成主義アプローチと呼ばれる手法が一般的になりつつある。

　その背景には、キャリアを取り巻く環境の変化がある。社会構成主義では、人々が現実として認識しているものは、社会的に構築されたもので変化していく動的な過程である。この立場に立つ社会構成主義的アプローチは、環境変化のスピードに合わせ、絶え間なく変化する動的なものに対応し得る理論であるとされる。社会構成主義的アプローチは、検査や情報にのみ頼るのではなく、人と話し、社会と向き合う中で自分と職業との関係を見いだしていこうというものである。

（1）ナラティブ・アプローチ

　カナダのカウンセリング心理学者であるコクラン（Cochran, L.：1944 ～）は、キャリア分野にナラティブ・アプローチを導入した。ナラティブ（narrative）とは、「物語、語り」のことであり、キャリアカウンセリングにおいてはキャリアの物語である。

　ナラティブ・アプローチは、社会構成主義をその理論背景に置いている。社会構成主義では「言語によって現実は構成される」と捉えるが、ナラティブ・

アプローチでは、クライエントのキャリアの問題も言語によって構成されると考える。

　キャリアカウンセリングにおけるナラティブ・アプローチは、最初、中間、結末の三つの部分から構成される。ナラティブを通して、この三つの部分が統合され、結末の部分では目標である未来が描かれる。カウンセラーの役割は、ナラティブの共同制作者として、中立的な立場から語りを支援することである。コクランは、ライフライン（これまでの人生を上下する曲線で描いたもの）などを使ったインタビューを通じて、クライエントのナラティブを「強化」していく。

　コクランは、伝統的なキャリアカウンセリングでは、客観的なキャリアの見通しをつける支援を行ってきたが、主観的なキャリアの見通しの視点が欠けていたと指摘している。主観的な面には、キャリアに対する個人的に重要な意味づけが含まれている。コクランはナラティブを用いることによって、心理テストだけでは分からない未来につながる多くのことが把握できるという。

（2）キャリア構築カウンセリング

　キャリア構築理論を提唱したサビカス（1.［3］（4））は、理論の進化の過程でカウンセリングのモデルを加えた。

　キャリア構築カウンセリングでは、キャリアカウンセラーとクライエントが協力して、キャリアストーリーの構築に取り組む。その際、クライエントが目的を作ったり、考えを固めたり、目的にかなう活動に取り組んだりすることに焦点を当てる。

　キャリア構築カウンセリングのプロセスは、以下のとおりである[※5]。

---

①オープニング：カウンセラーは、クライエントと協力して、カウンセリングの目標を共有し、関係を築く

②構築（Construction）：カウンセラーは、クライエントとともに、キャリアストーリーづくりを始める。キャリア構築インタビューでは、❶ロールモデル、❷楽しみにしている雑誌やテレビ番組、❸お気に入りの本と映画、❹モットー、❺思い出せる最も昔の記憶について質問する

③脱構築（Deconstruction）：カウンセラーは、話してもらったストーリーから、クライエントが自らの可能性を制限していないか検討し、制限しているものがあれば可能性を広げる考え方ができるよう援助する

---

④再構築（Reconstruction）：カウンセラーは、クライエントが③で新たな意味を見いだした小さなストーリーを統合し、大きなストーリーを作り上げる援助をする

⑤協働構築（Coconstruction）：カウンセラーとクライエントが協力して、新たな可能性を拓くために何に取り組むべきかをはっきりさせる

⑥実行（Action）：カウンセラーとクライエントが協力して、行動すべきことを定め、クライエントは、新たな意味を持つキャリアストーリーを実行に移す

⑦クロージング（Closing）：目標を達成できたことを確認し、まとめる

※5　Savickas, M. L. (2013) Career construction theory and practice. In Brown, S. D. & Lent, R. W. (Eds.), Career Development and Counseling: Putting Theory and Research to Work, NJ: John Wiley & Sons, inc.. 168-172, 179-180. 要約に当たっては、渡部昌平ら著『社会構成主義キャリア・カウンセリングの理論と実践』福村出版（2015 年）P.155. を参考とした。

（3）ソシオダイナミック・カウンセリング

ピーヴィー（Peavy, R. V.：1929 ～ 2002）は、ソシオダイナミック・カウンセリングを提唱した。ソシオダイナミック・カウンセリングでは「対話的な傾聴」を重視し、クライエントのライフ・スペースにおけるマッピングを重視する。「ライフ・スペース」とは、人間と環境が相互作用する全体的な場のことであり、「マッピング」は位置づけを明らかにすることである。

ソシオダイナミック・カウンセリングでは、①仕事や家族など複数のライフ・ストーリーを傾聴し、②それぞれの役割をマッピングし、③人生の章にそれぞれ名前を付け、④特徴やポジティブな特性などを明確化し、⑤ライフ・スペース・マッピングを行う。

［11］ キャリアコンサルティングの特徴

木村（2018）によると、キャリアコンサルティングが折衷的アプローチをとるのは、単にいろいろなアプローチの良いところだけを取っているということではなく、目的と現実にかなっているからである。また、キャリアコンサルティングも、その原理・原則やコンサルティングに必要とされる基本的な態度、

技能などは一般のカウンセリングと同じであるとし、

- カウンセリングに不可欠なものは、「温かい信頼に満ちた人間関係」である
- カウンセラーは、受容、共感的理解、自己一致などの基本的態度を身に付けなければならない
- カウンセラーは、主として言語によるコミュニケーションの技能を身に付けなければならない

としている。

さらに、木村（2018）は、キャリアコンサルティングにおいては、具体的目標達成を援助することが必要であるとし、その他の広く行われているカウンセリングと比べた場合の特徴として、以下の7点を挙げているので紹介する。

- 目的が、問題行動の除去や治療ではなく、個人のより良い適応と成長、個人の発達を援助することに重点を置く
- 進路の選択、職業選択、キャリア・ルート決定など具体的目標達成を目指して行う
- 特定の理論や手法だけにとらわれず、さまざまな理論や手法を使用する
- 自己理解、職業理解、啓発的経験、方策の決定と実行（進路・職業の選択・決定と実行など）、フォローアップ（職場定着など）のキャリアガイダンスと一体となって行われる
- カウンセリング・モデルとしては、システマティック・アプローチをとる。また、カウンセリング・アプローチとしては折衷的である
- カウンセリングのみでなく、コンサルテーション（Consultation）、関係者の協力（Coordination）、教育（Education）の機能を重視する
- 実践に当たっては、学校教育、職業紹介機関および職業能力開発機関において、それぞれの法律に基づき行われている。したがって、個人のキャリア形成を人生を通じて一貫して支援するという観点から、これらの関係機関が密接な連携をする必要がある

［12］ グループを活用したカウンセリング

企業、ハローワーク、大学などでは、複数の者を対象にキャリアコンサルティングを行うことがある。グループを活用したカウンセリングとしては、グループワーク、グループガイダンス、グループカウンセリング、グループエンカウ

ンター、サポートグループによるものなどがある。

（1）グループワーク

　グループワークとは、集団（グループ）で活動することによる効果を期待する対人援助技法である。集団に対し、一方的に指示したり、情報提供したりすることを目的としたものではなく、参加者相互の話し合いや交流を通して、経験や背景を共有させることによって、気づきなどを与え、考え方や態度・行動を変容させることを目的とする。

　運営方法はおおむね次のとおりである。

①ワークの狙いと実施方法についての説明およびデモンストレーション

②実習

③振り返り（個人、グループ）

④まとめ・整理

　グループワークの支援領域は広範囲であり、精神面の課題も含まれるし、仕事やキャリア支援なども含まれる。グループワークを治療志向性の高いものから予防・開発志向性の高いものへと並べると、グループセラピー、グループカウンセリング、グループガイダンスの順となる。

　グループワークの進行役は、その種類により、セラピスト、カウンセラー、ファシリテーター、トレーナー、リーダーなどといった呼び方をされる。

　グループワークは、個別カウンセリングとは違った有効性と効率性を持つ手段である。1対1のカウンセリングにないグループカウンセリングならではの効果として、アメリカ集団精神療法学会（The American Group Psychotherapy Association）は、①他のメンバーも自分と同じような課題を抱えていることを認識する（普遍性）、②他のメンバーを援助することによって自分自身を見直す（愛他主義）、③他のメンバーの成功によって自分の成功可能性を認識する（希望）、④セラピストやメンバーからアドバイスを得る（情報の伝達）、⑤所属感、一体感を体験する（凝集性）、⑥コミュニケーションを育む環境を提供する（ソーシャルスキル）など12項目を挙げている。しかしながら、グループ場面から恩恵を受けられるメンバーとそうでないメンバーがいることは事実である。また、グループには、集団圧力などのネガティブな面もある。また、個人個人に合わせることは難しいという面もある。グループワークを行う際には、こうしたことにも留意し、グループのポジティブな効果を上げ、ネガティブな効果が出ないようにする必要がある。

グループワークには、治療志向性の高いものもあれば、予防・開発志向性の高いものもある。キャリアコンサルティングでは、予防・開発志向性が高くなるようなやり方でグループワークを行う。

（2）グループガイダンス、グループカウンセリング

　グループガイダンスとグループカウンセリングの関係については、幾つかの見方があるが、ここでは両者は別のものではなく、グループガイダンスはグループカウンセリングに比べ、より定期的で、感情的関与が弱く、規模が大きく、治療的要素が少ないなどといった特徴があるという立場で説明を進める。

　グループカウンセリングは、カウンセリングをグループ（小集団）で行うものである。グループ・ダイナミクスを用いて、自己理解と行動の変容を進める試みである。グループ・ダイナミクスとは、心理学者のレヴィン（Lewin, K. Z.：1890 〜 1947）が提唱した集団力学のことであり、また、集団において人の行動や思考は、集団から影響を受け、逆に集団に影響を与えるという小集団内での相互影響関係のことを指す言葉でもある。

　グループカウンセリングは、非構成的グループカウンセリングと構成的グループカウンセリングに大別される。

（3）非構成的グループカウンセリング

　非構成的グループカウンセリングは、グループ活動の進行の主導権を参加者に置く。カウンセラー（トレーナーと呼ぶこともある）はグループ活動を促進する役割を担うファシリテーターとして集団に参加する。心理療法的な色合いが強く、従来型のエンカウンターグループや感受性訓練のTグループなどがこれに当たる。ロジャーズ（[7]（1））の流れをくむ。

　エンカウンターというのは「出会い」である。グループでの出会いを活用したグループカウンセリングの呼び方には、エンカウンターグループとグループエンカウンターの二つがあるが、これらは同義である。

　Tグループは、トレーニング・グループ（Training Group）のことである。10人前後のメンバーが自由に話し合う中で「今、ここ」で生じているプロセスに気づき、気づきをより適切な行動へと活用しようというものである。

（4）構成的グループカウンセリング（構成的グループエンカウンター）

　構成的グループカウンセリングは、グループ活動の過程を段階的に設定したもので、カウンセラーはリーダーの役割を果たす。予防的・開発的カウンセリングのグループワークの一つで、構成的グループエンカウンターなどがこれに

当たる。パールズ（[8]（4））の流れをくむ。

〈構成的グループエンカウンター〉

構成的グループエンカウンター（SGE：Structured Group Encounter）は、
- 触れ合いと自己発見を促進する
- リーダーは、折衷主義的なプログラム構成をする
- リーダーは、触れ合いと自己発見の二つのプロセスを、同程度のレベルを保ちながら併行して進める
- メンバー相互のエンカウンターは、メンバーとリーダーのリレーションを土壌にして育まれる

を基本原則とするグループエンカウンターである。

枠があるほうが表現しやすいし、心的外傷も予防しやすい。また、所定の時間内に完結しやすいし、プロのカウンセラーでなくても実施しやすいという利点がある。

日本には、國分（1992, 2018）が紹介し、発展させた。今日、教育、医療福祉、地域、産業などの分野で広く使われており、単に「グループエンカウンター」と言った場合、構成的グループエンカウンターを指すこともある。

構成的グループエンカウンターは、①インストラクション、②エクササイズ、③介入、④シェアリングの四つの構成要素からなる。ルールを作り、各参加者の役割などを決め、運営する。エクササイズは、グループで行う課題のことで、リーダーやスタッフがメンバーの属性（例：年齢、性、職業など）や心理的状況（例：緊張や防衛の有無、エクササイズへの取り組み、触れ合っている状況など）に合わせて、どのようなエクササイズをどう展開するか考え、柔軟にプログラムを構成する。

構成的グループエンカウンターでは、上記の原則を守っていれば、エクササイズ等は参加者に応じていろいろなものがあってよいし、むしろそうでなければならないという。現在、学校進路指導などにおけるエクササイズ集などが開発されている。産業界に応用できるものも多い。

（5）サポートグループ

サポートグループとは、医療機関の患者会などのような専門機関による支援がある当事者グループのことである。当事者側から見ると、専門家からの助言、支援があるため参加しやすい。一方、専門機関側から見ると、一般的なグループワークに比べ、当事者同士の自発的な取り組みが期待されるため、相互援助

が期待でき、負担が重くないという利点がある。

　以下で説明する「ジョブクラブ」は、サポートグループの一つである。

〈ジョブクラブ〉

　木村（2018）によると、「ジョブクラブ」とは、「共通の目標や類似の問題を持った求職者がグループとなり、相互に意見や情報を交換したり、グループカウンセリング、グループワークを行ったりして、参加した求職者が自分の仕事を探索し、選択し、有効な求職活動を行って、結果として就職させることを目的としたグループを対象にした就職援助活動」である。

　1970年代初期にアメリカでアズリン（Azrin, N. H.：1930 〜 2013）が開発した就職援助技法で、1986年にイギリスが職業安定行政に導入し、参加者の約6割が就職するという好成績を収め、注目されるようになった。日本でも、ハローワークにおけるグループワーク、高年齢ホワイトカラーの就職支援セミナーなどの原型として取り入れられた。

　日本労働研究機構（1991）によれば、ジョブクラブは、それまでグループカウンセリングなどで行われていた単なるアドバイス、ロールプレイだけでなく、実際に参加者に仕事探しをさせつつ、効果的な求職活動の方法を学ばせ、就職に導いていくための、集団対象の就職援助技法である。ジョブクラブでは、求職活動に必要な資源（活動場所や連絡手段、必要な情報など）が提供され、参加者はこれに参加し、指導・援助を受けながら、仕事探しを行うことができる。

　木村（2018）によると、ジョブクラブ活動には、グループが本来有する影響力を活用できる、相互の助け合いにより元気づけられる、複数のクライエントを対象に効率的に援助できる、などの効果がある。

（6）セルフヘルプ・グループ

　同じ悩みや問題を抱えた人々が集まり、相互に援助し合うことを通じて自己の回復を図る治療グループのことである。グループには、治療者や指導者を置かず、自助を原則とする。

（7）キャリアコンサルタントとグループを活用したキャリアコンサルティング

　キャリアコンサルタントは、グループを活用したキャリアコンサルティングの実施に当たって、ファシリテーターの役割を担うこととなる。

①実施に当たってファシリテーターが行うこと

　シャーリー（Sharry, J., 2007）によると、グループを活用したカウンセリングの実施に当たって、ファシリテーターが行うべきことは、以下のとおりである。

●グループの目標や目的を共有する

　グループを活用したカウンセリングを効果的に行えるよう、グループキャリアコンサルティング実施前、あるいは初回にグループの目標や目的を共有する。

●「非日常」であるグループを、グループの「外」や「日常」とつなぐ

　グループでの経験を踏まえ、日常生活において気づいたことを次回までに考えてくるよう課題を出すなど、グループでの経験を「その場限り」のものとしないよう、グループの「外」や「日常生活」とつなぐ。

●必要に応じて介入する

　グループ活動や個別メンバーに危機が生じたときなどは、必要に応じ、介入する。

●目標がどのくらい達成されているか確認する

　グループ活動が終わりに向かう段階で、メンバーからの評価などを踏まえ、達成状況を確認する。

②グループを活用したカウンセリングの実施に当たってメンバーに注意喚起すべきこと

　グループを活用したカウンセリングの実施に当たって、ファシリテーターが、メンバーに対して注意喚起すべきことは、以下のとおりである。

- メンバーの発言（人格）を否定しないことを徹底する
- 価値観や意見の違いを認めるとともにメンバーの意見を共有する
- 沈黙することでなく、発言することを歓迎する
- ただし、しゃべりたくないことはしゃべらなくてよいことを伝える
- 共感したことはそう伝える、良いと思ったことは褒める
- 守秘義務を徹底する

3. 職業能力開発

　1. で述べたように、少子高齢化やグローバル化、技術革新の進展をはじめ、企業を取り巻く環境は、これまでよりも速いスピードで変化しつつある。これに対し、企業は、業種、従業員の構成、経営状況、経営理念などに基づき、OJT、Off-JT のほか、必要に応じ、従業員の自己啓発支援を行うなどにより職業能力開発を行う。個人は、必要に応じ、自己啓発を行う。行政が行う職業能力開発施策は、企業、個人が行う社会の変化に対する対応を促し、後押しするものである（OJT、Off-JT 等については、後掲 4.［6］（1）を参照すること。また、エンプロイアビリティ、コンピテンシー等、職業能力と関連する概念については、第 4 章で解説する）。

　本節では、行政が行う職業開発施策を巡る動向を概観した後に、今後に向けて重点的に取り組んでいる事項を中心に解説する。

［1］ 職業能力開発施策を巡る動向

（1）これまでの経緯

　日本において、古くは、技能は、西欧と同じく徒弟制度により習得されていた。20 世紀初頭からは企業による熟練工養成が行われるようになった。

　戦後、職業能力開発施策は、技能者養成のための公共職業訓練から始まったが、経済成長が進み、企業は労働力確保を兼ねて労働者の教育訓練に力を入れるようになり、これを推し進めるようになった。

　法制度を見ると、戦後、近代的な技能労働者の確保が求められる中で、1958（昭和 33）年に旧職業訓練法が制定され、さらに、本格的な労働力不足時代を背景に、旧職業訓練法が全面改正され、1969（昭和 44）年に職業訓練法が制定された。改正後の職業訓練法では、訓練実施が事業主の努力義務とされ、事業主が行う教育訓練への援助が行われるようになった。また、1974（昭和 49）年には雇用保険法により能力開発事業が創設され、財政的な基盤が整備された。職業訓練法は、1985（昭和 60）年に職業能力開発促進法に改められ、職業生活の全期間を通じて職業能力開発を促進していくこととなり、翌 1986

（昭和 61）年には、自己啓発助成給付金が創設された。従業員の自己啓発を支援する企業に助成金を支給するという形で、自己啓発支援がスタートしたのである。さらに、1998（平成 10）年からは教育訓練給付制度が始まった。一定の要件を満たす者が厚生労働大臣の指定する講座を受講し修了した場合、支払った費用の一定割合をその者に支給するというもので、労働者の主体的な能力開発の取り組みを直接的に支援する制度である。

　また、2001（平成 13）年の職業能力開発促進法改正では、労働者の自発的なキャリア形成への支援が職業能力開発施策の柱の一つとして加わり、そのような中でキャリアコンサルティング施策が進められ、2015（平成 27）年の職業能力開発促進法改正でキャリアコンサルタントの法制化等が実現した[**図表 3-23**]。さらに、2022（令和 4）年 3 月の改正で、キャリアコンサルティングの推進に係る事業主・国等の責務に関する規定が整備されたところである。キャリアコンサルティング制度の発展については、第 1 章 1. のコラム「キャリアコンサルタントの法制化までの道のりと能力体系」を参照すること。

（2）職業能力開発基本計画

　厚生労働大臣は、職業能力開発促進法に基づき、職業能力開発基本計画（5 カ年計画）を策定することとされている[**図表 3-24**]。最新の計画は、2021（令和 3）年 4 月に策定された「第 11 次職業能力開発基本計画」（令和 3 ～ 7 年度）である[**図表 3-25**]。同計画は、企業における人材育成を支援するとともに、労働者の主体的なキャリア形成を支援する人材育成戦略と位置づけられている。

　具体的には、新型コロナウイルス感染症の影響によるデジタル技術の社会実装の進展や労働市場の不確実性の高まり、人生 100 年時代の到来による労働者の職業人生の長期化など、労働者を取り巻く環境が大きく変化する中において、①産業構造・社会環境の変化を踏まえた職業能力開発の推進、②労働者の自律的・主体的なキャリア形成の推進、③労働市場インフラの強化、④全員参加型社会の実現に向けた職業能力開発の推進などを進めていく旨が記載されている。特に、キャリアコンサルティングに関しては、労働者に求められる能力が変化する中で、労働者の自律的・主体的なキャリア形成を支援するために重要であるとされ、具体的な施策について記載されている。

（3）最近の動き

　2018（平成 30）年 6 月に、人生 100 年時代構想会議において「人づくり革命 基本構想」が取りまとめられ、何歳になっても学び直し、職場復帰、転職

図表3-23　戦後の職業能力開発施策の動向と現状・課題

年代	1945年～	1955年頃～	1970年代～	1980年代中頃～	1990年代前半	1990年代後半～	2000年代中頃～	2010年代後半～
	戦後復興期	高度成長期	オイルショック前後	バブル期	バブル経済崩壊後	低成長時代		
経済情勢など	○復興への取組み	○高度成長 ○急速な工業化	○変動相場制移行 ○石油危機に伴うインフレの進行	○プラザ合意による円高 ○バブル経済発生と景気拡大	○バブル経済崩壊と景気後退 ○資産価格の下落 ○不良債権の発生	○アジア通貨危機 ○金融危機 ○デフレの進行	○世界金融危機 ○東日本大震災の発生 ○デフレの継続	○人生100年時代の到来 ○DXの進展・加速 ○新型コロナウイルスの感染拡大
社会的背景	**激しい労使対立** ○過酷な労働環境による争議行為 ○大量の失業者等 ○労働力の過剰、失業者発生	**労働力需給の逼迫** ○若年層、技術者等の労働者不足 ○中卒者＝「金の卵」 ○分野別に労働力需給の不均衡発生	**急激な賃金上昇** ○企業は減量経営へ転換、失業者増 ○1974年春季上げ率が32.9%と大幅な賃金上昇	**生活の質的向上** ○経済成長の成果を生活の質的向上につなげるため、労働時間短縮等労働条件改善の動き	**国民意識の多様化** ○失業の上昇 ○産業構造の転換 ○労働者の就労の多様化 ○活動意識による共働き世帯増加	**多様な問題** ○若年失業率上昇（フリーター、ニート） ○グローバル化による国内産業の空洞化 ○少子高齢化による働く人口減少	○賃金の伸び悩み ○非正規雇用者の増加 ○教育訓練費の低下・横ばい ○労働力の担い手不足の顕在化 ○成長分野等への労働移動等	○リカレント教育の必要性増大 ○副業・テレワークなど新しい働き方の登場
労働法制	**基本法の整備** ○労働組合法、労働関係調整法、職業安定法、労働基準法の制定等	**積極的な雇用政策** ○雇用対策法、職業訓練法の制定等	**失業の予防** ○雇用保険法、雇用安定資金制度の制定等	**働き方の多様化** ○男女雇用機会均等法、パートタイム労働法、育児・介護休業法の制定等		**就業機会の拡充** ○高年齢者雇用安定法、労働者派遣法、雇用対策法の改正等	○労働契約法、女性活躍推進法、外国人材受入拡大、パートタイム労働法、派遣法、高年齢者雇用安定法、雇用対策法の改正等	○働き方改革関連法の改正、高年齢者雇用安定法の改正、雇用保険法の改正、臨時特例法の制定等

職業能力開発施策

技能労働者の育成
- ○労働力不足時代に即応した技能労働者の養成・確保のための職業訓練体制や技能検定の実施体制の制度的基盤の確立
  - 旧職業訓練法の制定（1958年）
  - 職業訓練法の制定（1969年）
- ○雇用保険法における3事業の一つとして、能力開発事業を創設
  - 雇用保険法の制定（1974年）
- ○生涯訓練体制の確立
- ○委託訓練の創設
  - 職業訓練法の改正（1978年）

事業主等が行う職業訓練の推進
- ○事業内職業能力開発促進法の制定
- ○有給休暇の付与等による労働者の職業能力の開発・向上
- ○委託訓練の積極的な活用等
  - 職業能力開発促進法の制定（1985年）
- ○若年者の技能離れの現況を踏まえた、職業訓練の体系の整備
- ○国際協力の推進
  - 職業能力開発促進法の改正（1988年）

労働者の主体的なキャリア形成の支援
- ○教育訓練休暇制度の充実実等自発的な能力開発の推進
  - 教育訓練給付制度の創設（2006年）
  - 雇用保険法の改正（1998年）
- ○実習併用職業訓練制度の創設（2006年）
- ○職業能力開発促進法の改正（2014年）
  - 教育訓練給付制度の創設（2011年）
  - 専門実践教育訓練給付の創設（2014年）
  - 特定一般教育訓練給付の創設（2019年）

資料出所：厚生労働省「第1回 今後の人材開発政策の在り方に関する研究会　参考資料　人材開発関係資料集」（2019年）P.51に筆者追記

経済の好循環実現に向けた政労使会議（第1回）（平成26年9月29日）樋口委員提出資料を、加工し作成

第7次職業能力開発基本計画以降の基本計画の概要

○第7次職業能力開発基本計画（平成13〜17年度）
 技術革新の進展、産業構造の変化、労働者の就業意識の多様化、職業能力のミスマッチ
 の拡大等に対応し、キャリア形成支援システム（※キャリアコンサルティングのこと）
 や職業能力評価システム等を整備する。
○第8次職業能力開発基本計画（平成18〜22年度）
 若年失業者やフリーターの増加、自己啓発を行う上での制約、現場力の低下等に対応し、
 職業キャリアの持続的発展を実現するため、企業・社会の人材育成環境を再構築する。
○第9次職業能力開発基本計画（平成23〜27年度）
 少子高齢化や産業構造の変化等を背景とした労働力需給の構造的な変化や、非正規労働
 者の増加等に対応し、成長分野やものづくり分野の人材育成、雇用のセーフティネット
 の創設（※求職者支援訓練のこと）、職業能力評価システムの整備を推進する。
○第10次職業能力開発基本計画（平成28〜令和2年度）
 生産性向上、個々の特性に応じた職業能力底上げ、産業界のニーズや地域の創意工夫を
 活かした人材育成などを推進していくため、労働市場インフラを戦略的に展開する。
○第11次職業能力開発基本計画（令和3〜7年度）
 新型コロナウイルス感染症によるDXの進展や労働市場の不確実性の高まり、職業人
 生の長期化など労働者を取り巻く環境の大きな変化が予想される中、企業における人材
 育成、労働者の主体的な能力向上・キャリア形成の推進に、戦略的に取り組む。

資料出所：厚生労働省「第7〜11次職業能力開発基本計画」

が可能となるリカレント教育を抜本的に拡充する方針が示された。リカレント
教育とは、経済協力開発機構（OECD）が1960年代末から1970年代に提唱し
た生涯教育の一種で、フォーマルな学校教育を終えて社会に出てから、個人の
必要に応じて教育機関に戻り、再び教育を受ける、循環・反復型の教育システ
ムのことを指す。職業人生が長期化する中で、生産性向上をもたらし得るもの
として期待されている。これを受けて、厚生労働省においては、①人生100
年時代を見据えて人生を再設計し、一人ひとりのライフスタイルに応じたキャ
リア選択を行うことを支援（キャリア形成サポートセンターの整備など）、②
リカレント教育の推進（教育訓練給付制度の実施など）、③学び直しに資する
環境の整備（教育訓練休暇制度を導入・適用した場合の助成の普及など）、④
転職が不利にならない柔軟な労働市場や企業慣行の確立（「年齢にかかわりな
い転職・再就職者の受入れ促進のための指針」の策定など）を進めている。
　また、2019（令和元）年6月に閣議決定された「経済財政運営と改革の基
本方針2019」の「就職氷河期世代支援プログラム」に基づき、就職氷河期世
代の活躍の場をさらに広げられるよう、同世代が抱える固有の課題やニーズを

第11次職業能力開発基本計画における
「キャリアコンサルティングの推進」関係部分

第11次職業能力開発基本計画（抄）
第3部　職業能力開発の方向性と基本的施策
2　労働者の自律的・主体的なキャリア形成支援
（1）キャリアコンサルティングの推進
　　日本型の雇用慣行が徐々に変化するとともに、急速なデジタル化の進展や労働市場の不確実性の高まり、人生100年時代の到来による職業人生の長期化等により、労働者に求められる能力も変化していく。このため、労働者は、日々の業務を通じて職業能力の向上を図るとともに、企業任せにするのではなく、若年期から自身の職業能力開発の必要性を継続的に意識しながら、時代のニーズに即したリスキリングやスキルアップを図っていく必要がある。これを支援するため、国や企業においては、労働者がキャリアコンサルティング等を通じて定期的に自身の能力開発の目標や身に付けるべき知識・能力・スキルを確認することができる機会を整備することが重要である。
　　こうした方向性を踏まえ、以下のような施策を講ずる。
①キャリア形成サポートセンターの整備等を通じて、企業へのセルフ・キャリアドックの導入支援や、夜間・休日、オンラインで利用できる環境等の労働者個人がジョブ・カードを活用したキャリアコンサルティングを利用しやすい環境の整備をさらに推進する。
②キャリアコンサルティングの推進に当たっては、産業界・企業における理解が不可欠であり、その理解を促す取り組みを推進する。
③ジョブ・カードは、キャリアコンサルティングの過程で有効活用できるツールであり、デジタル技術の進展を踏まえ、利便性の向上を図るとともに、企業が従業員に対して行うキャリア支援の場面（キャリアコンサルティングやキャリア研修等の場面）における活用を促すなど、さらなる普及を推進する。
④キャリアコンサルタントについて、2016（平成28）年の国家資格化以降、量の確保と資質の維持・向上を図ってきたが、今後は労働力需給調整の場面や職業訓練の場面における支援等の活動領域に応じた専門性を深めることや、豊富なキャリアコンサルティング経験を持つキャリアコンサルタントによる指導を受けることなど、実践力の向上に向けた取り組みを推進する。
⑤キャリアコンサルタントに寄せられる相談内容の複雑化・高度化に対応するため、キャリアコンサルタントに必要な知識・技能を身に付ける機会を確保するとともに、専門家や専門機関に関する情報提供や講習の実施等により、産業医や保健師等関連領域の専門家に適切につなぐための知識・能力の習得や専門家等とのネットワークづくりを促進する。
⑥企業に関わるキャリアコンサルタントについては、労働者のキャリア意識の形成や職業生活を通じたキャリアプランの作成を支援することに加え、当該企業における人材育成の取り組みの改善や組織課題の解決に向けた提案を行うなど、キャリアコンサルティングを通じて得られた知見を当該企業の関連する制度やその運用、さらには組織活性化による生産性向上に活かすための専門性の向上を図る。
⑦場所を問わずキャリアコンサルティングの機会を提供できるよう、オンラインを活用したキャリアコンサルティングを推進する。

資料出所：厚生労働省「第11次職業能力開発基本計画」

踏まえつつ、3年間で伴走支援型の相談やリカレント教育などの支援を集中的に行っていくこととされ、取り組みが進められている。

　2020年以降、新型コロナウイルス感染症の影響で、デジタルトランスフォーメーション（DX）が加速するなど、急速かつ広範な経済・社会環境の変化が生じている。このような中、2021（令和3）年6月に閣議決定された「経済財政運営と改革の基本方針2021」では、働きながら学べる環境の整備、リカレント教育等の人的投資支援の強力な推進、非正規雇用労働者のデジタルスキルの習得支援などが求められているほか、40歳をめどに行うキャリアの棚卸し、資格取得やキャリアコンサルティングの支援の強化などに言及されている。

　また、「緊急提言～未来を切り拓く『新しい資本主義』とその起動に向けて～」（令和3年11月8日新しい資本主義実現会議決定）では、「人的資本への投資の支援を強化する3年間の施策パッケージを設け、民間の知恵を求める」とされた。さらに、「コロナ克服・新時代開拓のための経済対策」（令和3年11月19日閣議決定）では、「成長と分配の好循環」の実現を図るため、働く人や成長の恩恵を受けられていない人たちへの分配機能の強化、リスキリングや労働移動円滑化など、「人」への投資を強化するとされた。2022（令和4）年1月にかけて、人的資本への投資を抜本的に強化するために、3年間で4000億円規模の施策パッケージを実現すべく、総理自ら国民にアイデアを募るなど力を入れているところである。

　後掲のコラム「リスキリング（再教育）やリカレント教育に関する動きなど」で紹介するように、2021（令和3）年末に、労働政策審議会会長から、厚生労働大臣に対し、「学びの好循環」の実現に向けた建議などもなされ、これを受けた検討、国会審議などを経て、2022年3月に法改正が行われたところである。

［2］ 職業能力開発施策の概要

　職業能力開発施策には、行政が行う公的職業訓練のほか、企業が行う教育訓練への支援、労働者の自己啓発に対する支援、さらに能力評価基準の策定などがある。

（1）公的職業訓練

　公的職業訓練については、［図表3-26］のとおりである。

図表3-26 公的職業訓練の概要

		離職者向け	在職者向け	学卒者向け	障害者向け
公的職業訓練	公共職業訓練	①対象：主に雇用保険受給者 ②期間：おおむね3カ月～2年 ③実施機関：国（ポリテクセンター）、都道府県（職業能力開発校） ※都道府県が実施するものの一部は、民間教育訓練機関等への委託により実施	①対象：在職者 ②期間：おおむね2～5日 ③実施機関：国（ポリテクカレッジ、ポリテクセンター）、都道府県（職業能力開発校）	①対象：高校卒業者等 ②期間：1年または2年 ③実施機関：国（ポリテクカレッジ）、都道府県（職業能力開発校）	①対象：ハローワークの求職者（障害者） ②期間：おおむね3カ月～1年 ③実施機関：国（障害者職業能力開発校）、都道府県（障害者職業能力開発校、職業能力開発校） ※国が実施するものは、独立行政法人高齢・障害・求職者雇用支援機構または委託により都道府県が運営。都道府県が実施するものの一部は、民間教育訓練機関等への委託により実施
	求職者支援訓練	①対象：主に雇用保険受給者以外 ②期間：基礎コース（2～4カ月）、実践コース（3～6カ月） ③実施機関：民間教育訓練機関等			

資料出所：厚生労働省ホームページ等を基に筆者作成

①受講あっせん

ハローワークに求職登録し、離職者訓練、求職者支援訓練等を受講する者は、一般的に受講指示、受講推薦または支援指示（これらを総称して「受講あっせん」という）を受ける。

受講指示は、雇用保険法または労働施策総合推進法等に基づく各種手当等を受けることができる求職者に対して、訓練受講期間中の手当の支給を前提としたものである。受講推薦は、主に受講指示の対象者以外が訓練を受講する場合など、手当の支給を前提としないものである。支援指示は、求職者支援制度に基づき、ハローワーク所長が特定求職者に対して、就職支援計画による就職支援措置を行うもので、一定の要件を満たす者に職業訓練受講給付金を支給する。

②公共職業訓練

公共職業訓練には、公共職業能力開発施設を設置して職業訓練を実施する施設内訓練のほか、民間教育訓練機関等に委託し実施する委託訓練がある。公共職業能力開発施設には、職業能力開発大学校および職業能力開発短期大学校（ポリテクカレッジ）、職業能力開発促進センター（ポリテクセンター）、職業

能力開発校、障害者職業能力開発校の5種類がある。それぞれの設置主体および実施している訓練は [図表3-27] のとおりである。

◉離職者訓練

　離職者訓練は、雇用保険の失業給付を受給しながらハローワークで求職活動を行う者のうち、ハローワーク所長が「就職するために職業訓練を受けることが必要」と判断し、職業訓練の受講をあっせんした者などを対象とした訓練である。

　ポリテクセンター、職業能力開発校のほか、都道府県から委託を受けた民間教育訓練機関で実施される。

◉学卒者訓練

　高校卒業者等を対象とした1年または2年の普通課程、2年の専門課程のほか、専門課程修了者等を対象にした応用課程がある。普通課程では、地域産業で必要とされる多様な技術・知識を習得させるための訓練が行われている。一方、専門課程および応用課程では、ものづくり系のコースを中心とした高度な技能・知識を習得させるための訓練が行われている。いずれも就職率は極めて高く、中小企業等への人材供給源となっている。

◉在職者訓練

　在職者訓練は、在職者を対象に行われる訓練で、2～5日間の短期間で、ポ

図表3-27 公共職業能力開発施設の概要

職業能力開発施設	実施訓練の種類	設置主体	設置数
職業能力開発大学校 （ポリテクカレッジ）	高卒者等に対する高度な職業訓練を実施（専門課程） 専門課程修了者等に対する高度で専門的かつ応用的な職業訓練を実施（応用課程）	独立行政法人高齢・障害・求職者雇用支援機構	10
職業能力開発短期大学校 （ポリテクカレッジ）	高卒者等に対する高度な職業訓練を実施（専門課程）	独立行政法人高齢・障害・求職者雇用支援機構	1
		都道府県	14
職業能力開発促進センター （ポリテクセンター）	離職者および在職者に対する短期間の職業訓練を実施	独立行政法人高齢・障害・求職者雇用支援機構	46
職業能力開発校	高卒者等、離職者、在職者に対する職業訓練を実施	都道府県	147
		市町村	1
障害者職業能力開発校	障害者の能力、適性等に応じた職業訓練を実施	国[注]、都道府県	19

資料出所：厚生労働省「令和3年版　厚生労働白書」（2021年7月30日公表）
［注］　運営は、独立行政法人高齢・障害・求職者雇用支援機構（2）および都道府県（11）に委託している。

> ## ▶COLUMN ハロートレーニング
>
> 　2016（平成28）年11月、公的職業訓練の認知度を上げ、真に必要としている人の利用を促すために、公的職業訓練の愛称・キャッチフレーズ「ハロートレーニング〜急がば学べ〜」を決定した。
> 　また、2017（平成29）年10月にロゴマークを策定した。
> 「ハローワークインターネットサービス」では、ハロートレーニングの検索ができる。

リテクカレッジ、ポリテクセンター、都道府県立職業能力開発校において行われ、有料である。2017（平成29）年度からは、民間教育訓練機関等も活用している。

　訓練コースは、機械系、電気・電子系、居住系など「ものづくり分野」を中心に、設計・開発、加工・組立、工事・施工、生産管理、品質管理・改善など多様で幅広い内容となっている。個別企業等の希望に応じて、オーダーメイド型の訓練コースを設定することも可能である。

③求職者支援訓練

　求職者支援訓練は、求職者支援法に基づき、ハローワークの求職者のうち、主に雇用保険を受給できない者を対象とした訓練である。ハローワークの支援指示に基づいて行われ、受講者ごとに支援計画が作成される。2008（平成20）年に起こったリーマンショックを契機に、雇用保険に加入していなかった者の失業が社会問題となったことから行われるようになった訓練で、雇用保険と生活保護の間をつなぐセーフティネットの一つと位置づけられる。受講者には、訓練期間中の生活を支援し、訓練受講を容易にするための給付金である職業訓練受講給付金（月10万円＋交通費など）が、一定の要件を満たす場合に支給される。社会人スキルおよび基礎的な職業スキルを習得する「基礎コース」と基礎的な内容および実践的な内容を習得する「実践コース」があり、訓練期間は2〜6カ月である。民間教育訓練機関が実施している。求職者支援訓練を実施した民間教育訓練機関には奨励金が支給される。

④障害者職業訓練

　一般の公共職業能力開発施設で職業訓練を受けることが困難な障害者に対しては、障害者職業能力開発校において職業訓練を実施している。

　障害者職業能力開発校は、おおむねブロック拠点に設置しているため、居住地域によっては入校が難しい場合がある。このため、一部の都道府県において、一般の職業能力開発校に障害者向け訓練科を設置して職業訓練を実施している。

　このほか、障害者の多様なニーズに対応するため、企業、社会福祉法人、NPO法人、民間教育訓練機関等、多様な訓練先を活用し、全国で委託訓練を実施している。

（2）教育訓練給付制度

　教育訓練給付は、1998（平成10）年より行われているもので、労働者の主体的な能力開発の取り組みを支援するために、本人が教育訓練施設に支払った教育訓練経費の一定割合を支給するというものである。2014（平成26）年に拡充され、非正規雇用労働者である若者等を対象とする中長期的キャリア形成に資する専門的、実践的な教育訓練については、より充実した給付が行われるようになった。これにより、従来からの「一般教育訓練給付金」と給付内容を拡充した「専門実践教育訓練給付金」の2本立てとなった。

　さらに、「人づくり革命 基本構想」（平成30年6月13日人生100年時代構想会議決定）、「経済財政運営と改革の基本方針2018」（平成30年6月15日閣議決定）、「未来投資戦略2018」（平成30年6月15日閣議決定）により、リカレント教育を抜本的に拡充することとなったことを受け、①専門実践教育訓練給付について、第四次産業革命スキル習得講座の拡充や専門職大学院課程の追加が行われた。第四次産業革命スキル習得講座というのは、通称「Reスキル講座」と呼ばれるもので、民間事業者が社会人向けに提供するIT・データ分野を中心とした高度なレベルの教育訓練講座のことである。また、②新たに「特定一般教育訓練給付」が2019（令和元）年10月に新設され、労働者の速やかな再就職と早期のキャリア形成に資すると認められる訓練については、一般教育訓練給付より手厚い給付が受けられるようになった。これにより、「一般教育訓練給付」「専門実践教育訓練給付」「特定一般教育訓練給付」の3本立てとなった。

　「専門実践教育訓練給付」「特定一般教育訓練給付」の受給を希望する者は、受講前にキャリアコンサルティングを受ける必要がある。

①一般教育訓練に係る教育訓練給付金

- 支給要件：被保険者期間3年以上（初回の場合は1年以上）で、当該訓練開始日前3年以内に教育訓練給付金を受給したことがないこと
- 給付水準：教育訓練に要した費用の20%相当額（上限10万円、4000円を超えない場合は不支給）
- 対象訓練：雇用の安定・就職の促進に資すると認められる教育訓練。具体的には、医療・福祉関係、事務関係等、幅広い教育訓練である

②専門実践教育訓練に係る教育訓練給付金

- 支給要件：被保険者期間3年以上（初回の場合は2年以上）で、当該訓練開始日前3年以内に教育訓練給付金を受給したことがないこと
- 給付水準：教育訓練に要した費用の50%相当額（上限年間40万円、4000円を超えない場合は不支給）を、受講状況を確認の上、6カ月ごとに支給。加えて、資格取得等し、かつ、訓練修了後1年以内に被保険者として雇用された場合等には、当該教育訓練に要した費用の20%相当額（上限年間16万円、4000円を超えない場合は不支給）を追加支給
- 対象訓練：就職の可能性が高い仕事において必要とされる能力の教育訓練、その効果がキャリアにおいて長く活かせる能力の教育訓練。具体的には、以下のとおりである
  ①業務独占資格または名称独占資格のうち、いわゆる養成施設の課程
  ②専門学校の職業実践専門課程等
  ③専門職大学院
  ④職業実践力育成プログラム
  ⑤高度情報通信技術資格の取得を目標とする課程
  ⑥第四次産業革命スキル習得講座
  ⑦専門職大学・専門職短期大学・専門職学科の課程

③特定一般教育訓練に係る教育訓練給付金（2019［令和元］年10月制度開始）

- 支給要件：被保険者期間3年以上（初回の場合は1年以上）で、当該訓練開始日前3年以内に教育訓練給付金を受給したことがないこと
- 給付水準：教育訓練に要した費用の40%相当額（上限20万円）
- 対象訓練：速やかな再就職および早期のキャリア形成に資すると認められる教育訓練。具体的には、以下のとおりである

①公的職業資格のうち業務独占資格、名称独占資格、必置資格の取得を目標
　とする課程
②高度情報通信技術資格、実践的情報通信技術資格の取得を目標とする課程
③新たな IT パスポート試験合格目標講座
④短時間のキャリア形成促進プログラムおよび職業実践力育成プログラム

（3）事業主等が行う教育訓練への支援

後掲 4.［7］で詳しく説明する。

（4）ジョブ・カード

キャリアコンサルティングの際に用いるツールの一つでもあるが、教育訓練
プログラム、能力評価シート等による能力評価などを用いた総合的な支援の仕
組みであり、職業能力開発施策の一つとして推し進めているものであることか
ら、以下において説明する。

①ジョブ・カード制度の概要

◉ジョブ・カード制度の創設

ジョブ・カード制度は、2008（平成 20）年 4 月に、非正規雇用労働者など
職業能力形成機会に恵まれない者の職業能力を向上させ、安定的な雇用への移
行を促進することを目的に創設された。「ジョブ・カードを活用したキャリア
コンサルティングの実施」と「座学と実習を組み合わせた訓練を含む実践的な
職業訓練（職業能力形成プログラム）の受講機会の提供」等を行うもので、「全
国推進基本計画」（2008［平成 20］年 6 月 30 日ジョブ・カード推進協議会）
に基づき普及促進が図られてきた。

その後、「新全国推進基本計画」（2011［平成 23］年 4 月 21 日ジョブ・カー
ド推進協議会）において、職業能力形成機会に恵まれない者に限らず、求職者、
在職者や学生等に対しても幅広く活用を図ることとされ、見直しを行いつつ、
推進が図られてきた。

◉新ジョブ・カード制度

その後、『『日本再興戦略』改訂 2014」（平成 26 年 6 月 24 日閣議決定）を踏
まえ、ジョブ・カードを「生涯を通じたキャリア・プランニング」および「職
業能力証明」のツールとし、求職活動、職業能力開発などの各場面において活
用すべく見直しが行われた。

さらに、2015（平成 27）年改正職業能力開発促進法において、国は職務経
歴等記録書（ジョブ・カード）の普及・促進に努めることとされた。これに基

づき、新たな様式（平成27年9月30日厚生労働省告示第408号）が定められるとともに、「新ジョブ・カード制度推進基本計画」が策定された。こうして2015（平成27）年10月1日から、新ジョブ・カード制度に移行した。

　新たな様式は、「様式1　キャリア・プランシート」「様式2　職務経歴シート」「様式3　職業能力証明シート（様式3−1　免許・資格シート、様式3−2学習歴・訓練歴シート、様式3−3　訓練成果・実務成果シート）」から構成されている。

◉大臣告示様式の弾力化と「キャリア・プラン作成補助シート」の導入

　2018（平成30）年4月より、ジョブ・カード大臣告示の様式1−1（キャリア・プランシート）、様式1−2（学生等用のキャリア・プランシート）、様式2（職務経歴シート）、様式3−1（職業能力証明［免許・資格］シート）および様式3−2（職業能力証明［学習歴・訓練歴］シート）の各注意事項の最後に、「必要があるときは、各欄を区分し、または各欄に所要の変更を加えることその他所要の調整を加えることができます」との弾力化規定が盛り込まれ、これら様式について、利用者・機関のニーズや使い勝手に合わせたジョブ・カード様式の編集が可能となった。

　また、在職者用、学生用および求職者用に分かれた「キャリア・プラン作成補助シート」の導入により、ジョブ・カード様式1−1および1−2を活用したキャリア・プランの作成を円滑に進めることが可能となった。

　さらに、ジョブ・カードの職業能力証明としての機能を強化するものとして、2020（令和2）年4月から「実践的能力証明シート」（ジョブ・カード準拠様式）を導入した。

②キャリア・プランニングツールとしてのジョブ・カードの活用

　ジョブ・カードは「生涯を通じたキャリア・プランニング」のツールとして、個人自らが、自己理解、仕事理解、職業経験の棚卸しを行い、キャリア・プランを作成する際に有効なツールである。

　ジョブ・カードを用いたキャリア・プランの作成に当たっては、キャリアコンサルタント等の支援を受けながら作成を進めていくことが望ましいが、その際に活用できる情報等を以下に示す。

◉ジョブ・カード制度総合サイト

　https://jobcard.mhlw.go.jp/

　ジョブ・カードの各様式やその記入例、ジョブ・カード活用ガイドのほか関

係情報を掲載している。また、ジョブ・カード作成支援、履歴書・職務経歴書が作成できる「ジョブ・カード作成支援ソフトウェア（Web 版含む）」の提供や LINE による情報発信も行っている。

◉ジョブ・カード活用ガイド

https://jobcard.mhlw.go.jp/advertisement/download.html

ジョブ・カード活用ガイドは、ジョブ・カードを初めて作成する者でも作成趣旨や方法を容易に理解できるようにするために制作されたものである。ジョブ・カードを作成する趣旨・作成方法・活用方法の説明、自己理解のためのワーク、記入例、ジョブ・カードの様式などが掲載されている。

幅広い年代の者を対象とした「汎用版」と、おおむね 40 歳前後以降の職歴のある者を対象とした「キャリアを重ねた方向け」の 2 種類がある。

その構成は以下のとおりとなっている。

- ジョブ・カードの趣旨や活用方法の説明
- 自己理解を深めるための四つの事前ワーク（これまでの人生［職業人生］を振り返る、興味・関心のある分野を探す、大事にしたい価値観を理解する、「強み」と「弱み」を知る）
- ジョブ・カード様式への記載

なお、ジョブ・カードはどの様式からでも作成できるが、ジョブ・カード作成の準備として「事前ワーク」に取り組んだ上で、様式 2（職務経歴シート）、様式 3−1（職業能力証明［免許・資格］シート）および様式 3−2（職業能力証明［学習歴・訓練歴］シート）、様式 1（キャリア・プランシート）の順に作成することを勧めている。

ジョブ・カードを作成しない場合でも、求職者が「事前ワーク」に取り組むことは、求職活動の準備として有効である。

◉ジョブ・カード講習について

https://www.mhlw.go.jp/seisakunitsuite/bunya/koyou_roudou/jinzaikaihatsu/jobcard_system/jobcard_koshu/index.html

ジョブ・カード作成支援アドバイザー養成のために実施していたジョブ・カード講習（2019［平成 31］年 3 月末に廃止）のテキストや動画が掲載されている。講習のテキストや動画では、ジョブ・カードの目的と仕組みの理解やジョブ・カードを活用したキャリアコンサルティングの流れ、対象者別の支援方法の詳細を解説している。

③キャリア形成サポートセンター

　2020（令和 2）年 4 月よりジョブ・カードセンターを再編・整備し、労働者のキャリア・プラン再設計や企業内でのキャリアコンサルティング機会の導入等を支援する拠点として「キャリア形成サポートセンター」を設置した。

　キャリア形成サポートセンターでは、個人（在職者）、企業、学校などを対象に、ジョブ・カードを活用し、さまざまなキャリア形成支援を無料で行っている。

　2022（令和 4）年 4 月 1 日現在の実施体制は、中央キャリア形成サポートセンター（東京都に 1 カ所）のほか、地域キャリア形成サポートセンター（全国19 カ所、東京都は中央キャリア形成サポートセンターと同一拠点）である。北海道、宮城、東京、神奈川、長野、愛知、大阪、兵庫、広島、香川、福岡の地域センターには、セルフ・キャリアドック導入支援拠点が併設されている（11 カ所）。

　地域キャリア形成サポートセンターでは、以下のことを行っている。
- 労働者に対する専門的なキャリアコンサルティング機会の提供
- ジョブ・カードを活用した採用活動や従業員の人材育成等を実施する企業等への支援
- ジョブ・カードを活用した雇用型訓練を実施する企業への支援
- セルフ・キャリアドック導入支援（相談支援・技術的支援、セミナー・研修等）
- ジョブ・カード制度およびセルフ・キャリアドックの周知広報

[3] リカレント教育

　関係省庁の役割分担、連携の下、個人のキャリアアップ・キャリアチェンジ、企業の競争力向上に資するリカレントプログラムの開発・展開が進められている。

（1）厚生労働省

　労働者・求職者の職業の安定に資するための職業能力開発、環境整備のための支援として、以下の施策を行っている。

①一人ひとりのライフスタイルに応じたキャリア選択の支援
- キャリアコンサルティングの充実（キャリア形成サポートセンターの整備等）

②労働者・求職者のリカレント教育機会の推進
- IT 理解・活用力習得のための職業訓練の実施
- 企業の実情に応じた中高年齢層向け訓練の実施
- 雇用保険に加入できない短時間労働者等のための短期間・短時間職業訓練の実施
- 企業が e ラーニングを活用して従業員に対して行う教育訓練への助成
- 教育訓練給付制度の実施
- 教育訓練の指導人材の育成

③学び直しに資する環境の整備
- 教育訓練休暇制度を導入した企業への助成
- 新規かつ実践的で雇用対策として効果的で必要性の高い教育訓練プログラムの開発 等

（2）経済産業省

　わが国の競争力強化に向けた環境・機運を醸成するために、以下の施策を実施している。

①価値創出の源泉である人材力の強化・最適活用の実現
- 「人生 100 年時代の社会人基礎力」の策定
- 中小企業における海外展開を担う人材の育成を支援
- 社会課題の解決を通じた実践的能力開発プログラムの開発

② IT・IT 利活用分野の拡充支援
- IT 人材育成・スキル転換促進：IT・データサイエンス等を中心とした専門性・実践性の高い教育訓練講座を経済産業大臣が第四次産業革命スキル習得講座（「Reスキル講座」）として認定。2022 年 4 月 4 日現在 113 講座を認定。Reスキル講座のうち一定の基準を満たし厚生労働大臣の指定を受けた講座は、専門実践教育訓練給付金の対象となる。また、企業への支援として、全Reスキル講座について、人材開発支援助成金の対象として、受講費用や訓練期間中の賃金の一部を助成
- IT スキル評価のための国家試験の実施 等

（3）文部科学省

　実践的な能力・スキルの習得のための大学・専門学校等を活用したリカレント教育プログラムの充実を図るために、以下の施策を実施している。

①大学等の教育機関における「リカレントプログラム」の拡充に向けた支援
- 産学連携による実践的なプログラム開発支援（短期、オンラインを含む）
- 実務家教員やリカレント教育推進のための専門人材の育成
- 実践的短期プログラムに対する大臣認定の促進（職業実践力育成プログラム［BP：Brush up Program for professional］、キャリア形成促進プログラム）：2021 年 4 月時点 BP314 講座、キャリア形成促進プログラム 18 講座を認定 等
②リカレント教育推進のための学習基盤の整備
- 女性のキャリアアップに向けた学び直しとキャリア形成の一体的支援
- 社会人向け講座情報へのアクセス改善 等

▶COLUMN　リスキリング（再教育）やリカレント教育に関する動きなど

　2021（令和 3）年 12 月 21 日、厚生労働大臣の諮問機関である労働政策審議会会長から、厚生労働大臣に対し、「学びの好循環」の実現に向けた建議が行われた。建議というのは、こうするとよいといった意見を役所などに上申することである。

　背景には、DX の加速化やカーボンニュートラルの対応など、労働者を取り巻く環境が急速かつ広範に変化していくことが予想されていること、職業人生の長期化が進んでいることがある。これにより、リスキリングやリカレント教育の重要性が高まっている。労働者がこうした変化に対応して、自らのスキルを向上させるためには、企業主導型の職業訓練を強化するとともに、労働者が自律的・主体的かつ継続的な学び・学び直しを行うことが必要である。こうした取り組みに対し、広く継続的な支援が重要になるというのである。

　こうしたことを受けた検討、国会審議などを経て、2022（令和 4）年 3 月に法改正が行われた。キャリアコンサルティングについての記載も充実されたところである。

[4] 職業能力開発関連のサイト

　本節の記載に関して、役に立つ情報が掲載されているサイトとしては、厚生労働省ホームページのほか、以下のものがある。

- ハローワークインターネットサービス（第4章2.［3］（2）②❶参照）
- 職業情報提供サイト（日本版O-NET）（愛称：job tag［じょぶたぐ］）（第4章2.［3］（2）①❶参照）
- ジョブ・カード制度総合サイト（第3章3.［2］（4）②参照）
- キャリア形成サポートセンターサイト：https://carisapo.mhlw.go.jp/
- マナパス：https://manapass.jp/
  社会人の大学・大学院等での学びを応援するサイト（全国の講座情報や学び直し支援制度情報を検索できる）
- 巣ごもりDXステップ講座情報ナビ：
  https://www.meti.go.jp/policy/it_policy/jinzai/sugomori/
  誰でも、無料で、デジタルスキルを学ぶことのできるオンライン講座を紹介するサイト

4. 企業のキャリア形成支援

　本節では、雇用管理の基礎について解説するとともに、日本的雇用慣行との関係について学習する。また、将来を見通すのが難しくなる中における企業による社員のキャリア形成支援の取り組みと、それに対する支援策についても紹介する。

[1] 人事管理の基礎知識

　企業は、利益を上げるという経営目標を実現するために、外部からヒト、モノ、カネ、情報を調達し、それらによって製品やサービスを生み出し、外部に提供する。このうちヒトに関わる部分を管理するのが人事管理である。ヒトに関しては、人的資源（human resource）、人的資本（human capital）といった

言い方をすることもあるが、本書では、実務家を主な対象としていることなどから、実務の世界で広く用いられている人事管理という用語を用いる。

　人事管理というのは、一つのシステムであるが、それのみで独立したシステムではなく、その組織の人事管理の考え方や人事戦略に左右される。人事管理の考え方や人事戦略は、労働市場、法制度、社会規範などの組織外の要因や、経営戦略、組織の状況、従業員の状況など、組織内の要因の影響を受ける。

　人事管理のシステムの中で、基盤となるものは、社員区分制度と社員格付け制度である。コンピュータでいえば、Windows など OS（オペレーティング・システム）に当たるものであり、これらが変わると、人事評価、配置・異動、人材育成など他のすべてのサブ・システムが変わる（今野・佐藤, 2020）。

　［図表3-28］は、これらサブ・システムの関係を示したものである。

（1）社員区分制度

　組織には、さまざまな労働者が働いている。その組織に直接雇用されている労働者と、派遣労働者、請負労働者などそうではない者がいる。直接雇用されている労働者も、いわゆる正社員と、それ以外のパート社員、アルバイト社員、契約社員などに分かれる。社員区分は、雇用契約期間の定めの有無、職務限定の有無、勤務地限定の有無、勤務時間の長短や時間外労働の有無などによって異なる。社員区分制度は、これらが異なる従業員をどのような基準で区分し、

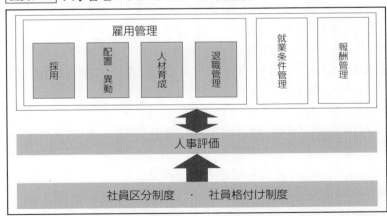

図表3-28　人事管理のサブ・システムの関連性

資料出所：今野浩一郎、佐藤博樹『人事管理入門　第3版』日本経済新聞出版（2020年）P.8. を基に筆者が一部加筆

どのように管理するかについて定めた制度である。

（2）社員格付け制度

社員格付け制度とは、経営にとっての重要さによって社員をランク付けする制度のことである。代表的な格付け制度としては、従業員の職務遂行能力のレベルで評価する職能資格制度、職務等級制度のほか、これらの中間的な存在である役割等級制度がある。

（3）人事管理の機能

人事管理には、以下の機能がある。

- 雇用管理：採用、配置・異動、人材育成、退職など人材を調達・配分する機能
- 就業条件管理：働く場所や時間など就業条件を整備する機能
- 報酬管理：賃金、昇進、福利厚生など働きに対する報酬を決定する機能

▶COLUMN **社員格付け制度用語早わかり**

- 職能資格制度：従業員の職務遂行能力のレベルを評価
- 職務等級制度：各職務の価値の高さを評価
- 役割等級制度：各職務の役割の価値の高さを評価。職能資格制度と職務等級制度の中間的な存在。職務等級制度ほどではないが、賃金ダウンもあり得る

日本企業の多くは、長期的な人材育成を念頭に長く職能資格制度を採用してきた。しかしながら、年功的な運用になることが多く、人件費の肥大化が進んだことから、1990（平成2）年ごろから、職能資格制度を見直す企業が増えてきた。一方、職務等級制度は、職務と処遇を連動させるというもので、ジョブ型の人事制度は、これに基づいて設計される。

一般従業員には職能資格制度を、管理職には役割等級制度を適用するなど、複数の人事等級制度を使い分ける場合や、基本給を職能給と役割給の2本立てとする場合などもある。同じ制度でも、年功的に運用するか、成果主義的に運用するかによって実態は異なる。

※企業によって呼び方が異なる場合があるので留意すること。

さらに、これらを機能させるためには「人事評価」を行い、働きぶりを評価し、その結果を、これらすべての人事管理にフィードバックすることが必要である。

[2] 雇用管理

　雇用管理は、企業にとって「ヒト」である人材を活用していく上で重要な活動である。同時に、労働者個人にとっても採用、配置・異動などを決める重要なものである。採用されれば、その企業の従業員としての地位を与えられ、労働を提供した対価として賃金の支払いを受ける。職場において、期待され、評価されれば、働こうというモチベーションや組織・仕事のために尽くそうというコミットメントが生じる。

　雇用管理には、採用、配置・異動、出向・転籍、雇用調整、退職管理が含まれる。

（1）採用

　採用とは、必要な人材を外部から調達することである（外部調達）。採用を行う際には募集・選考が行われる。

　採用といえば、長く新卒一括採用が中心であり、特に文系大卒については、入社後改めて教育することを前提に職種を決めることなく採用することが一般的であった。現在も新卒一括採用が採用の重要な部分を占めていることは事実であるが、中途採用や職種別採用も広く行われるようになってきている。また、事務系についても初任配属先を特定した職種別採用を取り入れたり、年間を通じて新卒採用を行う通年採用を取り入れたりするなど新しい動きもある。

　採用は、人材の質を左右する極めて重要な活動である。採用は、採用理由によって「欠員補充型採用」と「計画的採用」に分けられる。また、採用時期によって「不定期採用」「定期採用」「通年採用」に分けられる。さらに、職業能力のレベルによって「即戦力採用」と「ポテンシャル採用」に分けられる。このほか、一定以上の規模の企業においては、採用主体によって「本社採用」「事業所採用」「部門採用」などに分けられる。

　「欠員補充型採用」では、「不定期採用」「即戦力採用」となることが多い。「計画的採用」は、新規学卒採用の場合と中途採用の場合がある。「定期採用」のほか「通年採用」とする場合もある。採用主体については、事業所間の異動が

予定されている幹部候補生については「本社採用」、事業所間異動が予定されていない工場労働者等は「事業所採用」であることが多い。

採用活動の流れを［**図表 3-29**］に示す。

①採用計画策定

採用に当たって、企業は、どんな人材を、何人、いつまでに採用するかについて採用計画を立てる。自社の求める人材像を明確にするとともに、労働市場の全体像や労働条件等の相場を知ることが必要である。経営方針との整合性も求められる。

「欠員補充型採用」であっても、社員区分・採用人数・採用スケジュールについて決めておくことは必要である。

②募集

社員区分・採用人数・採用スケジュールが決まれば、募集を行う。

募集方法には、ハローワークなど公的な職業紹介機関、民間の有料職業紹介

図表3-29 採用活動の流れ

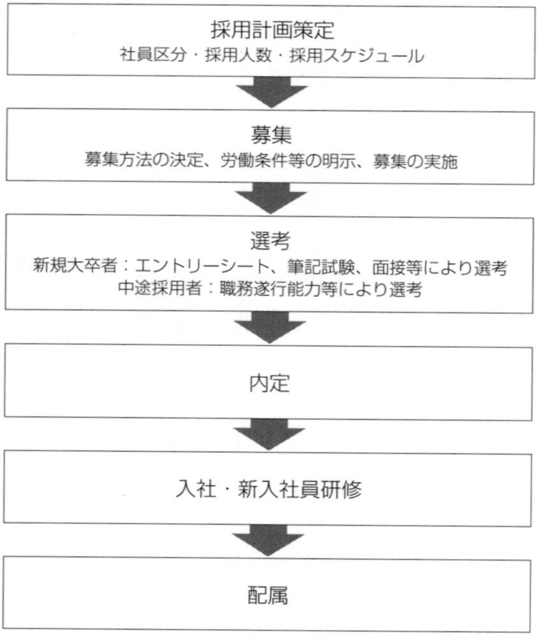

採用計画策定
社員区分・採用人数・採用スケジュール

↓

募集
募集方法の決定、労働条件等の明示、募集の実施

↓

選考
新規大卒者：エントリーシート、筆記試験、面接等により選考
中途採用者：職務遂行能力等により選考

↓

内定

↓

入社・新入社員研修

↓

配属

資料出所：筆者作成

機関、新聞等の求人広告や求人専門誌、折込広告などがある。最近では、公的な職業紹介機関、民間の有料職業紹介機関、求人広告等ともインターネットを用いることが一般的となっている。自社のホームページに求人情報を掲載している企業も多い。

　[**図表3-30**] は、入職経路別の入職者割合である。広告、縁故に次いで、ハローワークが多く、ハローワークとハローワークインターネットサービスを合わせると、2割近くを占めていることが分かる。

　採用する社員区分によって有効な募集方法は異なる。新規大卒者であれば、インターネットを通じて求人情報の提供や会社説明会の周知などが行われることが一般的である。新規高卒者においては、一部見直しの動きもあるが、学校による紹介が主な採用経路である。中途採用者については、さまざまな募集経路がある。高度な技術を有する人材などについてはヘッドハンティング会社などが用いられることもある。

　募集に当たっては、法律に定められた労働条件の内容を明示することが必要である（後掲コラム「募集・採用に当たっての法制度」参照）。さらに、自社の魅力をしっかり伝えることが求められる。また、採用後すぐに担当する業務

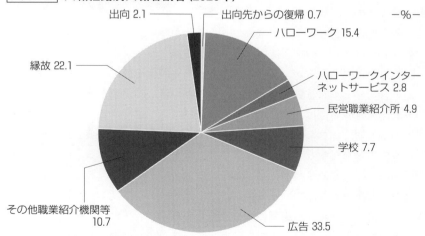

図表3-30　入職経路別入職者割合（2020年）

－％－

- 出向 2.1
- 出向先からの復帰 0.7
- ハローワーク 15.4
- ハローワークインターネットサービス 2.8
- 民営職業紹介所 4.9
- 学校 7.7
- 広告 33.5
- その他職業紹介機関等 10.7
- 縁故 22.1

資料出所：厚生労働省「雇用動向調査」（2020年）を基に筆者作成
［注］　入職経路としては、「リファラル採用」も広く行われている。自社の社員に人材を紹介してもらうものだが、従来の縁故採用と異なり、通常の選考過程を踏むのが一般的である。雇用動向調査では、縁故は「縁故（友人・知人等も含む）」とされているので、この項目に含まれていると考えられる。

内容のほか、能力開発機会の有無や将来のキャリアパスなど求職者が求める情報を可能な限り提供することが望ましい。

入社後わずかな期間で離職する者に悩む企業も多いが、早期離職問題の要因について、ワナウス（Wanous, J. P.）はリアリティ・ショック（Reality Shock）にあると指摘している。リアリティ・ショックとは、企業の必ずしも良くない面を見て、「こんなはずではなかった」とショックを受けるというものである。これを避けるためには、RJP（リアリスティック・ジョブ・プレビュー、Realistic Job Preview）が有効であり、定着率や満足度が上がるとされている。RJPとは、募集・選考の際に、悪い情報についても意識的に開示するというものである。

③選考

募集に対し、応募者があれば、選考の手続きに入る。募集人数を超える応募者がある場合はもちろん、そうでない場合であっても、一定の要件を設定し、応募者集団の中から面接の対象となる応募者を絞り込むことが多い。

新規大卒者の場合は、エントリーシートによる応募受け付けの後、筆記試験、面接等により選考を行うことが多い。筆記試験においては、技術・研究職、専門職の場合は、専門的知識を問うことが多いが、事務職等の場合は、基礎学力のほか、適性、一般常識を問うものや小論文等が多い。面接においては、技術・研究職では専門的知識のほか、意欲、理解力、判断力、事務職では意欲、対人能力、行動力、実行力などが重視されることが多い。

新卒であっても、職種別採用を行う企業もみられるようになり、その場合は専門能力が重視されるが、その場合であっても訓練を前提とした採用であるため、ポテンシャルを意識した選考であることがほとんどである。

中途採用者の場合は、職務遂行能力の有無により選考することとなるが、即戦力として期待されている度合いによって、その程度は異なる。第二新卒と呼ばれる若年層を対象とした採用ではポテンシャルが重視される。即戦力として期待され、採用後の業務が特定されている場合であっても、その後、他の業務に就くことが想定されている場合は、他の業務において能力を発揮できるかどうかやポテンシャル等も選考の基準に加えられる。

中途採用に当たっては、年齢を意識している企業も少なくないが、募集・採用に当たっては、厚生労働省令で定める合理的な理由以外で年齢条件を設けることは禁止されている。

募集・採用に当たっての法制度

〈募集に当たって明示すべき事項〉

　労働者の募集に当たっては、職業安定法5条の3に基づき、業務内容、契約期間、試用期間、就業場所、就業時間、休憩時間、休日、時間外労働、賃金、加入保険、募集者の氏名または名称、派遣労働者として雇用する場合は雇用形態について、明示することが必要である。

〈募集・採用に当たっての差別的取り扱いの禁止〉

　労働者の募集・採用に当たって、「年齢」「性別」を理由とした差別的取り扱いは認められていない。具体的には、労働施策総合推進法9条、男女雇用機会均等法5条に、以下のように定められている。

◆労働施策総合推進法

（募集及び採用における年齢にかかわりない均等な機会の確保）

第9条　事業主は、労働者がその有する能力を有効に発揮するために必要であると認められるときとして厚生労働省令※で定めるときは、労働者の募集及び採用について、厚生労働省令で定めるところにより、その年齢にかかわりなく均等な機会を与えなければならない。

※労働施策総合推進法施行規則1条の3第1項各号に、合理的な理由があって例外的に年齢制限が認められる場合が示されている。

◆男女雇用機会均等法

（性別を理由とする差別の禁止）

第5条　事業主は、労働者の募集及び採用について、その性別にかかわりなく均等な機会を与えなければならない。

※「労働者に対する性別を理由とする差別の禁止等に関する規定に定める事項に関し、事業主が適切に対処するための指針」に、ポジティブ・アクション等、性別によって異なる取り扱いが認められる場合が示されている。

④内定〜入社・新入社員研修〜配属

　選考後は、応募者に対し、速やかに結果を伝える。

　採用に当たっては、多くの企業で採用内定が行われている。内定とは"労働

就職協定の廃止とその後

　新卒一括採用が広く行われる中で、採用の過熱等の弊害を抑えるための方策として長く、大学と企業との間で就職に関する協定（いわゆる「就職協定」）によって、会社訪問や内定開始の時期などが定められていたが、1996（平成8）年度を最後にその役割を終えたと評価され、廃止された。

　就職協定廃止後は、日本経済団体連合会（経団連）が「採用選考に関する企業の倫理憲章」を、大学等で構成する就職問題懇談会（就問懇）が「大学、短期大学及び高等専門学校卒業・修了予定者に係わる就職について（申合せ）」をそれぞれ定め、お互い尊重して採用活動・就職を取り扱うことが合意された。

　しかし、2013（平成25）年4月、政府と経済会の意見交換会で安倍晋三首相が経済界に2015（平成27）年度卒業・修了予定者からの就職・採用活動開始時期の変更を要請。6月には「日本再興戦略」で政府方針として閣議決定され、倫理憲章は「採用選考に関する指針」に刷新された。その後、2018（平成30）年に、2020年度（2021年3月）以降に卒業・修了予定の学生の就職・採用活動から「採用選考に関する指針」を策定しない方針が示された。2020年度（2021年3月）以降については、「就職・採用活動に関する要請」として毎年検討の上、内閣官房、文部科学省、厚生労働省、経済産業省より経済団体・業界団体等に対し、日程の遵守等が要請されている。2022年度（2023年3月）卒業・修了予定者等については、以下のとおりの日程で要請がなされている※。

• 広報活動開始：卒業・修了年度に入る直前の3月1日以降
• 採用選考活動開始：卒業・修了年度の6月1日以降
• 正式な内定日：卒業・修了年度の10月1日以降

※ 2016年度（2017年3月）卒業・修了予定者等以降、日程は変わっていない。

者と使用者との間で、一定の始期（入社日）および採用内定通知書等に記載されている採用内定取り消し事由が生じた場合は解約できるという解約権留保を付して労働契約を締結した状態”（大日本印刷事件　最高裁二小　昭54.7.20

判決）であり、取り消しに当たっては実質的に解雇と同じように合理的な理由が必要であると解される。内定辞退を防ぐために、内定者に対し、情報提供を行うことなども一般的になりつつある。内定取り消しについては、その内容が、厚生労働大臣が定める場合に該当するときは、学生生徒等の適切な職業選択に資するよう職業安定法施行規則 17 条の 4 により企業名を公表できるとされている。

入社後は、企業の一員として力を発揮できるよう、役割を獲得する必要がある。これを「組織社会化」という。そのための支援策の一つとして、新規学卒者については入社後、新入社員研修が行われることが一般的である。中途採用者にも研修が行われる場合がある。

組織社会化を個人の側から捉えるとトランジション（転機）ということになる。新規学卒者の場合は学校から企業へのトランジション、中途採用者の場合は別の組織からのトランジションが生じる。これらはいずれも、後掲 10. で取り上げる転機（トランジション）の一つである。ここで乗り越えるべきことは、❶リアリティ・ショックに代表されるような心理的課題を克服すること、❷組織や仕事について知ること、❸人間関係を構築することである。

なお、これに関連する概念として 1. のコラム「キャリアに関連する比較的新しい概念（海外編）」で紹介した心理的契約がある。入社に当たっては、企業と労働者は労働契約書や労働条件明示書などにより、双方の義務と責任を確認するが、それぞれが「このくらいはしてくれるだろう」など文面にないことについて暗黙のうちに期待していることが多い。採用に当たって、ワナウスは、能力のマッチングに加えて、期待のマッチングについて指摘している。さらに、服部（2016）は、日本ではフィーリングのマッチングが認められるとしている。いずれにしても、採用する側としては、求める人材像を明確にし、それを対象者となり得る者に伝えることが必要である。

（2）配置・異動

異動とは、必要な人材を企業内の他の職場から調達することである（内部調達）。職階の上昇を伴わない“ヨコの異動”と職階の上昇（場合によっては下降）を伴う“タテの異動”とがある。異動に伴って転居が必要になるものを転勤という。

異動は、企業にとって企業内の人材の需給調整や人材育成のために重要なことであるが、労働者にとっても、自己のキャリア形成や生活の在り方に直結す

る重要な関心事である。

　将来が見通しにくくなる中で、従業員自身の希望を重視し、本人の希望に基づいて異動を行う企業が増えている。具体的には、以下のような制度がある。
- 自己申告制度（配置・異動について従業員に希望を伝える機会を与える）
- 社内 FA（Free Agent）制（従業員が自らの経歴・能力、希望職種等を登録し、受け入れ部署がこれを基に選抜を行う）
- 社内公募制（企業がポストの要件を社内に公開し、応募した従業員の中から人材を選抜する）

　また、転勤の範囲に一定の制限を設けた勤務地限定社員制度、異動時の職務の範囲に一定の制限を設けた職務限定社員制度などもみられるようになっている。

（3）出向・転籍

　出向元事業主との間に雇用関係がある在籍型出向と、出向元事業主との間に

▶COLUMN　**日本的雇用慣行と人事管理**

　日本的雇用慣行には、「終身雇用」「年功賃金」「企業別組合」の三つの特徴があり、これらは"3種の神器"と呼ばれている。これらにより、企業は従業員に雇用の保障と処遇を行い、従業員は、企業に高い組織コミットメント※と労働を提供することが期待される。

※組織コミットメントとは、マウディ（Mowday, R. T.）らが提唱した概念で、分かりやすく言えば、ある組織との結びつきの強さのことである。

　終身雇用と年功賃金を同時に成立させるためには、企業が成長し続けることが必要である。戦後の高度経済成長期においては、これがうまくかみ合って機能した。

　その後、従来のように成長し続けることが見込めなくなってからも、企業は、雇用ポートフォリオ※を変える、処遇の成果主義化を図るなど、この仕組みを根本的に変化させることなく対応しようとしてきた。しかし、グローバル化、技術革新、少子高齢化などが進む中で、仕組みを変えないままでは世の中の変化にうまく対応できなくなり、近年は「見直さなければいけない」といった文脈で捉えられることが増えた。さらに、

ここにきて、新型コロナウイルス感染症の影響により、世の中の変化の
スピードが加速し、見直しを余儀なくされつつあるところもある。

※雇用ポートフォリオとは、複数の雇用形態の組み合わせのことである（労働政策
　研究・研修機構, 2011）。日本では、日本経営者団体連盟（日経連。現、経団連）
　のプロジェクトチームが1995（平成7）年5月に公表した「新時代の『日本的
　経営』」の中で提言した [**参考5**]。企業は、長期蓄積能力活用型、高度専門能力
　活用型、雇用柔軟型の三つのグループを組み合わせ、自社にとって効果的な雇用
　形態の組み合わせを検討すべきというものである。

[**参考5**]　**日経連が1995年に提言した雇用ポートフォリオ**

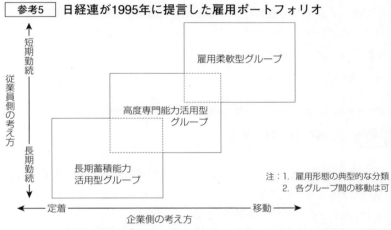

資料出所：日本経営者団体連盟『新時代の「日本的経営」―挑戦すべき方向とその具体策』日本経団
　　　　　連出版（1995年）P.32.

　これまでのような企業主導でなく、働く側のニーズや希望を踏まえ、
誰もが力を発揮できるような人事管理を行っていくためには、選択肢を
そろえるなど制度を整えるだけではなく、自律的なキャリアを支援する
仕組みが必要である。キャリアコンサルティングの出番であるといえよう。

　なお、日本の雇用システムを「メンバーシップ型雇用」、欧米の雇用シ
ステムを「ジョブ型雇用」と類型化する見方が一般的となっているが、
雇用管理の機能に照らすと「メンバーシップ型雇用」は、担当業務のほ
か職場や勤務地、労働時間などについて、あらかじめ限定されていない
雇用といえる。「ジョブ型雇用」については、後掲 [8]（4）に記載して
いるので、ご覧いただきたい。

雇用関係のない移籍型出向がある。在籍型出向は、通常、①雇用調整の一環、②経営指導、技術指導の実施、③職業能力開発の一環、④企業グループ内の人事交流の一環等の目的を有している。移籍型出向は、転籍ともいう。

（4）雇用調整

　雇用調整とは、景気変動等に対応するために労働投入量を削減することをいう。労働日数・労働時間によって調整することもあるが、人員の削減を伴うことも少なくない。

（5）退職管理

　企業で働く人に対し、退職のルールを定め、運用していくことも必要である。現在の日本において、退職管理の中核にあるのは定年制である。定年制には、特定年齢までの雇用保障という側面と、特定年齢での雇用契約打ち切りという側面とがある。

▶COLUMN　**人事は流行に従う**

　「人事は流行に従う」といった言い方をされることがある。企業の人事パーソンには、半ば「流行」となっている他社の制度を取り入れようという傾向があることから、平野（2006）が「組織は流行に従う」（佐藤ら，2004）をもじって使い、それが広まったもののようだ。

　確かにそのような傾向はある。今なら、さしずめ「ジョブ型雇用」「1 on 1 ミーティング」などがこれに当たるだろう。人事制度は流行によって選択されるべきものではなく、経営方針やビジネスの内容を反映したもの、企業に合ったものでなければならない。その一方で、流行になる際には、時代の変化などにより、何かこれまでのやり方を見直さなければいけない理由がある場合も多い。方向性として変わっていくという場合もあれば、新しいわけではないけれども、改めて見直され、新たな言葉として捉え直されるという場合もある。

　人事パーソンは、他社の人事制度を学ぶ機会なども多いだろう。流行に触れる中で、事例だけでなく、その背景、本質などを考えてみることをお勧めしたい。

高齢者の雇用に関しては、高年齢者雇用安定法により、2013（平成25）年から希望者全員を対象とした65歳までの雇用確保措置が義務化され、さらに2020（令和2）年の法改正により70歳までの就業機会の確保が努力義務化された。これらを受け、定年延長の動きもみられるほか、定年後も再雇用制度等によって同一の企業内で勤務し続けることが一般的となった。キャリアコンサルティングの観点からいえば、定年制の持つ意味が「高齢期のキャリアについて見直す契機」になりつつあるといえる。

[3] 報酬管理

(1) 賃金

　労働費用は、現金給与と福利厚生・退職金など現金給与以外の労働費用からなる。このうち現金給与に関わる管理が賃金管理である。賃金とは、労働の対価として使用者が労働者に支払うものである。

　ここでは賃金の現状について説明する。賃金に関しては、2018（平成30）年6月に働き方改革関連法が成立したことにより、重要な法改正が行われた。いわゆる同一労働同一賃金に関するものだが、これについては、後掲6. [2] (3) をご覧いただきたい。

　賃金の管理に当たっては、総額管理（総額をどうするかという問題）と個別賃金管理（配分をどうするかという問題）がある。個別賃金管理の中の最も重要な分野が賃金制度管理である。

　総額管理に関しては、春季労使交渉による賃上げ率など世間相場のほか、その企業の経営状況や経営戦略、雇用形態によっては最低賃金なども関係してくる。

　春闘による賃上げ率は、高度経済成長期には20%近くとなった年もあったが、その後低下し、厚生労働省の発表によると、2021（令和3）年の民間主要企業の春季賃上げ要求・妥結状況は、基本給を底上げするベースアップと定期昇給を合わせた賃上げ率が平均1.86%（5854円）と2%を下回った。

　最低賃金は、最低賃金法に基づき国が賃金の最低金額を定め、事業主は、それ以上の金額を従業員に支払わなければいけないというものである。地域別最低賃金と特定最低賃金（産業別最低賃金）がある。具体的には、地方最低賃金審議会（公益代表、労働者代表、使用者代表）での審議を経て、都道府県労働局長により決定される。2007（平成19）年以降、それまでに比べ、引き上げ

額は大きくなった。2020（令和2）年は新型コロナウイルス感染症の感染拡大の影響を受け、都道府県別の最低賃金（時給）は、全国平均（加重平均）で前年度より1円増の902円にとどまったが、2021（令和3）年は28円増の930円となった。

個別賃金管理に関しては、基本給のように長期にわたって支払われるもの

▶COLUMN **賃金制度用語早わかり**

- 職能給：従業員の職務遂行能力に基づいて決まる賃金。賃金は従業員の職務遂行能力とリンクしており、従業員が保有する職務遂行能力によって決まる。従業員の労務構成が変化すると賃金が変わるため、賃金管理が難しい一方、人員配置の柔軟性と社員の能力向上意欲を高めるという利点がある。年功的に運用すると年功給に近くなり、成果主義的に運用すると職務給に近くなる
- 職務給：職務の価値の高さに基づいて決まる賃金。賃金は職務とリンクしており、価値の高い職務を担当すれば賃金は上がり、価値の低い職務に配置換えになると下がる。総額人件費を管理しやすい一方、仕事が変わると賃金が変わるため人員配置が硬直化する、能力向上意欲が高まらないという欠点がある
- 属人給：年齢、勤続年数などに基づいて決まる賃金。生活費への配慮という面もある。勤続給などという呼び方もある

  上記のいずれかで基本給を構成する企業もあるが、組み合わせて構成する企業が過半数を占める。役割等級制度と連動させたり、業績と関連づけ、以下のような呼び方をする企業も多い。

- 役割給：職務に対する期待役割に基づいて決まる賃金。仕事に応じた賃金としつつ、人員配置の硬直性を防ぐことができるが、職務給に比べ、賃金決定の根拠があいまいとの指摘がある
- 業績給：業績や成果に基づいて決まる賃金。貢献度に応じた賃金を支給できるが、評価の公平さが課題となる

※企業によって呼び方が異なる場合があるので留意すること。

と、賞与・一時金などそれ以外のものに分けて考えることが必要である。また、従業員間の公平性である内部公平性と世間相場に照らしてどうかという外部競争性を考慮することが必要である。

基本給については、欧米では、一般に職務給の原理で決定される。これに対し、日本では職務給、職能給のほか、年齢や勤続年数などで決まる属人給がある。さらに、これらのいずれか一つで決める企業は少なく、これらを組み合わせたり、等級制度と連動させたり、業績と関連づけて基本給を構成している企業が多い。以下のコラムに賃金制度等に関係する用語をまとめたので、ご覧いただきたい。

日本においては、現状では、職能資格制度をベースに生活費のほか、職務の内容、業績なども考慮した賃金体系が一般的である。また、非管理職においては、管理職に比べ、生活費を考慮する割合が高めとなっている。

こうした賃金制度の下で賃金が上がっていくわけだが、昇給には、定期昇給分とベースアップ分がある。区別していない企業も多いが、定期昇給は賃金制度の中でもともと定められている昇給であり、ベースアップは賃金制度の一部として定められている賃金表が改定されることに基づく昇給である。

賞与・一時金は、成果配分的な要素が強く、基本給を上げることなく、経営状況や個人の成果に合わせて、これにしっかり応えるなど弾力的な運用をしやすい側面がある。手当は、通勤手当や住宅手当など従業員の生活に関連した手当や、精皆勤手当、技能手当など職務に関連した手当など、基本給では対応できないニーズに応えるためのものである。

(2) 退職金

退職金には、従業員の長期勤続に対する功労報償的な役割や退職後の生活保障の役割がある。かつては退職一時金として支払われ、勤続25年を過ぎたあたりから金額が増加していく仕組みであったが、最近、その仕組みは変化しつつある。

退職一時金と退職年金の併用が一般的となり、退職一時金の算定方式も一般的な「退職時の算定基礎給×勤続年数別支給率×退職事由別係数」だけでなく、在職中の勤務内容に応じたポイントを与えるポイント制や、退職時ではなく前もって給与などに上乗せ支給する退職金前払い制度なども取り入れられるようになってきている。

さらに、退職年金についても、給付額を企業が約束する「確定給付年金」の

ほか、拠出金の運用を個人責任とする「確定拠出年金」や、両制度の特徴を併せ持つ「キャッシュ・バランス・プラン」なども導入されるようになってきた。

(3) 福利厚生

　福利厚生制度は、企業が従業員およびその家族の福祉の向上のために費用などを負担する諸施策である。法定福利厚生と法定外福利厚生からなる。法定福利厚生には、労災保険、雇用保険などからなる労働保険と、健康保険、厚生年金保険などからなる社会保険の二つの分野がある。法定外福利厚生には、住宅関連（借り上げ社宅、社有社宅など）、医療保健（健康診断、保健薬の支給など）、生活支援（社員食堂など食事関連、慶弔見舞、財形奨励など）、文化・体育・レクリエーション（運動会）などがある。厚生労働省の「平成28年就労条件総合調査」によると、構成割合としては、住宅関連の割合が47.3％と高く、医療保健が13.4％でこれに続く。近年は、福利厚生費の総額を抑えつつ、従業員のニーズの多様化に応えるために、従業員が自ら福利厚生メニューを選択できるカフェテリア・プランを導入する企業も増えてきており、労務行政研究所が2018（平成30）年に行った「人事労務諸制度実施状況調査」によると、1000人以上の大企業では24.5％と4社に1社で導入されている。また、働く女性の増加などを受けて、ワーク・ライフ・バランスを支援する動きが強まっている。

［4］ 人事評価

　人事評価とは、従業員の今の能力や働きぶりを評価し、その結果を処遇、配置など人事管理に反映させるための管理活動である。①能力や働きぶりを把握し、評価する機能、②評価した結果を人事管理に反映する機能があるが、さらに、③評価後の面談を行うことによって従業員の行動を変える機能もある。

　評価者には陥りやすいエラーがある **［図表3-31］**。評価に当たっては、①評価の基準（何を評価するのか。能力なのか、態度なのか、成果なのかなど）、②評価の方法（どのようにして評価するのか）、③評価結果の活用（評価結果をどのように活用するのか）を明確にしておくことが必要である。

　人事評価に当たっては、能力や仕事への取り組み姿勢に対する評価（能力評価）と、業績・成果に対する評価（業績評価）に分けて行うことが多い。業績・成果に関し、「目標管理による評価」を行っている企業は多く、労務行政研究

図表3-31 評価者が陥りやすいエラー

ハロー効果	特に優れた点、劣った点があると、それ以外の評価が影響されてしまうエラー。ハローとは「後光」のことである
論理的誤差	似たことがあると関連づけて考え、事実でなく推論（論理）で判断してしまうエラー。「大学中退だから仕事も続かないだろう」など
中心化傾向	評価を中央に集めてしまうエラー。評価に自信がない、優劣を付けられないなどの理由から生じる
寛大化傾向	実際よりも評価が甘くなるエラー。評価に自信がない、低い評価をして文句を言われたくないなどの理由から生じる
対比誤差	評価者が、対象者と自分を比較し、自分より優れていれば過大に、劣っていれば過小に評価してしまうエラー

資料出所：筆者作成

所が 2018（平成 30）年に行った「人事労務諸制度実施状況調査」によると、上場企業等の 79.3％と約 8 割が導入している。

[5] 昇進管理

企業内の管理階層の構成は、通常、上位の役職数が下位の役職数よりも少ないピラミッド型をしている。そのため、役職昇進には選抜が不可避となる。

なお、昇進とは、課長から部長になるなど組織における役職のランクが上昇することを指す。これに対し、昇格とは等級の上昇を指す。職務等級制度の下では、職位と等級が厳格に結びついているため、職位が上がらなければ昇格させられないが、職能資格制度の下では、能力があれば等級を上げていくことができる。そのため、昇進機会を与えられなかった従業員を昇格させることもできるが、上位の等級に多くの社員を格付けすることは賃金の負担増を伴う。

今田・平田（1995）は、日本のホワイトカラー選抜は、キャリアの段階に応じて、一律年功から昇進スピード競争、さらにトーナメントへと移るとしている。また、日本の大企業における昇進管理の方式は、「遅い選抜方式」である（小池, 2005）。「遅い選抜方式」には、多数の社員に長期に競争に参加させることにより、長期間意欲を保持させることができる、複数者による評価が可能となり、適正な評価が行われる可能性が高まるというメリットがある一方、管理職の育成に時間を要するため、リーダーを育成しづらい、社員間に過度の競争状況を作り出しやすいなどのデメリットもある。メリット、デメリット両

目標管理制度（MBO：Management by Objectives）とは

　目標管理制度（MBO：Management by Objectives）とは、ドラッカー（Drucker, P. F.）が提唱したマネジメント手法で、組織目標と個人目標を統合し、組織、個人双方のパフォーマンスの最大化を図ろうというものである。目標設定前に、上司と面談を行い、組織目標に連動した個人の目標について話し合い、目標期間終了後に上司とその結果を振り返るといった運用をすることが多い。

　これら目標面談は、半年、1年など限られた期間に達成が求められる具体的な目標について上司と面談するものであり、キャリアコンサルタントが行う面談とは異なる。

　目標面談に加えて、キャリアコンサルタントが面談を行うことにより、より長期的視点で組織、個人の意向を確認するなどの効果も期待できる。

面があるが、企業の競争力が、従業員の大半を占める中堅層の働きに依存する場合はメリットが大きいとみられている。

　「遅い選抜方式」が機能するためには、幾つかの条件も必要である。❶かなり高位の役職まで高い昇進確率を維持できること、❷同期入社など小さな差を意識させるための仕掛けがあること、❸大きな差が生じないようなキャリア管理を行えること、❹管理職への昇進に魅力があることなどである。しかしながら、現状を見ると、高い昇進確率の維持は困難となり、管理職指向も弱まりつつあるなど、これらの条件の幾つかは失われつつある。このため多くの企業において、専門職制度の拡充による昇進にこだわらない風土づくり、抜擢人事の実施、一律年功から昇進スピード競争への移行時期の前倒し、役職定年の導入など、昇進ルールの見直しが行われつつある。

［6］ 企業内のキャリア形成

（1）OJT、Off-JT、自己啓発
　職務遂行能力を高めるための方法としては、OJT（On the Job Training、仕

事を通じて行う訓練）、Off-JT（Off the Job Training、仕事から離れて行う訓練）、自己啓発がある。

日本企業では、長らく OJT を基軸とし、それに Off-JT を組み合わせることにより能力開発を行ってきた。近年、キャリア形成の軸足が企業主導から個人主導へと動きつつある中で、自己啓発を重視し、これを推奨する企業も増えてきている。順に見ていこう。

① OJT

OJT は、日常の業務に就きながら行われる教育訓練のことで、上司や先輩が、業務の中で部下や後輩を指導する形で行われる。

OJT には、❶特別な費用がかからない、❷仕事を経験させながら教えることができる、❸相手に合わせた形で指導できる、❹教える側の成長も期待できるなどのメリットがある。その一方で、現場の上司や先輩に負うところが大きいため、❶上司や先輩の知識・スキル・教え方によってバラつきが生じる、❷上司や先輩に時間的余裕がない場合、十分に行われない可能性がある、❸実践的な知識・スキルに偏り、体系的に学べない可能性がある、❹最新の知識・スキルを学べない可能性があるなどといったデメリットもある。

② Off-JT

Off-JT は、業務命令に基づき、通常の仕事を一時的に離れて行う教育訓練（研修）のことで、社内で実施する教育訓練（従業員を 1 カ所に集合させて実施する集合研修など）や、社外で実施する教育訓練（業界団体や民間の教育訓練機関などが実施する教育訓練に労働者を派遣するもの）などがある。研修には、課長研修などの階層別研修、経理担当者研修などの職能別研修のほか、プレゼン研修などの課題別研修がある。

Off-JT には、❶多くの従業員に同時に教えることができる、❷社内外の専門家から教えてもらうことができる、❸集合して研修を受けることで交流を深めることができるなどのメリットがある。一方、❶時間もコストもかかる、❷必ずしも職場の状況に即していない場合があるなどのデメリットもある。

③ 自己啓発

自己啓発は、職業に関する能力を従業員が自発的に開発し、向上させるための活動をいう。基本的に仕事を離れて自分で勉強するもので、インターネットで学ぶ、本を読む、社内外の勉強会に参加する、セミナーを受けるなどにより行われる。自ら大学等の講座を受講することなども含まれる。

**企業が行う教育訓練の現状
（厚生労働省「令和2年度能力開発基本調査」）**

〈企業調査〉

- 教育訓練費用（OFF-JT費用や自己啓発支援費用）を支出した企業は50.0%（前回57.5%）
- 事業内職業能力開発計画※の作成を行っている企業は22.5%（前回22.9%）

  ※事業内職業能力開発計画：事業主が、雇用する労働者の職業能力の開発および向上を段階的かつ体系的に行うことを促進するために作成する計画（作成は努力義務）

- 職業能力開発推進者※の選任を行っている企業は19.0%（前回19.8%）

  ※職業能力開発推進者：事業主が雇用する労働者の職業能力開発を計画的に企画・実行し、推進する者（選任は努力義務）

- 教育訓練休暇制度※を導入している企業は8.9%（前回8.5%）

  ※教育訓練休暇制度：職業に関する教育訓練を受ける労働者に与える休暇

- 教育訓練短時間勤務制度※を導入している企業は6.8%（前回6.4%）

  ※教育訓練短時間勤務制度：職業に関する教育訓練を受ける労働者が活用できる短時間勤務制度

〈事業所調査〉

- 計画的なOJT※について、正社員に対して実施した事業所は56.9%（前回64.5%）、正社員以外に対して実施した事業所は22.3%（前回29.0%）

  ※計画的なOJT：OJTのうち、教育訓練に関する計画書などを作成して、担当者、対象者、期間、内容などを具体的に定めて、段階的・継続的に実施するもの

- 能力開発や人材育成に関して、何らかの問題があるとする事業所は75.0%（前回76.5%）**[参考6]**
- キャリアコンサルティングを行うしくみを、正社員に対して導入している事業所は37.8%（前回39.4%）、正社員以外に対して導入している事業所は24.9%（前回27.0%）

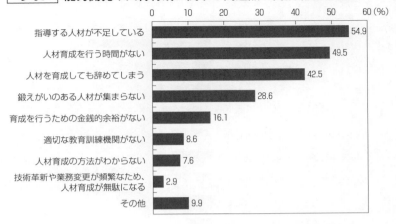

参考6 能力開発や人材育成に関する問題点の内訳（複数回答）

- 指導する人材が不足している 54.9
- 人材育成を行う時間がない 49.5
- 人材を育成しても辞めてしまう 42.5
- 鍛えがいのある人材が集まらない 28.6
- 育成を行うための金銭的余裕がない 16.1
- 適切な教育訓練機関がない 8.6
- 人材育成の方法がわからない 7.6
- 技術革新や業務変更が頻繁なため、人材育成が無駄になる 2.9
- その他 9.9

〈個人調査〉

○ OFF-JT

- OFF-JT を受講した労働者は 29.9%（前回 35.3%）
- 雇用形態別では「正社員」（37.6%）が「正社員以外」（16.5%）より高い
- 性別では「男性」（36.5%）が「女性」（22.7%）よりも高い
- 最終学歴別では「中学・高等学校・中等教育学校」（24.5%）が最も低く、「大学院（理系）」（49.9%）が最も高い

○自己啓発

- 自己啓発を実施した労働者は 32.2%（前回 29.8%）
- 雇用形態別では「正社員」（41.4%）が「正社員以外」（16.3%）より高い
- 性別では「男性」（39.8%）が「女性」（23.8%）よりも高い
- 最終学歴別では「中学・高等学校・中等教育学校」（21.9%）が最も低く、「大学院（理系）」（67.8%）が最も高い
- 自己啓発を行う上で何らかの問題があるとした者は、労働者全体の「総数」では 76.5%（正社員 80.0%、正社員以外 70.3%）であった [参考7]

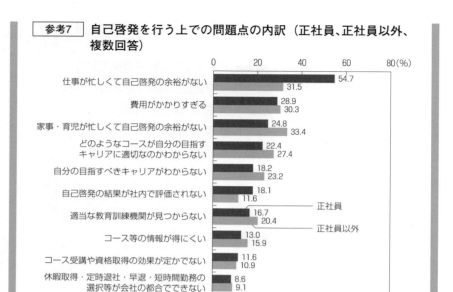

参考7　自己啓発を行う上での問題点の内訳（正社員、正社員以外、複数回答）

仕事が忙しくて自己啓発の余裕がない　54.7／31.5
費用がかかりすぎる　28.9／30.3
家事・育児が忙しくて自己啓発の余裕がない　24.8／33.4
どのようなコースが自分の目指すキャリアに適切なのかわからない　22.4／27.4
自分の目指すべきキャリアがわからない　18.2／23.2
自己啓発の結果が社内で評価されない　18.1／11.6
適当な教育訓練機関が見つからない　16.7／20.4
コース等の情報が得にくい　13.0／15.9
コース受講や資格取得の効果が定かでない　11.6／10.9
休暇取得・定時退社・早退・短時間勤務の選択等が会社の都合でできない　8.6／9.1
その他の問題　6.1／9.8

正社員
正社員以外

▶COLUMN　**どう学ぶか**

　働く人の学びに関しては、ここで学んだ「OJT」「Off-JT」「自己啓発」の三つによる枠組み以外にも、企業の人事パーソンの間で注目されつつある概念がある。職場学習、経験学習、越境学習などがそれである。

　職場学習は、職場において、人が仕事に従事し、経験を深める中で、他者との相互作用を通して学習することで、上司や先輩以外のより広い者からの学びや相互の学び合いなどが含まれる。

　経験学習は、具体的な経験をし、それを振り返って内省し、そこから得られたことを抽象化し、それを新たな状況に適用するというサイクルによる学習である。コルブ（Kolb, D. A.）の経験学習モデルが有名である［**参考8**］。

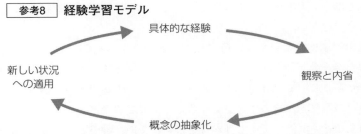

具体的な経験

新しい状況
への適用

観察と内省

概念の抽象化

資料出所：Kolb, D. A. (1984) Experiential Learning: Experience as the Source of Learning and Development. Englewood Cliffs, NJ: Prentice Hall. P.21.

　越境学習は、個人が所属する組織の境界を行き来しつつ、自らの仕事に関連する内容について学習することである。

　[**参考9**] は、中原（2012）を基に、石山（2018）がこれらの関係を示したものである。

参考9　越境学習の位置づけ

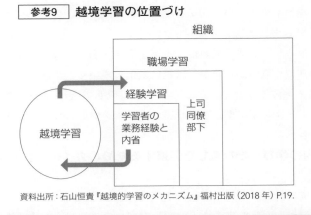

組織

職場学習

経験学習

学習者の
業務経験と
内省

上司
同僚
部下

越境学習

資料出所：石山恒貴『越境的学習のメカニズム』福村出版（2018 年）P.19.

（2）企業内のキャリア形成と関係する人事制度など

　労働市場が変化する中で、雇用管理は一律的な管理から個別的な管理になるなど組織と個人との関係は変化しつつあり、それに伴いキャリア形成は企業主導から個人主導へと軸足が動いてきている。

　例えば、雇用管理制度のうち、前記 [2]（2）で取り上げた自己申告制度、社内 FA 制、社内公募制は、従業員の意思を尊重したキャリア形成を支援する

仕組みである。導入する企業は増えてきているが、制度を作ればうまくいくというわけではない。

自己申告制度においては、❶定期的にキャリアの棚卸しを行うことができる、❷上司との面談を通じてコミュニケーションを図ることができる、❸上司とのやりとりの中で自分の強み・弱みに気づくことができる、❹普段気づかない従業員の潜在的な能力や希望を知ることができるなどのメリットがある。一方、❶上司との関係によっては本音を言いにくい、❷申告しても異動につながらないことが多く、モチベーションの低下を招くおそれがある、❸上司の時間的負担が大きいなどのデメリットもある。

社内 FA 制、社内公募制においては、❶従業員が自律的にキャリアを考えるようになる、❷やる気のある人材を集めることができるなどのメリットがある一方、❶適任者の応募がない、❷ FA 宣言したり、応募したりする者自体が少ないといったデメリットもある。

自律的なキャリア形成支援制度をうまく運用するための方策の一つに、キャリアコンサルティングの導入がある。キャリアコンサルティングを行う企業は増えてきているが、実際にキャリアコンサルティングを受けた者はまだ少ない。一方、キャリア形成の軸足は、企業主導から個人主導へと動きつつある。労働者を取り巻く環境が急速かつ広範に変化していくと予想される中で、従業員の自律的・主体的かつ継続的な学び・学び直しの必要性が高まっている。キャリアコンサルティング、キャリアコンサルタントの役割はますます重要となると考えられる。

（3）企業内の学び・学び直しを促進するためのガイドライン（仮称）の策定

規制改革実施計画（令和 3 年 6 月 18 日閣議決定）において、厚生労働省は、働き手・企業が取り組む事項や人材開発施策に係る諸制度を体系的に示したガイドライン（仮称）を策定することとされている。同計画の中では、キャリアコンサルティングに関することも促進のための方策に掲げられているところであり、注目が必要である。

[7] 企業が行うキャリア形成に係る支援制度

(1) 企業が行う職業訓練への支援

　企業が行う職業訓練は、個々の事業主が自らの責任と負担において行うものであるが、特に推し進めたいものに対しては支援策もある。企業が行う職業訓練を支援するものとしては、認定職業訓練制度のほか、人材開発支援助成金（旧キャリア形成促進助成金）がある。

①認定職業訓練

　認定職業訓練は、事業主等が行う職業訓練のうち、教科や訓練期間、設備等が厚生労働省令で定める基準に適合しているものについて認定し、費用助成を行うものである。認定職業訓練には、個々の事業主が単独で行うものと幾つかの事業主が共同して行うものとがある。認定は、都道府県知事が行うこととされ、都道府県により名称は異なるが、能力開発・人材育成担当課が所掌している。

②人材開発支援助成金

　人材開発支援助成金（旧キャリア形成促進助成金）は、事業主等が雇用する労働者に対して職務に関連した専門的な知識および技能の習得をさせるための職業訓練等を計画に沿って実施した場合に、訓練経費や訓練期間中の賃金の一部等を助成するものである。雇用する正社員を対象とした特定訓練コースおよび一般訓練コース、有期契約労働者等を対象とした特別育成訓練コースのほか、教育訓練休暇付与コース、建設労働者認定訓練コース、建設労働者技能実習コース、障害者職業能力開発コースがある。

(2) 企業内でのキャリアアップの促進（キャリアアップ助成金）

　非正規雇用労働者の企業内でのキャリアアップを促進する取り組みに対しては、キャリアアップ助成金という助成制度がある。

　キャリアアップ助成金は、有期契約雇用労働者、短時間労働者、派遣労働者といった、いわゆる非正規雇用労働者の企業内でのキャリアアップを促進するため、正社員化、処遇改善の取り組みを実施した事業主に助成するもので、正社員化コース、障害者正社員化コース、賃金規定等改定コース、賃金規定等共通化コース、諸手当制度等共通化コース、選択的適用拡大導入時処遇改善コース、短時間労働者労働時間延長コースがある。

　2021（令和3）年4月から、正社員化コース、諸手当制度等共通化コースなどの要件の変更、障害者正社員化コースなどの新設などが行われた。さらに、

2021（令和3）年12月21日から、正社員化コースにおいて要件を満たす場合の助成額の加算などが行われている。

（3）セルフ・キャリアドック

セルフ・キャリアドックとは、企業がその人材育成ビジョン・方針に基づいて、キャリアコンサルティング面談と多様なキャリア研修などを組み合わせて、体系的・定期的に従業員の支援を実施し、従業員の主体的なキャリア形成を促進・支援する総合的な取り組みや、そのための企業内の「仕組み」のことである。

「『日本再興戦略』改訂2015」（平成27年6月30日閣議決定）を踏まえ、厚生労働省が推進している。職業能力開発促進法10条の3第1項1号にも、事業主が講ずる措置として「労働者が自ら職業能力の開発及び向上に関する目標を定めることを容易にするために、業務の遂行に必要な技能及びこれに関する知識の内容及び程度その他の事項に関し、情報を提供すること、職業能力の開発及び向上の促進に係る各段階において、並びに労働者の求めに応じてキャリアコンサルティングの機会を確保することその他の援助を行うこと」が掲げられている。

①セルフ・キャリアドックの必要性

IT化の進展や国際競争の激化などにより、企業はビジネスモデルや事業内容の大胆な変化を迫られている。従業員一人ひとりが社会や組織の変化を先取りする形で変革に対応し、持てる力を最大限に発揮していくためには、自らのキャリアについて主体的に考え構築していく必要がある。

セルフ・キャリアドックの導入により、従業員自らが自律的にキャリアを考え、自己啓発・成長していくことで、会社組織の成長や生産性の向上にも寄与することが期待されている。

②導入で期待される効果

セルフ・キャリアドックは、企業が抱える人材育成上の方針や直面している課題によって、導入の目的、実施形態は異なる。しかし、厚生労働省（2017）によると、共通して次の効果が期待される。

❶従業員にとっては、自らのキャリア意識や仕事に対するモチベーションの向上とキャリア充実

❷企業にとっては、人材の定着や活性化を通じた組織の活性化

また、労働者の属性ごとに次のような効果も期待される。

• 新卒採用者の定着率向上：仕事への向き合い方・取り組む意欲などのマイン

ドセット、キャリアパスの明示などキャリア・プランづくりの支援を通じて、新卒採用者の職場への定着や仕事への意欲を高めていくことが期待される

- 育児・介護休業者の職場復帰率向上：仕事と家庭の両立に関わる不安を取り除き、課題解決を支援するとともに、職場復帰プランを作成することにより、育児・介護休業者の職場復帰を円滑に行うことが期待される

- 中堅社員の活性化：職業能力や適性といった個々人が保有する多様な力への自己理解を深めることにより、ライフ・キャリアの後半戦に向けて、中堅社員のモチベーションの維持・向上を図り、キャリアを充実させていくことが期待される。また、上司や管理職として抱えている課題の解決も支援していくことが期待される

- シニア社員の生涯キャリアの設計とその実践：これまでのキャリアの棚卸しと今後の生涯キャリアを有意義に送るための職業生活の設計を通じて、シニア社員の活性化と能力発揮を促し、モチベーションを維持・向上させていくことが期待される

③各企業での導入成功のために必要なこと

セルフ・キャリアドックを円滑に導入するためには、次のような社内環境の整備が重要である。

●経営者のコミットメント

経営者が自ら、セルフ・キャリアドックを導入し、組織を活性化していくことを社内（全従業員）に対して宣言することにより、組織全体としてセルフ・キャリアドックの推進力が備わる。

●人材育成ビジョン・方針の策定

人材育成ビジョン・方針とは、企業の経営理念を実現するために従業員に期待する人材像とそのための人材育成方針を明らかにするものである。企業の実態と経営理念やあるべき人材像とのギャップから課題を明確にし、そのギャップを埋めるため、あるいは時代や組織の変化に対応するために、あるべき人材像を設定し直し、企業の求める人材育成方針を明らかにすることが重要となる。

●社内への周知

セルフ・キャリアドックの対象となる従業員だけでなく、その上司（現場の管理職）にもその趣旨を理解してもらわないと、快くキャリア研修やキャリアコンサルティングに送り出してもらえないなど支障が出てくる。社内のあらゆる層の者にセルフ・キャリアドックの意義について理解してもらい、円滑な導

入に向け社内の意識醸成を図ることが重要となる。

④セルフ・キャリアドックの導入・実施プロセス

厚生労働省（2017）が示す、セルフ・キャリアドックの標準的プロセスを［**図表3-32**］に掲げる。あくまでも標準的なモデルであり、各企業・組織の事情に応じ、簡略化・細分化しても差し支えないとされている。

⑤基本的要素

◉キャリア研修

キャリアコンサルティングに先立ち、自身のキャリアの棚卸し、キャリア目標・アクションプランの作成などを行ってもらうために、集合形式の研修（キャリア研修）を行う。一定数以上の従業員を抱える企業においては、集合研修で実施することで、従業員一人ひとりに話すよりも統一的かつ効率的に伝

| 図表3-32 | セルフ・キャリアドックの標準的プロセス |

1 人材育成ビジョン・方針の明確化
(1) 経営者のコミットメント
(2) 人材育成ビジョン・方針の策定
(3) 社内への周知

2 セルフ・キャリアドック実施計画の策定
(1) 実施計画の策定
(2) 必要なツールの整備
(3) プロセスの整備

3 企業内インフラの整備
(1) 責任者等の決定
(2) 社内規定の整備
(3) キャリアコンサルタントの育成・確保
(4) 情報共有化のルール
(5) 社内の意識醸成

4 セルフ・キャリアドックの実施
(1) 対象従業員向けセミナー（説明会）の実施
(2) キャリア研修
(3) キャリアコンサルティング面談を通した支援の実施
(4) 振り返り

5 フォローアップ
(1) セルフ・キャリアドックの結果の報告
(2) 個々の対象従業員に係るフォローアップ
(3) 組織的な改善措置の実施
(4) セルフ・キャリアドックの継続的改善

資料出所：厚生労働省「『セルフ・キャリアドック』導入の方針と展開」（2017年）P.7.

えることができる。

●キャリアコンサルティング面談

キャリアコンサルティングにおいては、従業員のこれまでの職務経験（仕事を通して成長したこと等を含む）、働き方で大切にしていることなどを棚卸しし、企業から求められる役割や責任、仕事に対する期待や不安などを確認する。また、それらを基にしたキャリアビジョンや、その実現のための行動プラン（アクションプラン）を策定する。現在の仕事に問題を抱えている場合には、その問題点を整理し解決を支援していく。

会社への要望等を聴取した場合は、本人同意の下、必要に応じて人事部門や上司などに伝達する。仕事以外のプライベート面での課題がキャリア形成に何らかの影響を及ぼしていると考えられる場合にも対策を検討する。

●組織の改善等

セルフ・キャリアドックにより、組織全体・従業員個々人それぞれについて、改善・対応すべき課題が見えてくる。組織として対応すべき課題については、組織的に改善方策を検討し、組織の改善につなげていく。

従業員個々人が抱えている課題については、本人同意の範囲内という条件付きとなるが、組織（上司）に働き掛けを行い、組織（上司）から適切な支援を行うことにより解決・改善を図っていく。メンタルヘルス上の問題が発見された場合には、社内の福利厚生担当者や産業医、外部機関（産業保健総合支援センター等）への紹介を検討する。

セルフ・キャリアドックは、一過性のものではなく継続的な取り組みであり、PDCAサイクルにより、各企業で少しずつ良い仕組みにしていくことが期待されている。

⑥キャリア形成サポートセンター

キャリア形成サポートセンターでは、個人（在職者）、企業、学校などを対象に、ジョブ・カードを活用してさまざまなキャリア形成支援を行うほか、企業に対してセルフ・キャリアドック導入支援（相談支援・技術的支援、セミナー・研修等）なども行っている。

また、キャリア形成サポートセンターサイトに、セルフ・キャリアドックに関する情報を、詳しく掲載している。

キャリア形成サポートセンターについては、前記3.［2］（4）③を参照すること。

(3) グッドキャリア企業アワード

　厚生労働省では、「グッドキャリア企業アワード※6」を実施して、従業員の自律的なキャリア形成支援について他の模範となる取り組みを行っている企業等を表彰し、その理念や取り組み内容、具体的な効果などを広く発信している。前身である「キャリア支援企業表彰」時代を合わせると、2021（令和3）年4月現在、受賞企業は延べ87社に上る。大企業から中小企業まで、さまざまな業種の企業が含まれており、参考とすることができる。

> ※6　グッドキャリア企業アワードは、2021（令和3）年度については開催されない旨が公表されている。報道発表によると、2022（令和4）年度以降については決まり次第お知らせする、とされている。

(4) 職業能力評価制度

　産業や労働市場の構造が大きく変化し、労働者に求められる職業能力などが変化する中で、能力面でのミスマッチが顕在化し、職業能力の「見える化」が求められている。

　職業能力評価制度は、職業能力の「見える化」を促進するための「ものさし」のことで、技能検定制度、社内検定認定制度、職業能力評価基準などがある。

　労働市場インフラとしての機能があり、労働者にとっては、❶業界・企業の求めている能力が分かるほか、❷能力の向上のための目標設定、❸個人の主体的・自発的なキャリア形成、❹能力向上、客観的な能力証明に役立ち、ひいては、❺処遇改善、キャリアアップにつながると期待される。また、企業にとっては、❶求める能力の明確化、❷職務・レベルごとに求める人材像の明確化、❸効果的・効率的な人材育成、❹能力に基づいた客観的な採用・配置に役立ち、ひいては、❺生産性向上につながることが期待できる。

　職業能力評価制度の概要を［図表3-33］に示す。

①技能検定制度

　技能検定制度は、国家検定制度で、一定以上の実務経験を有する労働者の技能を公的に証明するものである。

◉実施内容

　技能検定は、厚生労働大臣が、厚生労働省令で定める検定職種ごとに等級に区分し、等級に応じた知識・技能の程度を、実技試験および学科試験により評価している。検定職種は、2022（令和4）年2月1日現在131職種である。等級区分は、検定職種により、❶等級に区分するもの（特級、1級、2級、3級

166

図表3-33 職業能力評価制度の概要

	技能検定制度	社内検定認定制度	職業能力評価基準
根拠	職業能力開発促進法44条	社内検定認定規程（昭和59年労働省告示88号）	法令規定なし
概要	大臣（または都道府県知事）が、労働者の有する技能を一定の基準によって検定し、これを公証する国家検定制度	事業主等が、雇用する労働者に対して実施する検定のうち、技能振興上奨励すべきものを大臣が認定する制度。なお、社内検定自体は、大臣認定を受けなくても事業主等が実施することはできる	労働者の職業能力を共通のものさしで評価できるよう、業種・職種・職務別に必要な能力水準を示した基準。あくまでも基準のみであって、具体的な試験問題、活用方法等があらかじめ組み込まれたものではない
対象職種等	企業横断的・業界標準的な普遍性を有する、技能および知識を客観的に評価できる、対象労働者が全国的に相当数存在する等といった職種	個別企業において、先端的な技能、特有な技能など。技能検定を補完するものであること	業種別に幅広い業種を対象とし、業種横断的な経理・人事等の事務系職種についても整備
被評価・受検対象者	一定以上の実務経験年数を有する者など	事業主（事業主団体等の場合は、その構成員である事業主）に雇用される労働者に限定（系列企業の労働者や団体傘下の一人親方等も可）	労働者、求職者（誰でもよく、評価基準を用いる実施者に委ねられる）
評価方法	具体的な試験基準、試験採点基準、試験実施要領、評価者の選任基準等を定める必要がある。試験は、実技試験＋学科試験。実技試験は、実際に作業等を行わせて技能程度を検定する。学科試験は、作業の遂行に必要な正しい判断力および知識の有無を判定する	評価基準は、業界内での標準的な基準。各企業で適当にカスタマイズして活用する。継続的観察による評価でも、試験方式による評価でも可
実施機関	○都道府県および職業能力開発協会 ○指定試験機関 ・事業主団体、その連合団体 ・一般社団法人、一般財団法人 ・法人である労働組合 ・営利を目的としない法人	○事業主 ○事業主団体またはその連合団体（なお、平成12年行革大綱等に基づき、公益法人は対象外）	国が関係団体の協力を得て実施
現状	131職種（2022[令和4]年2月1日現在）	43事業主等、114職種（2021[令和3]年12月20日現在）	56業種、事務系9職種

資料出所：厚生労働省「第1回 今後の人材開発政策の在り方に関する研究会 参考資料 人材開発関係資料集」
（2019年）P.116に筆者追記

および基礎級）と、❷等級に区分しないもの（単一等級）がある。全体にものづくり系の職種が多いが、時代のニーズに合ったものとなるよう、職種・作業の新設・統廃合、試験基準の見直し等が毎年行われている。

2017（平成 29）年度以降、成長分野である対人サービス分野の職種（接客販売、ホテル・マネジメントなど 4 職種）が追加され、若者の受検促進を目的とした受検料減免、3 級新設なども行われている。

技能検定に合格した者は、技能士と称することができる。

◉実施体制

技能検定実施に係る事務を都道府県が実施する職種（都道府県方式：111 職種）と指定試験機関が実施する職種（指定試験機関方式：20 種）がある（2022 ［令和 4］年 2 月 1 日現在）。都道府県方式では、中央職業能力開発協会が試験問題の作成を行うこととされているほか、都道府県知事は、都道府県職業能力開発協会に技能検定受検申請書の受け付け、試験の実施等の業務を行わせている。

◉実施状況

2020（令和 2）年度の受検申請者数は全国で約 72 万人であり、約 30 万人が合格している。1959（昭和 34）年度開始以来、2020（令和 2）年度末までの累計技能士数は延べ約 764 万人である。

②社内検定認定制度

社内検定認定制度は、事業主等が雇用する労働者を対象に行う検定のうち、技能振興上奨励すべきものを厚生労働大臣が認定する制度である。2021（令和 3）年 12 月 20 日現在、43 事業主等、114 職種が認定されている。

現在、「デンソー社内技能検定」（プラグ組付など）、「イオン社内検定」（鮮魚販売加工など）、「今治タオル工業組合社内検定」（タオル製造［製織／整経］）などを認定している。認定の対象は、あくまでも社内検定制度の内容や運営方法・実施体制などの「枠組み」であり、事業者・団体や合格者個人を認定するものではない。

認定を受けるためには、社内検定が、直接営利を目的にするものでないこと、労働者の有する職業能力に対する社会的評価の向上に資すると認められるものであること、技能検定と競合するものでないこと、学科試験および実技試験で行われるものであることなど、一定の要件が定められている。

③職業能力評価基準
◉職業能力評価基準

　職業能力評価基準は、労働者の職業能力を共通のものさしで評価するため
に、「知識」「技術・技能」に加えて、「職務遂行能力」を業種別、職種・職務
別に整理したものである。「レベル1」（担当者など）、「レベル2」（係長など）、
「レベル3」（課長など）、「レベル4」（部長など）の四つの能力水準を設定し
整理・体系化している。さらに、仕事の内容を「職種」→「職務」→「能力ユ
ニット」→「能力細目」という単位で細分化し、それぞれについて知識、技術・
技能、職務遂行能力を記述している[7]。

> ※7　「職種」：仕事の内容や性質が類似している「職務」をくくったもので、百貨店業
> の場合であれば「販売」などといったものである。
> 　「職務」：おおむね1人の従業員が、責任をもって遂行すべき仕事の集まりで、上
> 記の「販売」の場合であれば「衣料品販売（婦人服）」などといったものである。
> 　「能力ユニット」：仕事を効果的、効率的に遂行するために必要な職業能力を活動
> 単位でくくったもので、職種に共通して求められる「共通能力ユニット」と各職
> 務の遂行のために固有に求められる「選択能力ユニット」からなる。上記の「衣
> 料品販売（婦人服）」の場合であれば「売場作り・商品陳列」「商品管理」「商品
> 知識の習得と活用（婦人服）」「顧客管理と顧客基盤の拡大・拡充」「クレーム、
> トラブル対応」などといったものである。
> 　「能力細目」：能力ユニットの内容をさらに細分化したもので、おおむね「作業」
> 単位でくくった能力の要素を表す。上記の「商品管理」の場合であれば、①商品
> の出入庫管理、②店頭、ストック商品の管理・棚卸、③客注（お取り置き）処理、
> ④発注に関する提案、⑤商品ロスの削減などといったものである。

　業種横断的な経理・人事等の事務系9職種や、電気機械器具製造業、ホテル

業、在宅介護業等56業種についての職業能力評価基準が策定され、ホームページ上で公表されている（2021［令和3］年12月1日現在）。

職業能力評価基準は、厚生労働省のホームページからダウンロードできる（https://www.mhlw.go.jp/stf/seisakunitsuite/bunya/koyou_roudou/jinzaikaihatsu/ability_skill/syokunou/index.html）。

●キャリアマップ

職業能力評価基準と連動して人材育成に活用できるものとして、キャリアマップがある。

キャリアマップとは、職業能力評価基準で設定されているレベル1〜4を基に、該当業種の代表的な職種における能力開発の標準的な道筋を示したものである。①キャリアの道筋と②各レベルの習熟の目安となる標準年数が一目で分かるようになっている。将来のキャリアに関する目標意識を高め、その実現に向けた具体的な行動を促すとともに、上司と部下との間のキャリア形成についてのコミュニケーションを活性化するなど、企業における「人材育成」への活用を主たる目的としている。[図表3-34] に、その例を示す。

●職業能力評価シート

職業能力評価シートも、職業能力評価基準と連動した形で、人材育成に活用できる。チェック形式の評価シートで、「自分の（または部下の）能力レベル

[図表3-34] キャリアマップの例（スーパーマーケット）

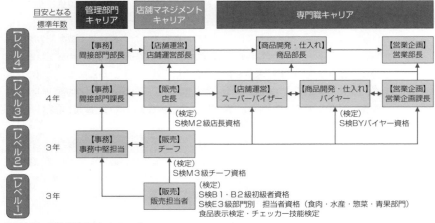

資料出所：厚生労働省ホームページ

はどの程度なのか」「次のレベルにいくには何が不足しているのか」を具体的に把握でき、定期的にチェックすることで習熟度を把握できる。職業能力の判定に使用する「評価シート（本体）」と、具体的な知識や能力が記載されており、判定に迷った際に参照する「サブツール」の二つのシートからなる。各職種・職務についてレベルごとに作成されている。**[図表3-35]** に、その例を示す。

[8] 企業の人事を巡る最近のトピックスなど

（1）ワーク・ライフ・バランス

　ワーク・ライフ・バランスとは、「会社や上司から期待されている仕事、あるいは自分自身が納得できる仕事ができ、かつ仕事以外でやりたいことや取り組まなくてはならないことができること」（佐藤・武石, 2010）と定義される。

　2007（平成19）年に、「仕事と生活の調和推進官民トップ会議」において、「仕事と生活の調和（ワーク・ライフ・バランス）憲章」および「仕事と生活の調和推進のための行動指針」が策定された。その後、施策の進捗や経済情勢の変化を踏まえ、2010（平成22）年に政労使トップによる新たな合意が結ばれ、「憲章」「行動指針」に新たな視点や取り組みを盛り込み改定された。「仕事と生活の調和（ワーク・ライフ・バランス）憲章」は、国民的な取り組みの大きな方向性を示すもの、「仕事と生活の調和推進のための行動指針」は、企業や働く者等の効果的な取り組み、国や地方公共団体の施策の方針を示すものである。これらを受け、長時間労働の抑制、年次有給休暇の取得促進、特に配慮を必要とする労働者に対する休暇の普及等、労働時間等の設定の改善に向けた取り組みが推進されているところである。

　女性のための育児支援策、残業を減らす取り組み、仕事をほどほどにして生活を重視する取り組みなどといった福祉対策的な捉え方をされることもあるが、多様なマーケットや技術変化に対応するなど経営戦略に基づく人材戦略である「ダイバーシティ経営」を支えるための重要な環境整備である。

（2）ダイバーシティ

　上記で触れた「ダイバーシティ経営」とは、「多様な人材の活躍を起業の価値につなげる経営」である（佐藤・武石・坂爪, 2022）。「多様」の内容には、性、年齢など見えやすいもののほか、経験、能力、価値観など見えにくいものも含まれる。佐藤ら（2022）は、多様な人材を受け入れて価値を創造していくた

図表3-35 **職業能力評価シートの例(スーパーマーケット)**

職業能力評価シート(販売職 販売職務 レベル2)

【評価の基準】
○：一人でできている
（下位者に教えることが出来るレベル含む）
△：ほぼ一人でできている
（一部、上位者・周囲の助けが必要なレベル）
×：できていない
（常に上位者・周囲の助けが必要なレベル）

I. 共通能力ユニット

能力ユニット	能力細目		職務遂行のための基準	自己評価	上司評価	コメント
コンプライアンス (店舗)	①法令・諸規則の内容把握	1	職業人としてのプロ意識、社会的責任感、職業倫理等を有し、法令・諸規則の内容を理解している 企業活動全般に関する法的・倫理的問題を理解し、それが自社に及ぼす影響を理解している			
	②法令・諸規則の遵守	2	法令・諸規則に則って率先して行動している。法的・倫理的問題の具体的なケースについて意見をもっている 部下・後輩の倫理的な相談に助言を与え、解決に向けて一緒に取り組んでいる			
CS (顧客満足) の推進 (店舗)	①CS施策の把握	3	自社のCS施策を職務と関連づけて理解し、顧客に提供できるサービスについて理解している			
	②CS施策の実施	4	CS施策を日常業務で率先して実践している 店舗の顔であることを意識しながら、顧客の声に耳を傾け、意見、要望を吸い上げている			
地域社会への貢献 (店舗)	①地域社会に期待される役割の把握	5	企業の社会的責任や地域貢献について知識を有し、本部所定の地域社会への貢献の方針・施策を理解している 地域のイベント・行事などに参加している			
	②地域社会への貢献の推進	6	地域の実情を踏まえ、地域社会貢献のための業務計画を推進し、店舗内外で地域の安全・環境貢献のための施策を実行している			
食の安全・安心の提供 (店舗)	①正しい商品知識での説明の徹底	7	「食の安全・安心」について正しく理解し、部門の基準を作成ため、気づいた改善点を上司に提案している 正しい商品知識に基づき顧客に説明を行うよう部下に徹底している			
	②器具、備品の維持保管における確認・指導	8	担当部門の器具、備品の衛生的な方法で使用、保管を徹底している 規定の清掃手順を部下に指示し、担当部門のクレンリネスを徹底している			
	③安全・衛生・クレンリネスの確認・指導	9	自社基準に従い、店内の安全確保、衛生管理、クレンリネスを部下に指導・徹底している			

資料出所：厚生労働省ホームページ

めには、理念を共有すること、あらかじめ多様な人材像を想定しておくこと、働き方改革を実現すること、多様な部下をマネジメントできる管理職を育て職場の心理的安全性を確保すること、働く側も多様な役割を担い、それを調整・受容することなどが重要であるとしている。

　最近では、ダイバーシティだけでなく、インクルージョンも必要であるとされ、ダイバーシティ＆インクルージョンとして言及されることが増えている。インクルージョンとは、ショアら（Shore et al., 2011）の定義をより分かりやすく言えば、「個人が、職場において、メンバーとみなされ、自分らしさを発揮できる状態」である。多様性に加えて、メンバーとして帰属感を持つことができ、自分らしさが尊重され、発揮できることが求められるようになってきている。

（3）テレワーク

　テレワークとは、「tele ＝離れたところで」と「work ＝働く」を合わせた造語で、ICT（情報通信技術）を活用し、時間と場所を有効に活用できる柔軟な働き方のことである。「リモートワーク」ともいう。働く者の性別や年齢、居住する場所等にかかわらず、さまざまな人の多様な生活スタイルに応じた働き方を可能とするものである。

　就業場所により、①自宅で仕事を行う在宅勤務、②出張時の移動中などに公共交通機関内やカフェ等で仕事を行うモバイル勤務、③共用のワークスペースなどを利用して仕事を行うサテライトオフィス勤務の3形態に分類できる。

　また、就労形態により、①企業等に雇用されている雇用型テレワークと、②個人事業主のような形態の自営型テレワークに分類される。

　「ニッポン一億総活躍プラン」（平成28年6月2日閣議決定）、「世界最先端IT国家創造宣言」（平成28年5月20日閣議決定により改定）、「経済財政運営と改革の基本方針2017」（平成29年6月9日閣議決定）、「未来投資戦略2017」（平成29年6月9日閣議決定）のほか、「働き方改革実行計画」（平成29年3月28日働き方改革実現会議決定）においても、テレワークの推進等が掲げられてきた。2018（平成30）年には、労務管理の留意点等を示した「情報通信技術を利用した事業場外勤務の適切な導入及び実施のためのガイドライン」を策定した。

　コロナ禍の下、緊急事態宣言をはさんでテレワーク実施率が急増したことから、厚生労働省は、さらなる導入・定着を図ることが重要であるとし、2021（令

和3）年3月、ガイドラインを改定し、名称も「テレワークの適切な導入及び実施の推進のためのガイドライン」と変更した。

改定されたガイドラインでは、良質なテレワークを推進するため、労務管理を中心に、労使双方にとって留意すべき点、望ましい取り組み等が示された。改定に関する主なポイントは以下のとおりである。

- 人事評価、費用負担、人材育成等、労務管理全般に関する記載を追加
- 雇用形態の違いのみを理由に対象から除外することのないよう留意すべき旨を記載
- 導入に当たっての望ましい取り組みとして書類のペーパーレス化の実施等を記載
- 労働時間の把握について、原則的な方法としてパソコンの使用時間の記録等による場合の対応方法や、労働者の自己申告による場合の対応方法を記載
- ワーク・ライフ・バランスの実現のため、時間外・休日・所定外深夜労働の取り扱いを記載
- メンタルヘルス対策や作業環境整備等に関するチェックリストを作成

テレワークに関しては、製造・販売などの現場を有しているなどテレワークに向かない職種との間の不公平感、組織内のコミュニケーション不足、テレワーク勤務者の評価など課題も指摘されている。キャリアコンサルタントに、コミュニケーションの円滑化についての助言が求められることが増える可能性もあるだろう。

テレワークの実態や課題については、5.［1］（2）①を参照すること。

（4）副業・兼業

副業・兼業とは、一般的に収入を得るために携わる本業以外の仕事を指す。企業に雇用される形で行うものと、自ら起業して事業主として行うもの、コンサルタントなどとして請負や委任といった形で行うものなどさまざまな形態がある。副業・兼業については、かつては実際に実施する時間が少なかったこと等から、労使ともに制限的に捉えていたが、時代や働き方が変化する中で位置づけは変化してきた。

このような中、労働者を含めた働き手が副業・兼業を希望する傾向が強まるとともに、「働き方改革実行計画」（平成29年3月28日働き方改革実現会議決定）に副業・兼業の促進が盛り込まれるなど副業・兼業に対する機運が高まってきた。

これを受け、厚生労働省は、2018（平成30）年1月に「副業・兼業の促進に関するガイドライン」を策定した。併せて、モデル就業規則を改定し、労働者の遵守事項の「許可なく他の会社等の業務に従事しないこと」という規定を削除し、「労働者は、勤務時間外において、他の会社等の業務に従事することができる」とした。同ガイドライン、モデル就業規則は、さらに2020（令和2）年9月に改定され、労働時間管理等についてのルールが明確化された。

　副業・兼業には、労働者と企業それぞれにメリットと留意すべき点がある。

　労働者のメリットとしては、以下の点などが挙げられる。

①離職せずに別の仕事のスキルや経験を得ることにより、主体的にキャリア形成できる

②本業の所得を得つつ、やりたいことに挑戦できる

③所得を増やすことができる

④本業を続けつつ、リスクの小さい形で将来の起業・転職に向けた準備・試行ができる

　労働者にとっての留意点としては、以下の点などが挙げられる。

①労働者自身による就業時間や健康の管理も一定程度必要である

②職務専念義務、秘密保持義務、競業避止義務を意識することが必要である

③週の所定労働時間が短い業務を複数行う場合には、雇用保険等の適用がない場合がある

④副業収入が20万円を超える場合は確定申告が必要である

　企業側のメリットとしては、次のことなどが期待できる。

①労働者が社内では得られない知識・スキルを獲得できる

②労働者の自律性・自主性を促すことができる

③優秀な人材の獲得・流出防止ができる

④労働者が社外から新たな知識・情報や人脈を入れることで、事業機会の拡大につながる

　企業にとっての留意点としては、次のことなどが挙げられる。

①就業時間の把握・管理や健康管理への対応が必要である

②職務専念義務、秘密保持義務、競業避止義務の確保に係る懸念への対応が必要である

　このほか、副業先への転職など人材流出のおそれなども否定できない。

　新型コロナウイルス感染症の感染拡大により、テレワークが広がったことや

休業・短時間就業をせざるを得なくなった企業が生じたことで、ここに来て、副業・兼業が広まってきている。

　副業・兼業は、一般に収入を伴うものを指すが、収入は伴わないが、本業を持ちながら第二の活動をする「パラレルキャリア」※8という働き方もある。パラレルキャリアのほうは、ボランティア活動のような社会貢献など収入を伴わない活動なども含む。

　キャリアについて自ら考える者が増える中で、複数の軸足を持って働く者は増えていくだろう。本業を持ちつつ他の活動にも取り組み、自律的にキャリアを形成していく。これからキャリアコンサルタントには、そういった働き方に向けたアドバイスも求められるようになってくるだろう。

　　※8　ドラッカーが提唱した言葉で、本業を持ちながら、第二の活動をすること。

(5) ジョブ型雇用

　濱口（2011）は、「人」と「仕事」の結びつけ方に着目し、雇用システムとして「ジョブ型」と「メンバーシップ型」を対となる「概念」として用いた。そして、欧米諸国と日本の人事管理、賃金管理の違いに関して、田中（1980）を基に、「『仕事』をきちんと決めておいてそれに『人』を当てはめるというやり方の欧米諸国に対し、『人』を中心にして管理が行われ、『人』と『仕事』の結びつきはできるだけ自由に変えられるようにしておくのが日本の特徴」であると解説した。

　このため、「ジョブ型」では、企業は「仕事」の内容を明確化することを求められる。一方、「メンバーシップ型」では、特定の企業の「メンバー」となることに大きな意味があることになる。日本の、特に大企業では「メンバー」となることの意味は大きく、従来型の正社員システムの下では、職務、勤務地、労働時間などがあらかじめ限定されていない働き方が求められた。また、「メンバー」として働く中で、さまざまな職務をこなせるようになることから、結果的に年齢や勤続年数に依存した等級制度、賃金制度が運用されてくることにもつながった。

　確かに、中高年社員が増え、年齢や勤続年数に依存した等級制度、賃金制度では持たなくなってきている。また、育児や介護などを抱える社員が増え、無限定正社員的な働き方を求めることが難しくなってきている。さらに、経済社会の変化が速まる一方で、職業生活が長期化し、専門性との向き合い方についても考え直すことが迫られている。こうしたことを踏まえると、年齢や勤続年

数に依存した等級制度、賃金制度、従来型の無限定正社員的な働き方を見直さなければいけないのは事実であろう。

　さらに、コロナ禍により、テレワークが広がったこともあって、「ジョブ型雇用」という言葉が脚光を浴びている。仕事の内容を明確にすることはテレワークと相性が良いことは事実であるが、「ジョブ型雇用」でなければ、テレワークができないというものではない。

　ジョブ型雇用に目が向けられている背景には、これまでどおりのやり方では仕事のわりに人件費負担が大きすぎる、企業の雇用保障に依存しないでほしい、今の人事制度では高度人材を確保できない、複数の職務を経験させるような働かせ方では専門性を高めることができないなどといったさまざまな思いも見え隠れするようである。中には「ジョブ型雇用」を導入しなければ、時代に乗り遅れるなどとあおるような向きもあるが、「ジョブ型雇用」「メンバーシップ型雇用」というのは、そもそも「概念」であり、企業における実態はさまざまである。「ジョブ型雇用」としたからといって、これまでの雇用システムでできなかったことがすべて行えるようになるわけではない。「ジョブ型雇用」に近づけることにより、配置転換など、これまで当たり前に行ってきたことが、これまでと同じようには行えなくなるといった側面もある。

　前記［1］でも述べたように、そもそも人事管理は、それだけで独立したシステムではなく、組織内外の要因の影響を受ける。人事制度は、組織に合っていること、また、名称でなく運用の仕方が重要であることは、企業領域に関わるキャリアコンサルタント、あるいは人事パーソンともに心すべきことであろう。

　なお、政府は、「経済財政運営と改革の基本方針2021」（令和3年6月18日閣議決定）などで、職務や勤務場所、勤務時間が限定された働き方等を選択できる雇用形態に転換していくという意味合いで、「ジョブ型雇用の推進」という言葉を使っている。「ジョブ型雇用」について考える際には、どのような意味合いで、この言葉が使われているかに十分留意することが必要である。

［9］　主な業種における勤務形態、賃金、労働時間等の具体的な労働条件

　個々の企業によって実態は異なるが、業種によっても勤務形態、賃金、労働時間等、具体的な労働条件には一定の傾向がみられる。

以下に、主な業種におけるデータを示す。

（1）業種別勤務形態

　主な業種別に勤務形態別の割合を見ると、[図表3-36]のとおりである。サービス業、卸売業・小売業などで、パート・アルバイトなどの比率が高いことが分かる。

（2）業種別賃金カーブ

　厚生労働省「賃金構造基本統計調査」（2020年）で業種別に賃金を見ると、男性では、金融業・保険業が最も高く、次いで教育・学習支援業となっており、宿泊業・飲食サービス業が最も低くなっている。女性では、情報通信業が最も高く、次いで教育・学習支援業となっており、宿泊業・飲食サービス業が最も

[図表3-36] **主な業種における役員を除く雇用者全体に占める勤務形態別割合（2020年）**

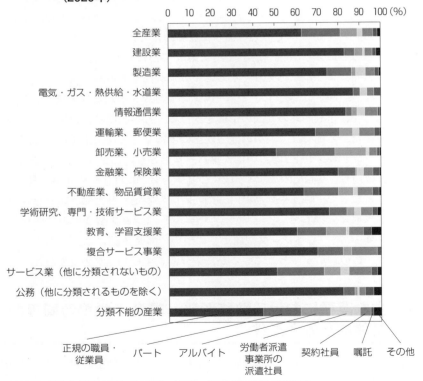

資料出所：総務省「労働力調査 基本集計・年平均」（2020年）を基に筆者作成

低くなっている。

　賃金カーブを見ると、男性では、金融業・保険業は 50 〜 54 歳で賃金がピークとなり、その後大きく下降している。また、宿泊業・飲食サービス業は他の産業に比べ賃金カーブが緩やかである。女性では、教育・学習支援業は、年齢階級が高くなるとともにおおむね賃金も上昇しているが、他の産業は賃金カーブが緩やかである　[**図表 3-37**]。

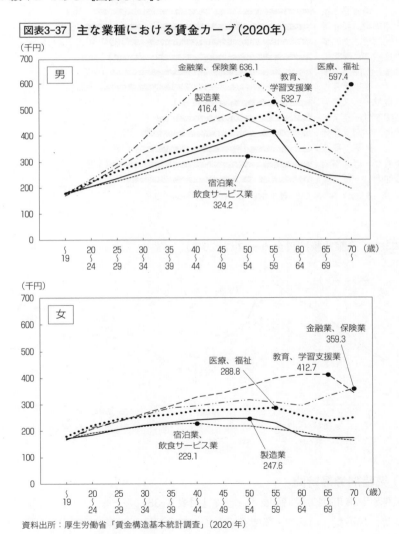

図表3-37 **主な業種における賃金カーブ（2020年）**

資料出所：厚生労働省「賃金構造基本統計調査」（2020 年）

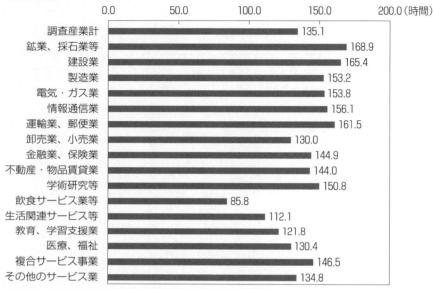

図表3-38 主な業種における月間実労働時間（2020年平均、事業所規模5人以上）

業種	時間
調査産業計	135.1
鉱業、採石業等	168.9
建設業	165.4
製造業	153.2
電気・ガス業	153.8
情報通信業	156.1
運輸業、郵便業	161.5
卸売業、小売業	130.0
金融業、保険業	144.9
不動産・物品賃貸業	144.0
学術研究等	150.8
飲食サービス業等	85.8
生活関連サービス等	112.1
教育、学習支援業	121.8
医療、福祉	130.4
複合サービス事業	146.5
その他のサービス業	134.8

資料出所：厚生労働省「毎月勤労統計調査」（2020年）を基に筆者作成

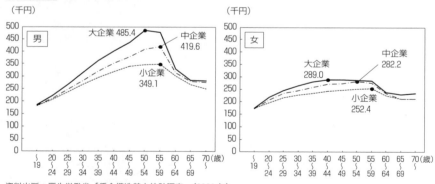

図表3-39 企業規模別賃金カーブ（2020年）

資料出所：厚生労働省「賃金構造基本統計調査」（2020年）

（3）業種別労働時間

　業種別に月間実労働時間を見ると、[図表3-38]のとおりである。鉱業・採石業等、建設業、運輸業・郵便業で長く、飲食サービス業で短いことが分かる。

（4）企業規模別賃金カーブ

　企業規模別に賃金を見ると、企業規模間賃金格差（大企業 = 100）は、男性で、中企業 88.0、小企業 80.2、女性で、中企業 95.0、小企業 87.4 となっている。また、男女とも、企業規模が大きいほど賃金カーブの傾きは大きくなっており、男性は女性に比べてその傾向が大きい **[図表 3-39]**。

5. 労働市場の知識

　キャリアコンサルティングを適切に行うためには、労働市場の現状を把握しておくことが必要である。本節では、労働市場の現状把握の仕方や統計の見方について説明する。

[1]　労働市場を巡る大きな動きの把握

　労働市場の大きな動きや課題を把握する上では、毎年 1 回[9]、厚生労働省が発表している「労働経済の分析（労働経済白書）」が役立つ。労働経済白書は、第Ⅰ部と第Ⅱ部の 2 部制となっている。第Ⅰ部は、「労働経済の推移と特徴」として、前年度の一般経済、雇用・失業情勢、労働時間・賃金などの動向について記載している、第Ⅱ部は、その時々の労働市場を巡る動きの中から重要なテーマを選び、それについて掘り下げた分析を行っている。

　以下に、最近の労働経済白書の内容について記載するが、厚生労働省ホームページにおいて、白書本文のほか、要約版、動画版が公表されているので、ご覧いただきたい。

　　※9　2020（令和 2）年度は新型コロナウイルス感染症が労働経済に大きな影響を与えたことなどを踏まえて、労働経済白書の作成が見送られた。2021（令和 3）年版では 2019 年と 2020 年の 2 年間を対象に分析がなされている。

（1）経済・雇用の概況を把握する
①経済の概況
　2019 年・2020 年の日本経済は、2019 年第Ⅲ四半期（7 〜 9 月期）まではプラス成長で推移していたが、新型コロナウイルス感染症の感染拡大の影響によ

り、2020年第Ⅱ四半期（4〜6月期）には実質GDPが前期比8.1%減、名目GDPが前期比7.8%減と大幅に減少した。2021年4〜6月期・1次速報（2021［令和3］年8月16日公表）では、実質GDPは前期比0.3%増、名目GDPは前期比0.1%増であった。直近の月例経済報告（2021年10月報告）では、「景気は、新型コロナウイルス感染症の影響により、依然として厳しい状況にあるなか、持ち直しの動きが続いているものの、そのテンポが弱まっている」とされている。

②雇用の概況

有効求人倍率、新規求人倍率は長期的に上昇傾向が続いていたが、2019（令和元）年には高水準ながらも有効求人倍率はわずかに低下し、新規求人倍率、正社員の有効求人倍率は横ばい傾向であった。その後、新型コロナウイルス感染症の感染拡大の影響を受け、いずれも低下したが、感染状況の改善などを受け、少しずつ持ち直しつつある。完全失業率は、長期的に低下傾向で推移してきたが、2020（令和2）年に入り上昇し、2021（令和3）年平均では2.8%となった。感染症の影響が残る中、一部に持ち直しの動きもみられるが、ウクライナ情勢など不透明感が高まっている。

③産業構造の変化

GDPに占める各産業の構成比を見ると、製造業・建設業では低下傾向で推移している一方、保健衛生・社会事業は顕著に上昇している［図表3-40］。産業分類については、後掲第4章2.［3］で説明する。

④就業構造の変化

就業構造を見ると、［図表3-41］に示したように、非正規雇用労働者は、1994（平成6）年から以降現在まで緩やかに増加傾向にある（役員を除く雇用者全体の37.2%・2020［令和2］年平均）。正規雇用労働者は、2015（平成27）年に8年ぶりにプラスに転じ、その後増加している。

（2）その時々の労働市場を巡る重要な動きを把握する
①令和3年版労働経済の分析（労働経済白書）（令和3年7月16日閣議配布）

テーマ：新型コロナウイルス感染症が雇用・労働に及ぼした影響

主なポイント

- 感染拡大による雇用への影響

宿泊業、飲食サービス業をはじめとした産業を中心に、女性の非正規雇用労働者等で大きかったが、特例を講じた雇用調整助成金等により2020年4〜10

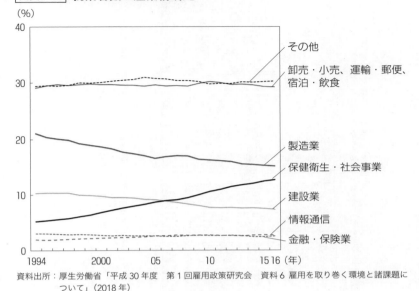

図表3-40 就業者数の産業構成比

(%)

その他

卸売・小売、運輸・郵便、
宿泊・飲食

製造業

保健衛生・社会事業

建設業

情報通信

金融・保険業

1994　2000　05　10　15 16 (年)

資料出所：厚生労働省「平成30年度　第1回雇用政策研究会　資料6 雇用を取り巻く環境と諸課題について」（2018年）

月の完全失業率は2.6％ポイント程度抑制されたと見込まれる。

• 感染拡大下で業務の継続を求められた労働者の分析

　労使双方へのアンケート調査を用いた分析によれば、「医療業」「社会保険・社会福祉・介護事業」等の業種において、特に女性の労働者で肉体的負担や精神的負担が増大した。また、感染拡大への勤め先の対応策として、勤め先において、業種別ガイドラインの遵守、人員体制の強化、柔軟な働き方を実施している場合に、「仕事を通じた満足度」が上昇した労働者の割合が高かった。

　医療や介護など、感染拡大下においても業務の継続が不可欠な分野で働く人々が意欲を持ち充実した形で働き続けるために、感染防止対策、人員体制の強化、柔軟な働き方の実施などの取り組みが重要である。

• テレワークを活用して働いた労働者の分析

　労使双方へのアンケート調査を用いた分析によれば、感染拡大前からテレワークを実施していた企業や労働者のほうが、感染拡大下でテレワークを始めた企業や労働者よりも、テレワークの継続割合が高い（テレワークの継続割合 [2020年12月時点]：感染拡大前に始めた労働者は82.2％、感染拡大下に始めた労働者は56.7％）。また、テレワークで仕事をする際の生産性や満足感は、

第3章　キャリアコンサルティングを行うために必要な知識　183

図表3-41　就業構造の推移

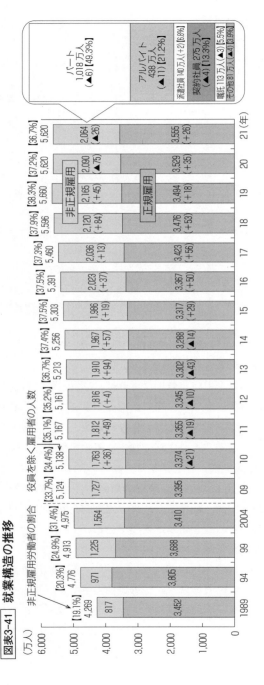

（資料出所）2009年までは総務省「労働力調査（特別調査）」（2月調査）長期時系列表9、2004年以降は総務省「労働力調査（詳細集計）」（年平均）長期時系列表10
（注）1. 2009年の数値は、2010年国勢調査の確定人口に基づく推計人口による遡及集計した数値（割合は除く）。
　　2. 2010年から2016年までの数値は、2015年国勢調査の確定人口に基づく推計人口による遡及集計した数値（新基準）の切替による遡及集計した人口（2015年国勢調査基準）。
　　3. 2011年の数値、割合は、被災3県の補完推計値を用いて計算した値（2015年国勢調査基準）。
　　4. 雇用形態の区分は、勤め先での「呼称」によるもの。
　　5. 正規雇用労働者：勤め先での呼称が「正規の職員・従業員」である者。
　　6. 非正規雇用労働者：勤め先での呼称が「パート」「アルバイト」「労働者派遣事業所の派遣社員」「契約社員」「嘱託」「その他」である者。
　　7. 割合は、正規雇用労働者と非正規雇用労働者の合計に占める割合。

資料出所：厚生労働省ホームページに筆者加筆

オフィスで働く場合と比べて一般的に低下するものの、感染拡大前からテレワークを実施していた労働者では低下幅が小さい。さらに、企業において、業務範囲・期限や仕事の評価基準を明確にすること、業務の裁量を持たせること等のマネジメント上の工夫や、テレワークをする際の環境整備に取り組むことで、テレワークをする際の充実感・満足感が高くなっている。

　テレワークの定着のためには、企業によるマネジメント上の工夫や、テレワーク時の環境の整備などの取り組みが重要である。

②令和元年版労働経済の分析（労働経済白書）（令和元年9月27日閣議配布）

テーマ：人手不足の下での「働き方」を巡る課題について
主なポイント

- 多くの企業が人手不足を緩和するために、求人条件の改善や採用活動の強化などの取り組みを強化している一方で、「働きやすさ」や「働きがい」を高めるような雇用管理の改善などについては、さらに取り組んでいく必要がある
- 「働きやすさ」の向上が定着率などを改善し、「働きがい」の向上が定着率に加え、労働生産性、仕事に対する自発性、顧客満足度などさまざまなアウトカムの向上につながる可能性がある
- 「働きがい」を高める取り組みとしては、職場の人間関係の円滑化や労働時間の短縮などに加えて、上司からの適切なフィードバックやロールモデルとなる先輩社員の存在を通じて、将来のキャリア展望を明確化することが重要である
- 質の高い「休み方」（リカバリー経験）が疲労やストレスからの回復を促進し、「働きがい」を高める可能性があり、仕事と余暇時間の境目をマネジメントする能力（バウンダリー・マネジメント）を高めていくことが重要である

③近年の労働経済の分析（労働経済白書）

　その時々の社会・経済情勢を踏まえて設定されているので、労働市場・政策の課題の動きを捉える上で参考となる。

- 平成30年版（平成30年9月28日閣議配布）：働き方の多様化に応じた人材育成の在り方について
- 平成29年版（平成29年9月29日閣議配布）：イノベーションの促進とワーク・ライフ・バランスの実現に向けた課題

- 平成 28 年版（平成 28 年 9 月 30 日閣議配布）：誰もが活躍できる社会と労働生産性の向上に向けた課題
- 平成 27 年版（平成 27 年 9 月 15 日閣議配布）：労働生産性と雇用・労働問題への対応
- 平成 26 年版（平成 26 年 9 月 12 日閣議配布）：人材力の最大発揮に向けて
- 平成 25 年版（平成 25 年 8 月 30 日閣議配布）：構造変化の中での雇用・人材と働き方

[2] 労働市場情報の把握

　キャリアコンサルタントや人事部門の方は、常に雇用失業情勢を気にかけていることと思うが、もう一歩踏み込んで、労働統計資料等の見方を習得し、労働市場の動向を継続的にチェックする習慣を身に付けておきたい。

（1）一般職業紹介状況（職業安定業務統計）（厚生労働省）

　厚生労働省職業安定局が、ハローワークにおける求人、求職、就職の状況（新規学卒者を除く）を基に、求人倍率等の指標を作成することを目的に取りまとめている。原則として対象月の翌月末に公表される（労働力調査と同じタイミングで公表される）。

　職業安定局の公表に併せて、各都道府県労働局では、「一般職業紹介状況」「雇用のようす」などといった名称で、各管内のハローワークの業務統計および雇用情勢判断を公表している。

　以下は、主な用語である。いずれも季節調整値と原数値があるので、解釈に当たっては留意する必要がある。

〈主な用語〉
- 新規求職申込件数：期間中に新たに受け付けた求職申し込みの件数をいう
- 月間有効求職者数：前月から繰り越された有効求職者数（前月末日現在において、求職票の有効期限が翌月以降にまたがっている就職未決定の求職者をいう）と当月の「新規求職申込件数」の合計数をいう
- 就職件数：有効求職者がハローワークの紹介により就職したことを確認した件数をいう
- 新規求人数：期間中に新たに受け付けた求人数（採用予定人員）をいう

- 月間有効求人数：前月から繰り越された有効求人数（前月末日現在において、求人票の有効期限が翌月以降にまたがっている未充足の求人数をいう）と当月の「新規求人数」の合計数をいう
- 求人倍率：求職者に対する求人数の割合をいい、「新規求人数」を「新規求職申込件数」で除して得た「新規求人倍率」と、「月間有効求人数」を「月間有効求職者数」で除して得た「有効求人倍率」の2種類がある

（2）労働力調査（総務省統計局）

　日本における就業および不就業の状態を明らかにするための基礎資料を得ることを目的とした調査である。標本調査で行っており、毎月末日（12月は26日）現在で行い、原則として調査月の翌月末に公表される（一般職業紹介状況と同じタイミングで公表される）。就業状態については、毎月の末日に終わる1週間の状態を調査する。

　就業状態は、以下のように分類される。

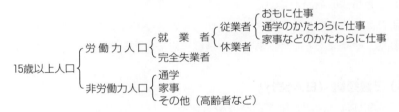

〈主な用語〉
- 労働力人口：15歳以上の人口のうち、「就業者」と「完全失業者」を合わせたもの
- 就業者：「従業者」と「休業者」を合わせたもの
- 従業者：調査週間中に収入を伴う仕事を1時間以上した者
- 休業者：仕事を持ちながら、調査週間中に少しも仕事をしなかった者のうち、雇用者で、給料・賃金の支払いを受けている者または受けることになっている者
- 完全失業者：次の三つの条件を満たす者
  ①仕事がなくて調査週間中に少しも仕事をしなかった（就業者ではない）
  ②仕事があればすぐ就くことができる

③調査週間中に、仕事を探す活動や事業を始める準備をしていた（過去の
　求職活動の結果を待っている場合を含む）
• 非労働力人口：15歳以上の人口のうち、「就業者」と「完全失業者」以外
　の者
• 完全失業率：「労働力人口」に占める「完全失業者」の割合

（3）月例経済報告 （内閣府）

　内閣府では、景気に関する政府の公式見解として、毎月、「月例経済報告」
を公表している。わが国の経済全般が総括的に評価され、個人消費、民間設備
投資、住宅建設、公共投資、輸出・輸入、生産、物価、雇用情勢、地域経済、
海外経済などの動向、さらには先行きの見通しやリスク要因にも言及される。

　月例経済報告の基調判断では「弱含んでいる」「改善に足踏みがみられる」
「持ち直しの動きがみられる」などの表現が用いられ、現状の景気判断につい
て、前月からの変化が分かるようになっている。これにより、政府の公式見解
としての経済の動向を確認できる。

　また、月例経済報告では、日本全体のみならず、地域別の景気判断も示され
ており、やや大ぐくりではあるが、地域の経済情勢を把握できるようになって
いる。

（4）日銀短観 （日本銀行）

　正式名称は「全国企業短期経済観測調査」だが、「短観」と呼ばれることが
多い。全国の企業動向を的確に把握し、金融政策の適切な運営に資することを
目的とした調査で、全国の約1万社の企業を対象に、四半期ごとに実施してい
る。

　短観では、企業が自社の業況や経済環境の現状・先行きについてどうみてい
るかといった項目に加え、売上高や収益、設備投資額といった事業計画の実
績・予測値など、企業活動全般にわたる項目について調査している。

　日銀短観では、業況判断D.I.、雇用人員判断D.I.など、「D.I.」（ディー・アイ）
という指標がよく出てくる、「D.I.」とは、Diffusion Index（ディフュージョン・
インデックス）の略で、企業の業況感や設備、雇用人員の過不足などの各種判
断を指数化したものである。具体的には、D.I.は、各判断項目について3個の
選択肢を用意し、選択肢ごとの回答社数を単純集計し、全回答社数に対する「回
答社数構成百分比」を算出した後、

D.I.＝（第1選択肢の回答社数構成百分比）－（第3選択肢の回答社数構成百分比）
という計算をして求めている。雇用人員判断 D.I. の場合、第1選択肢が「過剰」、
第3選択肢が「不足」であるので、プラスであれば人手が過剰と考えている企
業の割合のほうが高く、マイナスであれば人手が不足していると考えている企
業の割合のほうが高いということになる。

（5）雇用動向調査（厚生労働省）

主要産業における入職・離職の状況を明らかにすることを目的に実施されて
いる調査で、上半期と下半期の年2回実施されている。

入職と離職の推移や産業別の入職と離職、性・年齢階級別の入職と離職、転
職入職者の状況、離職理由別離職の状況などを把握できる。

（6）就業構造基本調査（総務省）

国民の就業および不就業の状態を調査し、全国および地域別の就業構造に関
する基礎資料を得ることを目的に1956（昭和31）年から1982（昭和57）年
まではほぼ3年ごと、1982（昭和57）年以降は5年ごとに実施されている。

非正規雇用の拡大など雇用形態の構造的変化や、ワーク・ライフ・バランス
の実現の重要性などを踏まえ、2017（平成29）年の調査では調査事項の一部
見直しが行われ、就業および不就業の実態がより詳細に把握されている。

（7）毎月勤労統計調査（厚生労働省）

賃金、労働時間および雇用の毎月の変動を把握するための調査である。全国
調査と都道府県別の状況が分かる地方調査がある。

（8）賃金構造基本統計調査（厚生労働省）

賃金構造の実態を、雇用形態、職種、性、年齢、学歴、勤続年数、経験年数
等の属性別に詳しく把握するための調査である。毎年6月分の賃金（賞与につ
いては前年1年間）について同年7月に調査を実施し、例年、翌年2月に公
表している。

（9）労働経済動向調査（厚生労働省）

景気の変動が雇用等に及ぼしている影響や今後の見通し等について調査し、
労働経済の変化や問題点を把握するための調査で、年4回（2月、5月、8月、
11月）実施している。

［3］ 生きた情報の把握

　労働統計等のデータは、労働市場の状況を客観的かつ定期的に把握する上で有効だが、各地域における状況を把握するためには情報に関する感度を高めておく必要がある。

　例えば、新聞（地方紙、全国紙の地方欄）の経済記事からは、地域の雇用情勢や産業・企業ごとの景況を把握できる。

　キャリアコンサルタント同士の勉強会などのほか、広くキャリアに関心を持つ者を対象とした研究会や研修会に参加する中で、参加者同士の交流を通して最新の情報に触れることもできる。

　企業人事に関することであれば、人事パーソンを対象とした会員向け専門誌（『労政時報』［労務行政］、『人事実務』［産労総合研究所］など）もある。イベント、研究会なども開催されている。こうしたものから最新の情報や他社の事例などについて学ぶことができる。

　このほか、日頃、業務でやりとりをする企業の担当者から個別企業の肌感覚での景況感等を把握することも可能である。こうした内容を総合することにより、業況を把握する貴重な情報を得ることができる。

---

6. 労働政策、労働関係法令、社会保障制度の基礎知識

［1］ 労働関係法制度の基礎知識

（1）職業安定法および同法に関する法制度

　職業安定法は、ハローワーク等の職業紹介機関が行う職業紹介事業等について定めると同時に、地方公共団体や民間職業紹介事業者など職業紹介機関以外の者が職業紹介事業を行う際のルールなどについても規定している。

　最近では、2017（平成29）年3月および2022（令和4）年3月に法改正が行われた。

　2017（平成29）年の改正では、以下の措置が講じられた。

①一定の労働関係法令違反のある求人者からの求人の不受理（2020［令和2］

年3月〜）

②職業紹介事業者への紹介実績等の情報提供の義務づけ（2018［平成30］年1月〜）

③求人情報サイトや求人情報誌等の募集情報等提供事業に係る規定の整備（2018［平成30］年1月〜）

④労働契約締結前の労働条件等の明示等による職業紹介の機能強化や求人情報等の適正化（2018［平成30］年1月〜）

2022（令和4）年の改正では、以下の2点が定められた。

⑤「募集情報等提供」の定義の拡大等（2022［令和4］年10月〜）

⑥募集情報等提供事業者が依拠すべきルールの整備（2022［令和4］年10月〜）

　企業人事やキャリアコンサルティングに関わりの深い規定としては、以下のものがある。

●**労働条件の明示（5条の3）（上記法改正の④関係）**

　労働者の募集・求人等における労働条件等の明示義務について定めている。2017（平成29）年3月の法改正により、省令および指針が改正され、明示事項の追加、遵守すべき事項の明確化等が行われた。

【これまでと同じく明示する項目】

　業務内容、契約期間、就業場所、労働時間、賃金、社会保険・労働保険の加入の状況

【追加された項目】

　試用期間の有無および内容、募集主・求人者の氏名または名称、派遣労働者として雇用しようとする場合はその旨

【明確化された内容】（指針）

　労働時間に関し、裁量労働制が適用される場合はその旨を明示する。賃金に関し、固定残業代（時間外労働の有無にかかわらず一定の手当を支給する制度）についての事項が含まれること

●**求職者等の個人情報の取り扱い（5条の4 → 2022年改正後：5条の5）**

　ハローワーク、職業紹介事業者、労働者の募集を行う者等[10]の個人情報の取り扱いについて定めている。具体的には、その業務の目的の達成に必要な範囲内で求職者等の個人情報を収集し、収集目的の範囲内で保管・使用しなければならない旨が定められている。

また、本条に基づき、指針（平成 11 年労働省告示第 141 号）が定められており、人種、民族、社会的身分、門地、本籍、出生地その他社会的差別の原因となるおそれのある事項や、思想・信条、労働組合への加入状況を尋ねてはならないこととされている。

※10　2022（令和 4）年の法改正により、求職者情報を収集する募集情報等提供事業者も対象となった。

●求人の申し込み（5 条の 5 → 2022 年改正後：5 条の 6）（上記法改正の①関係）

求人の申し込みに当たってのルールを定めている。ハローワーク、職業紹介事業者等は、原則としてすべての求人の申し込みを受理しなければならないが、以下のいずれかに該当する場合には、受理しないことができる。2017（平成 29）年 3 月の改正により、❹～❻が加わった。

❶内容が法令に違反する求人

❷労働条件が通常の労働条件と比べて著しく不適当な求人

❸求人者が労働条件を明示しない求人

❹一定の労働関係法令違反のある求人者による求人

❺暴力団員など※11 による求人

❻職業紹介事業者からの自己申告の求めに応じなかった求人者による求人

※11　暴力団員、法人で役員の中に暴力団員がいる者、暴力団員がその事業活動を支配する者

●「募集情報等提供」の定義の拡大等（4 条、5 条の 2）（上記法改正の⑤関係）

求職活動においてインターネットの利用が拡大している中、「募集情報等提供」の定義を拡大し、新たな形態の雇用仲介事業を法的に位置づけた。

具体的には、新たな形態の求人メディア（ネット上の公表情報を収集する求人メディア等）について「募集情報等提供」の定義に含めることとなった。また、これを含む募集情報等提供事業者を、ハローワーク等と相互に協力するよう努める主体として法的に位置づけることとなった。

●募集情報等提供事業者が依拠すべきルールの整備（2022 年改正後：5 条の 4、2022 年改正後：5 条の 5、第 3 章の 3、48 条の 3 など）（上記法改正の⑥関係）

利用者が安心してサービスを利用することができるようにするため、募集情

▶ COLUMN **職業紹介事業と募集情報等提供事業**

　職業安定法において、「職業紹介」とは、求人および求職の申し込みを受け、求人者と求職者との間における雇用関係の成立をあっせんすることと定められている。「あっせん」という行為を伴うものである。

　一方、「募集情報等提供」では、募集に関する情報等を「提供」するが、「あっせん」は行わない。これまで、①労働者の募集を行う者や募集受託者から依頼を受けて、労働者の募集に関する情報を提供する場合、②求職者からの依頼を受けて、その者に関する情報を提供する場合とされていたが、2022（令和4）年の法改正により、③求人・求職のために、自らネット上などで収集した労働者の募集に関する情報を提供する場合、④求人・求職のために、自らネット上などで収集した労働者になろうとする者に関する情報を提供する場合なども、これに含まれることとなった。前掲［**図表3-30**］において、「広告」が入職経路の33.5%を占めているが、これが募集情報等提供事業を経由した者である。

報等提供事業者が依拠すべきルールを整備した。

　具体的には、募集情報等提供事業者に対し、募集情報等の正確性や最新性を保つための措置、個人情報保護、苦情処理体制の整備等を義務づけるとともに、現行の助言・指導に加えて、改善命令等の指導監督を行うことができるようになった。

　また、特に求職者情報を収集する募集情報等提供事業者は事前に届け出を行うこととし、迅速な指導監督を行うことができるようになった。

（2）労働施策総合推進法（旧雇用対策法）および同法に関する法制度

　労働施策総合推進法は、労働施策の総合的な推進を図るための法律である。働き方政策を長期的かつ継続的に実行していくために、それまで雇用対策を中心に政策の基本理念、国の施策、事業主の責務等を規定していた雇用対策法を改正・改称したものである（2018［平成30］年6月成立、2019［平成31］年4月施行）。この改正により、基本的理念に、職務内容、能力等の明確化と公正な評価およびその評価に基づく処遇の確保が明記された（3条）。

また、女性活躍推進法などとともに、2019（令和元）年に改正され、パワーハラスメント防止のための事業主の雇用管理上の措置義務等が新設された（30条の2〜30条の8）。2020（令和2）年6月1日に施行されたが、パワーハラスメント防止のための事業主の雇用管理上の措置義務については、中小事業主は2022（令和4）年3月31日までは努力義務とされていたが、4月1日から義務化された。

　上記のほか、キャリアコンサルティングと関わりの深い規定としては、以下のものがある。

- 募集および採用における年齢にかかわりない均等な機会の確保（9条）
- 求職者・求人者に対する指導（13条、14条）
- 職業訓練の充実（16条）
- 再就職援助計画の策定等（24条）
- 大量の雇用変動の届出等（27条）
- 外国人雇用状況の届出等（28条）

（3）高年齢者雇用安定法および同法に関する法制度

　高年齢者雇用安定法は、少子高齢化が急速に進行し人口が減少する中で、経済社会の活力を維持するため、働く意欲がある誰もが年齢にかかわりなくその能力を十分に発揮できるよう、高年齢者が活躍できる環境整備を図る法律である。

　2020（令和2）年3月31日、改正高年齢者雇用安定法が可決・成立し、2021（令和3）年4月1日に施行された。これにより、その労働者を60歳まで雇用していた事業主には65歳までの雇用確保措置（義務）に加え、2021（令和3）年4月1日からは、65歳から70歳までの就業確保措置（努力義務）が求められるようになった。

　70歳までの就業確保措置は、以下のいずれかとされている。

① 70歳までの定年引き上げ

②定年制の廃止

③ 70歳までの継続雇用制度（再雇用制度・勤務延長制度）の導入（特殊関係事業主に加えて、他の事業主によるものを含む）

④ 70歳まで継続的に業務委託契約を締結する制度の導入

⑤ 70歳まで継続的に以下の事業に従事できる制度の導入

　a．事業主が自ら実施する社会貢献事業

　b．事業主が委託、出資（資金提供）等する団体が行う社会貢献事業

▶COLUMN　パワーハラスメントの基礎知識

　職場におけるパワーハラスメント（以下、パワハラ）とは、職場において行われる、①優越的な関係を背景とした言動であって、②業務上必要かつ相当な範囲を超えたものにより、③労働者の就業環境が害されるものであり、上記①から③までの要素をすべて満たすものをいう。

　なお、客観的に見て、業務上必要かつ相当な範囲で行われる適正な業務指示や指導については、職場におけるパワハラには該当しない。

　改正労働施策総合推進法 30 条の 2 では、事業主は、パワハラの防止のため、雇用管理上必要な措置を講じることが義務づけられている。

　パワハラに当たり得る代表的な言動の類型としては、①暴行・傷害（身体的な攻撃）、②脅迫・名誉棄損・侮辱・ひどい暴言（精神的な攻撃）、③隔離・仲間外し・無視（人間関係からの切り離し）、④業務上明らかに不要なことや遂行不可能なことの強制・仕事の妨害（過大な要求）、⑤業務上の合理性なく能力や経験とかけ離れた程度の低い仕事を命じることや仕事を与えないこと（過小な要求）、⑥私的なことに過度に立ち入ること（個の侵害）、が挙げられる。

　パワハラは内容によっては、民法上の不法行為や企業が労働者に対し労働契約上負っている債務の不履行責任、刑法などに触れる犯罪（名誉棄損、傷害罪等）となる場合もある。

　パワハラを受けた際は、企業の相談窓口担当者に相談するなど、企業としての対応を求めることが大切である。また、企業で対応してもらえない場合や社外に相談したいときは、都道府県労働局等の総合労働相談コーナー、雇用環境・均等部（室）、日本司法支援センター（法テラス）などに相談することもできる。

　また、パワハラには上司から部下に行われるものだけでなく、先輩・後輩間や同僚間であっても、人間関係や専門知識の有無などのさまざまな優位性を背景に行われるものも含まれる。

（4）障害者雇用促進法および同法に関する法制度

　障害者雇用促進法は、障害者の雇用義務等に基づく雇用の促進等のため措置、職業リハビリテーションの措置等を通じて、障害者の雇用の安定を図ることを目的としている。

　同法においては、事業主に対し、一定の割合以上の障害者を雇用する義務が課されており、同法施行令においてその具体的な割合（法定雇用率）が定められている。また、同法において、社会連帯の理念に基づき、障害者雇用納付金制度が設けられ、雇用率未達成企業と雇用率達成企業の間の経済的負担の調整を図っている。具体的には、雇用率未達成企業（常用労働者100人超）から納付金を徴収し、雇用率達成企業に対して調整金、報奨金を支給するとともに、障害者の雇用の促進等を図るための各種の助成金を支給している。

　法定雇用率は、2021（令和3）年3月1日より引き上げられている。引き上げ前の法定雇用率および2021（令和3）年3月1日以降の法定雇用率は、以下のとおりである。

事業主区分	旧	新
• 民間企業	2.2%	2.3%
• 国および地方公共団体等	2.5%	2.6%
• 都道府県等の教育委員会	2.4%	2.5%

　同法は、最近では2019（令和元）年に改正され、障害者の雇用を一層促進するため、民間の事業主に対する措置として短時間労働者のうち週所定労働時間が一定の範囲内にある者を雇用する事業主に対する特例給付金や、障害者雇用の取り組みの進展を目的として、障害者雇用に関する優良な中小事業主に対する認定制度（もにす認定制度）の創設等に関する措置が講じられた。いずれの措置も2020（令和2）年4月1日に施行された。

（5）若者雇用促進法および同法に関する法制度

　若者雇用促進法は、旧勤労青少年福祉法を抜本的に改正・改称した法律で、2015（平成27）年に成立し、同年から施行されている。

　若者の雇用の促進等を図り、その能力を有効に発揮できる環境を整備するため、若者の適職の選択並びに職業能力の開発および向上に関する措置等を総合

的に講ずることを目的とした法律である。

　キャリアコンサルティングと関わりの深い規定としては、以下のものがある。
• 一定の労働関係法令違反があった事業所の求人の不受理（11条）

　2016（平成28）年3月から、ハローワークにおいて求人を受理しないこととなった（一般の求人に先駆けて新卒者向け求人の不受理を開始した）。
• 平均勤続年数や研修の有無および内容といった就労実態等の職場情報の提供（13条、14条）

　2016（平成28）年3月、平均勤続年数や研修の有無および内容といった就労実態等の職場情報を提供する仕組みを創設した。
• 若者の採用・育成に積極的で、若者の雇用管理の状況などが優
　良な中小企業に対するユースエール認定制度（15 ～ 17条）

　2015（平成27）年10月から、ユースエール認定制度がスタートしている。

（6）労働者派遣法および同法に関する法制度

　労働者派遣法は、労働者派遣事業の適切な運営を確保するとともに、派遣労働者の保護を図ることで、派遣労働者の雇用の安定や福祉の増進に資することを目的として定められた法律である。

　労働者派遣とは、自己の雇用する労働者を、その雇用関係の下に、他人の指揮命令を受けて、その他人のために労働に従事させることをいう［図表3-42］。労働者派遣においては、派遣労働者を雇用する者と指揮命令する者が異なる。このため、さまざまなルールが定められている。

　2015（平成27）年に、大規模な法改正がなされ、以下のとおりとなった。
①すべての労働者派遣事業が許可制となった（5条）
②労働者派遣の期間制限の見直しが行われ、事業所単位の期間制限（3年：超える場合は派遣先の事業所の過半数労働組合などから意見を聞く必要）、個人単位の期間制限（3年）が適用されることとなった（40条の2）
③派遣元事業主は、雇用している派遣労働者のキャリアアップを図るため、段階的かつ体系的な教育訓練および希望者に対するキャリアコンサルティングの実施が義務づけられた（30条の2）

　さらに、2018（平成30）年に、働き方改革を推進する中で改正され、派遣労働者と派遣先の労働者との不合理な待遇差が禁止された。詳しくは後掲［2］を参照すること。

図表3-42 労働者派遣

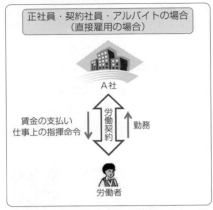
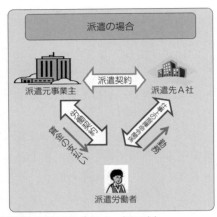

資料出所：厚生労働省「派遣元事業主の皆さまへ 労働者派遣を行う際の主なポイント」（2015 年）

（7）職業能力開発促進法および同法に関する法制度

　職業能力開発促進法は、「職業訓練及び職業能力検定の内容の充実強化及び
その実施の円滑化のための施策並びに労働者が自ら職業に関する教育訓練又は
職業能力検定を受ける機会を確保するための施策等を総合的かつ計画的に講ず
ることにより、職業に必要な労働者の能力を開発し、及び向上させることを促
進し、もつて、職業の安定と労働者の地位の向上を図るとともに、経済及び社
会の発展に寄与すること」を目的としている。

　主な規定は、以下のとおりである。
- 職業能力開発計画（5 〜 7 条）
- 事業主等の行う職業能力開発促進の措置（8 〜 14 条）
- 国および都道府県による職業能力開発促進の措置（15 〜 15 条の 6）
- 国および都道府県による職業訓練の実施等（15 条の 7 〜 23 条）
- 事業主等の行う職業訓練の認定等（24 〜 26 条の 2）
- キャリアコンサルタント（30 条の 3 〜 30 条の 29）
- 技能検定（44 〜 51 条）

　2022（令和 4）年 3 月に改正され、地域ニーズに対応した職業訓練の推進等
の措置を講ずることとされるとともに、キャリアコンサルティングの推進に係
る事業主・国等の責務規定を整備することとされたところである。

　職業能力開発施策については前記 3. のほか 4. ［7］、キャリアコンサルティ

ング制度等については前掲第1章4.のほか、後掲第5章5.でも詳しく説明しているので参照していただきたい。

（8）労働基準法および同法に関する法制度

労働基準法は、文字どおり、労働条件の基準を規定した法律である。

13条で「この法律で定める基準に達しない労働条件を定める労働契約は、その部分については無効とする。」と規定しており、たとえ労使が合意して締結した労働契約であっても、労働基準法を下回る条件での契約はできないことになっている。また、監督機関についての定めもあり、労働基準監督署の設置や労働基準監督官の司法警察権などについても定めている（97条、99〜105条）。

労働基準法ではほかに、男女同一賃金の原則（4条）、強制労働の禁止（5条）、中間搾取の排除（6条）、労働条件の明示（15条）、前借金相殺の禁止（17条）、解雇制限（19条）、賃金の支払い（24条）、休業手当（26条）、労働時間（32条）、休憩（34条）、休日（35条）、時間外および休日の労働（36条）、時間外、休日および深夜の割増賃金（37条）、年次有給休暇（39条）などが定められている。

2018（平成30）年に働き方改革を推進する中で改正され、労働時間に関する制度の見直しなどが行われた。詳しくは後掲［2］を参照していただきたい。

> ▶COLUMN **人事パーソンのための労働基準法のポイント**

労働条件の明示（15条）

使用者は労働者に労働条件を明示しなければならない。特に重要な6項目（①労働契約の期間、②期間の定めがある契約の更新についてのルール、③就業の場所と仕事の内容、④就業時間、休憩時間、休日、時間外労働など、⑤賃金の決定、支払い方法など、⑥退職に関すること）については、書面を交付しなければいけない。

賃金の支払い（24条）

賃金には、①通貨払い、②直接払い、③全額払い、④毎月1回以上払い、⑤一定期日払いの原則がある。

休業手当（26条）

使用者の都合で労働者を休業させた場合には、休業させた所定労働日

について、平均賃金の 6 割以上の休業手当を支払わなければならない。

就業規則の作成・届け出（89 条）

　常時 10 人以上の労働者を雇用する使用者は必ず就業規則を作成し、当該事業場に労働者の過半数で組織する労働組合がある場合にはその労働組合（過半数労働組合）、過半数労働組合がない場合は労働者の過半数を代表する者（過半数代表者）の意見書を添えて、労働基準監督署長に届け出なければいけない。①就業時間、休憩時間、休日、時間外労働など、②賃金に関する事項、③退職に関する事項については、就業規則に必ず記載しなければいけない。

法令および労働協約との関係（92 条）

　就業規則は、法令や労働協約に反してはならない。

法定労働時間（32 条）

　原則として、休憩時間を除いて 1 日に 8 時間、1 週間に 40 時間を超えて労働させてはならない。

36 協定、延長できる労働時間（36 条）

　法定労働時間を超えて労働者を働かせる場合には、あらかじめ過半数労働組合または過半数代表者との間に、「時間外労働・休日労働に関する協定」を締結し、所轄労働基準監督署長に届け出なければいけない。この協定は労働基準法 36 条に規定されていることから、「36 協定（サブロク協定）」と呼ばれている。具体的な取り扱いについては、後掲 [2] を参照すること。

休憩（34 条 1 項）

　使用者は 1 日の労働時間が 6 時間を超える場合には少なくとも 45 分、8 時間を超える場合には少なくとも 60 分の休憩を労働時間の途中で与えなければいけない。

法定休日（35 条）

　使用者は労働者に毎週少なくとも 1 回、あるいは 4 週間を通じて 4 日以上の休日を与えなければならない。

年次有給休暇（39 条）

　使用者は、雇入れの日から起算して、6 カ月間継続勤務し、全労働日の 8 割以上出勤した労働者に対して、10 日の年次有給休暇を付与しなければならない。さらに勤続年数が増えていくと、8 割以上の出勤の条件

を満たしている限り、1年ごとに付与される休暇日数は増えていく（20日が上限）[参考10]。

| 参考10 | 年次有給休暇の付与日数（一般の労働者） |

勤続年数	6カ月	1年 6カ月	2年 6カ月	3年 6カ月	4年 6カ月	5年 6カ月	6年 6カ月以上
付与日数	10日	11日	12日	14日	16日	18日	20日

　派遣社員、契約社員、パートタイム労働者、アルバイトでも、①6カ月間の継続勤務、②全労働日の8割以上の出勤、③週5日以上の勤務という三つの要件を満たせば、年次有給休暇は正社員と同じだけ付与される（週4日以下の勤務であったとしても、週の所定労働時間が30時間以上であれば、正社員と同じだけ年次有給休暇が付与される）。加えて、パートタイム労働者など、週の所定労働時間が4日以下で、週の所定労働時間が30時間未満の場合でも、その所定労働日数に応じた日数の年次有給休暇が付与される。

療養補償（75条）、休業補償（76条）

　使用者は、労働者が業務上負傷し、または疾病にかかった場合（業務上の傷病）には、療養費を負担しなければならない。また、その業務上の傷病の療養のため労働者が働けないときは、平均賃金の60%の休業補償をしなければならない。

解雇制限（19条）

　労働者が業務上の傷病により療養のため休業する期間とその後30日間、または産前産後休業中とその後30日間は、解雇することはできない。

（9）労働安全衛生法および同法に関する法制度

　労働安全衛生法は、労働基準法と相まって「職場における労働者の安全と健康を確保」するとともに、「快適な職場環境の形成を促進する」ことを目的とする法律である。そのための対策として「事業場における安全衛生管理体制の確立」や「事業場における労働災害防止のための具体的措置」などについて規定している。

　「事業場における安全衛生管理体制の確立」に関しては、職場の安全と衛生

を確保するための役割を担うスタッフの配置や安全衛生管理体制の整備が義務づけられている。具体的には、業種や事業場の規模によって異なるが、総括安全衛生管理者、産業医、安全管理者、衛生管理者、安全衛生推進者、衛生推進者、作業主任者等のスタッフと安全委員会・衛生委員会等の設置が義務づけられている。安全委員会は、労働者の危険を防止するための基本となるべき対策など安全に係る重要事項について調査審議を行うものである。衛生委員会は、労働者の健康障害を防止するための基本となるべき対策など衛生に係る重要事項について調査審議を行うもので、後掲8.[2]で説明する「ストレスチェック制度」に関することについても取り扱う。

「事業場における労働災害防止のための具体的措置」に関しては、危害防止基準、安全衛生教育、就業制限、作業環境測定、健康診断などが定められている。

2014（平成26）年の改正によりストレスチェック制度が創設され、2015（平成27）年12月から労働者が50人以上いる事業所では、毎年1回、この検査をすべての労働者に実施することが義務づけられた。

▶COLUMN　**人事パーソンのための労働安全衛生法のポイント**

健康診断（66条など）

　事業者は、労働者を雇い入れた際と、その後は年1回、医師による健康診断を行わなければならず、労働者はその健康診断を受ける必要がある（有害な業務をしている労働の場合は6カ月に1回）。

　健康診断の受診は、正社員だけでなく、派遣社員、契約社員、パートタイム労働者やアルバイトも対象になる。また、派遣社員の健康診断の実施、災害補償については派遣元が責任を負う（ただし、有害な業務に関する特別な健康診断の実施については派遣先が責任を負う）。

心理的な負担の程度を把握するための検査等（66条の10）

　常時50人以上の労働者を使用する事業所は、年1回、労働者に対し、心理的な負担の程度を把握するための検査（ストレスチェック）を行わなければならない。

> ▶ COLUMN 「受動喫煙防止」のための取り組み

　職場における受動喫煙防止については、労働安全衛生法68条の2等により対策が進められているところであるが、さらに、健康増進法の一部を改正する法律が2018（平成30）年7月25日に公布され、2019（平成31）年1月24日から順次施行され、2020（令和2）年4月1日全面施行された。

　これに伴い、職業安定法施行規則の一部が改正され、2020（令和2）年4月1日から労働者の募集や求人の申し込みを行う際に「就業の場所における受動喫煙を防止するための措置に関する事項」の明示義務が課されている。ハローワークの求人票については、様式が変更され、2020（令和2）年1月6日以降の求人申し込みから明示することが必要となっている。

（10）労働契約法および同法に関する法制度

　労働契約法は、労働契約の基本的なルールを定めた法律で、2008（平成20）年3月1日に施行された。就業形態の多様化により、労働者の労働条件が個別に決定・変更されるようになり、個別労働関係紛争が増加する中で、労働者の保護を図りながら個別の労働関係の安定に資することを目的としている。

　労働契約の原則として、

- 労使対等の原則、均衡考慮の原則、仕事と生活の調和への配慮の原則、信義誠実の原則（3条）
- 労働契約の内容の理解の促進（4条）
- 労働者の安全への配慮（5条）
- 労働者・使用者双方の合意による労働契約の成立（6条）
- 出向・懲戒・解雇の制限（14〜16条）
- 契約期間中の解雇の制限（17条）
- 5年を超える有期労働契約の期間の定めのない労働契約への転換（18条）

などが定められている。

　働き方改革を推進する中で、2018（平成30）年に均等・均衡ルールに関す

る規定がパートタイム・有期雇用労働法8条に統合されたことに伴い、均等・均衡ルールに係る労働契約法20条の規定は削除された。詳しくは、後掲［2］を参照していただきたい。

（11）男女雇用機会均等法および同法に関する法制度

　男女雇用機会均等法は、1985（昭和60）年5月に制定され、1986（昭和61）年4月に施行された。雇用の分野における男女の均等な機会と待遇の確保を図り、女性労働者の就業に関して妊娠中および出産後の健康の確保を図る

▶COLUMN　人事パーソンのための男女雇用機会均等法のポイント

性別を理由とする差別の禁止（5条、6条）

　事業主は、労働者の募集および採用について性別にかかわりなく均等な機会を与えなければならない。

　使用者は、配置・昇進・降格・教育訓練、一定範囲の福利厚生、職種および雇用形態の変更、退職の勧奨・定年・解雇・労働契約の更新において、労働者の性別を理由として差別的な取り扱いをしてはならない。

間接差別の禁止（7条）

　間接差別とは、

• 性別以外の事由を要件とする措置であって、

• 他の性の構成員と比較して、一方の性の構成員に相当程度の不利益を与えるものを、

• 合理的な理由がないときに講ずること

をいう。

　厚生労働省令で定める三つの措置については、合理的な理由がない場合、間接差別として禁止される。三つの措置とは、以下のものである。

①労働者の募集または採用に当たり身長、体重または体力を要件とすること

②労働者の募集もしくは採用、昇進または職種の変更に当たり転居を伴う転勤に応じることができることを要件とすること

③労働者の昇進に当たり、転勤の経験があることを要件とすること

こと等を目的としている。

　男女雇用機会均等法では、
- 性別を理由とする差別の禁止（5条、6条）
- 性別以外の事由を要件とする措置（7条）
- 婚姻、妊娠、出産等を理由とする不利益取り扱いの禁止等（9条）
- 職場におけるセクシュアルハラスメントに関する雇用管理上の措置（11条）
- 職場における妊娠、出産等に関するハラスメントに関する雇用管理上の措置（11条の3）
- 妊娠中および出産後の健康管理に関する措置（12条、13条）
- 苦情の自主的解決（15条）

などが定められている。

　最近では、2017（平成29）年1月に妊娠、出産等に関するハラスメント対

▶ COLUMN　**セクシュアルハラスメントの基礎知識**

　職場におけるセクシュアルハラスメント（以下、セクハラ）とは、「労働者の意に反する性的な言動が行われ、それに対して拒否・抵抗などをしたことで、労働者が解雇、降格、減給などの不利益を受けること（対価型セクハラ）」および「労働者の意に反する性的な言動により労働者の就業環境が不快なものとなったため、能力の発揮に重大な悪影響が生じるなど労働者が就業する上で見過ごすことができない程度の支障が生じること（環境型セクハラ）」をいう。男女ともにセクハラの対策の対象となる。

　男女雇用機会均等法11条、11条の2により、会社は、職場におけるセクハラの防止対策として雇用管理上必要な措置を講ずる義務が課せられている。

　被害にあったときは、会社の相談窓口担当者に相談し、会社としての対応を求めることが大切である。また、会社で対応してもらえない場合や社外に相談したい場合は、全国の都道府県労働局雇用環境・均等部（室）に相談できる。

策の防止措置が義務化され、さらに女性活躍推進法などとともに、2019（令和元）年6月に改正され、2020（令和2）年6月からは、労働者が事業主にセクシュアルハラスメント等の相談をしたこと等を理由とする事業主による不利益取り扱いを禁止するなど、セクシュアルハラスメント等の防止対策が強化された。

（12）育児・介護休業法および同法に関する法制度

育児・介護休業法は、育児・介護休業制度や子の看護・介護休暇制度を設け、職業生活と家庭生活との両立に寄与することを目的としている。

育児・介護休業法では、

- 労働者は、その養育する1歳に満たない子について、その事業主に申し出ることにより、育児休業をすることができ、保育所に入れない等の場合は最長2歳まで延長できる（5条）
- 不利益取り扱いの禁止（10条、16条、16条の4、16条の7、16条の10、18条の2、20条の2、23条の2）
- 対象家族1人につき、3回を上限に、最長で通算93日間までの介護休業（11条）
- 子の看護休暇（16条の2）
- 介護休暇（16条の5）
- 所定外労働・時間外労働・深夜業の制限（16条の8〜20条の2）
- 苦情の自主的解決（52条の2）

などが定められている。

育児休業は、女性だけでなく男性も取得でき、両親がともに育児休業を取得する場合には子が1歳2カ月に達するまでの間で1年間育児休業を取得できる（パパ・ママ育休プラス）。

2017（平成29）年改正により、原則1歳までの育児休業を6カ月延長しても保育所に入れない場合等に限り、さらに6カ月（2歳まで）の再延長が可能になった。また、これに合わせ、育児休業給付の支給期間が延長された。

さらに、2021（令和3）年改正により、以下のことが定められた。

①男性の育児休業取得促進のための子の出生直後の時期における柔軟な育児休業の枠組みの創設（2022［令和4］年10月1日施行）

- 休業の申し出期限については、原則休業の2週間前までとする（現行［1カ月前］よりも短縮）

- 分割して取得できる回数は、2回とする
- 労使協定を締結している場合に、労働者と事業主の個別合意により、事前に調整した上で休業中に就業することを可能とする

②雇用環境整備および個別の周知・意向確認の措置の義務づけ（2022［令和4］年4月1日施行）

- 育児休業を取得しやすい雇用環境の整備（研修、相談窓口設置等）
- 妊娠・出産（本人または配偶者）の申し出をした労働者に対する個別の周知・意向確認の措置

③育児休業の分割取得（2022［令和4］年10月1日施行）

- （①の新制度の休業とは別に）分割して2回まで取得可能とするなど

④育児休業の取得状況の公表の義務化（2023［令和5］年4月1日施行）

　常時雇用する労働者数が1000人超の企業に、育児休業の取得状況の公表を義務づける。

⑤有期雇用労働者の育児・介護休業取得要件の緩和（2022［令和4］年4月1日施行）

　有期雇用労働者の育児・介護休業の取得要件のうち「事業主に引き続き雇用された期間が1年以上」という要件を廃止し、「1歳6カ月までの間に契約が満了することが明らかでない」のみとする（引き続き雇用された期間が1年未満の労働者は労使協定の締結により除外可）。

（13）女性活躍推進法および同法に関する法制度

　女性活躍推進法は、2015（平成27）年8月に成立し、2016（平成28）年4月に施行された法律で、女性の職業生活における活躍を推進し、豊かで活力ある社会の実現を図ることを目的とした10年間の時限立法である。

　同法では、301人以上の事業主に対し、女性活躍の推進に向けた具体的な取り組み義務を課している。具体的には、①自社の女性の活躍に関する状況把握・課題分析、②その課題を解決するのにふさわしい数値目標と取り組みを盛り込んだ行動計画の策定・届出・周知・公表、③自社の女性の活躍に関する情報の公表を行わなければならない（300人以下の中小企業は努力義務）。また、国は、優れた取り組みを行う一般事業主の認定（「えるぼし」認定）を行うことが定められた。

　2019（令和元）年に改正され、
①一般事業主行動計画の策定義務の対象拡大（常用労働者が301人以上の事

業主→101 人以上の事業主。2022［令和 4］年 4 月 1 日施行）
②女性活躍に関する情報公表の強化（2020［令和 2］年 6 月 1 日施行）
③特例認定制度（プラチナえるぼし）の創設（2020［令和 2］年 6 月 1 日施行）
等の措置が講じられた。

（14）年金、社会保険等に関する社会保障制度

①雇用保険

　雇用保険は、労働者が失業した場合に生活の安定と就職の促進のための失業
等給付を行う保険制度である。事業所規模にかかわらず、① 1 週間の所定労働
時間が 20 時間以上で、② 31 日以上の雇用見込みがある者は派遣社員、契約
社員、パートタイム労働者やアルバイトも含めて適用対象となる。

　雇用保険制度への加入は会社の責務である。保険料は労働者と会社の双方が
負担する。

　失業した場合には、基本手当の支給を受けることができる。支給額は、在職
時の給与などによって決定される。

　2020（令和 2）年改正により、① 2022（令和 4）年 1 月 1 日より、一定の要
件を満たす、複数の事業主に雇用される 65 歳以上の労働者について、雇用保
険が適用された（雇用保険マルチジョブホルダー制度）。また、② 65 歳まで
の雇用確保措置の進展等を踏まえ、2025（令和 7）年度から、高年齢雇用継続
給付を縮小することとされた。

②労災保険

　労働者災害補償保険（労災保険）は、労働者の業務が原因のけが、病気、死
亡（業務災害）、事業主が同一でない二以上の事業に使用される労働者（複数
事業労働者）の二以上の事業の業務を要因とする負傷、疾病、傷害または死亡
（複数業務要因災害）、また通勤途中の事故などの場合（通勤災害）に、必要な
保険給付を行う公的な制度である。仕事中の病気やけがのほか、通勤途中のけ
がも対象になる。また、長時間労働や職場でのひどい嫌がらせ・いじめなど仕
事が原因で発症したうつ病などの精神障害も、労災の対象となる。なお、一つ
の事業上で労災認定できない場合であっても事業主が同一でない複数の事業上
の業務上の負荷を総合的に評価して労災認定できる場合がある。

　基本的に労働者を 1 人でも雇用する会社は労災保険制度の適用手続きをする
義務があり、保険料は全額会社が負担する。

　労働災害に対する給付は、パートタイム労働者やアルバイトを含む全労働者

であり、仮に会社が適用加入手続きをしていない場合でも、給付を受けることができる。

　また、複数事業労働者やその遺族等の方への労災保険給付は、すべての就業先の賃金額を合算した額を基礎として保険給付額を決定する。

　労災保険は、正社員だけでなく、派遣社員、契約社員、パートタイム労働者やアルバイトでも対象になる。派遣社員の災害補償については派遣元が責任を負う。

③健康保険

　健康保険は労働者やその家族が、病気やけがをしたときや出産をしたとき、亡くなったときなどに、必要な医療給付や手当金を支給することで生活を安定させることを目的とした社会保険制度である。

　健康保険は、

①国、地方公共団体または法人の事業所

②次の事業を行い常時5人以上の従業員を使用する個人事業所

　　製造業、土木建築業、鉱業、電気ガス事業、運送業、清掃業、物品販売業、金融保険業、保管賃貸業、媒介周旋業、集金案内広告業、教育研究調査業、医療保健業、通信報道業など

では強制適用となっており、適用事業所で働く労働者は加入者となる。派遣社員、契約社員、パートタイム労働者、アルバイトでも、1日または1週間の所定労働時間および1カ月の所定労働日数が、通常の労働者の4分の3以上であれば加入させる必要がある。ただし、2カ月以内の期間を定めて働く臨時の労働者などは加入の対象とはならない。保険料は会社と労働者が半々で負担する。

　上記に該当しない場合でも、2016（平成28）年10月から次の①〜⑤の要件をすべて満たす短時間労働者は被保険者となった。

①1週間当たりの決まった労働時間が20時間以上であること

②1カ月当たりの決まった賃金が8万8000円以上であること

③雇用期間の見込みが1年以上であること

④学生でないこと

⑤以下のいずれかに該当すること

• 従業員数が501人以上の会社（特定適用事業所［既に社会保険の対象となっている従業員数が基準］）で働いている

- 従業員数が 500 人以下の会社で働いていて、社会保険に加入することについて労使で合意がなされている

④厚生年金保険

　厚生年金保険は、労働者が高齢となったり、何らかの病気やけがによって障害が残ってしまったり、大黒柱を亡くしてその遺族が困窮してしまうといった事態に際し、保険給付を行い、労働者とその遺族の生活の安定と福祉の向上に寄与することを目的とした制度である。

　厚生年金保険適用事業所は、健康保険と同様、

①国、地方公共団体または法人事業所

②次の事業を行い常時 5 人以上の従業員を使用する個人事業所

　製造業、土木建築業、鉱業、電気ガス事業、運送業、清掃業、物品販売業、金融保険業、保管賃貸業、媒介周旋業、集金案内広告業、教育研究調査業、医療保健業、通信報道業など

では強制適用となっており、適用事業所で働く労働者は加入者となる。派遣社

▶COLUMN　**人事パーソンのための労働者の妊娠・出産・育児についての基礎知識**

　出産を予定している女性労働者は、請求により産前 6 週間（双子以上の場合は 14 週間）休業できる。また、会社は、産後 8 週間は就業させてはならない（ただし、産後 6 週間経過後に、本人が請求し、医師が認めた場合は就業できる）（産前産後休業。労働基準法 65 条）。

　会社に、妊産婦健診の時間を確保することや妊娠中および出産後の女性労働者が医師等から指導を受けた場合に指導事項を守るための措置を講じることを求める規定（男女雇用機会均等法 12 条、13 条）、女性労働者が育児時間を取得できる規定（労働基準法 67 条）もある。

　妊娠または出産したこと、産前産後休業または育児休業などの申し出をしたことまたは取得したことなどを理由として、解雇その他不利益な取り扱いをすることは法律で禁止されている（男女雇用機会均等法 9 条、育児・介護休業法 10 条）。

員、契約社員、パートタイム労働者、アルバイトでも、1日または1週間の所定労働時間および1カ月の所定労働日数が、通常の労働者の4分の3以上であれば加入させる必要がある。保険料は会社と労働者が半々で負担する。

　また、健康保険と同様、上記に該当しない場合であっても、次の要件をすべて満たす場合には被保険者となる。

① 1週間当たりの決まった労働時間が20時間以上であること

② 1カ月当たりの決まった賃金が8万8000円以上であること

③雇用期間の見込みが1年以上であること※12

④学生でないこと

⑤以下のいずれかに該当すること

• 従業員数が500人超※12の会社（特定適用事業所［既に社会保険の対象となっている従業員数が基準］）で働いている

• 従業員数が500人以下※12の会社で働いていて、社会保険に加入することについて労使で合意がなされている

　　　※12 「年金制度の機能強化のための国民年金法等の一部を改正する法律」（令和2年法律第40号）が2020［令和2］年5月に成立し、
　　　　• 勤務期間要件（1年以上）の撤廃（2022［令和4］年10月施行）
　　　　• 企業規模要件の段階的な引き下げ（現行500人超→2022年［令和4］10月：100人超→2024年［令和6］10月：50人超）
　　　　を行うこととなった。

[2] 働き方改革

　少子高齢化に伴う生産年齢人口の減少、働く人のニーズの多様化などの課題に対応していくためには、生産性を向上させるとともに、就業機会の拡大や意欲・能力を存分に発揮できる環境をつくることが必要である。働き方改革は、働く人が、個々の事情に応じて、多様な働き方を選択できる社会を実現することで、成長と分配の好循環を構築し、働く人一人ひとりがより良い将来の展望を持てるようにすることを目指すものである。

　働き方改革実行計画（平成29年3月28日 働き方改革実現会議決定）を受けて、労働基準法、パートタイム労働法など8本の法律（雇用対策法、労働基準法、労働安全衛生法、労働時間等設定改善法、じん肺法、パートタイム労働法、労働契約法、労働者派遣法）を一括して改正する「働き方改革を推進するための関係法律の整

備に関する法律案」が国会に提出され、2018（平成30）年6月に成立した。2019（平成31）年4月1日から段階的に施行されている［**図表3-43**］。

　主な改正事項は次のとおりである。

（1）働き方改革の総合的かつ継続的な推進（雇用対策法の改正・改称）

　働き方改革は、働き方そのものだけでなく、働く価値観、生活観、企業文化などに関わるものであり、一朝一夕で実現するものではない。働き方改革実現会議でも、長期的かつ継続的に実行していくことが必要であるとされていた。

　そこで、これまで雇用対策を中心に政策の基本理念、国の施策、事業主の責務等を規定していた雇用対策法を改正して、新たに労働施策総合推進法とし、基本理念に、職務内容、能力等の明確化と公正な評価およびその評価に基づく処遇の確保が明記された。また、「労働施策基本方針」を新たに策定することとされ、働き方改革を継続して進めるための枠組みがつくられた。労働施策基本方針は、2018（平成30）年12月28日に閣議決定された。

図表3-43 働き方改革関連法の施行日

		施行日					
		2019年4月1日	2020年4月1日	2021年4月1日		2023年4月1日	2024年4月1日
①時間外労働の上限規制	大企業[注1]	●————————————————→					
	中小企業[注1]		●——————————————→				
	自動車運転業務 建設事業 医師						●——→
②月60時間超残業に対する割増賃金率引き上げ	大企業		[注2] ————————————→				
	中小企業					●————→	
③年次有給休暇の確実な取得 ④フレックスタイム制の拡充 ⑤高度プロフェッショナル制度の導入 ⑥労働時間状況の客観的な把握 ⑦勤務間インターバル制度の導入促進		●————————————————→					
⑧雇用形態にかかわらない公正な待遇の確保	大企業		●——————————————→				
	中小企業			●——————→ [注3]			

資料出所：筆者作成
［注］　1.　企業規模の定義は「中小企業基本法」の基準による。
　　　　2.　大企業はすでに実施済み。
　　　　3.　労働者派遣法の改正時期は大企業と同様。

（2）長時間労働の是正、多様で柔軟な働き方の実現等
①労働時間に関する制度の見直し（労働基準法の改正）
◉時間外労働の上限規制

　施行前は、36協定で定める時間外労働については厚生労働大臣の告示によって上限の基準が定められていた。しかし、臨時的に限度時間を超えて時間外労働を行わなければならない特別の事情が予想される場合には、特別条項付きの36協定を締結すれば、限度時間を超える時間まで時間外労働を行わせることが可能だった。

　施行後は、法律によって、時間外労働の上限は原則として月45時間・年360時間となり、臨時的な特別の事情がなければこれを超えることができなくなった。

　臨時的な特別の事情があって労使が合意する場合（特別条項）でも、
- 時間外労働が年720時間以内
- 時間外労働と休日労働の合計が月100時間未満
- 時間外労働と休日労働の合計について、「2カ月平均」「3カ月平均」「4カ月平均」「5カ月平均」「6カ月平均」がすべて1月当たり80時間以内
- 時間外労働が月45時間を超えることができるのは、年6カ月が限度

となった［図表3-44］。

図表3-44 時間外労働の上限規制

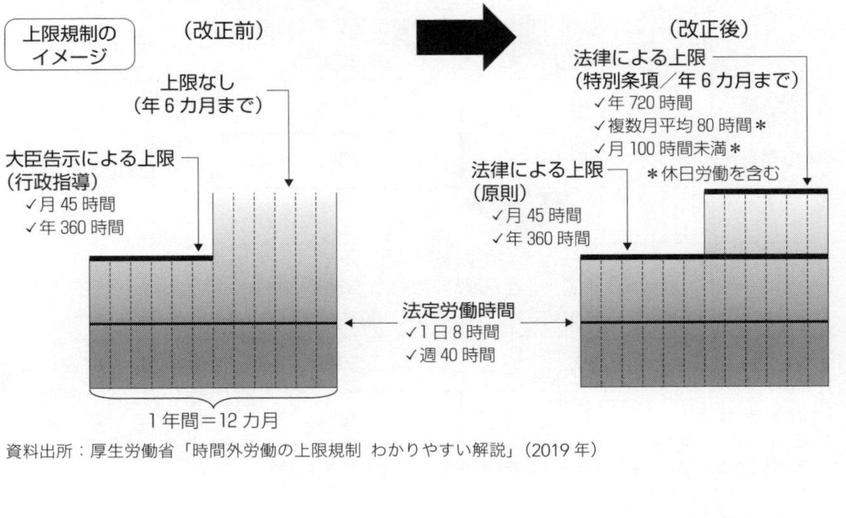

資料出所：厚生労働省「時間外労働の上限規制 わかりやすい解説」（2019年）

●月 60 時間を超える時間外労働に対する割増賃金率の猶予措置廃止

　労働者に時間外労働、深夜労働、休日労働をさせる場合には、会社は割増賃金を支払う必要がある（法定の労働時間を超えて労働させる場合、深夜労働させる場合：2 割 5 分以上、法定の休日に労働をさせる場合：3 割 5 分以上。月 60 時間を超える時間外労働を行う場合：5 割以上）。

　中小企業においては、月 60 時間を超える時間外労働に係る割増賃金率 5 割以上は猶予されているが、2023（令和 5）年 4 月から適用される［**図表 3-45**］。

●年次有給休暇の確実な取得

　労働者は、①雇入れの日から 6 カ月継続して雇われていて、かつ、②全労働日の 8 割以上を出勤していれば、継続勤務年数などに応じた日数の年次有給休暇を取得できる。

　施行前は、年休の取得日数について使用者に義務はなかったが、施行後は、年休が 10 日以上付与される労働者に対し、年 5 日の年休を労働者に取得させることが使用者の義務となった。

　年次有給休暇の取得は、原則として「労働者からの時季指定」による。労使協定で「計画的付与」に関する定めがある場合は、これに従い付与できる。「労

図表3-45 **時間外労働に係る賃金割増率**

○改正前の労働基準法における時間外労働に対する割増賃金率（2010 年 4 月から施行）

	1 カ月の時間外労働 （1 日 8 時間・1 週 40 時間を超える労働時間）	
	60 時間以下	60 時間超
大企業	25%	50%
中小事業主	25%	25%

> 2010 年 4 月以降、当分の間 50%への引き上げを猶予することとされていました。（第 138 条）

	1 カ月の時間外労働 （1 日 8 時間・1 週 40 時間を超える労働時間）	
	60 時間以下	60 時間超
大企業	25%	50%
中小事業主	25%	50%

> 適用猶予を廃止し、2023 年 4 月以降、大企業と同様の割増賃金率に。

資料出所：厚生労働省「働き方改革関連法のあらまし（改正労働基準法編）」（2020 年）

働者からの時季指定」「計画的付与」により取得した年次有給休暇が年5日に満たない場合、不足する日数について、使用者が時季を指定して付与し、年休を取得させなければならなくなった。また、使用者は、労働者ごとに「年次有給休暇管理簿」を作成しなければならなくなった。

◉フレックスタイム制の拡充

　フレックスタイム制は、一定の期間についてあらかじめ定めた総労働時間の範囲内で、労働者が日々の始業・終業時刻、労働時間を自ら決めることのできる制度である。労働者にとっては、時間という限られた資源をプライベートと仕事に自由に配分できるため、プライベートと仕事とのバランスが取りやすくなる。フレックスタイム制の導入には、①就業規則等への規定、②労使協定で所定の事項を定めることが必要である。フレックスタイム制を導入した場合には、清算期間における実際の労働時間のうち、清算期間における法定労働時間の総枠を超えた時間数が時間外労働となる。

　施行前のフレックスタイム制は、清算期間の上限が「1カ月」とされていたため、労働者は1カ月を超えた調整をすることはできなかったが、今回の改正によって清算期間の上限が「3カ月」に延長され、月をまたいだ労働時間の調整ができるようになった [**図表3-46**]。

図表3-46 フレックスタイム制の拡充

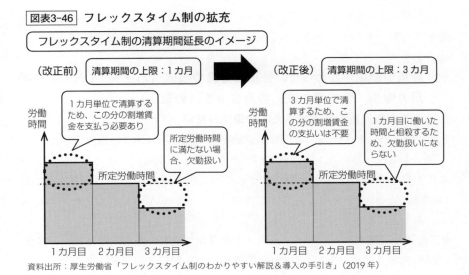

資料出所：厚生労働省「フレックスタイム制のわかりやすい解説＆導入の手引き」（2019年）

●高度プロフェッショナル制度の創設と健康確保措置の整備

　高度プロフェッショナル制度は、高度の専門的知識等を有し、職務の範囲が明確で一定の年収要件を満たす労働者を対象とした制度で、労使委員会※13の決議および労働者本人の同意を前提に、年間104日以上の休日確保措置や健康管理時間の状況に応じた健康・福祉確保措置等を講ずることにより、労働基準法に定められた労働時間、休憩、休日および深夜の割増賃金に関する規定を適用しない制度である。この制度を創設するとともに健康確保措置（❶健康管理時間の把握、❷休日の確保、❸選択的措置、❹健康管理時間の状況に応じた健康・福祉確保措置）の実施を義務づけた。

> ※13　労使委員会は、2003（平成15）年の労働基準法の改正に伴い設置することが認められた労働者と使用者との委員会制度である。賃金、労働時間その他の労働条件に関する事項を調査審議し、事業主に対し意見を述べる委員会で、使用者および労働者を代表する者が構成員となる。

②長時間労働者の健康確保、産業医機能の見直し等（労働安全衛生法の改正）

　長時間労働者への医師による面接指導を強化するとともに、労働時間の把握義務を明確化、産業医・産業保健機能の強化を図った。

③勤務間インターバル制度の導入促進　（労働時間等設定改善法の改正）

　勤務間インターバル制度とは、1日の勤務終了後、翌日の出社までの間に、一定時間以上の休息時間（インターバル時間）を確保する仕組みである。これを企業の努力義務とすることで、労働者の十分な生活時間や睡眠時間を確保しようとするものである。

（3）雇用形態にかかわらない公正な待遇の確保（パートタイム・有期雇用労働法、労働契約法、労働者派遣法の改正）

①不合理な待遇差を解消するための規定の整備

●正社員とパートタイム・有期雇用労働者との間の不合理な待遇差の禁止

　同一企業内において、正社員とパートタイム・有期雇用労働者との間で、基本給や賞与などのあらゆる待遇について不合理な差を設けることを禁止した（均衡待遇、パートタイム労働者だけでなく、有期雇用労働者も法の対象に含まれることになった）。

●正社員と同視すべきパートタイム・有期雇用労働者の差別的取り扱いの禁止

　職務内容（業務の内容、責任）、職務の内容・配置の変更範囲が正社員と同一のパートタイム・有期雇用労働者については、基本給や賞与などのあらゆる

待遇について差別的取り扱いをしてはならないとした（均等待遇、パートタイム労働者だけでなく、有期雇用労働者も法の対象に含まれることになった）。

●派遣労働者と派遣先労働者との不合理な待遇差の禁止

　派遣労働者の就業場所は派遣先であり、派遣先の業務に従事するので、待遇に関して派遣先の通常の労働者との均等・均衡の確保が必要になる。その場合に、派遣労働者には、長期間同じ派遣先で働く人もいるが、一定の期間で異なる派遣先に派遣される場合も多いため、派遣先が変わるごとに賃金が見直されるのがよいのか、そのような仕組みでは派遣労働者の段階的・体系的なキャリアアップ支援と不整合になるのではないかという問題がある。

　このため、派遣労働者の均等・均衡の確保について、派遣元事業主が①派遣先の通常の労働者との均等・均衡方式と、②一定の要件を満たす労使協定による待遇決定方式のいずれかを選択することとした。

　また、これらの規定を受けて、「短時間・有期雇用労働者及び派遣労働者に対する不合理な待遇の禁止等に関する指針」（同一労働同一賃金ガイドライン）が定められた。同ガイドラインでは、どのような待遇差が不合理なものに当たるのか等の原則となる考え方および具体例を示している。

②**労働者に対する待遇に関する説明義務の強化**

　事業主は、パートタイム労働者・有期雇用労働者・派遣労働者から、正社員との待遇差の内容や理由等について説明を求められた場合、説明をしなければならないこととした。

③**履行確保措置・行政 ADR の整備**

　上記①②について、行政による履行確保措置および行政 ADR（裁判外紛争解決手続き、事業主と労働者との間の紛争を、裁判をせずに解決する手続きのこと）の対象としている。

7. 学校教育制度とキャリア教育

[1] 学校教育制度

(1) 歴史

わが国の近代教育制度は、1872（明治5）年に公布された学制により創始され、以後、国公私立にわたる学校教育制度が急速に整備された。

1947（昭和22）年には、戦後のわが国の教育の基本を確立する教育基本法（昭和22年法律第25号）が制定され、この理念の下で新しい教育諸制度が構築された。

2006（平成18）年には科学技術の進歩や少子高齢化など教育を巡る状況が大きく変化する中で、新しい時代の教育理念を明示する改正教育基本法（平成18年法律第120号）が成立した。

教育基本法に示された理念の実現とわが国の教育振興に関する施策の総合的・計画的な推進を図るため、政府は、教育基本法17条1項に基づき教育振興基本計画を策定している。2018（平成30）年6月15日付けで、第3期の教育振興基本計画が閣議決定されている（対象期間：平成30〜34年度）。

(2) 学校の定義

①学校

教育基本法上「学校」と呼称されるものは、学校教育法1条で規定されていることから「一条校」とも呼ばれている。具体的には、幼稚園、小学校、中学校、義務教育学校、高等学校、中等教育学校、特別支援学校、大学および高等専門学校がこれに当たる。一条校は、国が定めた設置基準に従って設置され、法律上の義務規定も多い。

産業構造が急速に変化する中、専門職業人材の養成が急務となったことから、2019（平成31）年4月、大学制度の中に、新たに「専門職大学」および「専門職短期大学」が設けられた。

②専修学校

専修学校は、学校教育法124条に根拠規定がある。「学校」という名前は付いているが、法律上は（一条校である）「学校」とは別ものである。修業年限

が1年以上であるなど国が定めた設置基準に適合していなければならない。

専修学校の目的は「職業若しくは実際生活に必要な能力を育成し、または教養の向上を図ること」とされている。具体的な分野区分は次の八つである。

①工業関係（土木・建築、自動車整備、情報処理等）

②農業関係（農業、園芸等）

③医療関係（看護、歯科衛生、臨床検査、柔道整復、理学・作業療法等）

④衛生関係（栄養、調理、理容・美容、製菓・製パン等）

⑤教育・社会福祉関係（保育、幼児教育、介護福祉、社会福祉等）

⑥商業実務関係（経理・簿記、秘書、情報、観光・ホテル等）

⑦服飾・家政関係（和洋裁、服飾、ファッションビジネス等）

⑧文化・教養関係（音楽、美術、演劇・映画、法律行政、スポーツ等）

専修学校には、「高等課程」「専門課程」「一般課程」の3種類の課程をおくことができる。

「高等課程」は、入学資格が中学校卒業程度とされている。高等課程がある専修学校を高等専修学校と呼ぶことがあるが、一条校である高等専門学校（高専）とは別のものである。

「専門課程」は、入学資格が高校卒業程度とされている。専門課程がある専修学校が、一般に「専門学校」と呼ばれるものだが、専修学校生の8〜9割が「専門課程」に在籍していることから、一般に「専修学校」と「専門学校」という名称は区別なく用いられている。2013（平成25）年度から、「専門課程」のうち企業等と密接に連携し、最新の実務の知識・技術・技能を身に付けられる実践的な職業教育に取り組む学科を文部科学大臣が「職業実践専門課程」として認定する制度が設けられている。

「一般課程」には、入学資格要件は定められていない。

修業年限が2年以上の課程の修了者には「専門士」の称号が付与される。また、短大卒と同等であるとして、大学への編入学資格が付与される。修業年限が4年以上の課程の修了者には「高度専門士」の称号が付与される。また、大卒と同等であるとして、大学院入学資格が付与される。

③各種学校

各種学校は、学校教育法134条に根拠規定があり、学校教育法1条の「学校」や124条の「専修学校」等以外のものと規定されている。各種学校規程（昭和31年文部省令第31号）に従うこととされ、所轄庁である都道府県知事の

認可を受けて設置でき、一条校や専修学校と比べてカリキュラム編成や教員資格の自由度は大きい。

[2] キャリア教育

(1) これまでの経緯

　1999 (平成 11) 年 12 月、中央教育審議会答申「初等中等教育と高等教育との接続の改善について」(いわゆる「接続答申」) において「キャリア教育を小学校段階から発達段階に応じて実施する必要がある」と提言された。これが、日本において「キャリア教育」という用語が文部科学行政関連の審議会報告等で登場した最初である。

　この接続答申を受けて調査研究が進められ、2004 (平成 16) 年 1 月、文部科学省「キャリア教育の推進に関する総合的調査研究協力者会議」は、キャリア教育の実践を提言した。

　2006 (平成 18) 年の教育基本法改正を経て、2011 (平成 23) 年 1 月、中央教育審議会は「今後の学校におけるキャリア教育・職業教育の在り方について」を答申し、キャリア教育の推進に必要な方策を提言した。これに基づき、幼稚園教育要領、小・中学校学習指導要領、高等学校学習指導要領が改訂された。また、大学設置基準・短大設置基準も改正され、すべての大学・短大において、教育課程の内外を通じて社会的・職業的自立に向けた指導等に取り組むための体制を整えることとされた。

(2) キャリア教育の定義

　文部科学行政では、キャリア教育、職業教育、進路指導は、次のように定義されている。

• キャリア教育

　一人ひとりの社会的・職業的自立に向け、必要な基盤となる能力や態度を育てることを通して、キャリア発達を促す教育 (中央教育審議会 [2011])

• 職業教育

　一定または特定の職業に従事するために必要な知識、技能、能力や態度を育てる教育 (中央教育審議会 [2011])

• 進路指導

　生徒が自らの生き方を考え、将来に対する目的意識を持ち、自らの意志と責

任で進路を選択決定する能力・態度を身に付けることができるよう、指導・援助すること（国立教育政策研究所生徒指導研究センター［2002］）

（3）キャリア教育で育成すべき能力

　中央教育審議会（2011）によると、社会的・職業的自立、社会・職業への円滑な移行に必要な力に含まれる要素は、次の五つの能力などからなる。

- 基礎的・基本的な知識・技能
- 基礎的・汎用的能力
- 論理的思考力、創造力
- 意欲・態度および価値観
- 専門的な知識・技能

　「基礎的・基本的な知識・技能」とは、「読み・書き・計算」等に代表されるようなもので、社会に出て生活し、仕事をしていく上で極めて重要な要素である。

　「基礎的・汎用的能力」とは、分野や職種にかかわらず、社会的・職業的自立に向けて必要な基盤となる能力である。中央教育審議会（2011）では、「仕事に就くこと」に焦点を当て、実際の行動として現れるという観点から、①「人間関係形成・社会形成能力」「自己理解・自己管理能力」「課題対応能力」「キャリアプランニング能力」の四つの能力に整理している　**［図表 3-47］**。

　「論理的思考力、創造力」は、物事を論理的に考え、新たな発想等を考え出す力である。基礎的・基本的な知識・技能や専門的な知識・技能の育成と相互に関連させながら育成することが必要である。

　「意欲・態度」は、生涯にわたって社会で仕事に取り組み、具体的に行動する際に極めて重要な要素である。また、「価値観」は、勤労観・職業観も含んでいるものであり、さまざまな能力等の育成を通じて、個人の中で時間をかけて形成・確立していくことが必要である。

　また、どのような仕事・職業であっても、一定の専門性が必要である。これまでは企業内教育・訓練で育成することが中心であったが、今後は、学校教育の中でも意識的に育成していくことが重要である。

（4）学校種ごとのキャリア教育の推進のポイント

　キャリア教育は、幼児期の教育や義務教育の段階から体系的に各学校段階の取り組みを考えていくことが重要である。また、キャリア発達は、個々の子ども・若者でそれぞれ異なるため、一人ひとりのキャリア発達を促すよう、きめ

図表3-47 「社会的・職業的自立、社会・職業への円滑な移行に必要な力」の要素

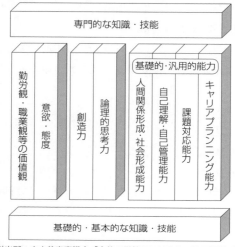

専門的な知識・技能

基礎的・汎用的能力

勤労観・職業観等の価値観

意欲・態度

創造力

論理的思考力

人間関係形成・社会形成能力

自己理解・自己管理能力

課題対応能力

キャリアプランニング能力

基礎的・基本的な知識・技能

資料出所：中央教育審議会「今後の学校におけるキャリア教育・職業教育の在り方について（答申）」（2011年）P.27.

細かく支えていくことが必要となる。

　高等学校を終了するまでに、生涯にわたる多様なキャリア形成に共通した能力や態度を身に付けさせるとともに、これらの能力や態度の育成を通じて、とりわけ勤労観・職業観を自ら形成・確立できる子ども、若者の育成を目標とすることが必要である。

　大学・短大においては、この目標が達成されていることを前提に、推進されることが基本となる。

　学校種ごとのキャリア教育の推進のポイントは、以下のとおりである。

- 幼児期：自発的・主体的な活動を促す
- 小学校：社会性、自主性・自律性、関心・意欲等を養う
- 中学校：自らの役割や将来の生き方・働き方等を考えさせ、目標を立てて計画的に取り組む態度を育成し、進路の選択・決定に導く
- 高等学校など後期中等教育：生涯にわたる多様なキャリア形成に共通して必要な能力や態度を育成し、これを通じて勤労観・職業観等の価値観を自ら形成・確立する
- 特別支援教育：個々の生涯の状態に応じたきめ細かい指導・支援の下で行う

• 大学、高等専門学校、専門学校：後期中等教育修了までを基礎に、学校から
社会・職業への移行を見据え、教育課程の内外での学習や活動を通じ、教育
全般で充実する

▶ COLUMN ## キャリア教育を受けてきた若手社員への接し方

　広くキャリア教育が行われるようになってから 10 年以上が経過し、
義務教育の段階からキャリア教育を受けてきた者が、企業に新卒者とし
て入社してくるようになった。彼らは「ゆとり世代」「さとり世代」「ミ
レニアル世代」と呼ばれる世代とも重なる。

　これに対し、その上司に当たる世代は、キャリア教育を受ける機会が
なかったという者も多い。

　株式会社日本能率協会マネジメントセンターが行った「イマドキ若手
社員の仕事に対する意識調査 2020」によると、2019 〜 2020 年に入社
した若者たちが「仕事に求めている条件」は、「自分らしい生活を送る」
「仕事環境の心地よさ」の順であった。また、プライベート重視の傾向が
強く、成長に関しては、「自分のことを認めてくれる環境で、無理なく、
無駄なく成長したい」という特徴があるという。

　「自分のことを認めてくれる環境で、無理なく、無駄なく」とは、甘え
過ぎだと言われそうだが、少子高齢化が進む中で、彼らは大事に育てら
れてきている。キャリア教育は、端的に言えば、早い段階から将来につ
いて考える機会を与えることであり、社会人として生きていく力を身に
付けることを目指すものである。また、勤労観・職業観の形成を促すも
のだが、これらは社会全体の大きな動きに影響される。

　キャリア教育を受けてきた若手社員にとって、自分らしいキャリアに
ついて考えることは自然なことである。彼らが、キャリアについて口に
しても、それは「自分らしさ」や「キャリア」を振りかざしているわけ
ではなく、社会全体が大きく動く中で、学んだ言葉を使いつつ、自らの
将来について考えている、と受け止めるべきであろう。

　ハラスメントに対する意識の高まりやテレワーク導入などにより、今
後、上司は、指導しづらいと感じることが多くなると考えられる。今以

上に考えていることを言語化し、共通認識を持って話す力が求められる。

　先の日本能率協会マネジメントセンターの調査によると、若手社員は「自分らしさ」を大切にしつつも、チームワークや対面を重視しているという。また、指導者に論理的な指導を期待しているという。

　「キャリア」について知ることは、若手社員たちの仕事に対する考え方を知ることにもつながる。

　若手社員は、キャリアについて学生時代から学んでいるだけに、企業に入ったからといって企業任せにするのでなく、キャリア形成について自律的に考え始めている。組織についての理解が不足している、もう少し中長期的なものの見方をすべきだ、など彼らに対して気になるところはあるだろう。しかし、上司世代がキャリアについて学び、彼らと話してみることは、若手社員の理解に役立つだけでなく、上司世代にとっても意義がある。自らのキャリア形成のためにも、彼らの話に耳を傾けてみてはどうだろうか。

[3] 第3期教育振興基本計画

　最新の教育振興基本計画は、第3期教育振興基本計画（平成30年6月15日閣議決定。対象期間：平成30〜34年度）である。

　第3期教育振興基本計画において、キャリア教育に関連する部分は [図表3-48] のとおりである。各学校段階を通じた体系的・系統的なキャリア教育の推進、インターンシップの推進、ハローワーク等との連携促進が掲げられている。

[4] キャリア・パスポート

（1）新学習指導要領

　文部科学省が公示した新学習指導要領（小学校・中学校は2017［平成29］年3月、高等学校は2018［平成30］年3月公示）では、キャリア教育において、児童・生徒がキャリア教育に係る活動の状況等を記録しキャリア形成を見通しまたは振り返るための教材を活用することとされている※14。この教材を具体

第2部　今後5年間の教育政策の目標と施策群
目標（5）社会的・職業的自立に向けた能力・態度の育成
　自主及び自律の精神を養うとともに、職業及び生活との関連を重視し、勤労を重んずる態度を養い、社会的・職業的自立の基盤となる基礎的・汎用的能力を育成する。

○各学校段階における産業界とも連携したキャリア教育・職業教育の推進
- 幼児期の教育から高等教育まで各学校段階を通じた体系的・系統的なキャリア教育を推進する。初等中等教育段階においては、地域を担う人材育成に資するためにも、地元企業等と連携した起業体験、職場体験、インターンシップの普及促進を図るとともに、特色ある教育内容を展開する専門高校への支援と成果の普及に取り組む。また、高校生らが、働くことを意識しながらビジネスの手法等を学び、地域の大人とともに地域課題を解決する取組を促進する。高等教育段階においては、産業界と連携し、適正なインターンシップの更なる推進を図るとともに、ボランティア等の学外で行う活動の授業の一環としての位置付け、単位化を促進する。専修学校においては、企業等と密接に連携した「職業実践専門課程」を中心に、専修学校全体の質保証・向上を推進するとともに、組織的・自立的な教育活動展開のための産学官連携の体制づくりのための取組を進める。

○関係府省が連携した、学校から社会への接続支援
- 関係府省が連携し、高等学校・大学等と新卒応援ハローワーク等との連携促進などの体制整備を進め、就職を希望する生徒・学生等の就職支援の一層の充実を図るなど、高等学校・大学等や経済界と一体となった就職・採用活動の円滑な実施に必要な取組を進める。
- 発達段階に応じて、労働法制に関する理解醸成を図る取組を促進する。

資料出所：文部科学省

化したものが「キャリア・パスポート」で、2020（令和2）年4月より、すべての小学校、中学校および高等学校において導入されている。

　　※14　○小学校学習指導要領（特別活動）
　　　　「（一人一人のキャリア形成と自己実現）の指導に当たっては、学校、家庭及び地域における学習や生活の見通しを立て、学んだことを振り返りながら、新たな学習や生活への意欲につなげたり、将来の生き方を考えたりする活動を行うこと。その際、児童が活動を記録し蓄積する教材等を活用すること。」
　　　　　○中学校学習指導要領（特別活動）
　　　　「（一人一人のキャリア形成と自己実現）の指導に当たっては、学校、家庭及び地域における学習や生活の見通しを立て、学んだことを振り返りながら、新たな学習や生活への意欲につなげたり、将来の生き方を考えたりする活動を行うこと。その際、生徒が活動を記録し蓄積する教材等を活用すること。」
　　　　　○高等学校学習指導要領（特別活動）
　　　　「（一人一人のキャリア形成と自己実現）の指導に当たっては、学校、家庭及び地域における学習や生活の見通しを立て、学んだことを振り返りながら、新たな学

習や生活への意欲につなげたり、将来の在り方生き方を考えたりする活動を行うこと。その際、生徒が活動を記録し蓄積する教材等を活用すること。」

（2）キャリア・パスポートの内容

　キャリア・パスポートは、児童・生徒が、授業、学校行事、部活動等についての取り組み目標と振り返り等を整理し、自身の変容や成長を自己評価できるよう工夫されたポートフォリオ[※15]のことである。例示資料案を基に、各教育委員会・学校で柔軟にカスタマイズして用いることとされている。

> 　※15　ポートフォリオとは、もともと「書類を運ぶためのケース」のことで、書類全体
> 　　　を一つのものとして扱うという意味を持っている。金融・投資用語では、金融商品
> 　　　の一覧やその組み合わせといった意味で用いられるが、教育分野においては、課題
> 　　　達成のために収集した資料やレポートなどを長期にわたって収集したものを指す。
> 　　　必要なものを取り出して振り返り、次に取り組むべき課題を探すことなどに用いる
> 　　　ことができる。

　イメージがつかめるよう、以下に、文部科学省で示している例示資料案（高等学校版）を示す。例示資料案では、①～⑨の9種類のシートが示されている。

---

①高校生の皆さんへ
　キャリアの意味や、学校生活で伸ばしてほしい能力（基礎的・汎用的能力）、「キャリア・パスポート」の狙い等を示し、教職員・生徒・保護者間の共通認識構築を図る。
②○○高等学校のみなさんへ
　学校長からのメッセージが記載される。
③学期を見通し、振り返る（学年学期ごとに作成）
　授業、学校行事、部活動・校外活動・家庭・資格等ごとに、何に取り組むか（何に取り組んだか）、どのように取り組むか（どのような点がよかったか）を記載する。
④1年を見通し、振り返る（学年ごとに作成）
　人間関係形成・社会形成能力、自己理解・自己管理能力、課題対応能力、キャリアプランニング能力について、年度の初めに目標を掲げ、年度の終わりに振り返る。授業等について心に残っていることも振り返る。
⑤小学校から高等学校までを振り返る
　小学校、中学校、高等学校において、一番心に残っていること、自分自身

の成長にどのように影響したか等を整理し、将来へのキャリア・プランをまとめる。

⑥卒業年度を見通し、振り返る

　卒業年度の初めに目標を設定し、年度終了時に振り返る。

⑦就業体験・インターンシップについて

　活動先からコメントをもらう。

⑧○○について（学校行事等）

　学校行事では、特に共に活動を行った友人からメッセージをもらう。

⑨「総合的な学習（探求）の時間」（課題研究等）について

　事前に目標設定を行い、事後に振り返る。

(3) キャリア・パスポートの活用等

　文部科学省は、キャリア・パスポートを用いたキャリア教育について、指導上の留意事項を示している。主なものを以下に示す。

①「キャリア・パスポート」の記録等が、学級活動・ホームルーム活動に偏らないように留意すること

②学級活動・ホームルーム活動で「キャリア・パスポート」を取り扱う場合には、記録を用いて話し合い、意思決定を行うなど学習過程を重視すること

③学習活動であることを踏まえ、日常の活動記録やワークシートなどの教材と同様に指導上の配慮を行うこと（児童生徒個々の状況を踏まえ、配慮すること）

④「キャリア・パスポート」を用いて、大人（家族や教師、地域住民等）が対話的に関わること

⑤個人情報が含まれると想定されるため、「キャリア・パスポート」の管理は、原則、学校で行うこと

⑥学年、校種を越えて引き継ぎ指導に活用すること

⑦学年間の引き継ぎは、原則、教師間で行うこと

⑧校種間の引き継ぎは、原則、児童生徒を通じて行うこと

「ジョブ・カード」と「キャリア・パスポート」

　「ジョブ・カード」と「キャリア・パスポート」は、どちらも自己理解を深め、キャリアについて考えることを支援する機能を有するツールだが、使い方などは異なる。分かりやすく言えば、以下のとおりである。
- 「ジョブ・カード」は、生涯を通じたキャリア・プランニングと職業能力証明の機能を担うツールで、職業生活の入り口にいる学生の段階から引退するまでの間、使用できる
- 「キャリア・パスポート」は、キャリア教育において、児童・生徒がキャリア教育に係る活動の状況等を記録し、キャリア形成を見通しまたは振り返るための教材で、小学校から高等学校までの間使用することを想定している

8. メンタルヘルスの基礎知識

[1] メンタルヘルス指針（労働者の心の健康の保持増進のための指針）

　メンタルヘルス指針は、事業場において事業者が講ずる労働者の心の健康の保持増進のための措置（以下、メンタルヘルスケア）が適切かつ有効に実施されるよう、メンタルヘルスケアの原則的な実施方法について定めたものである。労働安全衛生法 70 条の 2 第 1 項の規定に基づき、同法 69 条 1 項の措置の適切かつ有効な実施を図るための指針として定められている。

　2000（平成 12）年に公表された「事業場における労働者の心の健康づくりのための指針」（旧メンタルヘルス指針）を見直して、2006（平成 18）年に策定されたもので、2015（平成 27）年に改訂されている。

（1）メンタルヘルスケアの基本的考え方

　事業者は、ストレスチェック制度を含めたメンタルヘルスケアを積極的に推

進することを表明するとともに、衛生委員会等において十分調査審議を行い、「心の健康づくり計画」を策定・実施するとともに、ストレスチェック制度を実施する必要がある。ストレスチェック制度については、後掲［2］で詳しく説明する。

また、メンタルヘルス不調を未然に防止する「一次予防」、メンタルヘルス不調を早期に発見し、適切な措置を行う「二次予防」およびメンタルヘルス不調となった労働者の職場復帰の支援等を行う「三次予防」が円滑に行われるようにする必要がある。

これらの取り組みに当たっては、教育研修、情報提供および「セルフケア」「ラインによるケア」「事業場内産業保健スタッフ等によるケア」「事業場外資源によるケア」の「四つのケア」が継続的かつ計画的に行われるようにすることが重要である。

事業者は、メンタルヘルスケアを推進するに当たっては、①心の健康問題の特性、②労働者の個人情報の保護への配慮、③人事労務管理との関係、④家庭・個人生活等の職場以外の問題に留意することが重要である。

（2）心の健康づくり計画

「心の健康づくり計画」で定めるべき事項は次のとおりである。
①事業者がメンタルヘルスケアを積極的に推進する旨の表明に関すること
②事業場における心の健康づくりの体制の整備に関すること
③事業場における問題点の把握およびメンタルヘルスケアの実施に関すること
④メンタルヘルスケアを行うために必要な人材の確保および事業場外資源の活用に関すること
⑤労働者の健康情報の保護に関すること
⑥心の健康づくり計画の実施状況の評価および計画の見直しに関すること
⑦その他労働者の心の健康づくりに必要な措置に関すること

（3）「四つのケア」の推進

①セルフケア

心の健康づくりを推進するためには、労働者自身がストレスに気づき、これに対処するための知識、方法を身に付け、それを実施することが重要である。ストレスに気づくためには、労働者がストレス要因に対するストレス反応や心の健康について理解するとともに、自らのストレスや心の健康状態について正しく認識できるようにする必要がある。

②ラインによるケア

　管理監督者は、部下である労働者の状況を日常的に把握しており、また、個々の職場における具体的なストレス要因を把握し、その改善を図ることができる立場にあることから、職場環境等の把握と改善、労働者からの相談対応を行うことが必要である。

③事業場内産業保健スタッフ等によるケア

　事業場内産業保健スタッフ等は、セルフケアおよびラインによるケアが効果的に実施されるよう、労働者および管理監督者に対する支援を行うとともに、心の健康づくり計画に基づく具体的なメンタルヘルスケアの実施に関する企画立案、メンタルヘルスに関する個人の健康情報の取り扱い、事業場外資源とのネットワークの形成やその窓口となること等、心の健康づくり計画の実施に当たり中心的な役割を果たす。

④事業場外資源によるケア

　メンタルヘルスケアを行う上では、事業場が抱える問題や求めるサービスに応じて、メンタルヘルスケアに関し専門的な知識を有する各種の事業場外資源の支援を活用することが有効である。また、労働者が事業場内での相談等を望まないような場合にも、事業場外資源を活用することが効果的である。ただし、事業場外資源を活用する場合は、メンタルヘルスケアに関するサービスが適切に実施できる体制や、情報管理が適切に行われる体制が整備されているか等について、事前に確認することが望ましい。

（4）メンタルヘルスケアの具体的な進め方

　メンタルヘルスケアの具体的な推進に当たっては、事業場内の関係者が相互に連携し、以下の取り組みを積極的に推進すると効果的である。

①メンタルヘルスケアを推進するための教育研修・情報提供
②職場環境等の把握と改善
③メンタルヘルス不調への気づきと対応
④職場復帰における支援

［2］ ストレスチェック制度

（1）ストレスチェック制度とは

　ストレスチェック制度とは、定期的に労働者のストレスの状況について検査

を行い、本人にその結果を通知して自らのストレスの状況について気づきを促す制度である。個人のメンタルヘルス不調のリスクを低減させるとともに、検査結果を集団的に分析し、職場環境の改善につなげることによって、労働者がメンタルヘルス不調になることを未然に防止することを主な目的としている。

「ストレスチェック」とは、この検査のことで、ストレスに関する質問票（選択回答）に労働者が記入し、それを集計・分析することで、ストレス状態を調べることができる [**図表3-49**]。労働安全衛生法の改正により、2015（平成27）年12月から、労働者が50人以上いる事業所では、毎年1回、この検査をすべての労働者に実施することが義務づけられた。

厚生労働省は、労働安全衛生法66条の10第7項の規定に基づき、「心理的な負担の程度を把握するための検査及び面接指導の実施並びに面接指導結果に基づき事業者が講ずべき措置に関する指針」（ストレスチェック指針）を公表している（平成27年4月15日公示、平成30年8月22日改正公示）。

（2）ストレスチェック制度の手順

①基本方針の表明

事業者は、法、規則および指針に基づき、ストレスチェック制度に関する基本方針を表明する。

②ストレスチェックおよび面接指導

- 衛生委員会等において、ストレスチェック制度の実施方法等について調査審議を行い、その結果を踏まえ、事業者がその事業場におけるストレスチェック制度の実施方法等を規程として定める
- 事業者は、労働者に対して、医師、保健師または厚生労働大臣が定める研修を修了した歯科医師、看護師もしくは精神保健福祉士もしくは公認心理師（以下、医師等）によるストレスチェックを行う
- 事業者は、ストレスチェックを受けた労働者に対して、当該ストレスチェックを実施した医師等から、その結果を直接本人に通知させる
- ストレスチェック結果の通知を受けた労働者のうち、高ストレス者として選定され、面接指導を受ける必要があると医師等が認めた労働者から申し出があった場合、事業者は、当該労働者に対して、医師による面接指導を実施する
- 事業者は、面接指導を実施した医師から、就業上の措置に関する意見を聴取する

図表3-49 職業性ストレス簡易調査票（抜粋）

A　あなたの仕事についてうかがいます。最もあてはまるものに○を付けてください。

	そうだ	まあそうだ	ややちがう	ちがう
1．非常にたくさんの仕事をしなければならない	1	2	3	4
2．時間内に仕事を処理しきれない	1	2	3	4
3．一生懸命働かなければならない	1	2	3	4

B　最近1カ月間のあなたの状態についてうかがいます。最もあてはまるものに○を付けてください。

	ほとんどなかった	ときどきあった	しばしばあった	ほとんどいつもあった
1．活気がわいてくる	1	2	3	4
2．元気がいっぱいだ	1	2	3	4
3．生き生きする	1	2	3	4

C　あなたの周りの方々についてうかがいます。最もあてはまるものに○を付けてください。

	非常に	かなり	多少	全くない
次の人たちはどのくらい気軽に話ができますか？				
1．上司	1	2	3	4
2．職場の同僚	1	2	3	4
3．配偶者、家族、友人等	1	2	3	4

D　満足度について

	満足	まあ満足	やや不満足	不満足
1．仕事に満足だ	1	2	3	4
2．家庭生活に満足だ	1	2	3	4

資料出所：厚生労働省

- 事業者は、医師の意見を勘案し、必要に応じて、適切な措置を講じる

③集団ごとの集計・分析

- 事業者は、実施者に、ストレスチェック結果を一定規模の集団ごとに集計・分析させる
- 事業者は、集団ごとの集計・分析の結果を勘案し、必要に応じて、適切な措置を講じる

(3) ストレスチェックの項目

ストレスチェックの項目は、労働安全衛生規則52条の9第1項1～3号に規定する次の領域に関する項目とされている。

①職場における当該労働者の心理的な負担の原因に関する項目

②当該労働者の心理的な負担による心身の自覚症状に関する項目

③職場における他の労働者による当該労働者への支援に関する項目

[3] こころの耳：https://kokoro.mhlw.go.jp

厚生労働省は、「働く人のメンタルヘルス・ポータルサイト『こころの耳』」を開設・運営している。「こころの耳」では、メンタルヘルス不調や不安に悩む労働者、その家族、職場のメンタルヘルス対策に取り組む事業者等に対し、メンタルヘルスのさまざまな情報を提供している。

同サイトは、サイト利用者に合わせ、「働く方へ」「ご家族の方へ」「事業者の方へ」「部下を持つ方へ」「支援する方へ」の五つの入り口を設けている。また、メンタルヘルスに関する相談窓口案内や、メンタルヘルスについて知ったり学んだりするためのコンテンツなどを掲載している。

(1) 相談窓口案内

- こころの耳電話相談／こころの耳SNS相談／こころの耳メール相談
- 総合労働相談コーナー／労働条件相談ほっとライン／職場のトラブル相談ダイヤル／働く人の悩みホットライン　など
- よりそいホットライン／いのちの電話　など

(2) メンタルヘルスに関するコンテンツ

うつ病などのメンタルヘルス不調やストレスに関するコラム、職場復帰支援、職場のメンタルヘルス対策に役に立つ情報、体験記、法令・制度など行政情報、各種Q&A、支援者向け情報などを掲載している。また、自身の状態を知るためのセルフチェックや、eラーニングや動画など、メンタルヘルスについて学べるコンテンツを紹介している。次のような内容などが掲載されている。

①職場復帰支援

職場復帰のガイダンス　など

②職場のメンタルヘルス対策

- 企業などの取り組み事例

- 職場のメンタルヘルス研修ツール　など

③ **セルフチェック**
- 5 分でできる職場のストレスセルフチェック
- 3 分でできる職場のストレスセルフチェック
- 疲労蓄積度セルフチェック　など

④ **e ラーニング**
- 15 分でわかるセルフケア
- 15 分でわかる職場復帰支援　など

⑤ **動画で学ぶ「メンタルヘルス教室」**

［4］　自殺予防

　わが国の自殺者数は、1998（平成 10）年に 3 万 2863 人、2003（平成 15）年には統計を取り始めた昭和 53 年以降で最多の 3 万 4427 人となり、その後 3 万 2000 人から 3 万 3000 人台で推移した後、2010（平成 22）年以降は連続して減少し、2019（令和元）年の自殺者数は 2 万 169 人となり、昭和 53 年から始めた自殺統計で過去最少となったが、2020（令和 2）年には 2 万 1081 人と 11 年ぶりに前年より増加した　**［図表 3-50］**。2020（令和 2）年の自殺者の職業別構成割合を見ると、無職 55.6％、被雇用者・勤め人 32.0％、自営業・家族従業者 6.0％、生徒・学生 4.9％の順であった。また、自殺の原因は、健康

図表3-50 **自殺者数の年次推移**

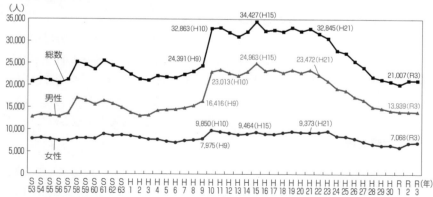

資料出所：警察庁自殺統計原票データより厚生労働省が作成したものに筆者加筆

問題、経済・生活問題、家庭問題の順であった。2020（令和2）年は、新型コロナウイルス感染症の感染拡大防止等への取り組みに伴う就労環境の変化によりストレスや不安を感じるリスクが高まり得るほか、雇用情勢悪化により自殺リスクが高まったとみられている。

2021（令和3）年の自殺者数は2万1007人で、2年ぶりに減少したが、女性は増加が続いている。

[5] 企業におけるメンタルヘルス対策

メンタルヘルス指針に沿って、ストレスチェック制度を行うほか、企業が行うべきメンタルヘルス対策としては、以下のものがある。

（1）メンタルヘルス不調者の職場復帰支援

メンタルヘルス不調で休業する労働者の増加に伴い、その労働者が職場復帰をする際に適切な対応を行うことが課題となる企業が増加してきた。

2004（平成16）年、厚生労働省は「心の健康問題により休業した労働者の職場復帰支援の手引き」（復職支援手引き）を示し、その在り方の大筋と要点を明らかにした。復職支援手引きは、労働安全衛生法と直接関連づけられてはいないが、地裁の判決でその内容が取り上げられ、重要視されるべきものとなっている。復職支援手引きは、2012（平成24）年に改訂され、現在に至っている。

復職支援手引きは、精神疾患により長期に休業した労働者の職場復帰支援に関して、原則的な考え方を示しているだけでなく、先進的に取り組んできた企業の成果が随所に盛り込まれており、多くの事業場で参考になるものといえる。

以下は、その要点である。

①休業から復職までの流れの明確化

心の健康問題で休業している労働者が円滑に職場復帰するためには、職場復帰支援プログラム[※16]の策定や関連規程の整備等により、休業から復職までの流れをあらかじめ明確にしておくことが必要である。

> ※16 「職場復帰支援プログラム」とは、職場復帰支援についてあらかじめ定めた事業場全体のルールのことである。

②職場復帰支援の流れ

職場復帰支援は、職場復帰判定前後の短い期間ではなく、休業の開始から職

場復帰後のフォローアップに至るまで長いスパンで考えることが必要である。復職支援手引きでは、この全体を5段階に分け、それぞれの要点について解説している［**図表 3-51**］。

●**第1ステップ：病気休業開始および休業中のケア**

労働者から管理監督者へ主治医による診断書（病気休業診断書）が提出され、休業が始まる。管理監督者は、人事労務管理スタッフ等に診断書（病気休業診断書）が提出されたことを連絡する。休業する労働者に対しては、必要な事務手続きや職場復帰支援の手順を説明する。労働者が病気休業期間中に安心して療養に専念できるよう、傷病手当金などの経済的な保障、不安・悩みの相談先の紹介、公的または民間の職場復帰支援サービス、休業の最長（保障）期間等について情報提供等の支援を行う。

●**第2ステップ：主治医による職場復帰可能の判断**

休業中の労働者から事業者に対し、職場復帰の意思が伝えられると、事業者は労働者に対して主治医による職場復帰が可能という判断が記された診断書の提出を求める。診断書には就業上の配慮に関する主治医の具体的な意見を記入

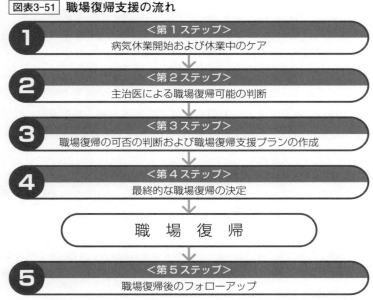

図表3-51 職場復帰支援の流れ

資料出所：厚生労働省「改訂 心の健康問題により休業した労働者の職場復帰支援の手引き」
（2020年）

してもらうようにする。

　主治医による診断は、日常生活における病状の回復程度によって職場復帰の可能性を判断していることが多く、必ずしも職場で求められる業務遂行能力まで回復しているとの判断とは限らない。このため、主治医の判断と職場で必要とされる業務遂行能力の内容等について、産業医等が精査した上でとるべき対応を判断し、意見を述べることが重要である。

◉**第3ステップ：職場復帰の可否の判断および職場復帰支援プランの作成**

　最終的な決定の前段階として、必要な情報の収集と評価を行った上で職場復帰ができるかを適切に判断し、職場復帰支援プラン[17]を作成する。プランの作成に当たっては、事業場内産業保健スタッフ等を中心に、管理監督者、休業中の労働者の間でよく連携しながら進める。

> ※17　「職場復帰支援プラン」とは、休業していた労働者が復職するに当たって、職場復帰日、就業上の配慮など個別具体的な支援内容を定めたものである。

◉**第4ステップ：最終的な職場復帰の決定**

　第3ステップを踏まえて、事業者による最終的な職場復帰の決定を行う。

◉**第5ステップ：職場復帰後のフォローアップ**

　職場復帰後は、管理監督者による観察と支援のほか、事業場内産業保健スタッフ等によるフォローアップを実施し、適宜、職場復帰支援プランの評価や見直しを行う。

③その他職場復帰支援に関して留意すべき事項

• 主治医との連携の仕方

　主治医との連携に当たっては、事前に当該労働者への説明と同意を得ておく。主治医に対して、職場復帰支援に関する事業場の制度、労働者本人に求められる業務の状況等について十分な説明を行うことも必要である。

• 職場復帰後における就業上の配慮等

　職場復帰は元の慣れた職場へ復帰させることが原則である。ただし、異動等を誘因として発症したケース等においては、配置転換や異動をしたほうがよい場合もあるので、留意すべきである。

　また、復帰後は労働負荷を軽減し、段階的に元へ戻すなどの配慮が重要である。

（2）企業における自殺予防対策

　2006（平成18）年に制定された自殺対策基本法には、事業主の責務として、

メンタルヘルス対策における管理監督者および事業場内産業保健スタッフ等の役割早わかり

- 管理監督者：職場環境等の問題点の把握と改善、就業上の配慮、職場復帰後の労働者の状態の観察
- 人事労務管理スタッフ：人事労務管理上の問題点の把握、労働条件の改善、配置転換・異動等の配慮
- 産業医等：専門的な立場から、管理監督者および人事労務管理スタッフへ助言および指導、主治医との連携における中心的役割、就業上の配慮に関する事業者への意見
- 衛生管理者等※：労働者に対するケアおよび管理監督者のサポート、人事労務管理スタッフや事業場外資源との連絡調整
  ※ 50人未満の事業場においては、衛生推進者または安全衛生推進者
- 保健師等：労働者に対するケアおよび管理監督者に対する支援
- 心の健康づくり専門スタッフ：専門的な立場から、他の事業場内産業保健スタッフ等へ支援

「事業主は、国及び地方公共団体が実施する自殺対策に協力するとともに、その雇用する労働者の心の健康の保持を図るため必要な措置を講ずるよう努めるものとする」（4条）と記されている。これに基づいて政府が推進すべき自殺対策の指針として2007（平成19）年に閣議決定された「自殺総合対策大綱」には、職場におけるメンタルヘルス対策の充実を推進する旨の記載がある（最終改正：2017［平成29］年7月）。

　職場における自殺予防対策は、メンタルヘルス指針に基づいた一般的なメンタルヘルス対策を推進することが基本となる。

　また、厚生労働省は「職場における自殺の予防と対応」を作成している。これによると、自殺対策は、プリベンション（prevention：事前対応）、インターベンション（intervention：危機介入）、ポストベンション（postvention：事後対応）の3段階に分類される。プリベンションとは、自殺が起きるのを予防すること、インターベンションとは、今まさに起きつつある自殺の危険に介入し

て自殺を防ぐこと、ポストベンションとは、不幸にして自殺が生じてしまった場合に、遺された人々に及ぼす心理的影響を可能な限り少なくするための対策である。

　企業、事業場単位で見れば、自殺者は限られることから、自殺予防のみに焦点を絞った対策を行うことは、職場では受け入れられにくく、場合によっては、対策の方向性を誤ってしまう危険性もある。一般的なメンタルヘルス対策を組織的に一歩一歩着実に実施していくことが、結果的に自殺予防対策にもつながると考えるべきである。

（3）過重労働による健康障害およびその防止対策

　労働安全衛生法では、長時間労働者に対する労働時間の通知や面接指導について、以下のように規定している。

①事業者の義務

　事業者は、月80時間を超える時間外労働を行った労働者に対し、超えた時間に関する情報を通知しなければならない。

　事業者は、以下の場合、医師による面接指導を行わなければならない[18]。

❶月80時間（1週の労働時間を40時間として）を超える時間外労働を行った労働者で、疲労の蓄積が認められ、本人が申し出を行った場合

❷研究開発業務従事者が、月100時間を超える時間外・休日労働を行った場合

　　※18　❶❷のほか、高度プロフェッショナル制度適用者が、要件を満たした場合も、面接指導を行わなければならないとされている。

　これは、義務規定であるため、実施を怠ると法違反に問われるおそれがある。産業医は、必要に応じ、労働者に対して面接を受けることを勧奨できることになっている。

②事業者の努力義務

　月80時間（同上）を超える時間外労働により疲労の蓄積が認められるか健康上の不安を有している労働者に対しては、申し出がなくとも、医師等による面接指導等を行うよう努力しなければならない。また、月45時間を超える時間外・休日労働を行った労働者で健康への配慮が必要と認めた者については、面接指導等の措置を講ずることが望ましい。

　これらは事業者の努力義務であるため、未実施であっても法違反にはならないが、監督署から実施の指導を受けたり、あるいは民事訴訟などで事業者の健康配慮義務（安全配慮義務）が問われる事態になった場合に問題となったりす

る可能性はあると考えられる。

[6] キャリアコンサルティングとメンタルヘルス

どのような職場で、どのような仕事に就くかは、労働者のメンタルヘルスに大きな影響を及ぼす。また、働くことを巡って、さまざまな変化がある中、それにどう対応していくかが重要であるが、変化を受け止められなかった場合は、メンタルヘルス不調につながり得る。

企業領域におけるキャリアコンサルティングでは、メンタルヘルスに関する相談はかなり多く、第1章 [図表1-9] で示したように、相談全体の17.5%、難しい相談に限れば18.2%を占める。キャリアコンサルティングにメンタルヘルス不調の改善に直接寄与することを求めることは適切ではなく、メンタルヘルスに関する問題が深刻な場合は、専門家にリファー（紹介）することとなる。適切なタイミングで相談者の状況を見極めるためには、メンタルヘルスの基礎的な知識が必要である。さらに、メンタルヘルス不調では、本来の思考力、判断力、自尊心などが損なわれていることが多く、自らの能力、適性などの評価も誤りがちであること、転職や仕事の内容を変えることは、それ自体が強いストレスを引き起こし得ることなどからも、メンタルヘルスについての知識は重要である。

[7] ストレスについての理論

ストレスとは、もともと「圧力」「圧迫」などを意味する言葉であったが、カナダの生理学者セリエ（Selye, H.：1907 ～ 1982）によって、「心身の適応能力に対して課せられる要求と、その要求によって引き起こされる心身の緊張状態を包括する概念」として提唱された。

労働者が職場において感じるストレスの原因は多様であるが、仕事に関するストレスと、それによる健康影響を評価するために、多くのモデルが提唱されている。以下では、ストレスについての理論のうち代表的なものを紹介する。

（1）職務ストレスモデル

クーパーとマーシャル（Cooper, C. L. & Marshall, J., 1976）は、研究論文をレビューし、組織や職場におけるストレスは、個人の特徴（不安の程度、神

経質さなど）によって調整され、職業上の不健康の徴候（血圧の上昇など）に結びつき、長期的な結果として疾病（心臓血管系疾患、メンタルヘルス不全など）に至るとした。

（2）NIOSH モデル

NIOSH モデルは、米国国立労働安全衛生研究所（NIOSH：National Institute for Occupational Safety and Health）が提唱している、職業性ストレスのモデルである。

「仕事のストレス要因」（ストレッサー）は、「仕事外のストレス要因」と相まって、心身に「ストレス反応」（ストレイン）を引き起こす。このストレス反応は、誰でも通常経験しており、必ずしも病的なものではない。しかし、それが強くなり長期化すると（非常に強い場合には短期でも）、身体面あるいは精神面の健康障害に至る。この流れに影響を及ぼす要因として、「個人要因」と「緩衝要因」がある。

[図表 3-52] は、NIOSH の職業性ストレスモデルに説明を付記したものである。

「仕事のストレス要因」が同程度であっても、「個人要因」の相違によって、ストレス反応の強さや健康障害の起こりやすさは異なる。また、「緩衝要因」（モデレーター）が大きければ、「ストレス反応」が和らげられ、健康障害も起こりにくくなることが期待できる。

なお、ストレス反応を思わせる変化の背景に、身体疾患が存在することもある。持続する心身の変化（変調）に対しては、医療機関において診断を受けるように勧めるべきである。

（3）仕事の要求度―コントロールモデル（Job Demand-Control Model）

カラセック（Karasek, R. A.）が提唱した、仕事の要求度―コントロールモデルは、仕事に関するストレスを、仕事の要求度（量的負荷のほか、突発的な出来事、対人関係）（demand）と仕事の裁量範囲（意思決定の権限、自律性）（control）の二つの軸で評価するモデルである。前者が高く、後者が低い場合に、最も高ストレスとなると判断される。

さらに、ジョンソン（Johnson, J. V.）とホール（Hall, E. M.）は、社会的支援（social support）を加えて三つの軸とする「仕事の要求度―コントロール―社会的支援モデル（Demand-Control-Support Model）」を提唱している。

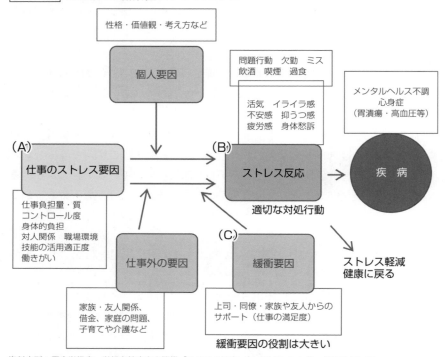

図表3-52 NIOSHの職業性ストレスモデル

性格・価値観・考え方など

個人要因

問題行動　欠勤　ミス
飲酒　喫煙　過食

活気　イライラ感
不安感　抑うつ感
疲労感　身体愁訴

メンタルヘルス不調
心身症
（胃潰瘍・高血圧等）

（A）
仕事のストレス要因

（B）
ストレス反応

疾病

仕事負担量・質
コントロール度
身体的負担
対人関係　職場環境
技能の活用適正度
働きがい

適切な対処行動

（C）
仕事外の要因

緩衝要因

ストレス軽減
健康に戻る

家族・友人関係、
借金、家庭の問題、
子育てや介護など

上司・同僚・家族や友人からの
サポート（仕事の満足度）

緩衝要因の役割は大きい

資料出所：厚生労働省・労働者健康安全機構「こころの健康　気づきのヒント集」（2019年）P.5.

（4）努力報酬不均衡モデル（Effort-Reward Imbalance Model）

　シーグリスト（Siegrist, J.）は、努力報酬不均衡モデルを提唱した。このモデルでは、仕事に費やす努力と、そこから得られるべき、あるいは得られることが期待される報酬（金銭、地位、自尊心など）が釣り合わない「高努力／低報酬状態」を高ストレスとする。量が多いにもかかわらず不安定な仕事、昇進の見通しや適当な報酬が与えられることなく高い業績を求められる仕事、全力を尽くしているのに正当に評価されない状況などが努力報酬不均衡状態の例として挙げられる。

　また、「個人要因」として、仕事にのめり込む傾向についても考慮する。他人より先んじたいという競争性や仕事の上で認められたいという欲求のために、必ずしも良好とはいえない就業状況（高努力／低報酬状態）を受け入れたり、認知の歪みから実際の報酬に見合わない過剰な努力をしたりする傾向とも

いえる。

（5）ライフイベント理論

　生活に大きな影響を与えるような出来事を一定期間にどのくらい経験したか
を測定することによって、ストレスによって引き起こされる健康障害のリスク
を測ろうという考え方である。実際に、過去1年間の間にそのような出来事を
数多く経験した者は、その後健康を害する可能性が高いことが報告されてい
る。測定法としては、古くはホームズ（Holmes, T. H.）とレイ（Rahe, R. H.）
の社会的再適応評価尺度が有名である。

（6）心理的ストレスモデル

　心理的ストレスモデルは、ラザルス（Lazarus, R. S.）とフォルクマン（Folk-
man, S.）が提唱したもので、問題や状況の重大性やストレスコーピングの可
能性についての評価、実際の対応（コーピング）の在り方などによって、スト
レスの程度は左右されるとする。

　ストレスコーピングとは、特定のストレスフルな問題や状況に直面した場合
に、それを解消するための対処行動、あるいはそのような状況にならないよう
にするための対処行動のことをいう。

（7）ストレスとそれに関連した指標の評価手法

①職業性ストレス簡易調査票

　前記［2］で説明したストレスチェックで用いる「職業性ストレス簡易調査
票」のことである。同調査票の質問項目は、NIOSHモデルによっており、職
業性ストレスモデルの三つの領域（「仕事のストレス要因」「ストレス反応」「緩
衝要因（周囲のサポート）」）からなる。

②気分プロフィール検査（POMS：Profile of Mood States）

　気分、感情の状態を、緊張、抑うつ、怒り、活気、疲労、混乱の六つの尺度
で評価する質問紙法の一つである。日本版POMSは65項目からなる。

③状態―特性不安尺度（STAI：State-Trait Anxiety Inventory）

　不安の強さを測定する質問票である。状態不安（特定の時点・出来事などに
抱く不安状態）と特性不安（通常時における個人の性格特性としての不安傾向）
の両側面を評価する。いずれも20項目と、項目数は比較的少ない。

（8）ストレスへの具体的対処

　個人レベルでストレスの軽減を図る方法としては、衣食住の基本的な生活を
整えること、良質の睡眠をとること、趣味・レジャーを楽しむこと、時間（ス

ケジュール）を管理すること、身近な相談相手を確保することなどが挙げられる。このほか、一定の訓練を要するものとしては、以下のような方法がある。

①自律訓練法

　「気持ちがとても落ち着いている」「手足が重い」「手足が温かい」といった決まった言葉を繰り返しながら、身体の各部分を意識し、心身の微細な変化に気づいていく。これを習熟することにより、自らリラックスした状態をつくることができるようになり、ストレス緩和などに役立つ。

②筋弛緩法

　リラックス法の一つで、いったん緊張させた筋肉を緩めることにより、筋肉が緩んでいる状態を体感しやすくする。

③アサーション・トレーニング

　前記2.［6］（3）で説明したアサーション・トレーニングのことである。相手の気持ちや主張も尊重しながら、自分の思いや意見を的確に伝える訓練をいう。アサーションが上達すると、職場や私生活の付き合い等でコミュニケーションが円滑に進むと同時に、機会を逃さずに必要な情報を得られるようにもなり、さまざまな面でストレス軽減に役立つことになる。

④アンガーマネジメント

　自らの怒りの感情を上手にコントロールすることで、それが心身に及ぼす悪影響を軽減できる。自分の感情に気づく→クールダウンをする→怒りを（アサーティブに）表現するという三つのステップが知られている。

⑤ソーシャルスキル・トレーニング（SST：social skills training）

　社会的スキル・トレーニングともいう。効果的な対人行動や社会的スキルを学習させることによって、対人関係などの問題を解決しようとする訓練であり、認知行動療法の技法の一つに分類されることもある。

　主な対象は、統合失調症、自閉症スペクトラム障害など、コミュニケーションスキルに課題を抱える者であったが、そうでない者であっても、他者との関わりやコミュニケーションなどに苦手意識を持っている場合、このトレーニングにより問題が解決することがある。

　具体的なトレーニングでは、スモールステップによる段階を追った目標設定、指導者の手本を見てそれを真似して学習するモデリング（modeling）、実際の場面を想定したロールプレイ（role play）などを行う。

[8] 就労年齢で見られる主な精神疾患等と精神医学の基礎知識

（1）就労年齢で見られる主な精神疾患等

　精神疾患により医療機関にかかっている患者数は、近年大幅に増加しており、2014（平成26）年は392万人、2017（平成29）年では400万人を超えている。内訳としては、多いものから、うつ病、不安障害、統合失調症、認知症などとなっており、近年においては、うつ病や認知症などの著しい増加が見られる ［図表3-53］。

　以下では、就労年齢で見られる主な精神疾患等について説明する。

①うつ病

　就労年齢に見られる代表的な精神疾患で増加傾向にある。性別では女性に多い。身近な疾病であることを啓発する意味で「こころの風邪」とたとえられることもあるが、長期にわたり社会生活に影響を及ぼすおそれがあること、自殺

図表3-53 **精神疾患を有する総患者数の推移（疾病別内訳）**

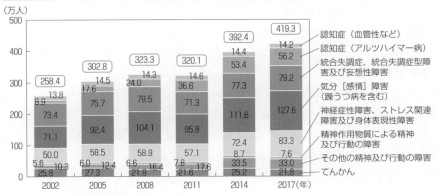

資料出所：厚生労働省「各年 患者調査」
［注］　1. 2011年の調査では宮城県の一部と福島県を除いている。
　　　2. この患者数の総計と、各疾患群の患者数は別に計算しているため、一致しない。
　　　3. 各分類のICD-10に基づく正確な分類は以下のとおり。
　　　　・認知症（血管性など）：血管性及び詳細不明の認知症
　　　　・認知症（アルツハイマー病）：アルツハイマー病
　　　　・統合失調症など：統合失調症、統合失調症型障害及び妄想性障害
　　　　・うつ病など：気分［感情］障害（双極性障害を含む）
　　　　・不安障害など：神経症性障害、ストレス関連障害及び身体表現性障害
　　　　・薬物・アルコール依存症など：精神作用物質使用による精神及び行動の障害
　　　　・その他：そのほかの精神及び行動の障害

との関連が深いことなどから決して軽視すべきではない。

　主な症状としては、①意欲、興味の減退、②抑うつ気分、③集中力の低下、④思考の遅延、⑤自責感、⑥不安の高まり、⑦希死念慮（死にたくなる、死や自殺について考える）、⑧睡眠障害、⑨食欲低下、⑩性欲の減退などが挙げられる。

　治療は、薬物療法、休養、カウンセリング、環境調整が重要である。回復過程には波が見られることが多く、一時的に症状が改善したかのように思われても、それが安定したものかどうかを見極めることが肝要である。うつ病は、几帳面で真面目な性格を背景にしていることが多く、調子が上向いてくると、職場復帰などを焦る傾向も見られるため、注意が必要である。

　最近は、表面化する症状が従来型と異なったタイプが散見されることが指摘されるようになり、「新型うつ」などの表現も見られるが、職場においては、そうした用語にとらわれず、主治医や産業保健スタッフと連携をして、目の前の事例一例一例に適切な対応をしていくことが望まれる。

　なお、うつ病相（時期）に加えて、多弁、誇大的な思考、怒りやすさなどが目立つ躁病相（時期）が見られる病態は、躁うつ病（双極性障害）という。

　「うつ状態」という表現が、うつ病と混同されることもあるが、「うつ状態」はあくまでひどく憂うつな気分や過度に落ち込んだ様子といった「状態」を指す表現であり、他の精神疾患でも、あるいは精神疾患でなくても生じ得る。

②統合失調症

　かつては「精神分裂病」といわれていた病態である。思春期を中心とした比較的若い年代で発症するケースが多く見られる。考えや気持ちがまとまりにくくなり、妄想、幻覚や、意欲の欠如などの症状を示す。職場では、こうしたことを背景とした奇妙な言動や自閉的な態度、業務遂行能力の著明な低下などで、問題化することが多い。

　適切な内服治療により、症状をかなり抑えられることが期待でき、比較的良い状態で就労を続けることができる例もある。被害妄想などが強くなって、自分自身や他人を傷つけるような行動に出るおそれが強い場合には、早急に保護を図ることが必要になる。

③アルコール依存症

　アルコールは依存性のある薬物の一種である。アルコール依存症は、「常習飲酒の結果、自らの飲酒行動を自ら制御し得なくなった状態」とされ、耐性、

精神依存、身体依存が見られる。

　耐性というのは、「酒に強くなってきた」状態で、徐々に酒量が増加していく。精神依存というのは、強い飲酒への渇望で、簡単に言うと「酒が欲しくなる」ことである。身体依存というのは、飲酒しないことによる手の震え、冷や汗、いらいら、不眠などの離脱症状のことである。

　アルコール依存症から回復するためには、断酒しかないとされる。アルコール依存症の者にとって、断酒を続けることは、通常想定される以上の大きな困難が伴う。本人だけでなく、家族や周囲の関係者もこの病気に対する理解を深め、断酒に協力していくことが必要となる。

　アルコール依存症は、うつ病をはじめとする他の精神障害と併存することも多い。そのような場合は自殺の危険性が高まるので注意が必要である。

④**適応障害**

　失恋や転職など、何らかのストレスにさらされた後に生じる不適応反応をいう。

　ある特定の状況や出来事が、その人にとってとてもつらく耐えがたく感じられ、そのために気分や行動面に症状が現れる。憂うつな気分や不安感が強くなるため、涙もろくなったり、過剰に心配したり、神経が過敏になったりする。無断欠勤や無謀な運転、けんか、物を壊すなどの行動面の症状が見られることもある。

　ストレスとなる状況や出来事がはっきりしているので、その原因から離れると症状は次第に改善する。しかし、ストレスの原因から離れられない状況では、症状が慢性化することもある。

　ICD-11（「疾病及び関連保健問題の国際統計分類（International Statistical Classification of Diseases and Related Health Problems）第11版」のこと）によると、「発症は通常生活の変化やストレス性の出来事が生じて1カ月以内であり、ストレスが終結してから6カ月以上症状が持続することはない」とされている。

　ただし、ストレスが慢性的に存在する場合は症状も慢性に経過する。また、適応障害と診断されても、5年後には40%以上の人がうつ病などの診断名に変更されており、適応障害は実はその後の重篤な病気の前段階の可能性もあるといえる。

⑤**パニック障害**

　不安障害の一つである。めまい、胸苦感、動悸、震えなどが、突然、反復的

に生じ、その際には過呼吸が見られることも多い。この発作（パニック発作）は「死んでしまうかも…」といった強い不安を伴い、本人にとっては非常につらい体験である。パニック発作を繰り返すうちに、発作のない時も次の発作を恐れるようになる（予期不安）。発作が通勤途上や会議中に出現すると、再発作を恐れ、出社が困難となったり、業務に支障を来したりすることがある。

パニック障害では、薬物治療に加えて精神療法の併用が重要だとされている。

⑥強迫性障害

不安障害の一つで、不合理だと自覚しているにもかかわらず、強迫観念・強迫行為が反復して出現する。何度も過剰に繰り返してしまうことが特徴である。

例えば、かけてあるはずの鍵を何度も確認する、手洗いをやめられないなどといった具合である。時間の浪費を伴うため、程度が重いと職業生活や日常生活に支障が出る。

⑦ PTSD（心的外傷後ストレス障害）

不安障害の一つである。生命や身体に脅威を及ぼし精神的衝撃を与える出来事を経験した場合、それが過ぎ去った後も記憶の中に残り、精神的な影響を与え続けることがある。このような後遺症を心的トラウマ（外傷）、その体験を心的外傷体験、その体験によるさまざまな変調をトラウマ反応と呼ぶ。トラウマ反応の多くは一過性であるが、中には慢性化し、その後の社会生活に大きな支障を来す例もある。

PTSD は、心的外傷体験後、1 カ月以上にわたって再体験症状（フラッシュバック、動悸、発汗など）、回避・精神麻痺症状（出来事について考えたり話したりすることを避ける、興味や関心が乏しくなるなど）、過覚醒症状（睡眠障害など）が持続し、精神的な苦痛や生活上の支障を伴うものを指す。

⑧発達障害

発達障害は生まれつきの特性で、「病気」とは異なる。脳の発達が通常と違っているために、生きにくさを感じることがあるかもしれないが、その特性を本人や家族・周囲の人がよく理解し、その人に合ったやり方で日常的な暮らしや職場での過ごし方を工夫できれば、持っている本来の力がしっかり活かされるようになる。

幾つかのタイプに分類されており、自閉スペクトラム症（ASD：Autism spectrum disorder）、注意欠如・多動性障害（ADHD：Attention deficit hyperactivity disorder）、学習障害、チック障害、吃音（症）などが含まれる。

同じ人に、幾つかのタイプの発達障害があることも珍しくなく、そのため、同じ障害がある人同士でも全く似ていないように見えることがある。

　発達障害のうち、自閉スペクトラム症は、非言語的・情緒的コミュニケーションがうまくできないため、相手の気持ちや場の雰囲気を察知できないような言動が認められる。その結果、基本的な対人関係の構築に困難を来し、職場内でも人間関係の問題をはじめとする不適応を生じやすい。言語や知能面に明らかな問題がないため、学童期、学生時代には、少し変わった人だという程度の認識ですんでいたものが、一般社会で働くようになって初めて顕在化することも少なくないようである。従来、アスペルガー障害と呼ばれていたが、DSM-5（米国精神医学会の診断・統計マニュアル第5版。2013年）以降、「自閉スペクトラム症」と診断名が改められている。

（参考）心身症

　身体疾患の中で、その発症や経過に心理社会的因子が密接に関与し、器質的あるいは機能的障害が認められる病態をいう。ただし、うつ病など、他の精神障害に伴う身体症状は除外される。したがって、心身症は病名でなく、病態である。基本的な病態は身体症状であり、身体症状に付随した形で精神的な不安定さが見られる。例えば、胃潰瘍のような器質的疾患の患者の中にも心身症が見られる。

（参考）自律神経失調症

　自律神経には、交感神経と副交感神経があり、生体の恒常性を保つ上で重要な役割を果たしている。このバランスが崩れた場合に、器質的な身体疾患で説明できない全身倦怠感、胸部不快感、動悸などさまざまな症状が出現する。自律神経失調症はその総称といえるが、他の精神障害の言い換えとして診断書病名として使用されることも少なくないのが実情である。

（2）メンタルヘルス不調のサイン

　職場で見られやすいメンタルヘルス不調のサインとしては、以下のようなものがある。他人と比べるのではなく、その人がそれまでに示してきた行動様式と比べてどうかという観点から注意することが必要である。
- 遅刻、早退、欠勤が増える
- 休みの連絡がない（無断欠勤がある）
- 残業、休日出勤が不自然に増える
- 衣服が乱れる、不潔になる

- ミスや事故が目立つ
- 仕事の能率が悪くなる
- 業務の結果がなかなか出ない
- 報告や相談、職場での会話がなくなる（あるいはその逆）
- 表情に活気がなく、動作にも元気がない（あるいはその逆）
- 不自然な言動が目立つ

（3）メンタルヘルス不調が疑われる人への対応

　上記のような変化が見られたり、疑われたりした場合は、専門の医療機関を受診しているかどうかを確認し、受診していない場合は、受診を勧めることが求められる。既に受診している場合は、主治医との連携が肝要である。

　キャリアコンサルティングの場においては、病気の有無、診断名、治療法等を判断する「疾病性」の視点ではなく、「事例性」の視点を重視することが重要である。事例性とは、疾病性と対比して用いられる概念で、変化がどのようなもので、そのために本人や周囲にどういった問題が生じているか（例えば、勤務態度が悪化し、周囲とのトラブルが増えたことにより、本人の評価が低下し、職場全体の業務効率も低下しているなど）を精査し、これを改善するために、どう支援するか検討するなどといったことである。

9. 中高年齢期を展望する ライフステージと発達課題

［1］ ライフステージと発達課題についての理論

　前記 1.［2］（3）のキャリア発達に関する理論でも、シャインの「中期キャリア危機」を紹介したように、今や成人期にキャリアの危機があるというのはいわば定説ともいえる。

　本項では、生涯発達心理学の観点からライフステージと発達課題についての代表的な理論を紹介する。ライフステージと発達課題に関係するもののうち、キャリアに関する理論については前記 1. のほか、次節 10. で扱うので、そちらをご覧いただきたい。

（1）ハヴィガースト（Havighurst, R. J.：1900 〜 1991）

　発達研究の領域を専門としたハヴィガーストは、発達課題とは、発達の各段階において解決すべき心理・社会的課題のことであり、それぞれ一定の時期に完了しなければならないとした。

（2）レヴィン（Lewin, K. Z.：1890 〜 1947）

　グループ・ダイナミクスなどを着想し、社会心理学の父と呼ばれたレヴィンは、青年を「境界人」（marginal man）と呼んだ。青年期は、児童期から成人期への移行期間であり、青年は大人としても、子どもとしても、社会で安定的立場を持たない存在という意味である。レヴィンは、発達心理学が専門ではなかったが、彼の提唱した「境界人」の概念は青年心理学の本質を理解する上で一つの重要な視点となった。

（3）レビンソン（Levinson, D. J.：1920 〜 1994）

　レビンソン（1978）は、工場労働者・会社の管理職・学者・小説家という四つの職業グループの中年期の男性40人のライフ・ヒストリーを分析し、その結果を基に人間は成人した後も変化し続け、一定の段階を踏んで発達していくことを明らかにした。

　レビンソンは、発達段階を「人生の四季」にたとえ、男性のライフサイクルを、児童期と青年期（0 〜 22 歳）、成人前期（17 〜 45 歳）、中年期（40 〜 65歳）、老年期（60 歳以上）に分け、境目にある最初の5年間は「過渡期」とし、次の段階へ進む準備期間とした。それぞれ、成人への過渡期（17 〜 22 歳）、人生半ばの過渡期（40 〜 45 歳）、老年への過渡期（60 〜 65 歳）である。この過渡期は、安定期に比べ不透明で不安定な時期であるが、立ち止まって自分を振り返り、次の安定期に向けた選択を行うチャンスでもある **［図表 3-54］**。

　レビンソンは、特に「人生半ばの過渡期」について、成人前期を終わらせ、中年期を開始できるようにする上で重要な時期であるとした。また、この時期の発達課題は、①若さと老い、②破壊と創造、③男らしさと女らしさ、④愛着と分離という四つの両極性の解決であるとした。

（4）エリクソン（Erikson, E. H.：1902 〜 1994）

　発達心理学者であるエリクソン（1959）は、人間のライフサイクルを8段階に区分し、それぞれの段階で心理的・社会的危機を克服することによって、次の段階へと進む新たな動機づけが与えられるとした。

　8段階は、①乳児期、②幼児期初期、③遊戯期、④学童期、⑤青年期、⑥前

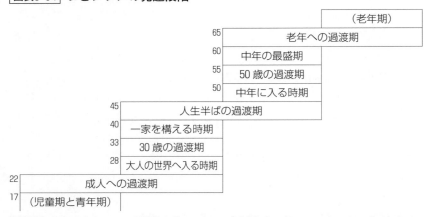

図表3-54 レビンソンの発達段階

	年齢	段階
		（老年期）
	65	老年への過渡期
	60	中年の最盛期
	55	50歳の過渡期
	50	中年に入る時期
	45	人生半ばの過渡期
	40	一家を構える時期
	33	30歳の過渡期
	28	大人の世界へ入る時期
	22	成人への過渡期
	17	（児童期と青年期）

資料出所：Daniel J. Levinson (1986) A Conception of Adult Development. American Psychologist, Vol.41, No.1, P.8.

成人期、⑦成人期、⑧老年期である。エリクソンは、これらのうち、基本的信頼感の獲得が課題である①と、自我同一性の獲得が課題である⑤を重視した。

　エリクソンは、⑤の青年期の発達課題は「自我同一性 対 自我同一性の拡散」であるとした。自我同一性（ego identity。単にアイデンティティと呼ばれることが多い）の拡散（混乱）から、自我同一性の確立を図る時期ということである。自我同一性を確立させるためには、「自分は何者か」「自分の存在意義は何か」など自己を社会の中に位置づける問い掛けに対して肯定的かつ確信的に回答できることが必要である。自我同一性の拡散というのは、その逆であり、自己が混乱し、自己の社会的位置づけを見失った状態を意味する。多くの青年が自我同一性の拡散を経験するが、エリクソンは、その状態から自我同一性を確立していくことが青年期の発達課題であるとした。また、エリクソンは、支払い猶予という意味の経済学用語であった「モラトリアム」という言葉を転用し、青年期を心理社会的モラトリアムであるとした。

　また、⑦の成人期の発達課題は「生殖性 対 停滞」であるとした。生殖性（generativity。「世代性」と訳されることもある）とは、単に子孫を生み出し、守り育てるだけでなく、自ら創り出したもの（製作したもの、アイディア、考えなど）を責任を持って次の世代に伝えていくことであり、そのために大切にしてきた人や物や考えなどの面倒をみる必要があるとした。停滞（stagnation）

は、消極的になり、生殖性が発揮できないことである。

　エリクソンの発達段階は8段階だったが、彼の死後、妻ジョウン（Erikson, J. M.）によって第9段階（80〜90歳）が付け加えられている。第9段階の発達課題は「老年的超越」である。老年期をさらに分けていることに注目される。

(5) ユング（Jung, C. G.：1875〜1961）

　スイスの精神科医のユングは、人間にとって最も問題となる時期は、中年期であり、中年期こそ人生の最大の危機をもたらす転換期であると考えた。

　ユングは、人生を太陽の動きになぞらえて、40歳を「人生の正午」と呼び、その後の中年期を「人生の午後」と呼んだ。そして、「人生の午後」の課題は、自己に対して真剣な考察をすることであり、人生の前半で排除してきた自己を見つめ、自己の中に取り入れることであるとした。そして、これを「個性化」と呼び、中年期の転換期では、生き方や価値観の転換をしなければならないとした。

(6) 日本の成人キャリア発達に関連する研究

①岡本のアイデンティティのラセン式発達モデル

　岡本（1985）は、中年期、定年退職期に、アイデンティティが問い直されるとして、その再体制化に着目し、アイデンティティ再体制化のプロセスを明らかにした。[図表3-55] は、彼女が提唱したアイデンティティのラセン式発達モデルである。先行研究を応用し、中年期、定年退職期にもアイデンティティの確立は行われるが、階段のイメージで発達していくのではなく、危機を契機とした自己の再吟味とアイデンティティの問い直しが繰り返され、ラセン式に発達・成熟していくというものである。

②成人キャリア発達の支援とキャリアコンサルティング

　下村（2013）は、主に50代の就業者を対象にライフライン法、自由記述等の手法を用いて調査を行い、成人キャリア発達の危機が、職場での人間関係上のトラブル、仕事内容に関すること、リストラや倒産などに伴う退職の三つに分類されるとした。また、外的・客観的な出来事によるキャリア危機については外的・客観的に乗り越えていることや、外的・客観的な出来事によるキャリア危機によって、逆にキャリアの問題は内的・主観的な問題であることに気づいていることなどを明らかにしている。

　さらに、成人を対象としたキャリアコンサルティングの必要性、在り方に関し、重要かつ実践的な指摘をしている。第1に、成人キャリア発達への支援に

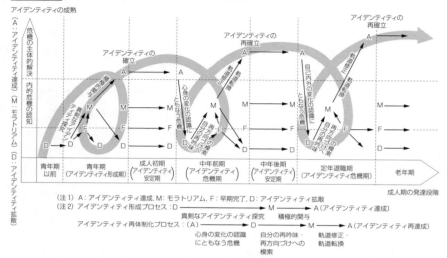

図表3-55 アイデンティティのラセン式発達モデル

（注1）A：アイデンティティ達成，M：モラトリアム，F：早期完了，D：アイデンティティ拡散
（注2）アイデンティティ形成プロセス：D ──────→ M ──────→ A（アイデンティティ達成）
　　　　　　　　　　　　　　　　　真剣なアイデンティティ探究　積極的関与
　　　アイデンティティ再体制化プロセス：D ──────→ M ──────→ A（アイデンティティ再達成）
　　　　　　　　　　　　　　　　心身の変化の認識　　自分の再吟味・　　軌道修正・
　　　　　　　　　　　　　　　　にともなう危機　　　再方向づけへの　　軌道転換
　　　　　　　　　　　　　　　　　　　　　　　　　　模索

資料出所：岡本祐子「生涯発達心理学の動向と展望―成人発達研究を中心に―」『教育心理学年報』（1994年）
　　　　　Vol.33, P.140.

関し、従来以上に多様性への配慮が必要であり、とりわけ、キャリアが不安定な者には手厚い支援が必要ということである。第2に、メンタルヘルスに課題を持つ者の多くはキャリアに課題を抱えており、このため、キャリア支援の場では、キャリアガイダンス的な介入を行う機会を持ち続けることが必要ということである。第3に、支援に当たっては、互いに支援し合う相互扶助的な支援が求められるようになり、その観点から社内のコミュニケーションを見直すことが必要であるという。

[2] 中高年齢期の課題と特徴

　ここまでライフステージと発達課題についての代表的な理論を見てきたが、これらの理論を提唱した研究者たちがキャリアの危機を指摘した当時と比べて、より長く働くようになり、社会経済環境の変化のスピードも速まっている。本項では、中高年社員を取り巻く状況を紹介するとともに、その課題や解決策について紹介する。

（1）中高年社員を取り巻く状況

　日本においては、少子高齢化の進展により、労働力構成も高齢化しており、既に、45歳以上の者が就業者の半数以上を占め、5人に1人は60歳以上となっている［図表3-56］。

　内閣府が2020（令和2）年1月に行った調査によると、働いていない者を含む60歳以上の男女のうち、2割の者が働けるうちはいつまでも働きたいと回答し、70歳くらいまで、もしくはそれ以上という回答と合わせると、約6割が高齢期にも高い就労意欲を持っている［図表3-57］。

　前記6.［1］（3）で述べたように、2021（令和3）年4月から改正高年齢者雇用安定法が施行され、その労働者を60歳まで雇用していた事業主には、65歳までの雇用確保措置（義務）に加え、2021（令和3）年4月1日以降は、70歳までの就業確保措置（努力義務）が求められることとなった。

　その一方で、日本の中高年社員を取り巻く状況は厳しい。

　前記4.［5］でも述べたように、日本の大企業では、今もなお「遅い選抜方式」を採る企業が多い。これによりモチベーションを長く確保しつつ、じっくり人材を見極めることができるが、中高年期以降、昇進競争において敗者となった労働力を十分活用しているとは言いにくい状況を生み出しがちである。

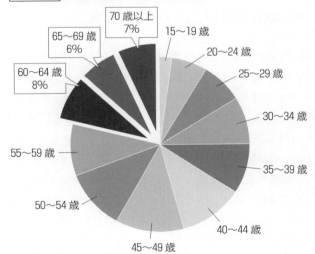

図表3-56　年齢別就業者割合（2020年）

資料出所：総務省統計局「労働力調査　基本集計・年平均」（2020年）

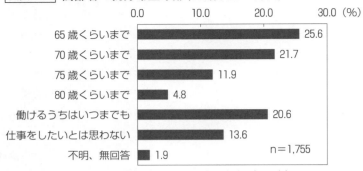

図表3-57 高齢者の就労希望年齢（60歳以上の男女）

	(%)
65歳くらいまで	25.6
70歳くらいまで	21.7
75歳くらいまで	11.9
80歳くらいまで	4.8
働けるうちはいつまでも	20.6
仕事をしたいとは思わない	13.6
不明、無回答	1.9

n=1,755

資料出所：内閣府「令和元年度高齢者の経済生活に関する調査」（2020年）

　また、大企業の中には部長など昇進競争において勝者となったとみられる者に対しても、役員となる一部の者を除き、役職定年を設けている企業もかなりみられる。企業によってルールは異なるが、60歳定年をベースに設けられていることが多いため、50代半ばに設定されていることが多い。

　さらに、65歳までの雇用確保措置が義務化されたことにより、継続雇用者も増えたが、定年後再雇用という形で働く者が多く、社員区分の変更に伴って、

▶COLUMN　中高年労働者とリスキリング（再教育）・リカレント教育

　高年齢者雇用安定法では、45歳以上の者を中高年齢者としている。また、最近、「45歳定年」を巡って議論が交わされたことも記憶に新しいが、70歳まで働くのであれば、40代半ばは、まだ折り返し地点にも到達していない。これまで身に付けてきたこともあるが、さらに学ぶことにより、強みを増すことができ、それを長く使うこともできる。学ぶことによって変化への対応力を身に付けることもできる。いわゆる「働き盛り」の年代で、職責も重く、時間の捻出も難しいかもしれないが、「人生100年時代」を生き抜く上では、この後のキャリアについて考え、それに備えて、リスキリング、リカレント教育を考える必要がありそうだ。

※リスキリング・リカレント教育については、135ページのコラムで触れている。

役割が変わり、賃金が大幅に低下する者も少なくない。

　中高年社員を取り巻く状況は厳しいが、高齢・障害・求職者雇用支援機構が企業を対象に実施した調査によると、企業が高齢社員の活用に当たって課題だと考えていることは、第1に本人の健康であり、次いで本人のモチベーションの問題となっている　[図表3-58]。

(2) 健康問題などへの対応策

　企業は、本人の健康問題、安全問題に関して課題だと考えている。実際に、労働力構成の高齢化を受けて、労働災害による休業4日以上の死傷者数のうち、60歳以上の労働者の占める割合が増加傾向にある（2020［令和2］年は26.6％）。労働者1000人当たりの労働災害発生率（千人率）は、男女ともに若

図表3-58　**高齢社員の活用課題**

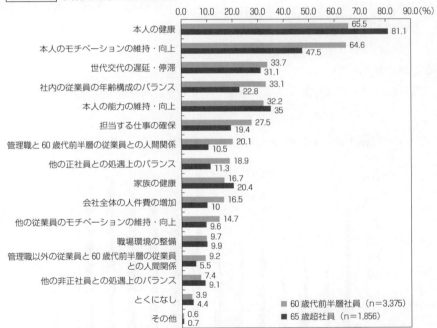

資料出所：高齢・障害・求職者雇用支援機構「継続雇用制度の現状と制度進化―『60歳以降の社員に関する人事管理に関するアンケート調査』結果より―」（2018年）…（A）
　　　　　高齢・障害・求職者雇用支援機構「進化する高齢社員の人事管理―65歳定年時代における高齢社員の人事管理研究委員会」（2020年）…（B）
［注］　1.　無回答を除く。
　　　　2.　60歳代前半層社員のデータは資料出所（A）、65歳超社員のデータは資料出所（B）によるもの。

年層に比べ高年齢層で高くなっている［図表3-59］。

　こうした状況を背景に、中央労働災害防止協会は、2018（平成30）年に「エイジアクション100」を取りまとめた（2021［令和3］年改訂）。これは、高年齢労働者の安全と健康確保のために有効な100の取り組みを盛り込んだチェックリストで、職場の課題を洗い出し、改善を進めるための「職場改善ツール」である。

　さらに、厚生労働省は、2020（令和2）年に「高年齢労働者の安全と健康確保のためのガイドライン（エイジフレンドリーガイドライン）」を公表している。ガイドラインでは、

①企業は、高年齢労働者の就労状況や業務の内容等の実情に応じて、国や関係団体等による支援も活用して、高齢者労働災害防止対策に積極的に取り組むよう努めること

②労働者は、企業が実施する高齢者労働災害防止対策の取り組みに協力するとともに、自己の健康を守るための努力の重要性を理解し、自らの健康づくりに積極的に取り組むよう努めること

などが定められている。

　先に述べたように労働力構成は高齢化している。高年齢労働者の健康や安全

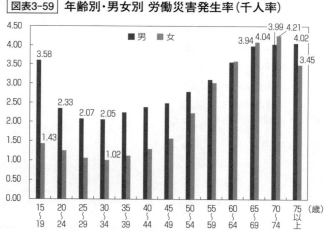

図表3-59　年齢別・男女別 労働災害発生率（千人率）

資料出所：厚生労働省「令和2年　労働災害発生状況」を基に筆者作成
［注］　1.　千人率＝労働災害による死傷者数／平均労働者数×1000
　　　　2.　便宜上、15〜19歳の死傷者数には14歳以下を含めた。

についてただ心配するのでなく、企業、労働者とも、健康づくりを意識し、必要な取り組みを行うことが求められる。

（3）モチベーションや能力の維持・向上のための方策

改正高年齢者雇用安定法により70歳までの就業確保措置が努力義務化されたが、仮に20歳代前半から70歳まで働くと考えた場合、45年以上ある。ここまで長く働くようになれば、ずっと管理職を目指して働き続けるというわけにはいかないだろう。いつまで、どのように働きたいかは、人によって異なるし、健康面が気になる人も増えてくる。年齢が上がれば、この後の時間をどう過ごすかについてのニーズも多様になってくる。

高齢期を迎える前に「自分はこの後どのような働き方をしたいのか」「自分の強みを発揮できるのは、どのような仕事か」などについて考え、それに向けた準備をしておくことが必要になってくる。

企業側も、そのニーズを受け止めつつ、従業員に何を期待しているのか、力を発揮し続けてもらうために、どのような環境を用意しているのかなどを伝えることが必要になってくる。

企業が、キャリアの節目に、従業員にキャリアについて考える機会を提供するとともに、企業が何を期待し、どのような環境を用意しているのかについて伝える取り組みとして「キャリア研修」がある。キャリア研修は、セルフ・キャリアドックのメニューの一つで、中高年向けのものは「中高年社員のモチベーションの維持・向上にとって重要な活動」とされている。実施方法は企業によってさまざまだが、①節目となる年齢に実施されている例が多く、②これまでのキャリアを振り返るとともに、現在の役割と責任、自己のキャリア開発上の課題を明確化し、キャリア・プランなど今後のキャリアの方向性と目標設定を行う、③少人数のワークショップ形式をとることが多いなどの共通点がある。高齢・障害・求職者雇用支援機構（2018、2020）、浅野（2019）によれば、就業意欲や成長したい気持ちが高まるなど労働者の意識面に効果があるほか、行動面においても一定の効果が認められ、さらに、企業と従業員のニーズを調整する仕組みを機能させる上で役に立つことなどが報告されている。

年齢が上がるとともに従業員のニーズも多様化してくる。企業のほうも、役職定年や定年後再雇用により、同じ企業内で異なる役割を担うケースもあれば、関係企業に転籍するケース、他の企業に転職するケースや起業するケースなども考えられる。一定年齢以上になれば、短時間・短日勤務で働きたい者や

ボランティアなど社会貢献活動に時間を割きたい者も出てくるだろう。これまで培った知識・経験を活かす場合が多いだろうが、時代の流れや求められる役割によって必要な知識・スキルも変わってくる。マネジメントの立場から現場に戻ったり、世の中の流れに後れを取らないようにしたりするためには、改めて学ぶことが必要になってくる場合もある。新たなことに挑戦するのであれば、なおさらのこと、しっかり学び、準備しなければならない。

役職定年、定年後再雇用とも、強制的にキャリアを変える機会であるが、い

▶COLUMN **50代社員の活性化策**

高齢者雇用の問題を困難なものとしている要因の一つに、バブル入社組の問題がある。1987年ごろから1992年にかけて大量採用された層で、採用戦線において有利であった一定以上規模の企業において顕著である。2022年現在、バブル入社組は50代前半から半ば過ぎにさしかかっている。

彼らは、65歳までの雇用機会確保の対象であることはもちろん、70歳までの就業機会確保の努力義務の対象でもある。

70歳までとなると、50代社員にとっても後15〜20年ある。対象となる人数が多いだけに、彼らの働きぶりが企業全体に与える影響は大きい。いつまで、どのような働き方をしてもらうかは、各社の人事戦略によるが、彼らの下の世代の採用を大きく絞っている場合は、引き続き戦力として働いてもらうことが必要となる。そうなれば、これまでの役職定年者や定年後再雇用者よりも求められる水準は高くなる。年齢にかかわらず、しっかり働いてもらうという企業もある一方で、基幹業務を補完することになる場合が多いようだが、シニア社員の役割をどのように決め、それをどのように伝えるかは大きな課題である。さらに、きちんと評価し、それを処遇に反映させていくことも必要である。

一定以上規模の企業では、役職定年後や定年後再雇用をにらんだキャリア研修がかなり行われるようになってきている。研修の効果は認められているが、併せて職場の上司の役割の重要性も指摘されている。上司への働き掛けも含めた支援が求められる。

ずれも処遇の低下を伴うこともあり、モチベーションを低下させる方向に働くことが多い。高齢・障害・求職者雇用支援機構が 2017 年に行った役職定年経験者に対する調査結果を見ても、今後のキャリアを考える上で役に立ったという者は 38.0％であるのに対し、役に立たなかったという者は 62.0％であった。その一方で、役職定年経験者のうちキャリアの相談やアドバイスを受けた者では 58.8％が今後のキャリアを考える上で役に立ったと答えている。キャリアコンサルティングの有無による違いは大きい。

　中高年社員はベテランであるだけに、支援の対象となりにくいところがあるが、中年期以降のキャリアが長期化する中で、高齢期に備え、40 代後半から 50 代前半の間に、その後のキャリアを展望する機会を提供し、必要な準備を促すことが求められる。

10. 人生の転機とキャリア

　転機（トランジション）については、発達段階の移行期を転機と捉える見方と、転職、失業、結婚、離婚など人生で起きる出来事を転機と捉える見方があるが、ここでは、後者の人生で起きる出来事を転機として捉えることとする。

　転機には、「予期しないもの」と「予期できるもの」がある。

　「予期しないもの」は、予期しなかった事件が起きた、逆に起きるはずと思っていたことが起きなかったなど予想に反する事態になり、何らかの対応が求められる場合である。突然の転動や昇進などの命令が出される、期待していた異動が見送りになったなどが例として挙げられる。

　「予期できるもの」は、予見し得る変化の事態で自らの意思による転職、起業のほか、自己申告による異動、さらに学生の卒業に伴う進路の決定、入社後数年経過しての期待の高まり、定年などが例として挙げられる。

　「転機」には、リスクとチャンスの二つの要素が含まれている。乗り切ることに失敗すると厄介な事態になるし、克服できればアイデンティティが確立され、展望が開ける。予期できるものであれ、できないものであれ、何らかの対応が必要なことには変わりがなく、置かれた状況と折り合いをつけながら、課題全体を統合して克服していくことが求められる。

前記 9. でライフステージの変化に伴う発達課題について説明しているので、ここでは、主に、転機によってキャリア発達を説明する理論と、転機が訪れたときの受け止め方や対応の仕方についての理論を説明する。

[1] シュロスバーグ（Schlossberg, N. K.：1929 ～）

　シュロスバーグは、人生はさまざまな転機の連続からなっており、それを乗り越える努力と工夫を通してキャリアは形成されると述べている。すなわち、長い人生において、キャリア発達は、転機の連続からなると考え、転機のプロセスをよく理解し、キャリア転機を上手に行い、それをマネジメントできるようになることが大切であると考えた。
　彼女によると、転機には、
①予測していた転機
②予測していなかった転機
③期待していたことが起こらなかった転機
の三つがある。重大な転機は、「自分の役割」「人間関係」「日常生活」「考え方」のすべてに影響するものであり、一つか二つが変わる程度であれば、重大な転機とまではいえないとした。
　また、「転機」に対処するためには、Situation（状況）、Self（自己）、Support（周囲の支援）、Strategy（戦略）の四つの資源を活用することが重要であるとし、これを「四つのS（4Sモデル）」と呼んだ **[図表 3-60]**。「四つのS」は、転機を乗り切るために利用できる資源である。シュロスバーグは、四つのSをそれぞれ点検することを推奨している。順に見ていこう。
①状況（Situation）
　原因は何か、役割・人間関係・日常生活・考え方の変化はどうか、予測できたか、期間はどのくらいか、総合的に見てどんな状況か。
②自分自身（Self）
　仕事はどのくらい重要か、仕事とそれ以外のこととのバランスはどうか、変化への対応はどうするのか、自信はあるのか、人生に対してどう考えているかなど。
③支援（Support）
　他者からの励ましはあるか、周りの人間関係は良いか、仕事探しを支援して

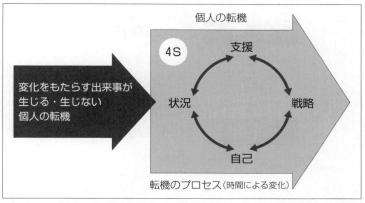

図表3-60 転機のフレームワーク（四つのS）

個人の転機

4S

支援

状況　　戦略

自己

変化をもたらす出来事が
生じる・生じない
個人の転機

転機のプロセス（時間による変化）

資料出所：Schlossberg, N. K., Waters, E. B., & Goodman, J. (1995) Counseling adults in transition: Linking practice with theory (2nd ed.). Springer Publishing Company. p.27. を基に筆者作成

くれる機関はあるか、キーパーソンはいるか、全体として役立ちそうな支援は
あるかなど。

④戦略（Strategy）

　仕事探しをするなど行動しているか、転機を前向きに捉えようとしている
か、プラスに変えようとしているか、ストレス解消を図っているかなど。

　シュロスバーグは、どんな転機でも、それを見定め、点検し、受け止めるプ
ロセスを通じて乗り越えていくことができるとしている。

[2] ブリッジス（Bridges, W.：1933 〜 2013）

　ブリッジス（1980, 2004）は、「転機」は、「①終わり（終焉<ruby>しゅうえん</ruby>）」から始まって、
「②ニュートラルゾーン」を経て、「③始まり（開始）」という３段階からなる
とした **[図表 3-61]**。

　「終わり」は、何かがうまくいかなくなる時から始まる。そして、ニュート
ラルゾーンを経て、新しく生まれ変わり、「始まり」にたどり着く（終わり→
ニュートラルゾーン→始まり）。「ニュートラルゾーン」は、混乱や苦悩の時期
だが、新たな始まりに向けて気持ちを統合していくために必要なプロセスであ
り、この時期をいかに上手にマネジメントできるかが重要であるとした。

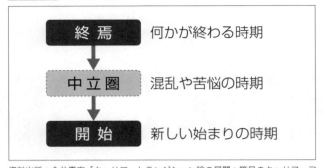

資料出所：金井壽宏「キャリア・トランジション論の展開：節目のキャリア・デ
ザインの理論的・実践的基礎」『国民経済雑誌』(2001年) 184(6), P.48.
[注] ブリッジスの下記の著作の考えに基づき、金井が図にまとめたもの。
Bridges, W. (1980) Transitions: Making sense of life's changes. Da
Capo Press.

　彼は、ニュートラルゾーンをマネジメントする際のヒントとして、次の七つ
を挙げている。
①ニュートラルゾーンで過ごす時間の必要性を認める
②1人になれる特定の時間と場所を確保する
③ニュートラルゾーンの体験を記録する
④過去を顧みて、これまでどう生きてきたかを振り返る
⑤この機会に、本当にしたいことを見いだす
⑥もし今死んだら、心残りは何かを考える
⑦数日間、自分なりの通過儀礼を体験する
　ブリッジスの理論は、転機の心理プロセスを整理し、それによって転機の課
題を解決していこうとするものである。

[3] ニコルソン（Nicholson, N.：1944〜）

　ニコルソンは、トランジションは、準備（Preparation）→遭遇（Encounter）
→適応（Adjustment）→安定化（Stabilization）の四つのサイクルで展開され
ると考えた [図表3-62]。
①準備：新しい世界に入るための準備の段階。例：昇任前に心構えを持ち始め
　るなど

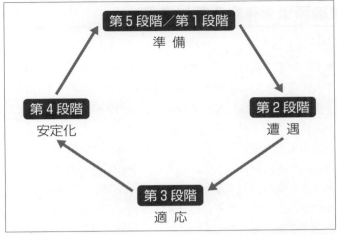

図表3-62 転機のサイクル

第5段階／第1段階
準 備

第2段階
遭 遇

第3段階
適 応

第4段階
安定化

資料出所：Nicholson, N. & West, M. A. (1988) Managerial job change: Men and women in transition. Cambridge University Press. p.9. を基に筆者作成

②遭遇：実際に新しい環境に初めて入る段階。例：新たな役職に就くこととなるなど
③適応：仕事や人間関係などになじんでいく段階。例：役職に少しずつ順応するなど
④安定化：日常化した段階。例：役職にすっかり慣れて落ち着いていくなど
　通過に当たっては、①では期待や動機、②では認知、③では同化、④では遂行がそれぞれ鍵となるとされる。サイクルは異動などにより何度も繰り返される。また、前の段階がうまくいったかどうかで次の展開が影響を受ける。

11. 個人の多様な特性とキャリア

　相談者の個人的特性などによって、キャリア支援に当たって課題の見立てのポイントや留意すべき点、頭に入れておくべき知識などがある。以下では、その一部について、紹介する。

［1］ 不本意に非正規雇用で働く若年者、安易な離職願望を有する若年者等

　キャリアコンサルティング協議会（2018）によると、不本意に非正規雇用で働く若年者、安易な離職願望を有する若年者等は、自尊心や自己評価が低いほか、仕事や企業についての理解、早期離職のマイナス面への理解、長期的な展望を持ってキャリアについて考える力、自ら周囲に働き掛ける能力、コミュニケーション能力等が不足しているという。

　若年者の支援に当たっては、相談者が自分を適切に評価できるよう支援すること、企業における人材育成・活用の考え方や仕組み、具体的な方策などへの理解を促進することが重要である。その上で、長期的な展望を持ってキャリアについて考える力を育て、さらに、フィードバックを繰り返すことにより、自ら周囲に働き掛ける能力、コミュニケーション能力の重要性について気づき、これを育てていくことが求められる。

　不本意に非正規雇用で働く若年者の支援に当たっては、第1に、自尊心の回復や信頼関係の構築が重要である。これを行った上で、これまでの経験の棚卸しや学習歴、資格等の確認を行い、相談者が自分を適切に評価できるよう支援することが必要である。第2に、企業における人材活用についての理解を深め、正規雇用となるための方策について具体的に考えることができるよう支援することである。現在働いている企業で正規雇用となる可能性はあるのか、それとも他の企業に転職する必要があるのかを見極め、これを踏まえて、具体的に行うべきことを考える必要があるからである。

　現在働いている企業で正規雇用となることを目指すのであれば、登用の可能性や要件を正確に把握することが必要である。その際、就職活動時に課題だと感じたことを踏まえ、対策を講じることも有効であろう。

　転職して正規雇用になることを目指すのであれば、どのような企業を対象に、どのようなタイミングで転職活動を行うのかについて、考えることが必要である。非正規雇用で働きつつ転職活動を行うことは、求職活動を長引かせる可能性もあるが、不安な気持ちの軽減につながる。また、非正規雇用であっても、就業経験であり、また、働きながら自己啓発を行うことも可能である。その際に生じる可能性のある問題について理解させ、進捗管理や課題解決のための方策を助言することも有効であろう。

安易な離職願望を有する若年者に対しては、まずは、企業における人材育成・活用の考え方や仕組み、具体的な方策などへの理解を促進することである。企業は、人材を確保し、育て、活用していかなければいけない。若年者に対しては、ある程度、長期的な目で育成も考えつつ、初任配属を決めることが多い。さまざまな経験を積ませることを通じて、社員の適性を見極めた上で、専門性を高めていこうという企業も多い。また、職種によっては、幅広い経験が必要なものもある。自分のことだけでなく、組織の立場についても考慮することや長期的な展望を持つことなども、キャリアを考える上で重要である。これに資するよう、幅広い職業・業界の知識や企業情報、労働に関する知識等を分かりやすく提供することが必要である。

　なお、採用当初は、上司や先輩から若者への指示、働き掛けが必要である。望ましいコミュニケーションがとれるような職場の環境づくりによって、就職直後のキャリアの重要性と早期離職がその後のキャリアに与える影響について理解を促すことである。すぐに離職するよりも、在職しながら次に向けた準備をするほうがよい場合も多い。

　企業や職場の側の要因として、不適切な雇用管理、不十分な教育体制、人間関係があることもある。若年者から十分話を聞くことが重要である。その上で、若年者に雇用管理のルールについての情報提供や職場のトラブルへの対応に関する情報提供を行う一方、必要な場合には組織に対して助言を行うことが有効である。

　いずれの場合においても、若年者の支援をする際は、その特性を踏まえた支援が必要である。具体的には、自ら考え、行動することを促す、自尊心に配慮する、コミュニケーション能力を高める、視野を広げる、長期的な展望に基づいてキャリアや職業生活を計画するといった支援が有効であると考えられる。

　2021（令和3）年3月に示された「青少年雇用対策基本方針[19]」（令和3～7年度）には、「青少年の早期離職の防止・職場定着の促進を図る観点からも、入職後早期におけるキャリアコンサルティングの機会の提供を行うとともに、メンタルヘルス不調の発生の防止、不調者への適切な対応、職場復帰の支援等、職場におけるメンタルヘルス対策の充実を図り、青少年が心身ともに充実した状態で意欲と能力を十分に発揮できる職場環境を整備していく」とされている。

※19　同方針においては、「青少年」は35歳未満の者をいう。ただし、個々の施策・事業の運用状況等に応じて、おおむね「45歳未満」の者についても、その対象と

することは妨げないこととされている。

［2］ 出産・育児と仕事の両立に困難を感じている女性等

　働く女性は年々増加し、出産前後の継続就業率も上昇しており[20]、働き方改革なども進められているが、仕事と育児の両立の困難さを理由に退職する女性や、両立に困難を感じている女性はまだ一定数存在している。

> [20]　出生動向基本調査によると、出産前に有職であった女性が、第一子出産前後に就業を継続した割合は、2005〜2009（平成17〜21）年は40.4％だったが、2010〜2014（平成22〜26）年は53.1％であった。

　こうした女性等の支援に当たっては、労働時間の短縮や勤務先の変更のほか、男女の家事・育児分担に関する考え方など柔軟な視点から支援を行っていくことが求められる。中長期のキャリア・プランを作成し、長い目で両立を図っていくような支援も有効であろう。

　これまでの就業経験のほか、家庭において培ったマネジメントスキルも強みとなるほか、仕事と家庭生活の相互作用や相乗効果なども考えられる。また、キャリアコンサルティング協議会（2018）によると、母親の就業には、子育て時間の減少、ワーク・ライフ・コンフリクト（仕事上の役割と家庭や地域における役割の対立）など「負の効果」もある一方、可処分所得の増加、集団保育でペアレンティング・スキル不足を補うなど「正の効果」があるという。こうした視点を伝えていくことも有効であろう。

　育児中の社員支援には、本人の問題だけではなく、夫婦それぞれが働く組織における支援制度や組織風土も影響を及ぼしていることを理解した上での支援が求められる。また、夫婦の母親が働くことについての考え方に加えて、夫婦の両親の就業スタイルなどを考慮した支援が必要な場合もある。さらに、限られた時間内に生産性を上げるため、優先順位の整理や各種サービスの活用についても必要な情報を提供していくことが考えられる。

　このように、家庭の状況によって、求める支援は異なると考えられることから、それぞれの相談者に応じた支援を行っていくことが求められる。とりわけ、シングルマザーなどひとり親に対する支援に当たっては、収入面の問題に対する支援など、別の観点からの支援も頭に入れた上で行うことも必要である。

[3] キャリアチェンジを求められている中高年齢者等

中高年齢者については、より長く働くことが求められる一方、社内で一定のポストを占め、賃金も他の年代に比べて高いことから、働き方の見直しを求められることがある。具体的には、定年（役職定年を含む）などを機に大きく立場が変わる場合や社外への転身を考える場合、キャリア研修などを機に自ら今後について考える場合などである。

定年（役職定年を含む）などを機に大きく立場が変わる場合は、変化後のマッチングが重要となる。相談者である中高年齢者が、どのような仕事であれば、自分らしく働けるのかについて考えることを支援することが重要である。その際、企業の側にも、本人や現場と意思疎通を図った上で、配属先やそこでの新たな役割を決めることが求められる。定年後再雇用などを機に、かつて親しんだ現場の仕事にもう一度戻ることができる、これまで培った知識・スキルを後輩に伝えることができるといったプラス面もある。こうしたことを、個人、企業両者に伝えることも期待される。

近年は50代の転職も増えてきているが、社外への転身を図る場合は、転身自体が難しいことがある。また、処遇の低下や職務内容の変化を伴うことも多い。既に身に付けているものに加えて、関連する知識・スキルが求められることもある。相談者である中高年齢者に、これらに関する客観的な状況を伝えるとともに、知識・スキルのほかネットワークなど彼らが有している資源を確認することが必要である。同時に不安を取り除くための支援が求められる。具体的には、仕事や生活に関する自分なりの意味・意義に対する認識を深めるよう支援するほか、自分や家族にとって何が必要なのかを改めて考えることを支援することが求められる。キャリアコンサルタントには、中高年齢者の転職に当たっての客観的な状況についての資料を準備したり、中高年齢者のネットワークの棚卸しを支援したり、転職に関する関連拠点の活用方法を提供するなど各種の支援が求められる。

前記6.［1］（3）で述べたように、2021（令和3）年4月から改正高年齢者雇用安定法が施行され、その労働者を60歳まで雇用していた事業主には65歳までの雇用確保措置（義務）に加え、雇用以外の形も含め、70歳までの就業確保措置（努力義務）が求められることとなった。これは、従業員にとっては、働くことを期待される期間がさらに延びたということであると同時に、高

齢期において、雇用以外の形で働く可能性がこれまでよりも大きくなる、ということでもある。

「人生100年時代」という言葉が一般的になる中、こうした変化にも対応していくことが必要である。いずれにしても、変化をネガティブに捉えるのでなく、現実を踏まえて、こだわりを捨て、より長く働く可能性があることを視野に入れ、仕事や生活に納得できる意味や意義を持てるよう支援していくことが必要である。

[4] 治療と職業生活の両立に課題を抱える者

「治療と職業生活の両立等支援対策事業」（平成25年度厚生労働省委託事業）において実施された調査によれば、疾病を理由として1カ月以上連続して休業している従業員がいる企業の割合は、メンタルヘルスが38％、がんが21％、脳血管疾患が12％である。また、労働安全衛生法に基づく一般健康診断における、脳・心臓疾患につながるリスクのある血圧や血中脂質などにおける有所見率は増加傾向にあり、労働力の高齢化に伴って今後さらに増えると考えられる。

一方、近年の診断技術や治療方法の進歩により、がんなどかつては「不治の病」とされていた疾病においても生存率が向上し、「長く付き合う病気」に変化しつつある。企業において、疾病を抱えた労働者の治療と仕事の両立への対応が必要となる場面はさらに増えることが予想される。厚生労働省では、2016（平成28）年に「事業場における治療と仕事の両立支援のためのガイドライン」を策定している。

以下では、日本生産性本部（2019）を基に、キャリアに関する支援に当たって留意すべきことについて紹介する。

（1）診断段階

相談者（患者）の多くは、診断直後はショック状態にあり、病気のことで頭がいっぱいで混乱している状態にある。動揺のあまり、医師からの治療の見込みについての説明を正確に理解できていない場合も少なくない。まして、企業や医療機関、行政において、どのような支援を受けられるのかについて理解するだけの心の余裕もない。

精神的な動揺を見せまいとして、上司や人事担当者の前でことさらに冷静な

態度を取り、淡々と離職の手続きを進めてしまうケースや、直ちに退職に至らないまでも、「勤務先に迷惑をかけたくない」「以前と同じように働けなくなることで、評価が下がるのではないか」といった思いから、誰にどこまで相談すればよいか冷静な判断ができないケースもある。

「治療に専念しなければならない」「企業に迷惑をかけたくない」という思いから、勢いで退職し、結果として再就職に苦労したり、経済的に困窮したりする相談者もみられる。

こういった事態を避けるためにも、治療の方向性やスケジュールが見えてきたところで、企業と復職および両立支援プランの作成支援を行う。病気の種類や治療方法（手術、化学療法、放射線治療等）によって心身の負荷は大きく異なるため、相談者は治療の状況や見通しを企業側に正確に伝えることが必要である。

（2）治療開始

多くの相談者にとって、病気や治療による体調・外見の変化に気持ちが揺さぶられる時期である。これからのキャリアや金銭面への不安も感じることがある。

継続就業の場合は、社内制度を使って、無理なく治療と職業生活の両立ができるようにする。家族や職場の同僚たちに迷惑をかけているのではないかと心配したり、病気のことをありのまま話すことがはばかられたりして、相手との間に心の壁ができてしまい人間関係に悩むこともある。治療に合わせて仕事内容を変えたことにより自己効力感を下げてしまうこともある。

休職する場合は、本当に職場に戻って働くことができるのか不安になることが多い。

継続就業する場合、休職する場合とも、定期的に企業の担当者と連絡を取り合い、状況を共有することが必要である。

退職者の場合、今後の治療に係る金銭的な不安や再就職ができるかといった不安を抱えていることが多い。

（3）復帰前

相談者は「どのタイミングで復職できるのか」「前と同じように働けるのか」「周囲に理解してもらえるのだろうか」と不安になる時期である。一方、企業側は実際にいつまで治療が続くのか、いつ復帰できそうなのか待っている状況である。企業へは体調や通院状況に合わせて仕事の調整や配慮を行うように依

頼をする。

（4）復帰後

　治療が一段落して職場復帰した状況である。職場復帰に際して相談者が企業側と面談するに当たっては、相談者側が自身の心身の状態を把握することが欠かせないが、治療の副作用による体調の変化や当初描いていた復職のイメージとの差異に戸惑うこともある。定期検査のために外来通院を続けることも多く、周囲との関係性が構築できないと離職につながることがあるので注意が必要である。また、治療が終了しても寛解までは5〜10年程度の経過観察期間を要することもある。相談者が、仕事ができ、精神的にも経済的にも自立できていることが目標となる。

　キャリアコンサルタントが治療と職業生活の両立に課題を抱える相談者に対して支援を行うためには、ネットワークの構築が不可欠である。がん専門病院の相談支援センターなどの医療機関、ハローワークや産業保健支援センター（さんぽセンター）※21 等のほか、支援団体等とも必要に応じて連携し、支援を進めていくことが求められる。

　　※21　独立行政法人労働者健康安全機構の出先機関で、産業医等の産業保健関係者を
　　　　　支援するとともに、事業主等に対し職場の健康管理への啓発を行っている。全国
　　　　　47の都道府県に設置されている。

［5］　就職氷河期世代

　就職氷河期世代とは、1990〜2000年代の雇用環境が厳しい時期に就職活動を行った世代のことである。不本意ながら不安定な仕事に就いている、無業の状態にある、社会参加に向けた支援を必要とするなど、さまざまな課題に直面している者も少なからず存在し、年齢とともにますます安定的な就労が困難となることが予想されている。

　日本生産性本部（2019）によると、一口に就職氷河期世代と言っても、相談者の積み上げてきた職業経験や技能、正社員就労に向けた意識、本人の置かれた雇用環境は多様である。このため、キャリアコンサルティングにおいては、初期段階で、相談者の状況に応じた見立てを行うことが重要だという。分類の軸は、「継続就業しているか、離転職を繰り返しているか」と「正社員として働くことに対して意欲的かどうか」だとされる。

[図表3-63]のA─1タイプは長期間にわたって一定の就労経験があり、正社員として組織に求められる役割を理解している相談者である。「今の事業所で正社員を目指すのか、転職して別の事業所で目指すのか」など、正社員就労に向けた具体的な支援を行っていく。

　A─2タイプは長期間にわたって一定の就労経験はあるものの、正社員として組織から求められる役割のイメージを持てないでいる相談者である。正社員就労ありきで支援を行わず、まずは本人が正社員のメリット、デメリットを理解し、納得した上で自己決定できるように支援を行う。

　Bタイプは継続的に就業していないものの、正社員就労への意欲が高い相談者である。自信を持って正社員を目指せるよう、ポジティブな声掛けを行いながらスキルや経験の棚卸しを行い、自己理解・仕事理解・組織理解を高める支援を行う。

　Cタイプは継続就業しておらず、働くことそのものへのイメージが湧いてい

図表3-63　就職氷河期世代のタイプ

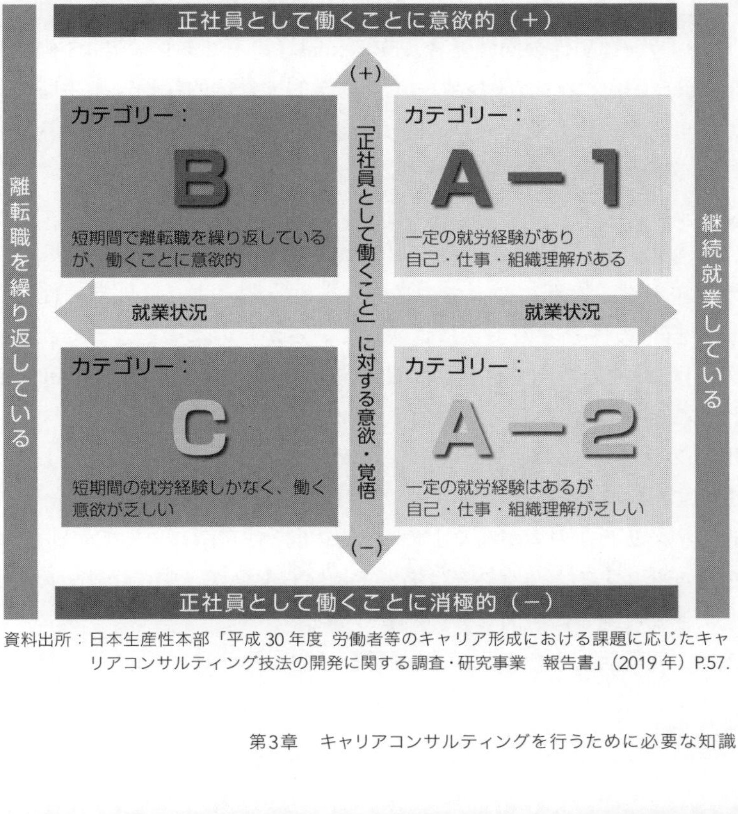

資料出所：日本生産性本部「平成30年度　労働者等のキャリア形成における課題に応じたキャリアコンサルティング技法の開発に関する調査・研究事業　報告書」(2019年) P.57.

ない相談者である。まずは就労体験を積むなど、丁寧なスモールステップの支援が求められる。なかなか一歩を踏み出せない相談者には、就職情報や人生設計などについて指導が必要となる。

日本生産性本部（2019）によると、これら4タイプは、適切な支援に向けて相談者を見立てるために分類をしたものであり、相談者に対してレッテル貼りを行わないように注意することが必要である。なお、キャリアコンサルタントが対応をできない場合は、適切な機関へリファーすることも必要となる。

[6] LGBT

近年、LGBT等性的マイノリティに関する関心が高まっており、労働施策基本方針（平成30年12月28日閣議決定）には、「多様性を受け入れる職場環境の整備を進めるため、職場における性的指向・性自認に関する正しい理解を促進する」旨が明記されている。

支援に当たっては、まず、用語等についての正しい理解が必要である。

「LGBT（エルジービーティー）」とは、Lesbian（レズビアン：女性の同性愛者）、Gay（ゲイ：男性の同性愛者）、Bisexual（バイセクシュアル：両性愛者）、Transgender（トランスジェンダー：生物学的・身体的な性、出生時の戸籍上の性と性自認が一致しない人）の四つの言葉の頭文字から作られた用語であるが、これら四つに限らない性的マイノリティの総称として用いられることが一般的である。

「SOGI（ソジ）」とは、性的指向（Sexual Orientation：恋愛感情または性的感情の対象となる性別についての指向）と性自認（または性同一性、Gender Identity：自分の性をどのように認識しているか）の二つを合わせた言葉である。例えば、「性的指向や性自認に関わるハラスメント」は「SOGIハラ」と呼ばれることもある。

「Ally（アライ）」とは、性的マイノリティのことを理解し、支援しようとする人を指す言葉である。

性的マイノリティの者が働く上で、性的指向・性自認によって差別されたり、不便を被ったりするようなことはあってはならないが、中には就労の場面においてさまざまな困難に直面している者もいる。

例えば、就職活動中であれば、履歴書やエントリーシートの性別欄に記入す

る性別と名前や見た目が異なっていることで採用に不利に働く、面接時にスーツ・持ち物・立ち居振る舞い等について自認する性と違う対応をしなければならない、性的マイノリティであることが分かると興味本位でプライバシーに立ち入ったことを質問される、カミングアウト（今までに明かしていない情報を他者に伝達すること）により不利益な扱いを受けるなどといったこともある。

また、就職後も、職場においてプライベートの話をしづらい、相談先がない、健康診断を受けづらい、性的マイノリティについての侮辱的な言動を見聞きする、社内制度や職場の慣行など何事も異性愛が前提となっている、性別に応じた服装規定があるなどといったことがあり得る。

一般には、相談者が性的マイノリティであるかどうかが分かっている場合は非常に少ないと考えられる。相談者が仮に性的マイノリティであったとしても、その人を傷つけることがないような言葉遣いや対応を心掛けることが必要である。具体的には、性別や性の在り方を決めつけるような表現や言葉を避ける、性的に中立な対応をするといったことを心掛ける。

相談者の性的指向・性自認に関する機微な個人情報を把握した場合は、その取り扱いについて特に留意する。性的指向・性自認が、本人の了解なく他者に共有（アウティング。本人の同意なく第三者に暴露すること）されると、それが故意でなくても、本人を傷つけることになるので十分留意する。また、支援を行う上で必要な範囲を超えて詮索したり、推測したりしてはいけない。

いずれにしても、支援に当たっては相談者の基本的人権を尊重し、性的指向・性自認に基づく性的マイノリティへの差別が生じることのないよう十分配慮することが必要である。

［7］ 外国人留学生や高度外国人材等

新型コロナウイルス感染症の拡大によって外国人の入国制限措置が講じられたことなどにより、2020（令和 2）年度から 2021（令和 3）年度にかけて入国者数は減少したが、2012（平成 24）年度以降外国人留学生数は大きく伸びている。日本の大学・大学院等に留学している留学生の 64.6％が日本における就職を希望している（日本学生支援機構「平成 29 年度私費外国人留学生生活実態調査概要」）。しかし、卒業・修了した学生のうち就職した者は 37.3％である（日本学生支援機構「2019（令和元）年度外国人留学生進路状況・学位

授与状況調査結果」）。「日本再興戦略 2016」では、「外国人留学生の日本国内での就職率を現状の3割から5割に向上させること」を目標としている。

　このような状況を受け、厚生労働省では、外国人留学生の国内就職率の向上と職場への定着のために、2021（令和3）年に「外国人留学生の国内就職支援研修モデルカリキュラム」を開発した。大学1・2年生、大学院1年生対象の「就職活動準備コース」（日本の就職活動について、日本型雇用の特徴、日本企業で活躍する人材になるためには、キャリアについて考える、日本の職場文化を知ろう）と、大学3・4年生、大学院2年生対象の「就職活動・内定後コース」（日本の就職活動について、職場におけるコミュニケーション、事例紹介、日本企業で働く上で知っておくべき労務知識）などからなる。

　企業向けには、経済産業省、文部科学省、厚生労働省が 2020（令和2）年に策定した「外国人留学生の採用や入社後の活躍に向けたハンドブック」がある。同ハンドブックでは、外国人留学生の採用に当たって企業がチェックすべき事項として、❶採用目的や期待する役割の具体化、❷採用方針の社内での共有、❸採用方針・実績の公表・発信、❹企業・外国人留学生がお互いを知る機会の設定、❺役割に応じた専門性・スキルによる選考（日本語能力を求め過ぎない）、❻在留資格申請・住宅確保等の入社前支援、❼配属先の日本人社員に対する研修、❽配属先についての十分な説明、❾社内外での交流機会の提供、❿キャリア形成支援、⓫客観的な評価、⓬母国文化・宗教などを踏まえた社内制度の見直しの 12 項目を挙げている。

▶COLUMN　**在留資格**

　外国人材のキャリア支援を行う際には、出入国管理及び難民認定法の知識が不可欠である。

①在留資格に定められた範囲で就労が認められる在留資格（18 種類）

　在留資格ごとに活動の範囲が定められており、異なる在留資格の活動を行うことはできない。専門的・技術的分野の在留資格で最も多いのは「技人国（ぎじんこく）」※と呼ばれる在留資格である。

※技術・人文知識・国際業務：機械工学等の技術者、通訳、デザイナー、私企業の
　語学教師、マーケティング業務従事者等

②原則として就労が認められない在留資格（5種類）

　文化活動、短期滞在、留学、研修、家族滞在

※ただし、資格外活動許可申請書を、居住地を管轄する地方出入国在留管理局に申
　請し許可を受けると、一定の範囲内でアルバイト等の就労が認められる。

③就労活動に制限がない在留資格（4種類）

　永住者、日本人の配偶者等、永住者の配偶者等、定住者

　外国人留学生が日本企業に就職する場合は、在留資格を「留学」から
「技人国」など就労が認められる資格に変更することが必要である。変更
に当たっては、従事する業務に必要な技術・知識を専攻して大学等を卒
業しているか、日本人と同等以上の給与が支払われるか、留学中に資格
外活動許可で認められた就労条件（原則週28時間以内）を遵守してい
るか、などについて審査が行われる。

　就労可能な在留資格としては、「技人国」のほか、「特定活動」「経営・
管理」「高度専門職」などもある。詳しくは、法務省出入国在留管理庁の
ホームページなどをご覧いただきたい。

第 4 章

▼

キャリアコンサルティングを
行うために必要な技能

キャリアに関する理論やカウンセリングに関する理論、キャリアコンサルティングを行うために必要な知識については、第３章において、既に学んだところだが、ここでは理論・知識を用いて、実際にキャリアコンサルティングを行う上で必要なスキルについて学ぶ。

　キャリアコンサルティングにおけるキャリア形成は、一般に、①自己理解、②仕事理解、③啓発的経験、④意思決定、⑤方策の実行、⑥新たな仕事への適応といった流れとなるとされる。『新時代のキャリアコンサルティング』[労働政策研究・研修機構] で指摘されているように、これら６ステップはキャリア形成の大きな流れであり、１回１回の相談では６ステップのいずれか、あるいは幾つかをテーマとして行い、次のステップへと進んでいく。相談の場面では、各キャリアコンサルタントが依拠する理論と技法を組み合わせて、相談を進めていく。

　第３章2.で説明したように、カウンセリングには、さまざまな理論があるが、キャリアコンサルティングは、包括的・折衷的アプローチの立場をとっている。これを踏まえ、ここでは、１回１回の相談において、包括的・折衷的アプローチを用いて課題を解決しながら、次のステップへと進んでいくことを想定し、説明する。具体的には、まず、1.で各ステップに共通して必要となる基本的な技能について説明し、2.で、各ステップの実施に当たって必要な知識・スキルについて説明する。

1. 基本的な技能

[1] カウンセリングの技能

　１回１回の相談においては、まず、相談者に受容的・共感的な態度（基本的態度）で接し、関係づくりに配慮しながら（関係構築力）、問題の把握を行う（問題把握力）。問題の把握に当たっては、相談者自身が問題だと考えていることと、専門的な知識・スキルを有するキャリアコンサルタントが問題だと捉えたことに分けて把握していくとよいだろう。問題の把握の後は、問題解決の具体的方策について検討していく（具体的展開力）。これに伴い、キャリアコンサ

ルティングでは、次第に傾聴から問題解決のためにお互いに案を出し合う対話の傾向が強くなっていく。

　なお、相談の実施に当たっては、これに先立って、まず相談場面を設定することが必要である。また、終了に当たっては相談過程を総括することが必要となる。

　[図表4-1] に、キャリアコンサルティングにおけるキャリア形成の流れと相談の流れの関係について示す。

　キャリアコンサルティングにおける基本的スキルのポイントは、以下のとおりである。

- **基本的態度**：キャリアコンサルタントとして自分をありのままに受容し、言語・非言語で表現し、多くの場合、一致していること。また、必要に応じて相談者の個別問題に応じた支援（助言・情報提供等）を適切に行うことができること

図表4-1 キャリアコンサルティングにおけるキャリア形成の流れと相談の流れ

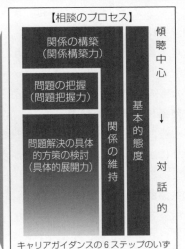

【キャリア形成の流れ】

①相談場面の設定

②自己理解の支援

③仕事理解の支援

④自己啓発の支援

⑤意思決定の支援

⑥方策の実行の支援
　　（就職・異動・昇進等）

⑦新たな仕事への適応の支援

⑧相談過程の総括

【相談のプロセス】

関係の構築
（関係構築力）

問題の把握
（問題把握力）

問題解決の具体的方策の検討
（具体的展開力）

関係の維持

傾聴中心
↓
対話的

基本的態度

キャリアガイダンスの6ステップのいずれか、あるいはいくつかをテーマとして行い、次のステップへと進んでいく

資料出所：筆者作成

[注]　本図表の作成に当たっては、桐田徹職業安定局総務課中央職業指導官（当時）、井関義浩ハローワーク会津若松所長（当時）、鈴木玲子ハローワーク品川事業所第一部門統括職業指導官（当時）に助言いただいた。

- **関係構築力**：キャリアコンサルタントとして、相談者に対する受容的・共感的な態度および誠実な態度を維持しつつ、さまざまなカウンセリングの理論とスキルを用いて、相談者との人格的相互関係の中で相談者が自分に気づき、成長するような相談を安定的に進めることができること
- **問題把握力**：相談者が表現した内容から相談者が相談したいことを把握し理解するとともに、相談者が訴えている以外の問題を把握しており、推論の根拠も説明できること
- **具体的展開力**：相談者との関係性を意識しながら面談を進め、相談者の訴えを理解した上で適切な目標を設定し、キャリアコンサルタントとしての対応を適切に選択し、対応できることで、相談者に気づき、変化（問題に対する認知の変化、自分または重要な他者に対する認知の変化、自己の表面的な表現から内面表現への変化、具体的行動や意欲の変化など）が起こること

資料出所：キャリアコンサルティング技能検定（2級 実技［面接］試験実施概要）

（1）キャリアコンサルティングの実施に当たっての基本的態度

　キャリアコンサルタントは、キャリアコンサルティングの実施に当たって、相談者に対し、受容的・共感的で、かつ誠実な態度で接することが必要である。

　以下は、第3章2.［7］で説明したロジャーズのカウンセリングでの基本的態度を基に、キャリアコンサルティングを行う場合に必要なことについて記載したものである。

①無条件の肯定的配慮

　一般に「受容的態度」と呼ばれるものである。キャリアコンサルティングを行うに当たっては、相手をかけがえのない独自の存在として尊重する態度が必要である。

②共感的理解

　相談者の主観的な見方、感じ方、考え方を相談者のように見たり、感じたり、考えたりすることである。キャリアコンサルティングを行うに当たっては、相談者が何と言っているかではなく、何を言いたいのかを理解することが必要不可欠である。

③自己一致

　自己一致とは、心理的に安定しており、ありのままの自分であることを肯定

的に受け入れていることである。キャリアコンサルティングを行うに当たっては、誠実で、相談者に対して、隠し立てのない状態であることが必要である。

（2）傾聴

傾聴とは、「よく聴く」ことであり、カウンセリングの基本である。時間をかけて話を聞けばよいというものでなく、相手の話を言葉どおりに聞くというものでもない。相談者を独自の存在として尊重し、共感的に聴くということであり、言葉以外のしぐさなども含めて、相談者が何を言いたいのかを積極的に感じ取ろうとすることである。

傾聴は重要だが、効果的なキャリアコンサルティングのためには、「話を聴く」だけで十分とはいえない。相手の状況や相手との関係、面接の流れなどによっては働き掛けを行い、効果的に面接を進めていくことも必要である。

（3）キャリアコンサルティングを効果的に進めるための技法

代表的な包括的・折衷的アプローチの一つであるマイクロカウンセリングでは、多くのカウンセリングに共通してみられるやり方を分類・整理している。マイクロカウンセリングの技法については、第3章2.［9］（1）に併せて記載しているので、ご覧いただきたい。

［2］ グループアプローチの技能

第3章2.［12］で示した「グループを活用したカウンセリング」には、1対1のカウンセリングでは得られないメリットがある。若者の職業意識の啓発や社会的・基礎的能力の習得支援、自己理解・仕事理解などを効果的に進めるためにも有効だとされる。その一方で、実施に当たっては留意すべきこともある。

第3章2.［12］（7）に、グループを活用したカウンセリングの実施に当たってファシリテーターが行うことや、メンバーに注意喚起すべきことについて併せて記載しているので、ご覧いただきたい。

［3］ キャリアシートの活用

キャリアについて考えたり、意思決定をしたりする際には、職業経験、教育訓練歴、職業への興味・関心、キャリアプランなどさまざまなことを検討する

必要がある。また、自分の職務経歴について振り返り、その経歴を再評価しながら自分の長所を見極めることが必要である。この作業を「キャリアの棚卸し」という。心の中だけでこれを行うのは難しい。「キャリアシート」は、こうしたキャリアを考える上で検討しなければならないことを項目にし、項目に沿って記入し、目に見えるようにしたもので、記入することにより、キャリアの全体像を効率的に把握することができる。

　人材紹介会社、教育機関の就職支援部門、企業のキャリア開発部門などが、業種、職種、年齢層などによって、さまざまなキャリアシートを開発している。中高年、女性など対象者別にも多くの様式が開発されている。

　定まった項目があるわけではないが、一般に **［図表 4-2］** の流れに沿って自己理解を進め、これまでの職業経験、知識・技能、その他の個人的な特性などについて記載する。時系列に所属企業・部門・業務内容を示していく「編年体」、直近の職務経歴から順に書いていく「逆編年体」、職務内容や分野ごとに職務経歴を書いていく「キャリア式」といった形式がある。

　キャリアシートの作成は、自己理解を促進するだけでなく、外部環境を把握することを通じて、職業理解を促す効果を有する。キャリアコンサルティングにおいては、キャリアシートを作成すること自体に大きな意義がある。

　なお、一般に職務経歴書のことをキャリアシートと呼ぶことがあるが、職務経歴書は、それまでの職務経歴を明らかにし、それを通じて培ってきた自分の能力と人物について取りまとめ、志望企業にアピールすることに特化したキャリアシートの一つである。第 3 章 3.［2］（4）で説明したジョブ・カードにも、キャリアシートとしての機能がある。

図表4-2 キャリアシートの作成手順

①これまでの職業に関する経験を「棚卸し」する

②自分の能力・適性、興味、価値観などを把握する。主観的に把握するだけでなく、各種のテスト結果や学習歴、所有資格などによって客観的な把握も行う

③労働市場のほか、経済状況、職業を取り巻く状況など外部環境との関係において自分を知る。官庁などが公表している統計データや新聞報道などのほか、職業についての情報を提供している job tag などによっても把握することができる

④今後のキャリアプランについて具体的に記述する

［4］ 相談過程の進行管理

　ここまで各ステップに共通して必要な基本的技能について説明してきたが、キャリアコンサルティングの実施に当たっては、相談過程全体を俯瞰し、マネジメントしていくことが必要不可欠である。そのためには、キャリアコンサルタントと相談者が共同で目標を定め、その上で、どのようにして目標を達成するかを考え、実行するということを体系的に進めることが必要である。

2. 相談過程において必要な知識・技能

　キャリアコンサルティングは、キャリアコンサルタントが相談者に対して、①自己理解、②仕事理解、③啓発的経験、④意思決定、⑤方策の実行、⑥新たな仕事への適応といったキャリア形成の流れに係る支援を、相談者の状況に応じて行うプロセスであるとされる。本節では、これに沿った形で、相談過程において必要な知識・技能について見ていく。

［1］ 相談場面の設定

（1）物理的環境の整備

　相談者が安心して積極的に相談できるようにするためには、相談にふさわしい物理的な環境が必要である。騒音や人の往来などがあるような環境ではゆっくり相談することは難しい。他人に聞かれないようパーティションを設けるなど、プライバシーに十分配慮した環境を整備する必要がある。

（2）心理的な親和関係（ラポール）の形成

　相談者がキャリアコンサルタントに自分の気持ちや考えを自由に話し、理解し合えるような心理的な親和関係（ラポール）を構築することが必要である。

　どのような相談者に対しても、その気持ちを受け止め、受容的な態度（あいさつ、笑顔、アイコンタクト等）で接することにより、相談者との間に信頼関係を作ることが重要である。

(3) キャリア形成およびキャリアコンサルティングに係る理解の促進

　キャリアコンサルティングは、相談者とキャリアコンサルタントが目標達成に向けてともに取り組むものである。また、キャリアコンサルティングの支援の範囲を決めたり、意思決定を行ったりするのは、相談者自身である。

　相談者が主体性を持ってキャリアについて考えるよう、理解を促すことが必要である。

(4) 相談の目標、範囲等の明確化

　相談者の置かれた状況と求めていることを理解した上で、目標を定め、共有することが重要である。また、相談を行う範囲、相談の緊要度などについて相談者との間で合意を得る必要がある。

[2] 自己理解の支援

(1) 自己理解への支援

　将来のキャリアを選択し、自分らしいキャリアを築いていくためには、それを行う主体である「自分自身」について理解することが必要である。自己理解とは、自分自身について理解することであり、具体的には、自分の特徴について、能力、適性、思考特性・行動特性、興味、職業価値観などさまざまな面から明らかにして理解を深めることである。キャリアコンサルタントは、相談者が自己理解を行えるよう支援する。自己理解は、キャリアコンサルティングの出発点となる重要なものである。

　自己理解のプロセスの特徴は、[図表4-3] のとおりである。

①理解の対象となる「自己」の内容

❶職業能力等：自分は何ができるか

◉職業能力

　職業能力とは、一般に人が、ある職業・仕事に従事した際に、その職業・仕事が要求することを遂行できる顕在的な力をいい、「知識」「技能（スキル）・技術」「学力」などがこれに該当する。通常、学習や経験によって獲得され、職業訓練によって獲得を促進することも可能である。

　職業に関する能力は、各種の能力テスト等によって外部から評価することも可能であり、人が保有する能力を一定の基準で認定する仕組みとして多くの資格制度も設けられている。

図表4-3 自己理解のプロセスの特徴

①分析と統合

　分析とは、自分を幾つかの視点から見つめ、視点ごとに観察された自分の特徴を描写すること、統合とは、分析された自分の特徴をもう一度全体としてまとめて描写することである。分析と統合を行うことによって、それまで漠然としていた「自分自身」が明らかになり、言葉で説明できるようになる

②客観性

　自分を描写する言葉や内容が、他人にも自分と同じように理解してもらえなければならない。本人にしか通じない言葉や内容ではいけない

③自己と環境の関係についての理解

　自己理解には、企業の中における個人が置かれた状況など、環境の中における自己を知ることも含まれる。環境理解が自己理解を進め、また、自己理解が環境理解を促進する

④包括性、継続性

　個人は、生涯にわたってキャリアを形成する。その間、自己とキャリアとの関係は絶えず変化し、選択が繰り返される。自己理解は、その場やその時だけ行うのではなく、包括的かつ継続的に行うことが求められる

資料出所：厚生労働省「キャリア・コンサルティング技法等に関する調査研究報告書の概要」（2001 年）を筆者
　　　　　が一部改変

　なお、職業分野に限定せず、認識・思考・学習・問題解決などの一般的な知的活動に関する能力のことは「知能」という。職業能力を捉える概念には、以下のようなものがある。

ア　エンプロイアビリティ（Employability）

　「職業能力」の捉え方の一つとして「エンプロイアビリティ（Employability）」という概念がある。「雇用する（＝ employ）」と「能力（＝ ability）」が結び付いてできた言葉である。

　1980 年代のアメリカでは、市場競争の激化により大規模な雇用削減が行われ、「長期雇用」という従来あった経営者と従業員との暗黙の契約を破棄せざるを得ない状況となり、従業員のモラールの減退による生産性低下などが見られた。このため 1990 年代に入って、従来の雇用保障に代えて、経営者が従業員に対して「他社でも通用する職業能力（＝雇用され得る職業能力／エンプロイアビリティ）」を身に付けるだけの教育・訓練の機会を提供することによって、従業員の雇用不安を解消し、モラールと生産性の向上を図ろうとする考え方が打ち出された。

　ヨーロッパにおいても、EU 域内での国境を越えた労働移動を可能にする高い職業能力を育成することや能力評価に関する EU 共通基準の設定が必要であ

るという議論から、1990年代からエンプロイアビリティという概念が用いられてきた。

　わが国においては、日経連（現、経団連）が、この概念を「企業の中で発揮され継続的に雇用されることを可能とする能力」を加えた、いわば日本型エンプロイアビリティともいうべき広い概念として捉えた。また、厚生労働省の「エンプロイアビリティの判断基準等に関する調査研究会報告書（2001）」では、この概念を「労働市場価値を含んだ就業能力、即ち、労働市場における能力評価、能力開発目標の基準となる実践的な就業能力」と捉えている。

イ　コンピテンシー（Competency）

　コンピテンシーについては、後掲の思考特性・行動特性等において説明する。

ウ　社会人基礎力

　経済産業省が2006年から提唱している「職場や地域社会で多様な人々と仕事をしていくために必要な基礎的な力」で、「前に踏み出す力」「考え抜く力」「チームで働く力」の三つの能力（12の能力要素）から構成されている[**図表4-4**]。

　さらに、経済産業省では、「人生100年時代」の到来を踏まえ、より長く活躍し続けるために求められる力について検討し、2018（平成30）年、「人生

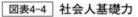

図表4-4　社会人基礎力

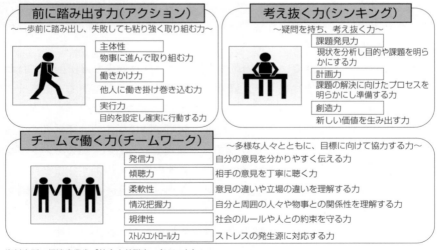

資料出所：経済産業省「社会人基礎力」（2006年）

288

100年時代の社会人基礎力」を新たに定義した。具体的には、社会人基礎力の三つの能力／12の能力要素を内容としつつ、リフレクション（振り返り）をすること、目的（どう活躍するか）、学び（何を学ぶか）、統合（どのように学ぶか）という三つの視点のバランスを図ることが必要であることを位置づけた［図表4-5］。

エ　リテラシー

「読み書き能力」のことである。「識字率」という意味から転じて、近年では、「特定分野の知識やそれを活用する能力」という意味で用いられる場合が多い。情報化が進む中で「情報機器を利用して、膨大な情報の中から必要な情報を収集し、活用する能力」という意味で、「コンピュータリテラシー」「ITリテラシー」「情報リテラシー」などといった用語が用いられることがある。さらにそれを単に「リテラシー」という場合もある。

●職業適性

職業適性とは、一般に職業への適応を予測する個人の諸特性のうち、能力の側面をいう。顕在的な能力とはいえないが、今後の学習や経験によって獲得することのできる潜在的な能力である。

古くから用いられてきた概念であり、職業適性を巡ってはさまざまな議論がなされてきた。第3章1.[2]（2）で紹介したスーパー（Super, D.E.）は、職業

図表4-5　人生100年時代の社会人基礎力

どう活躍するか
【目的】
自己実現や社会貢献
に向けて行動する

前に踏み出す力
主体性、働きかけ力、
実行力

3つの視点

3つの能力
12の能力要素

リフレクション　（振り返り）

どのように学ぶか
【統合】
多様な体験・経験、能力、キャリアを組み合わせ、統合する

何を学ぶか
【学び】
学び続けることを学ぶ

チームで働く力
発信力、傾聴力、柔軟性、
情況把握力、規律性、
ストレスコントロール力

考え抜く力
課題発見力、
計画力、想像力

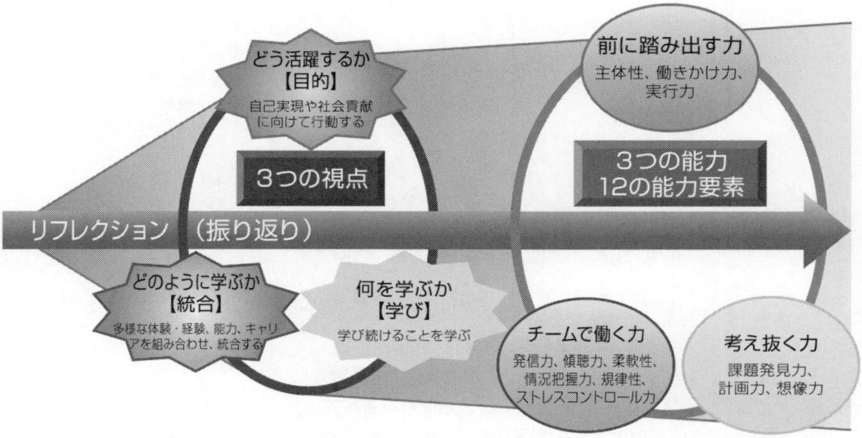

資料出所：経済産業省「人生100年時代の社会人基礎力」（2018年）

適性の概念を整理し、能力の側面にパーソナリティの側面を加えたものを職業適合性（vocational fitness）と呼んだ。スーパーの職業適合性モデルを［**図表4-6**］に示す。能力（ability）のうち、将来どのようなことができるかを予測させる学習可能性に関わるものを、狭義の職業適性（aptitude）と捉えることができる。

　職業適性検査などによって測定することが可能だが、採用面接のやりとりの中で適性を判断することも多い。

●**思考特性・行動特性等**

　企業は、採用選考に当たって、高い業績を上げる可能性の高い者を採用したいと考えるが、伝統的な能力テストによって測定できる「能力」や、職業適性検査などによって測定できる「適性」のみから、それを把握することは難しい。

　高業績者に共通して見られる行動特性を「コンピテンシー（Competency）」という。アメリカのホワイト（White, R.W.）が提唱した概念だが、この概念が人事評価に利用されるようになったのは、1970年代に、マクレランド（McClelland, D.C.）がアメリカ政府とともに、高業績を上げる外交官の行動特性について調査研究を行ってからである。日本企業においてコンピテンシーの

　図表4-6　**スーパーの職業適合性モデル**

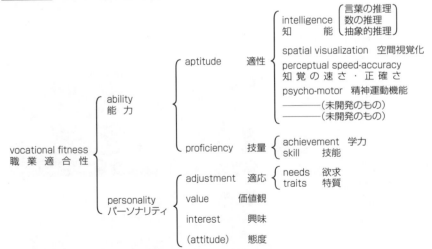

資料出所：Super, D. E. & Bohn, Jr. M. J. (1970) Occupational Psychology. Belmont, California: Wadsworth Publishing Company, Inc.（スーパー, D. E. & ボーン, Jr. M. J. 著、藤本喜八・大沢武志訳『企業の行動科学6　職業の心理』ダイヤモンド社［1973年］P.29）

導入が始まったのは、1990年代後半からであるが、この概念を意識している、していないにかかわらず、採用面接において、対象者の行動特性から組織への適合性を評価しようとしている企業は多い。

❷職業志向性等：自分は何をしたいか

◉職業興味

第3章1.[1]（2）で紹介したホランド（Holland, J.L.）が提示した「職業興味」とは、人がどんな分野に興味を持つかということである。彼は、個人の性格と環境が調和している選択のほうが、より良い職業選択であり、より良い仕事ができると考えた。すなわち、興味分野に対応する職業に就くことができれば、より良い仕事ができると考えた。

職業興味を把握することを目的に、「VPI職業興味検査」「職業レディネス・テスト」をはじめ、官民で各種のツールが開発されている。それらを用いるほか、キャリアコンサルティングを通じて、一定程度、把握することができる。

◉職業価値観

「職業価値観」とは、職業に関し、どのようなことに価値を置くか、ということであり、職業選択を行う上で重要な要因である。

キャリアに関する意思決定に当たっても、どのようなことにより多く価値を置いているかを知り、その価値観を満たすことのできる選択をすることが望ましい。

[3]（2）で紹介するjob tagには、職業興味検査のほか、仕事をする上でどのような事柄がどの程度重要かを尋ねる職業価値観検査が含まれている。こうしたツールを用いるほか、キャリアコンサルティングを通じて、一定程度、把握することができる。

②自己理解の支援の方法など

❶自己理解に関する支援の必要性の把握

キャリアコンサルティングのプロセスにおいては、相談者が適切に自己理解を行っているかどうかを確認し、自己理解に関する支援が必要であるかどうかを見極めることが重要である。

具体的には、キャリアコンサルティングの早い段階で、相談者が、自らの能力、適性、思考特性・行動特性、興味、職業価値観などについて、どのように捉えているかについて把握する。

支援の必要性が認められた場合、何について理解するよう支援するかについ

て検討し、支援方針を定める。相談者の状況によってさまざまだが、例えば、自分に適した職業が分からないという場合は、興味、職業価値観を理解させる、ある程度職務経験がある者の場合は、能力や思考特性・行動特性についての理解を支援するといった具合である。

❷自己理解の支援の方法

自己理解の支援の方法は、①個別面接、②アセスメントツールの活用、③キャリアシートなどの活用、④グループワークによる方法に大別できる。②については、（2）で説明する。①③④については、1.［1］、1.［3］、1.［2］のそれぞれの項をご覧いただきたい。

（2）アセスメント・スキル

個人の特性を理解する方法としては、観察法、面接法、検査法がある。検査法では、アセスメントツールを用いて理解を深める。

アセスメントには、標準化の手続きを経て作成された心理検査を用いるフォーマル・アセスメントと、標準化の手続きを経ていないツールを用いたり、心理検査以外の方法で評価を行ったりするインフォーマル・アセスメントがある。

ここでは、まず、アセスメントツールの考え方について説明した後、フォーマル・アセスメントを中心に、どのようなアセスメントツールがあるか、使用に当たって留意すべき点は何かなどについて説明する。

なお、アセスメントに当たっては、標準化された心理検査以外用いてはいけないわけではない。インフォーマル・アセスメントでは、ツールが標準化されておらず、妥当性、信頼性も保証されていないため、実施者の主観的判断が入る可能性があるが、その一方で、比較的自由に実施することができる。川崎（2006）によると、フォーマル・アセスメントとインフォーマル・アセスメントの特徴をよく理解した上で、必要に応じてこれらを併用し、総合的に判断することが有効である。そのためには、アセスメントに精通するとともに、経験を積むことが必要である。

①アセスメントツールについての考え方

◉アセスメントツールの妥当性・信頼性など

キャリアコンサルティングで用いるアセスメントツールには、さまざまなものがある。そうしたツールの中には、統計的な手続きを踏んで作成され、「標準化」された「妥当性」「信頼性」が高いものがある一方で、検討の手掛かり

とするために作成されたチェックリスト的なものもある。

「標準化」（standardization）とは、スコアの平均やバラつき具合をサンプリング調査によってあらかじめ明らかにすることである。「標準化」を行うと、スコアの持つ意味が分かりやすくなり、結果の解釈がしやすくなる。

「妥当性」（validity）とは、検査が目的に対して適切かどうかということである。内容的妥当性（内容が合っているか）、基準関連妥当性（既存の検査などと合っているか）、構成概念妥当性（そもそも測りたいものを測っているか）がある。「信頼性」（reliability）とは、検査の結果が一貫し、安定しているかどうかということである。

このほか、アセスメントツールには、使い勝手も重要である。「有用性」（usability）とは、使い勝手の良さのことである。実施のしやすさ、実施時間の短さ、実施経費が安価であること、結果の解釈がしやすいこと、同じ目的で使用できる版が複数あることなどが挙げられる。

こうしたことを踏まえて、アセスメントツールの選択・使用を行うことが必要である。

◉アセスメントツールの利用に当たって留意すべきこと

フォーマル・アセスメントで用いる心理検査には、客観性のほか、妥当性、信頼性がある。アセスメントツールを適切に用いることにより、能力、適性、職業志向性などを客観的に把握することができる。また、使用する過程で、情報が提供されるだけでなく、相談者の気づきや自己理解を促進する。さらに、有能なキャリアコンサルタントなどが介在することによって、その付加価値は何倍にもなるとされる。

その一方で、キャリアコンサルティングにおいては、必ずアセスメントが必要なわけではない。相談者の状況や相談内容に応じて、アセスメントを行うかどうか、行うとした場合、どのアセスメントツールを用いるかを適切に判断することが必要である。アセスメントを行うことが目的化したり、ルーティンになったりすることは厳に慎まなければならない。

標準化されたアセスメントツールを用いた場合、測定結果が数値で表される。このため結果が解釈しやすく、客観的な評価ができる。これは大きな効用だが、その一方で、測定しやすく、数値化しやすい特性を中心に測らざるを得ないという限界もある。また、測定できる特性が限られることから、将来を予測する上では困難が伴うという限界もある。こうした特徴を頭に入れた上で、

使用することが必要である。

　以下に、アセスメントツールを使用する際の留意点を挙げる。

- 相談者の状況や相談内容に応じた妥当性、信頼性の高い検査を使う
- 使用する検査について、十分理解しておく
- 相談者に、あらかじめ検査の目的を十分に理解させる（インフォームドコンセント）
- 手引きなどに定められた実施方法や採点方法などを正確に守る
- 検査の限界を十分認識し、拡大解釈をしない
- 検査結果は、相談者の個人特性や内面に関わるものであるので、慎重に取り扱う
- 結果のフィードバックを必ず行う。その場合は、一方的に結果を伝えるのではなく、相談者に与える影響や意味について配慮する
- 将来の指導・援助のために記録、データの整理や保管を適切に行う
- 最新の知識やスキルを得るために、日頃から研鑽（けんさん）に努める

②キャリアコンサルティングにおいて使用するアセスメントツール

　キャリアコンサルティングにおいて用いる検査は、大きく、①能力的側面を理解するための検査（知能検査、適性検査、学力検査など）と、②パーソナリティの側面を理解するための検査（性格検査、興味検査など）に分けられる。また、個々の特性を検査するものと、複数の検査を組み合わせたもの（バッテリー［Battery］という）がある。最近は、コンピュータを使ったものが増えてきている。

❶厚生労働省編一般職業適性検査（GATB：General Aptitude Test Battery）

　厚生労働省編一般職業適性検査（GATB）は、能力的な適合性の測定を目的に開発されたものである。アメリカ労働省が、膨大な職務分析結果に基づいて、それぞれの職務に求められる能力を整理し、開発したものを、労働省（現、厚生労働省）が日本の実情に合わせて開発・標準化し、1952年に公表した。日本における職業適性検査の草分け的存在で、「進路指導・職業指導用」と「事業所用」がある。「進路指導・職業指導用」の概要は**［図表4-7〜9］**のとおりである。

❷職業レディネス・テスト（VRT：Vocational Readiness Test）

　職業レディネス・テスト（VRT）は、主に中学生、高校生を対象として職業レディネス（職業への準備度）を総合的に測定することを目的とした心理検

査である。雇用職業総合研究所（現、労働政策研究・研修機構）によって、開発・標準化され、1972年に公表された。改訂を経て、2006年に第3版が発行された。

　職業レディネス・テストでは、ホランド理論に基づく六つの職業興味領域（現実的、研究的、芸術的、社会的、企業的、慣習的）に対する興味・自信と、3方向の基礎的志向性（対情報、対人、対物）を測定し、それに基づき、職業レディネスを測定する。概要は **[図表4-10]** のとおりである。

[図表4-7] **厚生労働省編一般職業適性検査（進路指導・職業指導用）の概要**

対象	・中学校2年生以上（13～45歳未満）の生徒・学生・求職者
目的	・代表的な9種の適性能を測定し、能力面から望ましい職業選択を行うための情報を提供すること
特徴	・15種の下位検査から9種の適性能を測定 ・適性能の組み合わせから、13職業探索領域と40適性職業群を示す。適性職業群は、職業の全体像を示す職業情報でもある
方法	・集団・個別実施とも可能 ・所要時間は紙筆検査約45分、器具検査約15分 ・器具検査では、手腕作業検査盤（ペグボード）と指先器用検査盤（FDボード）を使用

[図表4-8] **厚生労働省編一般職業適性検査の下位検査と適性能の関係**

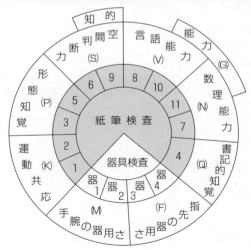

資料出所：雇用問題研究会「厚生労働省編一般職業適性検査手引き」（2001年）P.11.

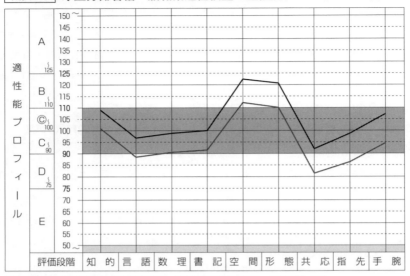

図表4-9　厚生労働省編一般職業適性検査の適性能プロフィールの例

資料出所：雇用問題研究会「厚生労働省編一般職業適性検査手引き」（2001 年）P.56.

図表4-10　職業レディネス・テストの概要

対象	・中学生～高校生。それ以上の年齢でも、職業理解、自己理解が不十分と考えられる対象者の場合は実施して差し支えない
目的	・中学校や高等学校の進路指導・職業指導において、職業レディネス（職業への準備度）を把握すること
特徴	・六つの職業興味領域（現実的、研究的、芸術的、社会的、企業的、慣習的）への興味・自信と、3 方向の日常行動特性（対情報、対人、対物）を測定 ・A 検査（職業興味）、B 検査（基礎的志向性）、C 検査（職務遂行の自信度）から成る ・A 検査、C 検査では、六つの職業興味領域別に、B 検査では 3 つの基礎的志向性別に、プロフィールが示される
方法	・紙筆検査 ・集団・個別実施とも可能 ・制限時間はないが、所要時間は約 50 分（自己採点時間を含む）

❸ VRT カード

　VRT カードは、職業レディネス・テストの一部をカードにしたものである。具体的には、職業レディネス・テストのうち、A 検査（職業興味）および C 検査（職務遂行の自信度）に関する 54 項目を 1 項目につき 1 枚のカードにし

図表4-11 VRTカードの概要

対象	・中学生以上
目的	・職業興味や自信を簡易な方法で短時間に捉えること ・実施者が受検者と職業について話す上で役立つ素材を提供し、話しやすい雰囲気をつくり出すことも期待できる
特徴	・職業に対する興味・自信を簡便に測定できる ・使い方を自由にアレンジできる。テストとしての圧迫感を与えず、楽しく実施できる ・職業興味については、「職業レディネス・テスト」とほぼ同じ一定レベルの測定ができる
方法	・カードを分類する「カードソート法」で実施する ・具体的には、1枚1枚のカードの内容について、受検者に「やりたい」「どちらともいえない」「やりたくない」（あるいは「自信がある」「どちらともいえない」「自信がない」）のいずれかに分類させ、結果を整理し、解釈を行う ・集団・個別実施とも可能 ・時間制限はないが、受検者が1人で行う場合は約3分、実施者読み上げ方式の場合は約10分

たもので、カードを分類する「カードソート法」により職業への興味や自信を調べられるように開発されたものである。親しみやすく、扱いやすいガイダンス・ツールである。心理検査を実施する時間が取れない相談機関や職業紹介の窓口などでも来所者の個性を簡単に理解できるようにするために開発され、2010年に公表された。概要は［**図表4-11**］のとおりである。

❹ VPI 職業興味検査（Vocational Preference Inventory）

VPI 職業興味検査（VPI）は、大学生等に関する進路指導や就職ガイダンスのためのツールで、雇用職業総合研究所（現、労働政策研究・研修機構）によって、開発・標準化され、1975年に公表された。最新版は第3版である。以来、大学生や成人を対象とした進路指導や職業選択に役立つツールとして広く活用されている。

ホランドによって開発されたVPI（初版1953年）の1978年版が基になっている。VPI 職業興味検査第3版の概要は［**図表4-12**］のとおりである。

❺ キャリア・インサイト

キャリア・インサイトは、利用者自身がコンピュータを操作しながら、適性評価をしたり、職業情報を調べたり、自分の希望する職業と適性との関係を調べたりすることができるように作られたキャリアガイダンス・システムである。このようなシステムのことをCACG®（Computer Assisted Career Guid-

図表4-12 VPI職業興味検査の概要

対象	• 大学生・短大生を中心とする若年者。中学生や高校生に対しては実施できない • 社会人に実施することも可能だが、その場合は年齢、教育水準、職業経歴等を考慮して結果の解釈を行う
目的	• 職業興味や職業認知における心理的特徴を把握する
特徴	• 160の具体的職業への興味・関心の有無を回答させることにより、六つの職業興味領域に対する興味・関心の強さを測定するとともに、併せて5領域について心理的傾向を把握する ※六つの職業興味領域は、RIASEC（現実的、研究的、芸術的、社会的、企業的、慣習的）である ※五つの心理的傾向尺度は、①自己統制尺度（Self-Control：Co尺度）、②男性－女性傾向尺度（Masculinity-Feminity：Mf尺度）、③地位志向尺度（Status：St尺度）、④稀有反応尺度（Infrequency：Inf尺度）、⑤黙従反応尺度（Acquiescence：Ac尺度）である
方法	• 紙筆検査 • 集団・個別実施とも可能 • 制限時間はないが、所要時間は約15分

ance）という。適性検査をコンピュータで実施させるだけのシステムではなく、総合的なキャリアガイダンス・システムという位置づけで開発されている。

2001年に「In★Sites2000（インサイト2000）」が公表され、2004年に「キャリア・インサイト」として改訂・公表された。ハローワーク、大学、短大、専門学校などで広く活用されている。

2007年に、30歳代後半以降で就業経験のある者を対象とした「キャリア・インサイトMC」が開発され、さらに2014年に、これら二つのシステムを統合した「キャリア・インサイト統合版」がリリースされた。キャリア・インサイト統合版の概要は**［図表4-13］**のとおりである。

CACG[S]には特有の長所と短所がある。労働政策研究・研修機構（2014）によると、以下のとおりである。

（長所）
• 利用者自身が能動的にキャリアガイダンスを経験することができる
• 一定水準、内容のキャリアガイダンスを誰にでも同じようなやり方で提供することができる
• コンピュータが、検査結果と職業リストなどとの照合を行うので、手間と時間が節約できる
• 利用者のペースで検査を行うことができる

図表4-13 キャリア・インサイト統合版の概要

対象	• キャリア・インサイトEC（Early Career）：18歳〜30歳代前半程度の若年求職者 • キャリア・インサイトMC（Mid Career）：35歳以上の職業経験のある者
目的	• 利用者が職業選択に向けた基本的なステップを自ら能動的に経験することによって、自主的な職業選択ができるように援助すること
特徴	• 職業選択の基本的なステップ（自己の適性理解→職業理解→適性と職業との照合→キャリアプランニング）を利用者に経験させ、職業選択に向けた意識啓発を行うことができる
方法	• 利用者自らがコンピュータを使いながら、職業選択に役立つ適性評価、適性に合致した職業リストの参照、職業情報の検索、キャリアプランニングなどを行う

• 紙筆検査に比べて気軽に取り組むことができる

（短所）

• 提供される情報はあらかじめプログラムされたロジックに基づいて定められた内容となるため、型どおりの結果の示し方、コメントの提示となる

• コンピュータの環境が整っていないと利用できない

❻職業情報提供サイト（日本版O-NET）（愛称：job tag［じょぶたぐ］）

job tag にも職業興味検査・価値観検査があり、その結果から向いている職業を検索できる。また、過去の職歴等から見た職業能力プロフィールを基にしたキャリア分析機能があり、各職業と比較しながら自己の適職を探索できる。詳細は後掲［3］（2）で説明する。

❼その他のアセスメントツール

職業関係のアセスメントツールは、官民で多数のものが開発されている。[**図表4-14**]に、代表的なものを挙げる。「自己診断用」は、文字どおり自己診断用だが、相談者と一緒に実施したり、相談者に自宅等で実施するよう教示したりすることもある。「企業用」は、求職者の採用・配置を行うに際して企業側が用いるものである。企業用のアセスメントツールは、「性格」テストや「知能」「基礎学力」テストなどの意味合いの強いものが多い。

このほか、矢田部・ギルフォード性格検査（YG性格検査）なども、紙筆検査で集団実施が可能であり、比較的解釈しやすいことから学校、企業、臨床などで幅広く使用されてきた。

図表4-14 その他のアセスメントツール

〈自己診断用〉

・CPS-J（株式会社日本マンパワー）
・R-CAP（株式会社リクルートマネジメントソリューションズ）
・キャリア自己診断テスト SDS（株式会社日本文化科学社）

〈学校用（集団的進路指導など用）〉

・SG 式一般職業適性検査（株式会社実務教育出版）
・RCC 就職レディネス・チェック（一般社団法人雇用問題研究会）

〈支援機関用〉

・MBTI（Myers-Briggs Type Indicator）
　※ユングのタイプ論を基にした、国際規格に基づいた性格検査。「ものの見方（感覚・
　　直観）」、「判断の仕方（思考・感情）」、「興味関心の方向（外向・内向）」、「外界への
　　接し方（判断的態度・知覚的態度）」の 4 指標により、性格を 16 タイプで捉える。一
　　定の訓練を受けた MBTI 認定ユーザーのみが行うことができる。診断のために検査
　　をするのでなく、MBTI 認定ユーザーの支援を受けながら、MBTI に回答した本人が
　　自己理解を深めていくプロセスを重視する

〈企業用（採用・配置など用）〉

・SPI3（株式会社リクルートマネジメントソリューションズ）
・TAP（株式会社日本文化科学社）
・内田クレペリン検査（株式会社日本・精神技術研究所）
　※作業検査。簡単な 1 桁の足し算を休憩をはさみ計 30 分間行い、作業量、1 分ごとの
　　計算量の変化の仕方（作業曲線）、誤答から受検者の能力面と性格や行動面の特徴を
　　総合的に測定する
・HCi-AS（株式会社ヒューマンキャピタル研究所）
・DPI ／ DIST（株式会社ダイヤモンド）
・V-CAT（株式会社日本能率協会マネジメントサービス）
・SCOA（株式会社日本経営協会総合研究所）
・GAB/CAB「総合適性テスト」「WebGAB グローバル対応版」「玉手箱 I Ver.2」「玉手
　箱Ⅲ」（日本エス・エイチ・エル株式会社）
・TAL（株式会社人総研）

［3］ 仕事理解の支援

（1）仕事理解への支援

　仕事理解とは、仕事、職業、産業、企業・事業所、労働市場その他の関連情報を理解することである。キャリアコンサルティングにおいては、自己理解の支援と並んで、仕事理解を支援することが重要である。

　キャリアコンサルティングで取り扱う仕事理解における「仕事」は「働くこ

と」であり、幅広いものである。職業だけでなく、ボランティア活動等、職業以外の活動をも含む。

「職業」とは、「生計維持のために何らかの報酬を得ることを目的とする継続的な人間活動あるいは一定の社会的分担もしくは社会的役割の継続的遂行」と定義される（「厚生労働省編職業分類」［2011〔平成23〕年改定]）。

仕事理解を進めていくためには、幅広く産業や職業についての知識を広げた上で、希望する職業について詳しい情報を集めることが望ましい。

仕事についての理解を深めるためには、仕事や職業そのものだけでなく、産業、企業・事業所、雇用・経済・社会情勢について理解し、その関連の中で仕事について理解していくことが重要である。また、職業や労働市場に関する情報を収集、検索、活用する方法などについても身に付けることが必要である。

①理解の対象となる「仕事」とは

❶職業情報

●職業分類

職業を理解するためには、どのような職業が存在し、その内容はどのようなものか、また、それぞれの職業の関係はどのようになっているのか、などといった職業についての全体像を理解することが必要である。

一方、世の中には実に多くの職業が存在する。さらに、経済社会の変化を受けて、新たな職業が生まれるほか、既存の職業もその内容や遂行に必要な能力が変化することがある。また、そもそも同じ職業であっても、さまざまな呼び名がある。呼び名は同じでも、産業、企業によって、その内容が異なることもある。

職業についての全体像を把握する上で最も役に立つ情報の一つに「厚生労働省編職業分類」がある。職業安定法15条に基づき、労働力需給調整機関において共通して使用されるべきものとして職業安定局長が作成することとされているもので、産業分類の区分とは独立して、職務の類似性等によって職業を区分し、それを体系的に分類したものである。

「厚生労働省編職業分類」においては、大分類（サービスの職業など11分類）、中分類（飲食物調理の職業など73分類）、小分類（調理人など369分類）、細分類（日本料理調理人など892分類）の4階層に分類されており、約1万7000の職業が収録されている。

公的な職業分類としては、厚生労働省編職業分類のほか、総務省が統計基準

として作成している「日本標準職業分類」がある。日本標準職業分類は、個人が従事している仕事の類似性に着目して区分し、それを体系的に分類したもので、2009（平成21）年版では、大分類（12）・中分類（74）・小分類（329）の3階層に分類されており、国際労働機関（ILO）が定める国際標準職業分類との整合性が図られている。

◉職業情報の内容

職業情報の内容としては、以下のものが挙げられる。

ア　職業の内容（どのような職業か）

• 職務内容
• その職種がある職場
• 仕事の責任・厳しさ・やりがい
• 適合する興味分野・職業価値観

イ　入職経路と要件

• 入職経路・応募方法
• 入職に必要な資格
• 入職に必要な要件（能力・知識・スキル・適性・行動特性等）
• 入職後の就業に必要な要件（能力・知識・スキル・適性・行動特性等）
• 入職のための教育訓練
• 職場体験の機会

ウ　労働条件・労働環境

• 賃金
• 労働時間・休日
• 労働環境
• 雇用形態（正社員・パートタイム労働者・契約社員・派遣労働者等）
• 雇用の安定性（定着率・勤続年数・平均年齢）

エ　職業別の労働力需給の状況（入職・就業の困難度）

• 労働力過不足状況
• 求人倍率
• 募集・応募状況
• 雇用の見通し

オ　追加情報

• より詳しい情報の在りか（照会先）

・関連する職業

　職業情報は、職業選択のほか、職業紹介、採用・配置を行う場合にも有用な情報である。

❷産業情報

　経済は、産業活動の組み合わせから成っており、その中で、個人は仕事を通じて産業活動と結び付いている。産業を通して社会を見る視点は経済活動から出発しているのに対し、職業に焦点を当てて社会を見る視点は人間活動から出発している。

　産業とは、「事業所において社会的な分業として行われる財貨及びサービスの生産又は提供に係るすべての経済活動」をいう（総務省「日本標準産業分類一般原則」）。この定義からも職業が「人間活動」であるのに対し、産業は「経済活動」とされていることが分かる。

　職業は多様な産業の中に存在する。職業で仕事を選ぶこともあるが、産業で仕事を選ぶこともある。特に新規学卒者の就職活動では、産業情報の収集・分析は「業界研究」と呼ばれ、キャリアを選択する上で重要視される。職業を理解することに加え、産業を理解することも重要である。

◉産業分類

　産業情報として最も基本となる情報は、総務省の「日本標準産業分類」である。その最新版（2013［平成25］年10月改定）においては、わが国の産業を、大分類（情報通信業など20分類）、中分類（情報サービス業など99分類）、小分類（ソフトウェア業など530分類）、細分類（ゲームソフトウェア業など1460分類）に分類している。

　産業情報についても職業情報の場合と同様、キャリアコンサルティングにおいて相談者に情報提供する場合、産業分類の情報をそのまま用いるのは現実的でない。業界に関する各種市販書籍などを利用するほか、キャリアコンサルティングを行う中で得た知見を利用するのが一般的であろう。各種統計は、産業別に集計されていることが多いので、これを活用することもできる。

◉産業情報の内容

　産業情報の内容としては、以下のものが挙げられる。

ア　産業の内容・業界事情（どのような産業・業界か）

・産業の内容

・社会経済におけるその産業の役割・意義

- 主要企業とそのシェア
- 系列・下請け関係
- 業界における仕事の慣習

イ　産業別の労働条件・労働環境（どのような処遇となるか）

- 賃金
- 労働時間・休日
- 労働環境
- 雇用形態（正社員・パートタイム労働者・契約社員・派遣労働者等）
- 雇用の安定性（定着率・勤続年数・平均年齢）

ウ　産業別の景況・将来見通し（入職後の将来はどうなるか）

- 景況・将来の見通し
- 業界の構造変化
- 新技術や国際競争

❸企業・事業所情報

　キャリア選択時においては、具体的な求人の選択段階に至る前に、希望する職業・産業の企業、事業所について情報を把握して理解を深めることが重要である。

　企業とは、民営事業所のうち経営組織が株式会社、有限会社、合名会社、合資会社、相互会社のことをいい、単一事業所の場合も、複数の事業所を有する場合もある。事業所とは、経済活動の場所ごとの単位であって、その経済活動が単一の経営主体の下で一定の場所（一区画）を占めて行われ、かつ、財またはサービスの生産と供給が、人と設備を有して継続的に行われているものをいう（総務省「日本標準産業分類一般原則」）。

　新規学卒者の就職活動では、企業・事業所の収集と分析は「企業研究」と呼ばれ、先に述べた「業界研究」と並ぶキャリア選択のプロセスの一つとして重視されている。地理的条件や事業所の形態、企業規模、業種、勤務形態、経済的条件、職務内容などのほか、将来性、成長性、採用の状況や定着の状況、働きやすさなど多岐にわたる。ホームページのある企業では、ホームページからも企業・事業所情報を得ることができる。

　掲載企業は限られるが、厚生労働省が展開する「職場情報総合サイト」（「しょくばらぼ」）、「一般事業主行動計画公表サイト」等も活用できる。こうしたサイトは、人事管理に関して優れた取り組みをしている企業を探す際にも

活用できる。

　このほか、経済団体や新聞社などの発行する事業所名鑑、各種経済関係・業界関係の雑誌・新聞記事などからも企業・事業所情報を収集することができる。

❹労働市場その他の関連情報

　キャリアコンサルティングにおける基本的情報は、「職業情報」「産業情報」「企業・事業所情報」だが、キャリア選択のためには、それだけでは十分ではない。次のような情報も必要である。

◉職業に対する基本的な考え方に関する情報

　職業とは何か、働くことの意義、人生設計の立て方、職業生活や社会生活の仕方などの情報である。新規学卒予定者など就業経験のない者、フリーターなど定職に就いていない者、就業意欲が曖昧な者などについては、キャリアコンサルティングを行う中で、これらに関する理解を持つよう導くことがその後の支援の前提となる。

◉雇用・労働市場に関する情報

　第3章5.で示した産業構造、労働市場に関する情報のほか、第3章3.で示した職業能力開発に関する具体的情報、第3章4.で示したキャリア形成支援のための各種の援助・助成制度、その他相談者のニーズに応じた情報が求められる。

◉企業・組織の仕組みに関する情報

　第3章4.で示した企業の雇用管理、キャリア形成に関する情報なども必要である。

❺職業情報に求められる要件

　職業理解のための情報に求められる要件として、全米職業指導協会（NVGA。現、全米キャリア開発協会：NCDA）は、以下のことを示している。

- 正確で、最新で、偏らないこと
- 明確、簡潔、興味を引くものであること
- 利用者に合った用語が使われていること
- バイアスを与えず、ステレオタイプでなく、性、人種、宗教から自由であること
- 図表などは、最新のものであること
- 情報の時点が明示されており、更新がなされていること
- 信頼性があること

②職業情報の分析など

❶職務分析

　職業情報の分析に当たって最も基本になる方法は「職務分析」である。

　「職務分析」とは、仕事の内容を詳細に調査するもので、「特定の職務について、観察と面接により、職務の作業内容、職務遂行要件を調査、分析して、その結果を一定の様式に記述すること」である。

　職務の分析は、分析の対象を何にするかによって分かれる。主な分析の対象は、以下のとおりである。

- 課業（Task）：仕事を行うに当たり必要となる一定のまとまりを持った作業。タスク
- 職位（Position）：1人の労働者に割り当てられた複数の課業の全体
- 職務（Job）：仕事の内容と責任を同一の職位にとりまとめたもの

　職務分析の分析対象は、[**図表4-15**] のとおりである。

　職務分析に当たっては、作業をしている労働者を観察するとともに、その労働者、監督者、その職務に詳しい関係者に面接し、それを「5W1H＋Sの法則」に基づいて一定の様式に記述する。さらに、事業所全体における職務との関係についても把握する。こうした職務分析の結果をまとめたものを「職務記述書」という。

図表4-15 職務分析の分析対象

区　分	具体的内容
職務の内容	・職務の一連の作業手順および作業周期 ・他の職務との関係、違い ・職務の困難度、責任の大きさ ・主たる作業と付随的な作業 ・扱う機械、材料など
職務遂行要件	・遂行に必要な要件 ・より良く遂行する上で望ましい要件 ・精神的、身体的負荷 ・作業環境

- 何を（What）：作業者は何をしているか
- なぜ（Why）：何のためにそれをしているのか
- 誰が（Who）：作業者のことである
- どこで（Where）：作業の場所、作業条件など
- いつ（When）：作業の時間配分、勤務時間の構成、1日、1週、1月のサイクルや変化など
- いかに（How）：どのようなやり方でするのか
- 技能度（Skill）：難しさはどのくらいか

職務等級制度を導入する場合は職務分析が必要となる。

わが国において、職務分析は、1960年代前半頃までは重視されていたが、生活保障給の性格が強い、いわゆる電産型賃金が導入され、その後、職務遂行能力を格付け基準とする職能資格制度が普及する中で、それほど重視されなくなった。

しかし、近年、日本的雇用慣行が見直されつつあり、特に、2020年以降、「ジョブ型雇用」が注目を浴びるようになってきている。職務分析・職務評価は、雇用形態などの異なる社員の均等・均衡待遇の状況把握や公正な待遇確保のための賃金制度検討に有効である。

このようなことから、将来的には、これまでより「職務（Job）」に基づくマネジメントの色合いが濃くなるとみられ、職務分析の意義があらためて見直されると考えられる。

❷職務調査

「職務調査」とは、その企業の中での期待される人間像を把握することに重点を置いた職務の調査である。職務調査は、広い意味では職務分析の一つといえるが、特に企業における「あるべき人材像」を把握することに重点を置いたものである。

職務分析の考えでは、仕事が変われば賃金（職務給）が変わるが、職務調査の考えでは、仕事ではなく、能力が変われば賃金（職能給）が変わる、ということになる。

職務調査は、①課業の把握、②課業内容の洗い出し、③課業の難易度評価と一覧表の作成、④職種内・職種間の調整、⑤職能資格基準の作成という手順を

踏んで行われる。

❸職業調査

「職業調査」とは、仕事の内容だけでなく、入離職の状況、労働条件等、「職業」全体を調べることである。

職業調査では、①どのような職業か、②この職業に就いているのはどのような人か、③この職業に就くにはどうすればよいか、④労働条件の特徴はどのようなものか、⑤この職業についてさらに知るための問い合わせ先・関係団体はどこか、などを調べる。

わが国では、これまで職業調査により「職業事典」（厚生労働省）、「職業ハンドブック OHBY（Occupation Handbook for Youth）」（労働政策研究・研修機構）等が開発されてきた。さらに、2020（令和2）年3月からは job tag の運用が開始された。かつては上記①〜⑤の項目を、文献調査、関係団体・関係機関に対する訪問調査、その職業に就いている人へのヒアリング等を基に把握していたが、現在は Web による職業調査を行うほか、信頼できる業界団体のホームページ経由で最新の情報を把握するなど、Web を用いて情報を得ることが主流となってきている。

❹企業分析

「企業分析」とは、企業の内部環境や外部環境を調べあげて、どのような企業なのかを調査することである。産業情報、企業・事業所情報のほか、上場企業であれば IR（Investor Relations：企業が株主や投資家に対し、財務状況など投資の判断に必要な情報を提供する活動）情報等が役に立つ。

③仕事理解の支援の方法など

❶仕事理解の支援の方法

仕事理解の支援の方法としては、①個別面接のほか、②ツールなどの活用、③職業情報の提供、④シミュレーション、⑤本人自らによる体験などがある。

◉個別面接

職業経験のない求職者など、仕事理解が必要な者に対しては、職業情報を提供することが必要だが、情報を提供しさえすればよいわけではない。個別面接の中で情報の見方などについて丁寧に説明し、理解を促すことが必要である。

◉ツールなどの活用

職業情報については、後掲（2）で示すように、さまざまなツールやデータベースがある。job tag など利用者自身がコンピュータを操作しながら、職業

情報を調べ、職業理解を深められるものもある。キャリアコンサルティングにおいては、こうしたものを紹介したり、利用方法について説明したりすることも有効である。

◉職業情報の提供

　ツールやデータベースなどのほか、業界情報などについては書籍も出版されている。業種に関しては各種の統計データもある。こうしたものの中から、相談者に必要なものを提供することにより、仕事理解を促進することができる。

◉シミュレーション

　ロールプレイなどにより職業を仮想的にシミュレーションし、理解を深める方法もある。就職面接ロールプレイ、企業内キャリア形成ワークショップなど、職業に関することを疑似体験することができるワークショップなどもある。対象者に適したものがあれば、こうしたものを活用することもできる。

◉本人自らによる体験など

　相談者自身に、事業所訪問をさせて職業人から話を聞かせる、職場体験をさせる、という方法もある。直情報に触れることができるので、大きな効果が見込まれる。具体的には、次のようなものがある。

①職場の実態を見聞きするもの：事業所訪問、事業所見学会など

②職場を実習生などの立場で体験するもの：職場体験、職場実習、インターンシップ

▶COLUMN　職業情報と企業

　　職業情報は、職業選択・職業紹介などのほか、企業が、採用・配置、能力開発を行う場合に有用な情報である。また、「職務再設計」など、職務の見直しに用いることもできる。

　　「職務再設計」は、経営方針の見直しに対応したり、業績向上やモチベーションアップのために、企業が、従業員の仕事の内容を見直すことである。難易度の高い職務を行わせるものを「職務充実」、従事させる職務の種類を増やすものを「職務拡大」、従業員の担当職務を交代させるものを「職務転換」という。

③短期間雇用されて業務を行うもの：トライアル雇用など

❷仕事理解の支援を行う施設

　大学のキャリアセンターなどのほか、ハローワークなどでも、職業情報、求人情報を提供している。特に「新卒応援ハローワーク」（大学・高専などの新卒者や卒業後おおむね3年以内の者を対象）、「わかものハローワーク」（おおむね45歳未満で正社員就職を目指す者を対象）では、仕事理解の支援に力を入れている。

❸仕事理解の支援を行う場合の留意点

　以下に、仕事理解の支援を行う場合の主な留意点を挙げる。

- 相談者の個人特性と職業との適合性を確認する
- 同一職業でも仕事の内容が異なる場合があることに留意する
- 現実の労働市場の状況を十分踏まえる
- 情報源の信頼性や情報の新しさに十分留意する
- データベースなどを使いこなす一方で、生の情報の把握にも努める

（2）仕事・職業理解のためのツールやデータベースなど

　仕事・職業理解のために役立つ情報源は数多くあるが、ここでは職業についての情報を幅広く提供しているものの中から代表的なものを紹介する。

①職業情報提供を主目的にしたもの

❶職業情報提供サイト（日本版 O-NET）（愛称：job tag ［じょぶたぐ］）

https://shigoto.mhlw.go.jp

　職業情報提供サイト（日本版 O-NET）（愛称：job tag ［じょぶたぐ］）は、「ジョブ」「タスク」「スキル」等の観点から職業情報を「見える化」し、求職者等の就職活動や企業の採用活動等を支援する Web サイトである。約500種類の職業について、職務の内容、入職経路、労働条件の特徴（労働時間、賃金など）、就労している者の特徴としての職業能力プロフィール（スキル、知識、仕事に対する興味、仕事に対する価値観など）や学歴などを分かりやすい解説文と数値データで提供している。また、それぞれの職業を具体的にイメージできる動画も掲載されている。

　job tag は、開発当初よりキャリアコンサルティングでの活用を想定しており、「個人での利用」「企業での利用」のほか、「支援者としての利用」という入り口も用意されている。支援のためのツールとして用いることによって、相談者や企業に対し、より的確に支援を行うことができる。

◉ job tag に収録されている職業についての情報

　job tag では、職業探索中の生徒・学生、求職者等が幅広く利用できるよう、労働市場で需要の多い職業等をはじめ、現在から将来に向けて発展が見込まれる分野の職業などを中心に広い範囲の職業をカバーしている。収集する職業の選定に当たっては、各業界にヒアリングを行って、その動向を把握するとともに、キャリアコンサルタント等からもヒアリングを実施して、支援のための職業情報ニーズについても把握をしている。

　職業解説のためのデータ収集に当たっては、文献等調査、訪問ヒアリング調査を実施している。タスク、職業能力プロフィール（スキル、知識、仕事に対する興味など）の数値情報の作成に当たっては、Web で就業者アンケートを行っている。

　job tag では、職業の世界の変化に対応するため、IT 系などの新しく発展している職業などを積極的に取り入れている。また、職業や仕事を表す名称は一般に広く認知され、社会に定着しているもの、分かりやすいものを使用している。具体的には以下のとおりである。

◉「どんな仕事？（職務の内容）」

　その職業に就いている人が、具体的に実施する職務等をできる限り平易な言葉で満遍なく解説している。まず、その職業の内容を概説し、その上で詳しく解説する。職業を構成する職務の内容は、すべての勤務先で完全に一致するものではないが、多くの職場で共通する職務と、必要に応じて職場で実施する職務について記述している。職務を構成する「タスク」の実施率についても数値情報として職業ごとに提供している。

◉「就業するには？（入職経路）」

　その職業（仕事）に就くための一般的、典型的な入職経路、学歴、資格について記述し、入職経路を図解したチャートも掲載している。必須な免許・資格については必ず記述し、必須でないものの職務を実施する上で関連する資格等についても記述している。

　新卒採用、中途採用の多寡等の状況、入職前後の研修、配属、実務経験の積み方、キャリアパス等についても記述されているほか、その職業に求められる資質についても触れている。

◉「労働条件の特徴」

　その職業における主な勤務先、就業場所・就業地、その他特徴的な労働条件

が記載されている。また、国の統計データから、就業者数、賃金、労働時間、平均年齢のほか、有効求人倍率や求人賃金等を見ることができる。

●求職活動など個人での利用

job tag を活用することにより、職業について知ることができるほか、興味・価値観から適職を検索したり、経歴等から自身の職業能力プロフィールを作成していろいろな職業とのフィット感を確認したり、将来に備えた自己啓発内容を検討したりすることができる。

・適職を知る

job tag には、職業興味検査、価値観検査、簡易版職業適性テストなど、自分の興味・価値観から職業を検索できる機能もあり、これによって適職を探索することもできる。さらに、「しごと能力プロフィール」を作成し、スキルや知識などから適職を探索できるほか、業種や職種が変わっても強みとして発揮できる持ち運び可能な能力を可視化する「ポータブルスキル見える化ツール」で、それを活かせる職務・職位を探索することもできる。

また、「キャリア分析」機能を活用することにより、職業経験がある者は、経験した職業の仕事の内容やタスクを確認するとともに、自らの「しごと能力プロフィール」を見ることで、自らの有するスキル・知識・興味等について検討した上で、希望する職業に不足する能力、身に付けるべき能力を確認したり、アピールすべきことについても把握したりすることができる。さらに、「職業能力チェック」を行うことにより、ホワイトカラー系職種の職務に必要な能力のうち、自分ができること、できるようにしていく必要があることを整理することもできる。

・職業を検索する

いろいろな職業を検索することで、どのような職業があり、何をするのかについて知り、自分が何に興味があるのかについて考えることができる。job tag では、「フリーワード検索」「テーマ別検索」「イメージ検索（地図）」により、おおよそのイメージから職業を探すことができる。また、重視したい仕事や避けたい仕事などといった「仕事の性質」や「仕事の内容」「スキル・知識」「免許・資格」のほか、経験が求められる度合いなど、具体的な条件から探すこともできる。

・業種や職種を知る

気になる業界、企業間で行われる仕事など、さまざまな観点から職業の世界

を知ることもできる。

- 求職活動をする

　求職活動でのステップと job tag の活用について ［**図表 4-16**］ に示す。

　job tag では、求職活動の流れに沿って、job tag を活用しながら求職活動を進めるための「求職ガイド」を提供している。「求職ガイド」には、併せて、その過程で使用するためのワークシートも掲載されている。

　このほか、求職活動をする上で役に立つ労働法の基礎知識や働きたい地域の最低労働賃金一覧などのページにアクセスすることもできる。

◉企業での利用

　適格な人材の採用につながる人材募集、社員教育の計画作成、人事異動の検討、従業員の業務の見える化による職務分析の支援などに利用することができる。職務分析の結果は、テレワークできる業務の検討、業務の集約・簡素化、外部委託、障害者雇用、DX やシステム化など、多方面で検討に向けた活用が可能となっている。

図表4-16 **求職活動のステップの実施内容とjob tagの活用**

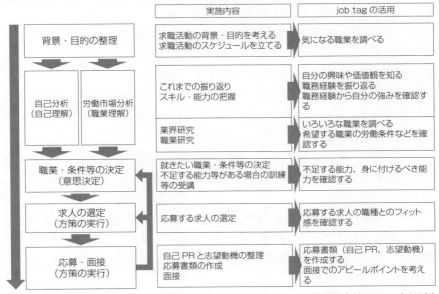

資料出所：厚生労働省職業安定局「job tag（職業情報提供サイト（日本版 O-NET））求職ガイド Ver.2.0」（2022年）
　　　　　P.2 ～ 3 を基に筆者作成
［注］ （ ）内はキャリアコンサルティングのステップについて追記したものである。

・人材募集・採用における活用

　企業は、募集・採用活動において、job tag を活用することで、客観的な視点で求める人材を採用できるだけでなく、採用対象の人材像を明確に設定できる。また、求人要件、労働条件を明確にできる。さらに、選考や採用後の研修、キャリア形成に活かすこともできる。

　job tag では「求人ガイド」を掲載しており、求人募集の流れに沿って、検討すべきこと等をまとめている。また、job tag の活用方法を提供している。「求人ガイド」にも、検討事項をメモできるワークシートが提供されている。

・社内教育・社内人事管理、社内業務整理

　従業員にタスクについて入力してもらうことにより、タスクを整理して社内の業務を見える化することが可能となり、業務量の平準化や不得意分野に関する OJT、Off-JT を検討できる。また、テレワークできる仕事の検討、無駄な仕事の削減、仕事の集中化、DX やシステム化の可能性などについても検討できる。さらに、業務遂行基準を見える化することにより、できていない部分を支援したり、教育訓練を提供したりすることができる。「しごと能力プロフィール」の作成によって本人が希望するキャリアと会社が期待するキャリアを比較することにより、不足する知識・関連資格等を洗い出し、Off-JT の機会の提供、自己啓発の促進、人事管理上の工夫などのキャリア形成支援について検討することもできる。

◉キャリアコンサルタントなど支援者としての利用

　job tag には、キャリアコンサルタントなどキャリア支援を行う者の活動を支援する側面もある。具体的には、キャリアコンサルタントのほか、職業紹介事業者や労働者派遣事業者、大学のキャリアセンター、学校の進路指導やキャリア教育を行う先生などが、上記「◉求職活動など個人での利用」「◉企業での利用」において紹介したツールをすべて無料で使用でき、支援に役立てることができる。

　ツールを用いることにより、個人の求職活動、企業の募集・採用活動などのほか、タスク整理により障害者を雇い入れた効果を見える化するなど障害者支援に用いることもできる。職業情報についての動画をキャリア教育で活用することもできる。

　なお、job tag と後掲の「ハローワークインターネットサービス」「しょくばらぼ」は連携しており、企業や職種の求人情報・職業情報・職場情報を三つの

サイトを活用して調べることができる。

　例えば、以下のような活用ができる。

- job tagで興味のある職業を調べ、ハローワークインターネットサービスで企業の求人情報を検索し、さらに「しょくばらぼ」で企業の職場情報を確認する
- ハローワークインターネットサービスで企業の求人情報を検索し、その求人の職種や必要な知識・スキルを確認したり、「しょくばらぼ」でその職場の情報を確認する

❷ OHBYカード

　OHBYカードは、2008（平成20）年に労働政策研究・研修機構が開発したカード式職業情報ツールである **[図表4-17]**。48枚のカードを使ってさまざまな作業を行うことによって自分の興味や関心を知るとともに、知っておくべき必要最小限の職業情報を得ることができる。OHBYカードの特徴は以下のとおりである。

①カードの取り扱いが容易である
②絵や写真などを用いており、分かりやすい
③児童・生徒から若者、中高年まで多様な目的、対象者で使用できる

図表4-17 OHBYカードの例

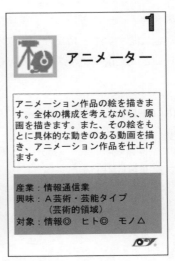

資料出所：労働政策研究・研修機構「OHBYカード」（2008年）

④職業理解と自己理解を同時に深められる

⑤カードを使って作業をしながら、対話やコミュニケーションができる

　OHBYカードは、1対1のキャリアコンサルティング場面で使用するほか、グループ形式で使用したり、学校の授業で使用したりするなど、場面や対象者によってさまざまな形で活用することができる。標準的な使い方は **[図表4-18]** のとおりである。

②求人情報・職業情報などの提供を主目的にしたもの

❶ハローワークインターネットサービス

https://www.hellowork.mhlw.go.jp

　ハローワークインターネットサービスでは、全国のハローワークで受理した求人を検索できる。スマートフォンやタブレットにも対応している。学生や障害者向けの求人も検索できる。

　2020（令和2）年1月から「求職者マイページ」を設定し、「お気に入り」の求人や求人検索条件の保存が可能になった。求人企業向けには「求人者マイページ」で、オンライン求人申し込みやハローワークへの採否連絡などのサービスが利用できるようになった。また、2021（令和3）年9月からは、ハローワークからオンラインで職業紹介を受けること（オンラインハローワーク紹介）、求職者からの応募を直接受け付けること（オンライン自主応募）ができるようになった。さらに、2022（令和4）年3月22日から、仕事を探す人向けに求職者マイページを通じて、希望職種等の条件や経験した主な仕事などの求職情報を公開することにより、求人者から直接、マイページ上でリクエストを受けること（直接リクエスト）が可能となった。一方、事業主向けには求人

| 図表4-18 | OHBYカードの使い方 |

ステップ1：分類
　表面の絵や写真を見ながら、「選択する」「選択しない」「考え中」の三つに分類する。

ステップ2：選択しない
　「選択しない」に分類した職業について、表面の絵や写真を見ながら、選択しなかった理由が似ているもの同士を、さらに小グループに分類し、その後、裏面を見て、どんな特徴の職業なのかを理解する。

ステップ3：選択する
　「選択する」に分類した職業について、最も好きなものから順に10職業を選び出して順位をつけ、その後、裏面を見て、どんな職業なのかを理解する。

者マイページから求職情報検索を行い、自社に応募してほしい求職者に対して、マイページを通じてメッセージと応募を検討してほしい求人情報を直接送付すること（直接リクエスト）などができるようになった。

ハローワークインターネットサービスには、職業訓練についての情報や面接会等のイベント情報、就職活動の進め方や履歴書・職務経歴書の書き方、雇用保険や助成金についての情報など幅広い情報が掲載されている。

❷職場情報総合サイト「しょくばらぼ」

https://shokuba.mhlw.go.jp

「しょくばらぼ」は、職場改善に積極的な企業の残業時間（時間外労働時間）や有給休暇取得率、平均年齢などの職場情報を検索・比較できる Web サイトである。

「しょくばらぼ」、ハローワークインターネットサービス、job tag は互いに連携している。以下のような情報連携を試してみていただきたい。

- 「しょくばらぼ」の検索結果の業種名のリンクから job tag の当該業種の職業情報へ誘導
- 「しょくばらぼ」に登録されている法人番号のリンクからハローワークインターネットサービスへ遷移（一致している求人情報がある場合）
- ハローワークインターネットサービスの求人情報詳細ページから「しょくばらぼ」にアクセス

❸その他

上記以外では、職場の状況についての情報は「一般事業主行動計画公表サイト」（https://ryouritsu.mhlw.go.jp/hiroba/）、「女性の活躍・両立支援総合サイト」（https://positive-ryouritsu.mhlw.go.jp/）などのほか、各種表彰サイト、好事例集などでも提供されている（「しょくばらぼ」と「一般事業主行動計画公表サイト」も連携している）。

③仕事・職業理解にも役立つアセスメントツール

キャリア・インサイトなど、前記［2］（2）で紹介したアセスメントツールの中には、職業適性・職業興味・職業能力と併せて、共通点のある職業群を示すなど仕事・職業理解を促進する機能を有するものもある。

[4] 自己啓発の支援

(1) 自己啓発の意義

　キャリアコンサルティングにおいては、インターンシップ、職場見学、トライアル雇用などにより、職業を体験してみることを通じて自らの気づきを促すことも有効である。インターンシップは、企業が学生などを一定期間受け入れ、仕事を体験させる仕組みのことで、アルバイトなど雇用によるものを除く。職場見学とは、職場や働く様子を実際に自分の目で見る機会を提供することである。トライアル雇用は、就業経験の少ない人や就労期間にブランクがある人、障害者などを一定期間試行的に雇用して、その適性や業務遂行可能性を見極め、求職者、求人者の相互理解を促進し、早期就職の実現や雇用機会の創出を図る仕組みのことである。このように本格的に働く場合とは異なる形で、相談者に職業を体験させることの意義としては、[図表4-19] が挙げられる。

(2) 自己啓発の支援を行う場合の留意点

①目的の明確化

　何を目的に職業体験を行うのかを明確にし、相談者とキャリアコンサルタントとの間で共有しておくことが必要である。

②体験実施のための手続き

　受け入れ側となる職場との間で十分調整を図ることが必要である。

　トライアル雇用の場合は、一定の要件を満たせば、助成金の対象となるので、

図表4-19 | 職業を体験させることの意義

①働く意味・意義の理解の促進に役立つ
　働くことの楽しさ、やりがい、厳しさに触れることができる。特に職業意識や将来の職業生活設計が曖昧な若年者に対しては有効である。

②職業選択の材料となる
　希望している職業について、イメージと合っているか、イメージどおりでなくとも許容範囲内にあるか、気づいていなかった問題点はないかなどを確認できる。就職後早期の離職防止も期待できる。

③職業生活への移行が円滑化する
　就職未経験者やブランクのある者においては、あらかじめ体験することで職業生活への移行の円滑化が期待できる。

④就職の促進に役立つ
　トライアル雇用の場合は、当該事業所への円滑な就職も期待できる。

必要な場合はその手続きを行う。

　なお、体験中に相談者が不利益を被ったり、与えたりすることも考えられる。その実態から労働者とみなされる場合には労災保険の対象となるが、そうでない場合は対象とならないので、民間保険会社の傷害保険等に加入させ、万一に備えることも必要である。

（3）体験を効果的なものとするための支援

　体験を効果的なものとするためには、体験を通じて、本人が自己理解や職業理解を深めたり、働くことに関する「気づき」を得たりすることが必要である。

　キャリアコンサルタントは、体験前に目的の確認・共有を行うとともに、体験後の面接の際に、適切に振り返りをさせるなど「気づき」が得られるよう支援する。

[5] 意思決定の支援

（1）キャリアプランの作成支援

　相談者は、既に自己理解、仕事理解などを経て、自分にふさわしいキャリアプランを作成しようという段階にある。

　キャリアコンサルタントが、相談者のキャリアプラン作成を支援するに当たっては、次の二つの観点から、ライフプランについて考えさせることが必要である。

- 職業だけでなくどのような人生を送るのかという観点
- 自身と家族の基本的生活設計の観点

　また、相談者の中高年齢期をも展望した中長期的なキャリアプランについても意識させることが必要である。すなわち今、人生の中でどのステージにいるのかについて理解し、ライフステージにおける具体的な課題を踏まえ、どの時期までに、何を身に付けるのかなどについて考えられるよう支援することが必要である。

（2）具体的な目標設定への支援

　目標の設定に当たっては、相談者が作成したキャリアプランを基に、相談者が中長期的な目標や展望を設定できるよう支援する。その上で、さらに短期的・具体的な目標を設定できるよう支援を行う。キャリアコンサルタントが選択肢を示すのでなく、相談者が選択肢を挙げ、吟味した上で比較検討・評価し、

絞っていくことが必要である。すなわち、相談者が能動的な役割を果たすことが必要である。

キャリア選択は、人生における選択の中でも重要なものの一つである。何かを選択することは、何かを選択しないことでもある。どの選択肢を選んだとしても、すべてを満足させることは難しい。これだけは譲れないというものをしっかり押さえることが重要である。

意思決定のプロセスにおいても、情報の収集、提供、活用は重要である。既に、この段階に至る前に、自己理解や仕事理解を行っていても、それだけでは情報が不足している場合もあり得る。そのような場合は、自己理解や仕事理解の段階に戻って、必要な情報を探索することが重要である。キャリアコンサルタントは、必要な情報は何か、それをどのようにしたら得られるかについてアドバイスすることが必要である。

なお、意思決定には、不確実性がつきものである。決定的な解を追い求めるのでなく、次善の解は何かを含め、柔軟に考えるよう支援することが必要である。

（3）能力開発に関する支援

相談者が設定した目標を達成するためには、自己学習や職業訓練などの能力開発が必要なことがある。

キャリアコンサルタントは、これを支援するために、以下のことを行う必要がある。

- 目標達成に必要な自己学習や職業訓練などの能力開発に関する情報の提供
- 相談者の能力開発に対する動機づけを高めること
- 主体的に実行するためのプランの作成とその継続的見直しを支援すること

[6] 方策の実行の支援

（1）相談者に対する動機づけ

相談者は、既に目標を設定し、これに向かって、応募したり、能力開発をしたりする、という段階にある。

キャリアコンサルタントは、相談者が自らの意思で目標に向けて取り組んでいけるよう、目標、意義の理解を促すなど、働き掛けを行うことが求められる。

（2）方策の実行のマネジメント

　キャリアコンサルタントは、相談者が方策を実行することができるよう、方策の進捗状況を把握し、相談者に現在の状況を理解させる。また、進捗状況を踏まえ、今後の進め方や見直しなどについて、適切な助言をする。

[7]　新たな仕事への適応の支援

　方策の実行後におけるフォローアップも重要である。例えば、相談者は就職が決まったが、新しい職場や仕事に対する不安がある、といったこともある。誰にでもあり得ることだが、早期離職につながる場合もある。こうしたことへの対応もキャリアコンサルティングのプロセスの一部である。

　キャリアコンサルタントには、相談後も相談者の状況に応じ、適切なフォローアップを行うことが求められる。

[8]　相談過程の総括

　キャリアコンサルティングの成果や目標達成具合を勘案し、適正だと判断できる時点において、相談を終了することを相談者に伝え、納得を得た上で相談を終了する。

　相談の終了には三つの意味がある。

- カウンセリングの終了を正式に宣言し、クライエントとカウンセラーがその後も延々とカウンセリング関係を続けることを避ける
- クライエントが、カウンセリングを通じて学習したことを、将来活用できるかどうか話し合う
- 終了してよいか監査（モニタリング）する。将来さらに必要があれば、カウンセリングに応ずることを伝える

資料出所：木村　周『キャリアコンサルティング　理論と実際：カウンセリング、ガイダンス、コンサルティングの一体化を目指して　5訂版』雇用問題研究会（2018年）P.304.

　終了に際しては、相談者自身が目標の達成度や能力の発揮度について自己評価できるように支援することが必要である。

また、キャリアコンサルタント自身が相談支援の過程と結果について自己評価することが重要である。成果の評価には以下の四つの内容が含まれる。

- クライエントとカウンセラーが、目標に照らしてどこまで到達したか、成果を評価する
- クライエントの同意を得て、カウンセリングを終了する
- カウンセラーは、クライエントの成果を監査（モニタリング）する
- カウンセラーは、このケースについての結果、手段、スキルの行使などについて自己及び他人による評価を行う

資料出所：木村　周『キャリアコンサルティング　理論と実際：カウンセリング、ガイダンス、コンサルティングの一体化を目指して　5訂版』雇用問題研究会（2018年）P.302.

▼

キャリアコンサルタントの
倫理と行動

キャリアコンサルタントの支援内容は人生の中核的な問題に関することである。このため、支援に当たっては相談者や組織から信頼を得ることが必要不可欠である。信頼を得るためには、専門的な知識・スキルに加えて、プロフェッショナルとしての自覚と責任、高い倫理観を持って活動することが必要である。

　第5章では、職業能力開発促進法のほか、「キャリアコンサルタント倫理綱領」、厚生労働省やキャリアコンサルティング協議会の報告書などを基にキャリアコンサルタントの倫理と行動について説明する。

　キャリアコンサルタント向けの内容であるが、企業の方にもご覧いただき、キャリアコンサルタントというのは、どのようなことを求められ、行っている人たちなのかについて、知っていただけると幸いである。

▶COLUMN　　特定非営利活動法人キャリアコンサルティング協議会

　特定非営利活動法人キャリアコンサルティング協議会は、キャリアコンサルタントの立場を代表する団体だが、国家資格キャリアコンサルタントの厚生労働省登録試験機関、かつ、資格取得後の登録を行う登録機関であり、さらに国家検定キャリアコンサルティング技能検定の実施機関でもある。

　同協議会では、キャリアコンサルタントが確立された専門家として成長し、キャリアコンサルティングが社会インフラとなることを目指し、キャリアコンサルティングの普及啓発、キャリアコンサルタントの資質向上に関する活動を行っている。また、キャリアコンサルタントの職業倫理を高め、確かなものにするよりどころとして「キャリアコンサルタント倫理綱領」（351ページ）を定めている。

---

1. キャリアコンサルティングの普及

キャリアコンサルタントがどれだけ理論に裏打ちされた知識・スキルを身に

付けても、これを役立てることができなければ意味がない。

　キャリアコンサルタントには、キャリアコンサルティングを行うことに加えて、キャリアコンサルティングを役立ててもらうために、その普及啓発を図ることも期待されている。

　具体的には、まず、所属している組織や契約している組織に対して、キャリアコンサルティングの意義を伝えていくことが期待される。さらに、キャリア形成に関するセミナーや研修を企画・実施したり、キャリアコンサルティングに関する知識・スキルを紹介したりするなど、さまざまな方法で、個人の主体的なキャリア形成の重要性を広く社会に普及していくことが期待されている。

2. 環境への働き掛け

　個人の主体的なキャリア形成は、個人と環境（地域、学校・職場等の組織や家族等、個人を取り巻く環境）との間の相互作用によってなされていく。このため、相談者個人に対する支援だけでは解決できないこともある。こうした場合は、環境への働き掛けが求められる。

　環境への働き掛けの例としては、相談者個人に対する支援だけでは解決できない環境の問題点の発見や指摘、改善提案等が挙げられる。

　労働者にとって、組織、とりわけ企業の力は大きく、相談者個人に対する支援だけでは解決できない問題は多い。キャリアコンサルタントには、こうした問題を発見・指摘し、改善に向けた提案を適切に行うことが期待される。とりわけ、企業領域で活動するキャリアコンサルタントには、これが求められる。

［1］ 相談者個人に対する支援だけでは解決できない環境の問題点の発見や指摘を行う場合

　キャリアコンサルティングを行うことにより、キャリアコンサルタントは労働者の仕事に対する思いや家庭の事情など、取り扱いに注意を要する、さまざまな情報に触れる可能性がある。

　企業との関係でいえば、以下のような場合が挙げられる。

- 相談者はある部署への異動を希望しているが、企業は現在の部署で力を発揮することを期待している、あるいは、別のキャリアパスを期待している
- 相談者は転勤を回避したいが、企業は特定の人を特別扱いできないと考えている
- 相談者は職場の人間関係で悩んでいるが、人事部には知られたくない
- 相談者は希望を伝えていると思っているが、企業には伝わっていない
- 企業は人事についての方針を周知しているが、相談者には伝わっていない

　このようにさまざまなケースが考えられるが、いずれの場合においても、まず、相談者の訴えをよく聴き、事実関係を明らかにし、問題点をきちんと整理した上で、キャリアコンサルティングを進めていくことが重要である。そして、これらを踏まえ、必要と判断される場合は、相談者の了解を得た上で、組織にうまくそれを伝えることが期待される。

　キャリアコンサルタントの立場やキャリアコンサルティングを行う部署の位置づけなどによってもアプローチは異なるが、いずれの場合においても、組織の現状を踏まえ、適切な者に、適切な方法・タイミングで問題点について伝えることが必要である。そのためには、日頃から組織の業務内容や仕組みについて理解を深め、協働関係を円滑にしておくことが必要である。

　また、個別のキャリアコンサルティングを行う中で、ハラスメントやメンタルヘルス関係のトラブルなどを察知することもある。こうした場合は、プライバシーなどに配慮しつつ、人事部や産業保健スタッフなどと連携して状況に応じた対応を迅速に行う必要がある。

［2］ 改善提案などの環境への介入、働き掛けを行う場合

　必要に応じ、企業や学校などに対して改善提案などを行うこともキャリアコンサルタントの役割である。これには、労働者が自身のキャリアプランを主体的に考えて能力開発に努め、企業がそれをサポートするセルフ・キャリアドックやキャリア研修の実施の提案なども含まれる。さらに、人事管理の仕組みや教育訓練への関与なども考えられる。

　企業の規模、人事部門の体制などによっても異なるが、セルフ・キャリアドックやキャリア研修を新たに実施する場合、人事部門との協議、経営層への提言が必要である。受講者の上司への支援などもあるとよいだろう。

キャリアコンサルタントとしても、企業の経営課題やその中での人事管理、教育訓練やキャリアパスの実態、課題などについて、関心を持ち、実践的な理解を深めることが不可欠である。

3. ネットワークの構築・活用

[1] ネットワークの重要性と形成

個人のキャリア形成支援を効果的に実施するためには、各方面の専門機関や専門家とさまざまなネットワークを構築することが重要である。

ネットワークの構築により、自らの守備範囲を超えた問題を抱える相談者に適切な支援を行うほか、最新の情報を把握できる。

（1）守備範囲を超えた問題を抱える相談者に対する支援

相談者が抱える課題には、仕事に関することのほかにも、病気やけが、障害、借金、貧困、離婚、子どもの不登校、親の介護などさまざまなものが考えられる。これらの問題は、キャリアコンサルタントの守備範囲を超えたものだが、それらの問題にも対処しつつ、キャリアコンサルティングを行うことが求められる場合もある。

病気やけが、障害であれば医療機関、貧困や親の介護であれば福祉関係機関、子どもの不登校であれば教育関係機関、借金や離婚であれば法律関係機関など、それぞれに対処する専門機関がある。こうした機関と連携を取ったり、知恵を借りたりし、そうした問題を抱える相談者に適切な支援を行うためには、日頃からネットワークを構築しておくことが求められる。

（2）最新情報の把握

経済社会の状況は日々動いており、キャリアコンサルティングを行う上で必要な情報にも動きがある。法制度を巡る動きなどは比較的把握しやすいが、今、まさに問題となりつつあることなどは把握しづらい。

ある程度経験を積み、慣れてくると、これまでの自分の経験で物事を判断しがちになるが、それでは相談者や相談者の属する組織の問題意識を的確に理解できず、適切なキャリアコンサルティングが行えない場合も出てくる。

キャリアコンサルタント同士の勉強会などのほか、広くキャリアに関心を持つ者を対象とした研究会や研修会に積極的に参加し、最新の情報に触れるとともに参加者同士の交流を通して情報を把握する姿勢も必要である。国家資格キャリアコンサルタントとして登録することにより、定期的に「キャリアコンサルタント通信」として、キャリアコンサルタントとして知っておくべき情報（制度改正や登録関連情報、更新情報等）や、その他役に立つ情報が送られてくるが、ネットワーク構築などを考えると、それだけでは十分といえないだろう。以下に、学びやネットワーク構築に有効と思われる情報を挙げる。

①一般財団法人 ACCN

　ACCN（All Career Consultant Network）は、「キャリアコンサルタントの品位と資質を高め、実践の場を拡大することによってキャリアコンサルタントの社会的価値をより確かなものとし、人々が学びあう社会の実現に寄与すること」を目的とする団体である。「全ての人が自らキャリアを考え生きる社会を作る」「生涯にわたるキャリア発達を支援する」「キャリアコンサルタント自身がキャリア成熟・成長する」「全てのキャリアコンサルタントがつながり、社会ともつながるネットワークを作る」を活動と役割に据え、国家資格キャリアコンサルタントを対象に、学び、活躍し、交流するためのさまざまな会員サービスを提供している。参加は国家資格キャリアコンサルタントに限られている。

②関連学会等

　キャリアコンサルティングは学際的な領域であるため、関連する学会も多い。学会自体は研究を目的とした団体だが、理論だけでなく、実践とのバランスに重きを置く学会もある。日本人材マネジメント協会のように、学会ではないが、人事パーソンや企業領域で活動するキャリアコンサルタントにとって役に立つ団体もある。

　以下に、関連する学会等のうちネットワーク構築に役立つと思われるものを挙げる。団体によってそれぞれ要件はあるが、国家資格キャリアコンサルタントでなくとも参加可能である。

〈学会〉
- 一般社団法人日本キャリアデザイン学会
- 一般社団法人日本キャリア・カウンセリング学会
- 日本キャリア教育学会

・人材育成学会

〈専門団体〉

・特定非営利活動法人日本人材マネジメント協会

　人材マネジメントの専門団体として、人材マネジメントに携わる者のために情報交換・相互交流、各種調査研究などを行っている。世界94カ国、66万人の会員で構成される世界人事管理協会連盟（WFPMA：World Federation of People Management Associations）の日本代表組織でもある。

[2] 専門機関へのリファー（紹介）と専門家へのコンサルテーション（照会）

　キャリアコンサルタントは、職業キャリアに関する相談の専門家だが、後掲5.［1］で示すように活動範囲には限界がある。また、キャリアコンサルタントの活動範囲内であっても、個々のキャリアコンサルタントがすべての領域において深い知見・経験を有するわけではない。このため相談者の状況によっては、別の領域の専門家やキャリアコンサルタントにリファー（紹介）やコンサルテーション（照会）を行う必要がある。

（1）リファー（紹介）

　リファーとは、クライエント（相談者）に必要な支援の内容が、支援者が有する専門性を超える場合、信頼できる別の専門家に支援を依頼することである。

　キャリアコンサルタントには活動範囲に限界があるほか、人によって得意分野や経験の深さには差がある。自分一人で相談者を抱え込もうとせず、キャリアコンサルタントの活動範囲や限界、自らの能力で支援できる範囲などを認識しておく必要がある。

　リファー先としては福祉事務所、保健センター、医療機関・カウンセリング機関、法律事務所・弁護士など、さまざまな機関、専門家が考えられる。適切なタイミングで的確にリファーすることも、キャリアコンサルタントの能力の範疇である。リファーしようと思った際に、適切な者にリファーできるよう、日頃からネットワークの確保を図っておくことが重要である。

　リファーに当たっては、適切な見立てを行うことが必要である。また、相談者に対し、リファーするということはもちろん、なぜリファーするのかについ

て十分説明し、自らリファー先に行こうという気持ちになってもらうことが必要である。また、リファー先には、相談者の了解を得た上で相談者についての必要な情報を提供する必要がある。なお、リファーを行った際は、リファー先に任せっきりにせず、必要に応じて情報の交換を続けることが望ましい。

（2）コンサルテーション（照会）

　一方、コンサルテーションとは、専門家から情報や知識を提供してもらうことを指す。個人のキャリア形成支援を効果的に実施するためには、必要な追加情報を入手したり、異なる分野の専門家に意見を求めたりすることが必要である。例えば、発達障害に関して詳しい臨床心理士に相談することや、込み入った法律問題を弁護士や法律の専門家に相談することなどがコンサルテーションに該当する。キャリアコンサルタント同士であっても、例えば、若年者を主な領域にしていない人がそれを専門とするキャリアコンサルタントにアドバイスを求める場合もコンサルテーションに含まれる。

　コンサルテーション先についても、リファー先と同じように、日頃からネットワークの確保を図っておく必要がある。

4. 自己研鑽とスーパービジョン

　キャリアコンサルティングは、キャリアコンサルタントと相談者だけの閉ざされた場となりがちである。また、キャリアコンサルタントは支援者、相談者は支援を受ける者という立場にある。さらに、世の中の変化のスピードが速まる中、キャリアコンサルティングに求められることはより高度なものとなってきている。

　キャリアコンサルタントは、こうしたことを常に意識し、自らの助言・指導が相談者に大きな影響を与えることを自覚するとともに、学びを継続し、自己研鑽（けんさん）に励むことが求められる。また、キャリアコンサルタントとして自らの課題に気づくことができるよう、積極的かつ定期的にスーパービジョンを受ける必要がある。

[1] 自己研鑽

(1) 自己研鑽の必要性

　キャリアコンサルティングは、習得した知識とスキルを組み合わせて個々の相談者の状況に応じ、最も効果的な手法を繰り出していくものであるため、キャリアコンサルタントの力量により、出来・不出来に大きな差が生じる。

　キャリアコンサルタントの資格を取得することは、支援の専門家として出発点に立つことを意味する。資格を取得してもその後の研鑽を怠れば、働くことを巡る環境に対応できなくなったり、手法や進め方が「独り善がり」なものに陥って効果的な支援ができなくなったりするおそれがある。

　国家資格であるキャリアコンサルタントは、5年ごとに講習を受ける必要があるが、これは必要最低限の水準として設定されたものである。したがって、これを受けるだけでは十分とはいえない。それぞれの活動領域において十分に力を発揮していくためには、キャリアコンサルティングの実務経験を基に、自分自身の課題の把握とその解決、さらなる資質向上に向けて継続的に学習を行っていく必要がある。

　継続的な学びについては、厚生労働省の報告書[※1]などに詳しく記載されているが、キャリアコンサルタントの資質の向上には技術的なスキルに加えて、プロフェッショナルとしての自覚と責任、さらには倫理といった職業人としての人間的な資質の向上も重要である。

　継続的な学びや経験の蓄積の必要性は、キャリアコンサルタントに求められる「働く」ことに関係する社会的要請や、キャリアコンサルタントの活動領域が拡大していることから、これまでにも増して高まってきている。

　　※1　「キャリアコンサルタントの継続的な学びの促進に関する報告書」（2019年）
　　　　　「キャリアコンサルタントの継続的な学びの促進等に関する報告書」（2020年）

(2) 資格取得後の継続的な学びに当たっての留意事項

　資格取得後の継続的な学びに当たっては、実務経験機会の確保が課題となることも多いが、立場によってこれに対する解決方法は異なる。ここでは、厚生労働省の報告書に沿った形で、いかにして継続的に学ぶかに絞って説明する。

①継続的な学びに当たって心掛けるべきこと

❶自己理解を深めること

　キャリアコンサルティングにおいて相談者を深く理解し、的確な支援につな

げていくためには、まずは自らの専門家としての姿と向き合い、自らの自己理解に努めなければならない。

❷能力の限界を認識すること

　詳しくは、後掲5.［1］で述べるが、キャリアコンサルティングには限界もある。キャリアコンサルティングについて学び、経験を積むことに伴って、自分のできることと限界とを実感を持って認識できるようになる。こうした限界を正しく認識する必要がある。

❸常に学ぶ姿勢を維持して、継続的に学び、新たな情報の吸収、力量の向上を図ること

　自らの助言・指導等が相談者に大きな影響を及ぼし得ることを常に心にとどめ、常に自らの課題に気づくことに努め、主体的に自らのキャリアコンサルタントとしての能力・態度等の課題解決に取り組むべく、学びを継続していかなければならない。

❹人間理解の重要性について十分に認識すること

　キャリアコンサルティングの対象となるのは人間である。言うまでもないが、人間理解の重要性について十分に認識する必要がある。

　こうしたことを心掛けた上で、自らの活動領域において求められる知識・スキルは何か、自分がなりたいのはどのようなキャリアコンサルタントなのかについて考え、学び続ける必要がある。

②資格取得後の継続学習において特に学ぶべき事項

❶個別面談スキル

　個別面談スキルは、キャリアコンサルタントとしてのコアスキルであるが、キャリア形成に向けてモチベーションを開発するような面談のスキルについては、現行の養成講習カリキュラムでは十分とはいえない。キャリアコンサルティングの場だけでなく、企業など組織において求められるスキルでもある。

❷倫理

　後掲5.［3］で詳しく説明するが、キャリアコンサルタントが現場で活躍するための前提として、倫理について確実に理解し、自分のものとしていることが必要である。

❸法令・制度

　人事パーソンとしては当然のことだが、雇用・労働、社会保険、教育等の諸分野の法令・制度や、職業訓練・助成金等のキャリア形成支援施策について最

新の情報を正確に把握しておくことが必要である。

❹ツールの活用方法

キャリアコンサルティングの質向上のためには、相談者に対する自己理解の支援等のためのツールに習熟し、理論的背景も踏まえて活用することが重要である。また、用途に応じたキャリアシート（ジョブ・カードを含む）を作成する技術も必要である。

❺多職種連携に関する知識

キャリアコンサルティングを適切に実施するためには、他分野・領域の専門家および関係者と協力していくことが必要である。自身が活動する地域においてどのような専門家がいて、どのような協力を得られるのか等について知識を得ることも必要である。

❻組織への働き掛け手法

企業領域においては、人事など企業の関係部門との連携・協働が必要不可欠である。企業内キャリアコンサルティングを効果的なものとするためにも、組織への働き掛けや、適正な活動を維持するための知識・技能を身に付けておくことが求められる。

❼相談者の特性理解

発達障害・精神障害といった対応困難層、がん患者やLGBT等の支援に当たって配慮を要する層については、支援制度に関する知識を習得するほか、相談者が抱える課題を正しく理解し、個別の状況に応じた対処を行う必要がある。また、多様な特性を理解した上でキャリアコンサルティングに臨む必要がある。

❽制度上位置づけられた役割の理解

諸制度の適正運営のために一定の役割を担っていることを理解し、以下のような必要な知識の習得および最新の情報の収集に努めなければならない。具体的には、第3章3.を参照いただきたい。

- 社会人のリカレント教育および学び直しに関する知識
- 労働者の業務の遂行に必要な技能およびこれに関する知識
- 職業訓練や企業におけるキャリア支援施策やその運営・調整等に関する知識
- ジョブ・カードを用いた効果的なキャリアコンサルティングを行うための

知識・技能
- 公共職業訓練等に関する知識
- 労働市場やキャリア教育等に関する知識

③どのように学ぶか

　[**図表5-1**] は、前掲※1の厚生労働省の報告書に示された「キャリアコンサルタントに求められる学習のマトリックス」である。キャリアコンサルタントに求められる学習には、その内容を継続的に深めることを目指す「深化」と、一定水準の最新情報を学ぶことを目指す「アップデート」がある。また、学ぶべき領域は共通領域と専門領域に分類できる。さらに専門領域には必修と選択がある。

　前記「②資格取得後の継続学習において特に学ぶべき事項」で示した❶〜❽について、❶❷❺はすべてのキャリアコンサルタントが深化を図るべきもの（共通深化型）、❸❹はすべてのキャリアコンサルトが学び、必要に応じ、アップデートを図るべきもの（共通一定レベル型）、❻❼❽は専門領域に応じた内容を深く学習すべきもの（専門深化型）に分類できる。また、❶〜❽以外にも、選択した専門領域において一定水準必要なもの（専門一定レベル型）や専門領域内でさらに専門性を特化するもの（専門内選択深化型）も存在する。さらに、これらに加えて、キャリアコンサルティングに関連する領域についての知見を広げることも有用である。

図表5-1 キャリアコンサルタントに求められる学習のマトリックス

		学習目標	
		深化	アップデート
すべてのキャリアコンサルタントが学ぶべき共通領域	必修	共通深化型 ❶個別面談スキル ❷倫理 ❺多職種連携に関する知識	共通一定レベル型 ❸法令・制度 ❹ツールの活用方法
キャリアコンサルタントが専門性を発揮する選択領域	必修	専門深化型 ❻組織への働き掛け手法 ❼クライエントの特性理解 ❽制度上位置づけられた役割の理解	専門一定レベル型
	選択	専門内選択深化型	

資料出所：厚生労働省「キャリアコンサルタントの継続的な学びの促進に関する報告書」（2019年）P.6.

働く環境の変化に対応できるキャリアコンサルタントとは

　2021（令和3）年6月、厚生労働省から「働く環境の変化に対応できるキャリアコンサルタントに関する報告書」が公表された。有識者で構成される「キャリアコンサルタント登録制度等に関する検討会」での議論をまとめたものだが、働く環境の変化を踏まえ、キャリアコンサルティングのさらなる普及のための施策と、キャリアコンサルタントに求められるものと必要な施策について、提言などを行っている。

　同報告書では、キャリア支援の専門職としてキャリアコンサルタントが習得すべきこととして、企業領域を念頭に、以下のことを挙げている。

- 専門性を深化させ、実践力を向上させる
- 多様な働き方や年齢階層などに応じたキャリア支援に精通する
- 企業内の課題解決に向けた提案力を発揮する
- 外部専門家との連携や外部資源を活用する
- 就職マッチングやリテンション（職場定着など）を意識する

　最後の項目は、社外へのキャリアチェンジや再就職場面での就職マッチングと、若年層のリテンションのことである。後者の具体例としては、内定後の就職準備支援、中小零細企業の新人研修、社会人基礎力の習得支援等の初期キャリア段階における支援のほか、学校の就職支援者と企業の採用担当者の間でキャリア支援を意識することなどが挙げられている。

　いずれにしても、キャリアコンサルティングの勉強を一時的なもので終わらせたり、資格取得を「ゴール」としたり、更新講習を受けることでよしとしたりするのではなく、常により良いキャリアコンサルタントを目指し、継続的に新たな知識の習得とスキル向上のための研鑽に努めていくことが求められる。

　「継続的な学び」については、スーパービジョン、実践経験の機会、講習機会の地域的不均衡などの課題が指摘されている。また、新型コロナウイルス感染症の影響で、「働く」ことを取り巻く環境が大きく変化していることから、これへの対応も求められている。

今後、キャリアコンサルタントの資質向上のための取り組みが進められていくものと考えられるが、自らのネットワークを活用した勉強会のほか、キャリアコンサルタント組織団体等※2 が行う研修会や講習会なども、利用することができる。これらへの参加なども考えるとよいだろう。

※2　地域または全国規模でキャリアコンサルタントが専門家集団として自発的な学びの機会を創出していく法人・団体等。養成講習・更新講習実施機関や、教育・研究機関、学会などもこの役割を果たし得る。

[2] スーパービジョン

(1) スーパービジョンとは何か

　スーパービジョン（supervision）とは、「上位の」「〜を越えた」という意味の super と、「見渡すこと」「洞察」といった意味の vision から成る言葉である。カウンセリングなどでは、当事者には分からなかった点を気づかせたり、当人の見方を超えた洞察を与えたりすることを「スーパービジョン」という。その際、スーパービジョンを与える指導者を「スーパーバイザー（SVor）」、ケースを報告して指導を受ける者を「スーパーバイジー（SVee）」と呼ぶ。スーパービジョンとは、スーパーバイザーが、スーパーバイジーの見立てや対応の仕方に関してスーパーバイジー自身が気づかない点について指導助言を行うことである。

　2019 年に公表された厚生労働省の報告書では、キャリア支援におけるスーパービジョンを、「事例の理解や対応方針・技法の検討を主目的とする事例検討の要素に加え、教育的介入を通じたスーパーバイジーの成長と、同時にクライアントのキャリア形成の支援等の要素を含むものであり、さらにはそれらを通じた組織活性化への貢献を図るものとして期待される」ものと整理している。

　スーパービジョンの目的は、第 1 に、スーパーバイジーの成長である。実際のケースは、理論や技法の学習とは違って予想どおりにはいかないものである。「知っている」と「分かる」とは異なる。「分かる」と「できる」の間にはさらに大きな隔たりがある。これらを埋めていくのがスーパービジョンである。埋める過程を通して、自分がやっていること、やっていないことの意味に気づき、どうすべきかに気づく。第 2 に、スーパーバイジーの成長を通じて、相談者のキャリア形成支援をより良いものとすることである。第 3 に、スー

パーバイジーの成長、相談者のキャリア形成支援を通じて組織活性化を図ることである。キャリアコンサルティングにおいては、スーパーバイジー、相談者への効果に加えて、組織への効果についても視野に入れていることに留意が必要である。

　スーパービジョンが必要なのは初心者に限らない。レベルを問わず、すべてのキャリアコンサルタントが積極的かつ定期的にスーパービジョンを受けることが求められる。熟練者であっても、スーパービジョンを受けることは、自分では気づかない癖や歪み、自分の内面や自分と相談者との関係などに気づくきっかけになる。キャリアコンサルタント倫理綱領を確実に体得するためにも、スーパービジョンは必要である。スーパービジョンを受けることによる学習は生涯続くといえよう。

　スーパービジョンの実施に当たっては、いわゆる流派（特定の理論や学派等）を越えたものであることが求められる。また、スーパービジョンでは、「気づき」を促し、スーパーバイジーを成長させることが重要である。スーパーバイジーの見立てや対応の誤りなどの問題点を指摘し、正すのではなく、「気づき」を促すことによって、プロフェッショナルとしての人間性、取るべき態度・姿勢・持つべきマインドなどに資するものであることが求められる。

（2）事例検討会などとの違い

　スーパービジョンと同様に、1人の人が自分の担当するケースを発表して、他の人から意見をもらう機会としては、事例検討会、コンサルテーション、ケースカンファレンス（事例会議）などがある。

①事例検討会

　事例検討会は、一般に、ある程度進行した事例や終結した事例などについて、参加者が議論をしながら、その事例を理解し、そこから一般的な知見や技能的理解を深めることを目的に行われる。事例検討会においては、「そこで何が起こっていたのか」を理解することを通して、参加者それぞれが「どうしていったらいいか」を間接的に学ぶ機会と捉えられることが多い。スーパービジョンは1対1で行われることが多いが、グループ・スーパービジョンの場合は、形式的には事例検討会と似たものとなる。しかし、グループ・スーパービジョンがスーパーバイジーの成長に主眼を置いたものであるのに対し、事例検討会の主目的はあくまでも事例の理解であり、両者は異なるものである。

②コンサルテーション

コンサルテーションは、前記3.［2］で述べたように、専門家から情報や知識を提供してもらうことである。

③ケースカンファレンス（事例会議）

ケースカンファレンスは、多くの場合、機関が抱えるケースについて、それに関わる人たちが情報を持ち寄って、それまでの対応を評価し、以降の方針を決めるために行われる。

（3）誰からスーパービジョンを受けるか、どのように受けるか

スーパービジョンに当たっては、第1に、利害関係や上下関係がない第三者から受けることが求められる。同じ職場に熟達したキャリアコンサルタントがいる場合であっても、日常の業務で関係がある場合には、本来であれば、外部のスーパーバイザーに依頼することが望ましい。

同じ職場のキャリアコンサルタントにスーパーバイザーを依頼した場合には、いわゆる二重関係となり、十分なスーパービジョンとならない危険性がある。また、スーパーバイザーが上司である場合などは、自分に不足していることや失敗したことについて本音で話しにくい場合もあるかもしれない。

第2に、スーパーバイザーには、キャリアコンサルタントとしての経験が豊富で、自らもスーパーバイジーの経験があり、さらにスーパーバイザーとしての教育を受けていることが望まれる。

スーパービジョンに当たっては、上記の2点に留意する必要があるが、それを気にするあまり、スーパービジョンを受けられない、ということでは本末転倒である。自分では気づかない癖や歪みなどに気づくためには、他のキャリアコンサルタントの目が必要である。

なお、キャリアコンサルティング協議会では、厚生労働省の委託を受け、スーパーバイザー養成プログラムの策定などについて検討し、その結果を取りまとめている[※3]。

> ※3 「令和2年度厚生労働省委託キャリアコンサルタントの実践力強化に関する調査研究事業報告書」（2021年）

（4）スーパービジョンの形態

スーパービジョンの形態は、大きく分けて個人スーパービジョンとグループ・スーパービジョンに分けられる。さらに、面接後に行われるものやライブで行われるものがある。オンラインを活用したスーパービジョンもある。

個人スーパービジョンは、1対1で、基本的に定期的・継続的に行われる。一口にスーパービジョンと言っても、対象者によってその内容は異なる。ベテランのスーパーバイジーに対するスーパービジョンはコンサルテーションの側面が強い一方、初心者レベルのスーパーバイジーに対するスーパービジョンでは、継続的に学習・訓練の意味などを伝える側面が強い。

　グループ・スーパービジョンは、特定のスーパーバイザーの下に数人（3〜7人程度）の限定されたスーパーバイジーが集まって定期的・継続的に行われる。目的は個人スーパービジョンと変わらないが、スーパーバイザーにはグループ・ダイナミクスを理解し、活用する能力が求められる。

（5）スーパービジョンの課題

　スーパービジョンの課題は、スーパーバイジー（スーパービジョンを受けるキャリアコンサルタント）が専門職となるために必要とされるスキルの獲得である。平木（2017）によると、臨床の専門職となるために必要とされるスキルは、以下のとおりである。

---

①カウンセリング・スキル

　コミュニケーション・パターン、共感性、個別化、カウンセリングの技術が含まれ、スーパーヴァイジーに対する必要に応じた知識とスキルの伝達である。

②ケースの概念化

　スーパーヴァイザーとスーパーヴァイジーがクライエントの状況などについて理解を進め、クライエントの言動と理論的基礎を結び付けて理解する。

③専門職の役割

　クライエントのためにスーパーヴァイジーが外部の資源を活用する方法や専門職の倫理の適用、記録の取り方、適切な専門職同士の関係、スーパーヴィジョンを受けることなどが含まれる。

④情緒的気づき

　クライエントとスーパーヴァイザーとの関係の中で生じた、スーパーヴァイジーの感情、思考、行動への気づきである。スーパーヴィジョンでは、スーパーヴァイジーの情緒的側面を追求するよりも介入の方法を探ることに焦点を絞る。

⑤自己評価

　自己の能力の限界と効力についての自己評価を積極的に行うスキルの向上

である。

資料出所：平木典子『増補改訂 心理臨床スーパーヴィジョン 学派を超えた統合モデル』金剛出版（2017 年）
　　　　　P.54 ～ 55.

(6) 企業領域におけるキャリアスーパービジョン

　前掲※3のキャリアコンサルティング協議会の報告書は、企業領域における
スーパービジョンに関し、組織（企業）視点からのキャリア形成支援、企業へ
の提案力、人事と協業する能力、組織活性化による生産性向上等について指導
することも必要であると指摘している。

　特に、第3章4.［7］（3）で説明したセルフ・キャリアドックを展開する際
には、組織から報告や情報提供を求められる一方で、相談者の利益に反するわ
けにはいかないという難しい局面に直面する可能性があることから、このよう
な局面においても、個人と組織の双方から信頼され、有益な活動を行い続ける
ために何が必要であるかを十分に考え、学習する機会が必要だという。

(7) スーパービジョンで取り扱う範囲

　スーパービジョンにおいては、一般に、キャリアコンサルティング時の相談
者の発言、態度、スーパーバイジー（キャリアコンサルタント）の応答、考え、
感情、態度などをスーパーバイザーに報告し、それに基づき、両者が詳しく検
討を行っていく。その際、以下の事項について検討する。

①問題の理解：取り扱うべき相談者の問題は何か

②アセスメント：相談者をどのように捉え、理解したらよいか

③支援の方針：相談者に対してどのような方針で臨めばよいか

④面接技法：適切な技法が適切な場面で用いられていたか

⑤対応の仕方：（リファーも含め）全体として対応は適切であったか

⑥キャリアコンサルティングの知識・スキル：知識・スキルは十分だったか

⑦組織への働き掛け：必要な組織への働き掛けはできていたか

⑧その他：その他相談者との関係、記録の作成と管理、活用可能な制度や機
　関の情報提供などは適切に行われていたか

資料出所：石崎一記「Ⅳ　第4章　自己研鑽とスーパービジョン」『キャリア・コンサルティング研修テキス
　　　　　ト～理論編～』厚生労働省職業安定局首席職業指導官室（2011 年）P.558 を基に筆者が一部改変

5. キャリアコンサルタントとしての倫理と姿勢

　職業能力開発促進法の改正に伴い、2016（平成 28）年より、キャリアコンサルタントが名称独占資格の国家資格となった背景には、労働者のキャリア形成支援の専門家であるキャリアコンサルタントへの期待がある。

　キャリアコンサルタント資格保有者には、「個人の人生設計に関わること」の責任と重要性を自覚し、高い倫理観を持って活動することが求められる。

[1] 活動範囲・限界の理解

（1）活動の範囲・限界に関して留意すべきこと

　キャリアコンサルタントは、自身がキャリアコンサルティングに関するどのような資格を持っており、どのような分野でどのような経験があるかなどを明示する必要がある。

　キャリアコンサルティングの実施に当たっては、キャリアコンサルティングの目的、範囲、守秘義務、その他必要な事項について十分な説明を行い、相談者の理解を得る必要がある。また、相談者の自己決定権を尊重する必要がある。

　さらに自己の専門性の範囲を自覚し、専門性の範囲を超える業務や明らかに自己の能力を超える業務の依頼を引き受けてはならない。活動範囲を超えてキャリアコンサルティングが行われた場合には、効果がないばかりでなく、かえって有害となる場合がある。必要な場合は他の分野・領域の専門家の協力を求めるなど、相談者の利益のために最大の努力をしなければならない。

　このためには、自己の専門性の範囲や能力を的確に把握できなければいけない。常に自らのキャリアコンサルティングについて振り返りを行うとともに、研鑽を積む必要がある。

（2）キャリアコンサルタントに期待される活動の範囲

　キャリアコンサルタントには、個人のキャリア形成に係る相談が期待されているが、期待されていることはそれだけではない。これまで説明してきたことと重複する部分もあるが、以下に、キャリアコンサルタントに期待されていることを挙げる。

①個人のキャリア形成支援

　労働者や企業を取り巻く環境は大きく変化している。終身雇用や年功序列という日本的雇用慣行も変化しつつあり、人事管理制度の改革も進んでいる。社会経済の変化の速度が速まる一方で、職業人生は延びており、生涯を通じてキャリアを形成し、選択し、学ぶことが必要となっている。

　キャリアコンサルティングは、労働者が、自分に向き合い、能力を高め、生涯を通じて自己実現に向けて努力するのを援助するものだが、かつてと異なり、キャリアを巡る環境の変化は激しくなっている。

　また、キャリアコンサルティングの目的は、それぞれ異なる。このような中で、キャリア形成を的確に支援することが、まず求められる。

②組織のキャリア開発支援

　労働者がキャリア形成に向けて努力しようとしても、個人の力だけでは限界がある。

　労働者がキャリア形成に意欲的に取り組むことができるよう、経営者や管理者の意識啓発を行うとともに、その組織の状況を踏まえ、適切な方策を助言することが求められる。そのためには、組織における問題を的確に把握する必要がある。既に学んだように、企業向けにはキャリアコンサルティングに関する制度やキャリア研修のほか、自己申告制度や社内公募制などキャリア開発に対する支援制度がある。ツールもいろいろあるが、いずれもその組織に合ったものであることが必要である。キャリアコンサルタントには、組織の状況を踏まえ、組織にふさわしいものを選び、提案し、導入を支援し、活用を支援していくことも期待されている。

　組織が行うキャリア開発を支援することを通じて、個人のキャリア形成を進めていくことも、キャリアコンサルタントに求められる役割の一つである。

③キャリア形成の重要性についての普及啓発

　キャリアコンサルタントには、キャリアコンサルティングを行うことに加えて、その普及啓発を図ることも期待されている。

　キャリアコンサルティングやキャリア研修などの対象となる個人や所属している組織や契約している組織のほか、広く社会一般に対して、さまざまな活動を通じてキャリア形成やキャリアコンサルティングの重要性について普及啓発することも、キャリアコンサルタントに期待されている重要な役割である。

④働く環境の改善支援

相談者の訴える課題の背景に、職場の人間関係が存在することもある。部下が期待しているほどには上司からの権限委譲がないケースや、職場の中で他の人が自分の長所を認めてくれない孤独感などがキャリア形成意欲を妨げていることもある。

相談者が、どのような職場環境（対人関係を含めて）にあるかを理解することが必要であり、かつ、それが有効であると考えられる場合には、話を聞く力、的確に自己主張する力、対立する意見との間で調整点を見いだす力など、働く環境を改善していくためのスキルを伝えたり、組織に対して必要な働き掛けを行ったりすることも、キャリアコンサルタントの役割の一つである。

[2] 守秘義務の遵守

キャリアコンサルタントは、キャリアコンサルタントでなくなった後も含め、職務上知り得た秘密を漏らしたり、盗用したりしてはならないと定められている（職業能力開発促進法30条の27第2項）。

キャリアコンサルタントは、労働者個人のキャリア形成という人生の中核的な課題に関わる専門職であり、いわゆる「機微」に触れることが常態であるといえる。このため守秘義務の遵守の重要性は非常に高く、守秘義務違反は登録取り消し等の対象とされている（同法30条の22第2項）。また、「1年以下の懲役又は100万円以下の罰金」の罰則が科される（同法99条の2）。

守秘義務の遵守については、①キャリアコンサルタントと相談者の信頼関係の構築という観点と、②個人情報保護の観点から考える必要がある。

①キャリアコンサルタントと相談者の信頼関係の構築

キャリアコンサルティング関係を効果的に成り立たせるためには、相談者が安心して自己開示できなければならない。相談者が心の内を打ち明けるには、それが他人に漏れないという信頼と安心感が必要であり、これが脅かされてはキャリアコンサルティング関係そのものが成り立たない。

キャリアコンサルタントの守秘義務はキャリアコンサルティング関係成立の重要な要件である。

②個人情報保護

個人情報保護法23条では、個人情報取扱事業者は、本人の同意なしに個人

データを第三者に提供してはいけないと定められている。ただし、以下の場合は、例外的に提供することを認められており、本人の同意を得なくても個人情報を第三者に渡すことができる。

- 法令に基づく場合（例：警察からの照会）
- 人の生命、身体または財産の保護のために必要な場合で、かつ本人の同意を得ることが難しいとき（例：災害時）
- 公衆衛生・児童の健全育成のために特に必要な場合で、かつ本人の同意を得ることが難しいとき（例：児童虐待からの保護）
- 国や地方公共団体などへの協力

　このうち、問題となるのは、「人の生命、身体または財産の保護のために必要で、本人の同意を得ることが困難」（自殺や殺人のおそれがある場合）だろう。

　自殺や殺人のおそれがある場合については、人の生命、身体の保護のために必要である。また、同意取得が困難なケースも考えられることから、守秘義務の例外事項であると解され得る。

　では、企業からキャリアコンサルティング業務を受託している場合はどうだろうか。委託業務に対し、何らかの報告をすることは必要だし、労働者からの相談内容を集約して伝えることが期待されているような場合もあるだろう。企業にも、労働者の健康管理義務等が課されている（労働安全衛生法66〜71条の4）し、労働者の職業能力開発への援助が義務づけられている（職業能力開発促進法4条1項）。企業の報告の求め方によっては、キャリアコンサルタントの守秘義務と衝突する可能性が生じる。これについては、守秘義務がキャリアコンサルティング関係成立の重要な要件であることから、原則として守秘義務は守られるべきであると解される。キャリアコンサルタントには、その旨を企業に伝えること、さらに実際に相談を行う前にはキャリアコンサルタントと労働者、また、人事部との間であらかじめキャリアコンサルタントに求められる役割や情報の取り扱いに関するルールを相互に確認しておくことが求められる。

　なお、これらとは別に、事例の研究発表などを行うことも考えられる。その場合は、本人の了解を得なければならないことはもちろん、相談者が特定されないよう、プライバシーの保護に細心の注意を払わなければならないことは、言うまでもない。

　いずれにしても、相談者のプライバシーや相談内容は相談者の同意なしに決

して口外してはならず、守秘義務の遵守はキャリアコンサルタントと相談者の信頼関係の構築および個人情報保護法令に鑑みて最重要のものであることを十分に理解し、それにのっとって行動する必要がある。

[3] 倫理規定の遵守

キャリアコンサルタントは、キャリアコンサルタントの信用を傷つけ、またはキャリアコンサルタント全体の不名誉となるような行為をしてはならない（職業能力開発促進法30条の27第1項）。

キャリアコンサルタントは、法令遵守レベルを上回る高い倫理性が求められることから、キャリアコンサルタントの立場を代表する団体であるキャリアコンサルティング協議会では、キャリアコンサルタントに求められる職業倫理や行動を定めた「キャリアコンサルタント倫理綱領」（351ページ）を設けている。

同綱領には、基本的姿勢・態度のほか、キャリアコンサルタントの役割・能力の限界の認識、自己研鑽の継続、利益相反への適切な対応などについての規範も含まれている。さらに、同綱領の制定・改廃の決定や運用に関する調整を行うため倫理綱領委員会を設置している。同綱領は重要なので、キャリアコンサルタントには、繰り返し熟読し、遵守することが求められる。

[4] キャリアコンサルタントとしての姿勢

困っている人がいれば、支援したい、力を貸したいと思うのは、人として自然な感情といえるだろう。まして、人を支援することに関する資格であるキャリアコンサルタントとなった者やこれを目指そうとする者であれば、なおさらだろう。

ところが、支援したいと思って声を掛けても、うまく支援できるとは限らない。その人のためになるような支援をするためには、声の掛け方、話の聞き方にも工夫を凝らし、その人がなぜ困っているのかを見極め、役に立つ情報を提供する必要がある。

世の中の変化は早まり、利用者のニーズは多様化している。効率性が求められる一方で、以前にも増して難しい相談への対応が求められるようになってきている。専門的な知識・スキル以外にも、心掛けるべきことがある。特に重要

なものは以下のとおりである。

①キャリアコンサルティングは個人の人生に関わる重要な役割、責任を担うものであることを自覚し、キャリア形成支援者としての自身のあるべき姿を明確にすること

キャリアコンサルティングでは、相談者のライフステージ・キャリアステージの重要なイベントに関わる支援や指導を行う。その一方で、その場はキャリアコンサルタントと相談者だけの閉ざされた場になりがちである。加えて、支援者と支援を受ける者では対等な立場とはいいにくい。また、相談者は一人ひとり異なり、面談も一つ一つ異なる。

キャリアコンサルタントは、こうしたことを常に意識する姿勢を持ち、キャリア形成支援者としての自身のあるべき姿を明確にすることが必要である。

②キャリア形成支援者として、自己理解を深め、自らのキャリア形成に必要な能力開発を行うことの必要性について、主体的に理解すること

世の中の変化のスピードは速まり、相談者のニーズも多様化している。自らの行ったキャリアコンサルティングについて振り返り、課題に気づき、学び続けることが求められる。

すなわち、キャリア形成支援者として、自己に対する理解を深め、自らのキャリア形成に主体的に取り組むことが求められる。

巻末資料

① 【職業能力開発促進法】キャリアコンサルティング、キャリアコンサルタントに関する主な条文

※下線部は 2022（令和 4）年改正部分

（定義）

第2条

1〜4（略）

5　この法律において「キャリアコンサルティング」とは、労働者の職業の選択、職業生活設計又は職業能力の開発及び向上に関する相談に応じ、助言及び指導を行うことをいう。

第10条の3　事業主は、前3条の措置によるほか、必要に応じ、次に掲げる措置を講ずることにより、その雇用する労働者の職業生活設計に即した自発的な職業能力の開発及び向上を促進するものとする。

一　労働者が自ら職業能力の開発及び向上に関する目標を定めることを容易にするために、業務の遂行に必要な技能及びこれに関する知識の内容及び程度その他の事項に関し、情報を提供すること、職業能力の開発及び向上の促進に係る各段階において、並びに労働者の求めに応じてキャリアコンサルティングの機会を確保することその他の援助を行うこと。

二（略）

2　事業主は、前項の第1号の規定によりキャリアコンサルティングの機会を確保する場合には、キャリアコンサルタントを有効に活用するように配慮するものとする。

（事業主その他の関係者に対する援助）

第15条の2　国及び都道府県は、事業主等の行う職業訓練及び職業能力検定並びに労働者が自ら職業に関する教育訓練又は職業能力検定を受ける機会を確保するために必要な援助その他労働者が職業生活設計に即して自発的な職業能力の開発及び向上を図ることを容易にする等のために事業主の講ずる措置に関し、次の援助を行うように努めなければならない。

一　第10条の3第1項第1号のキャリアコンサルティングに関する講習
の実施

二　（略）

三　職業能力の開発及び向上の促進に関する技術的事項について相談その
他の援助を行うこと（キャリアコンサルティングの機会の確保に係るも
のを含む。）。

四～八（略）

（職業訓練を受ける求職者に対する措置）

第23条

1～3（略）

4　公共職業能力開発施設の長は、公共職業訓練を受ける求職者が自ら職業
能力の開発及び向上に関する目標を定めることを容易にするために、必要
に応じ、キャリアコンサルタントによる相談の機会の確保その他の援助を
行うように努めなければならない。

（業務）

第30条の3　キャリアコンサルタントは、キャリアコンサルタントの名称
を用いて、キャリアコンサルティングを行うことを業とする。

（キャリアコンサルタント試験）

第30条の4　キャリアコンサルタント試験は、厚生労働大臣が行う。

2　前項のキャリアコンサルタント試験（以下この節において「キャリアコ
ンサルタント試験」という。）は、学科試験及び実技試験によつて行う。

3　次の各号のいずれかに該当する者でなければ、キャリアコンサルタント
試験を受けることができない。

一　キャリアコンサルティングに必要な知識及び技能に関する講習で厚生
労働省令で定めるものの課程を修了した者

二　厚生労働省令で定める実務の経験を有する者

三　前2号に掲げる者と同等以上の能力を有すると認められる者として厚
生労働省令で定めるもの

4　厚生労働大臣は、厚生労働省令で定める資格を有する者に対し、第2項

の学科試験又は実技試験の全部又は一部を免除することができる。

※「厚生労働省令で定める資格を有する者」とは、キャリアコンサルティング技能検定
において学科試験又は実技試験に合格した者等とされている。

（キャリアコンサルタントの登録）

第30条の19　キャリアコンサルタント試験に合格した者は、厚生労働省
に備えるキャリアコンサルタント名簿に、氏名、事務所の所在地その他厚
生労働省令で定める事項の登録を受けて、キャリアコンサルタントとなる
ことができる。

2〜4（略）

（登録の取消し等）

第30条の22

1（略）

2　厚生労働大臣は、キャリアコンサルタントが第30条の27の規定に違
反したときは、その登録を取り消し、又は期間を定めてキャリアコンサル
タントの名称の使用の停止を命ずることができる。

※信用失墜、守秘義務違反は登録取り消し等の対象となる。

（義務）

第30条の27　キャリアコンサルタントは、キャリアコンサルタントの信
用を傷つけ、又はキャリアコンサルタント全体の不名誉となるような行為
をしてはならない。

2　キャリアコンサルタントは、その業務に関して知り得た秘密を漏らし、
又は盗用してはならない。キャリアコンサルタントでなくなつた後におい
ても、同様とする。

（名称の使用制限）

第30条の28　キャリアコンサルタントでない者は、キャリアコンサルタ
ント又はこれに紛らわしい名称を用いてはならない。

第99条の2　第26条の6第5項において準用する職業安定法第41条第2

項の規定による業務の停止の命令に違反して、訓練担当者の募集に従事した者又は第30条の27第2項の規定に違反した者は、1年以下の懲役又は100万円以下の罰金に処する。

※守秘義務違反は罰則の対象となる。

第102条 次の各号のいずれかに該当する者は、30万円以下の罰金に処する。

一〜四（略）

五 第30条の22第2項の規定によりキャリアコンサルタントの名称の使用の停止を命ぜられた者で、当該停止を命ぜられた期間中に、キャリアコンサルタントの名称を使用したもの

六 第30条の28の規定に違反した者

七・八（略）

※名称の使用制限違反は罰則の対象となる。

※登録指定機関に関する条文等を除く。

② 【キャリアコンサルタント倫理綱領】

キャリアコンサルタント倫理綱領

平成 28 年 4 月 1 日

特定非営利活動法人キャリアコンサルティング協議会

序　文

　特定非営利活動法人キャリアコンサルティング協議会（以下「協議会」という。）は、キャリアコンサルタントの養成等に関わる団体を会員とし、キャリアコンサルティング技能検定の実施、キャリアコンサルタントの能力の維持・向上、キャリアコンサルティングの普及啓発等の事業に取り組んでいます。

　この度、「勤労青少年福祉法等の一部を改正する法律（平成 27 年法律第 72 号）」の公布に伴い「職業能力開発促進法」の一部改正が行われ、キャリアコンサルタントの国家資格化・登録制度の創設が行われました。

　改正職業能力開発促進法において、キャリアコンサルティングは、「労働者の職業の選択、職業生活設計又は職業能力の開発及び向上に関する相談に応じ、助言及び指導を行うこと」、キャリアコンサルタントは、「キャリアコンサルタントの名称を用いて、キャリアコンサルティングを行うことを業とする」と明記されています。キャリアコンサルタントは、名称独占資格である国家資格保有者として、「個人の人生設計に関わること」の責任と重要性を従前にも増して自覚し、一層高い倫理観を持って活動することが求められます。

　指定登録機関及び技能検定指定試験機関である協議会は、キャリアコンサルタント及びキャリアコンサルティング技能士が相談者、組織、社会の信頼を得て自らの職業倫理を高め確かなものにする拠り所として、ここに「キャリアコンサルタント倫理綱領」を制定することにしました。本倫理綱領は、第 1 章にキャリアコンサルタントが自らを律する「基本的姿勢・態度」、第 2 章に相談者等との関係で遵守すべき「職務遂行上の行動規範」を示しています。

　本倫理綱領は、協議会に設置した倫理綱領委員会で制定し、協議会（技能士会を含む。）及び協議会に加盟する会員団体の総意として発信するもので

す。

平成 28 年 4 月 1 日
特定非営利活動法人キャリアコンサルティング協議会　倫理綱領委員会

本　文
前文
　キャリアコンサルタントは、労働者の職業の選択、職業生活設計又は職業
能力の開発及び向上に関する相談に応じ、助言及び指導を行うことを職務と
する。キャリアコンサルタントの使命は、相談者のキャリア形成上の問題・
課題の解決とキャリアの発達を支援し、もって組織および社会の発展に寄与
することである。その使命を果たすための基本的な事項を「キャリアコンサ
ルタント倫理綱領」として定める。
　全てのキャリアコンサルタントは、本倫理綱領を遵守するとともに、誠実
な態度と責任感をもって、その使命の遂行のために職務に励むものとする。

第 1 章　基本的姿勢・態度
（基本的理念）
第 1 条　キャリアコンサルタントは、キャリアコンサルティングを行うにあ
　　たり、人間尊重を基本理念とし、個の尊厳を侵してはならない。
2　キャリアコンサルタントは、キャリアコンサルティングが、相談者の生
　　涯にわたる充実したキャリア形成に影響を与えることを自覚して誠実に職
　　務を遂行しなければならない。
（品位の保持）
第 2 条　キャリアコンサルタントは、キャリアコンサルタントとしての品位
　　と誇りを保持し、法律や公序良俗に反する行為をしてはならない。
（信頼の保持・醸成）
第 3 条　キャリアコンサルタントは、常に公正な態度をもって職務を行い、
　　専門家としての信頼を保持しなければならない。
2　キャリアコンサルタントは、相談者を国籍・性別・年齢・宗教・信条・
　　心身の障害・社会的身分等により差別してはならない。
3　キャリアコンサルタントは、相談者の利益をあくまでも第一義とし、研

究目的や興味を優先してキャリアコンサルティングを行ってはならない。

（自己研鑽）

第4条　キャリアコンサルタントは、キャリアコンサルティングに関する知識・技能を深める、上位者からの指導を受けるなど、常に資質向上に向けて絶えざる自己研鑽に努めなければならない。

2　キャリアコンサルタントは、組織を取り巻く社会、経済、環境の動向や、教育、生活の場にも常に関心をはらい、専門家としての専門性の維持向上に努めなければならない。

3　キャリアコンサルタントは、より質の高いキャリアコンサルティングの実現に向け、他の専門家とのネットワークの構築に努めなければならない。

（守秘義務）

第5条　キャリアコンサルタントは、キャリアコンサルティングを通じて、職務上知り得た事実、資料、情報について守秘義務を負う。但し、身体・生命の危険が察知される場合、又は法律に定めのある場合等は、この限りではない。

2　キャリアコンサルタントは、キャリアコンサルティングの事例や研究の公表に際して、プライバシー保護に最大限留意し、相談者や関係者が特定されるなどの不利益が生じることがないように適切な措置をとらなければならない。

（誇示、誹謗・中傷の禁止）

第6条　キャリアコンサルタントは、自己の身分や業績を過大に誇示したり、他のキャリアコンサルタントまたは関係する個人・団体を誹謗・中傷してはならない。

第2章　職務遂行上の行動規範

（説明責任）

第7条　キャリアコンサルタントは、キャリアコンサルティングを実施するにあたり、相談者に対してキャリアコンサルティングの目的、範囲、守秘義務、その他必要な事項について十分な説明を行い、相談者の理解を得た上で職務を遂行しなければならない。

（任務の範囲）

第8条　キャリアコンサルタントは、キャリアコンサルティングを行うにあ

たり、自己の専門性の範囲を自覚し、専門性の範囲を超える業務の依頼を引き受けてはならない。

2 キャリアコンサルタントは、明らかに自己の能力を超える業務の依頼を引き受けてはならない。

3 キャリアコンサルタントは、必要に応じて他の分野・領域の専門家の協力を求めるなど、相談者の利益のために、最大の努力をしなければならない。

（相談者の自己決定権の尊重）

第9条 キャリアコンサルタントは、キャリアコンサルティングを実施するにあたり、相談者の自己決定権を尊重しなければならない。

（相談者との関係）

第10条 キャリアコンサルタントは、相談者との間に様々なハラスメントが起こらないように配慮しなければならない。また、キャリアコンサルタントは相談者との間において想定される問題や危険性について十分配慮してキャリアコンサルティングを行わなければならない。

2 キャリアコンサルタントは、キャリアコンサルティングを行うにあたり、相談者との多重関係を避けるよう努めなければならない。

（組織との関係）

第11条 組織との契約関係にあるキャリアコンサルタントは、キャリアコンサルティングを行うにあたり、相談者に対する支援だけでは解決できない環境の問題や、相談者の利益を損なう問題等を発見した場合には、相談者の了解を得て、組織への問題の報告・指摘・改善提案等の環境への働きかけに努めなければならない。

2 キャリアコンサルタントは、キャリアコンサルティングの契約関係にある組織等と相談者との間に利益が相反するおそれがある場合には、事実関係を明らかにした上で、相談者の了解のもとに職務の遂行に努めなければならない。

雑則

（倫理綱領委員会）

第12条 本倫理綱領の制定・改廃の決定や運用に関する諸調整を行うため、キャリアコンサルティング協議会内に倫理綱領委員会をおく。

2　倫理綱領委員会に関する詳細事項は、別途定める。

附則
　この綱領は平成 20 年 9 月 1 日より施行する。
　この綱領は平成 25 年 10 月 1 日より改正施行する。
　この綱領は平成 28 年 4 月 1 日より改正施行する。
　この綱領は平成 29 年 8 月 1 日より改正施行する。

引用文献

第 1 章

- 國分康孝（1980）『カウンセリングの理論』誠心書房.
- 厚生労働省（2018）「キャリアコンサルタントの能力要件の見直し等に関する報告書（キャリアコンサルタント登録制度等に関する検討会）」
- 厚生労働省（2020）「キャリアコンサルタントの継続的な学びの促進等に関する報告書」
- 厚生労働省「令和 2 年度能力開発基本調査」
- 守島基博編（2002）『21 世紀の"戦略型"人事部』日本労働研究機構.
- 労働政策研究・研修機構（2010）「調査シリーズ No.68　企業における人事機能の現状と課題に関する調査」
- 労働政策研究・研修機構（2015）「労働政策研究報告書 No.171　企業内キャリア・コンサルティングとその日本的特質―自由記述調査およびインタビュー調査結果―」
- 労働政策研究・研修機構（2018）「労働政策研究報告書 No.200　キャリアコンサルタント登録者の活動状況等に関する調査」
- 労務行政研究所編（2010）『人事担当者が知っておきたい、10 の基礎知識。8 つの心構え。（基礎編）』労務行政.
- Ulrich, D. (1997) Human Resource Champions: The Next Agenda for Adding Values and Delivering Results. Boston: Harvard Business School Press, p.24, 25.

第 3 章

- キャリアコンサルティング協議会（2018）「労働者等のキャリア形成における課題に応じたキャリアコンサルティング技法の開発に関する調査・研究事業 報告書」
- 治療と職業生活の両立等の支援対策事業実施委員会（2014）「平成 25 年度厚生労働省委託事業　治療と職業生活の両立等の支援対策事業　治療を受けながら安心して働ける職場づくりのために～事例から学ぶ治療と仕事の両立支援のための職場における保健活動のヒント集～」
- 中央教育審議会（2011）「今後の学校におけるキャリア教育・職業教育の在り方について（答申）」
- Fiedler, F. E. (1993) The leadership situation and the black box in contingency theories.（マーティン・M. チェマーズ、ロヤ・エイマン編、白樫三四郎訳編（1995）「条件即応理論におけるリーダーシップ状況とブラックボックス」『リーダーシップ理論と研究』黎明出版.）
- Hackman, J. R. & Oldham, G. R. (1976) Motivation through the Design of Work: Test of a Theory, Organizational Behavior and Human Performance 16(2), 250-279.
- Holland, J. L. (1985) Vocational preference inventory (VPI): manual（ジョン・L. ホランド原著、労働政策研究・研修機構（2002）『VPI 職業興味検査手引 改訂第 3 版』日本文化科学社.）
- 今野浩一郎、佐藤博樹（2020）『人事管理入門　第 3 版』日経 BP 日本経済新聞出版本部.
- Ivey, A. E. (arranged 1985) Introduction to Microcounseling（A. E. アイビイ著、福原真知子、

椙山喜代子、國分久子、楡木満生訳編（1985）『マイクロカウンセリング：“学ぶ－使う－教える”技法の統合：その理論と実際』川島書店.）
・金井壽宏（1999）『経営組織』日本経済新聞出版社.
・金井壽宏（2001）「キャリア・トランジション論の展開：節目のキャリア・デザインの理論的・実践的基礎」『国民経済雑誌』184（6）、43-66.
・木村周（2018）『キャリアコンサルティング　理論と実際：カウンセリング、ガイダンス、コンサルティングの一体化を目指して　5訂版』雇用問題研究会.
・小池和男（2005）『仕事の経済学　第3版』東洋経済新報社.
・國分康孝（1996）『カウンセリングの原理』誠心書房.
・国立社会保障・人口問題研究所「出生動向基本調査（結婚と出産に関する全国調査）」
・Kolb, D. A. (1984) Experiential Learning: Experience as the Source of Learning and Development. Englewood Cliffs, NJ: Prentice Hall.
・これからのテレワークでの働き方に関する検討会（2020）「これからのテレワークでの働き方に関する検討会　報告書」
・厚生労働省（2001）「エンプロイアビリティの判断基準等に関する調査研究報告書」
・厚生労働省（2017）「『セルフ・キャリアドック』導入の方針と展開」
・厚生労働省（2018）「労働施策基本方針」
・厚生労働省（2020）「『受動喫煙防止』のための取組を明示してください」
・厚生労働省（2021）「令和3年版　厚生労働白書」
・厚生労働省（2021）「令和3年版　労働経済白書」
・厚生労働省「令和2年度能力開発基本調査」
・厚生労働省自殺対策推進室・警察庁生活安全局生活安全企画課（2021）「令和2年中における自殺の状況」
・Levinson, D. J. (1986) A Conception of Adult Development. American Psychologist, 41(1), P.8.
・内閣府「月例経済報告」
・内閣府「令和元年度　高齢者の経済生活に関する調査」
・Nevill, D. D. & Super, D. E. (1986) The Salience Inventory: Theory, application, and research. Palo Alto, CA: Consulting Psychologists Press, P.4.
・Nicholson, N., & West, M. A. (1988) Managerial job change: Men and women in transition. Cambridge University Press. P.9.
・日本銀行「『短観』とは何ですか？」
・日本銀行「短観で使われている『D.I.』とは何ですか？」
・日本経営者団体連盟（1995）『新時代の「日本的経営」―挑戦すべき方向とその具体策』日本経団連出版.
・日本能率協会マネジメントセンター「イマドキ若手社員の仕事に対する意識調査2020」
・日本労働研究機構（1991）「資料シリーズNo.10　就職援助技法『ジョブクラブ』」
・日本生産性本部（2019）「労働者等のキャリア形成における課題に応じたキャリアコンサルティング技法の開発に関する調査・研究事業　報告書」
・Prediger, D., Swaney, K. & Mau, W.-C. (1993) Extending Holland's hexagon: Procedures, counseling applications, and research. Journal of Counseling & Development, 71(4), 422-428.
・労働政策審議会　人材開発分科会（2021）「人材開発分科会報告～関係者の協働による『学びの好循環』の実現に向けて～」

- 労務行政研究所（2018）「人事労務諸制度の実施状況【前編】」『労政時報』第 3956 号，16-62.
- 労務行政研究所（2018）「人事労務諸制度の実施状況【後編】」『労政時報』第 3957 号，18-48.
- 佐藤博樹、武石恵美子（2010）『職場のワーク・ライフ・バランス』日本経済新聞出版社.
- 佐藤博樹、武石恵美子、坂爪洋美（2022）『多様な人材のマネジメント』中央経済社.
- Schlossberg, N. K., Waters, E. B., & Goodman, J. (1995) Counseling adults in transition: Linking practice with theory (2nd ed.). Springer Publishing Company. P.27.
- 仙崎武、野々村新、渡辺三枝子（1991）『進路指導論』福村出版.
- 総務省統計局「労働力調査　用語の解説」
- 鈴木乙史、佐々木正宏編著（2000）『人格心理学』放送大学教育振興会.
- 田中堅一郎編（2011）『産業・組織心理学エッセンシャルズ 改訂 3 版』ナカニシヤ出版.
- World Health Organization (2021) ICD-11 for Mortality and Morbidity Statistics (Version : 05/2021)

第 4 章

- キャリアコンサルティング協議会（2018）「労働者等のキャリア形成における課題に応じたキャリアコンサルティング技法の開発に関する調査・研究事業 報告書」
- キャリアコンサルティング協議会「2 級 実技（面接）試験実施概要」
- 経済産業省「社会人基礎力」
- 木村周（2018）『キャリアコンサルティング　理論と実際：カウンセリング、ガイダンス、コンサルティングの一体化を目指して　5 訂版』雇用問題研究会.
- 厚生労働省（2001）「エンプロイアビリティの判断基準等に関する調査研究報告書」
- 厚生労働省（2001）「厚生労働省編一般職業適性検査〔第 3 版〕手引」雇用問題研究会.
- 厚生労働省職業安定局（2022）「job tag（職業情報提供サイト（日本版 O-NET））求職ガイド Ver.2.0」
- 厚生労働省職業安定局首席職業指導官室（2021）「ハローワーク職員のためのキャリア・コンサルティングテキスト～理論編～」
- 日本キャリア教育学会編（2006）『キャリア・カウンセリングハンドブック：生涯にわたるキャリア発達支援』中部日本教育文化会.
- 日本経営者団体連盟（1999）「エンプロイヤビリティの確立をめざして：『従業員自律・企業支援型』の人材育成を：日経連教育特別委員会・エンプロイヤビリティ検討委員会報告」
- 労働政策研究・研修機構（2008）「OHBY カード」
- 労働政策研究・研修機構（2020）「JILPT 資料シリーズ No.227　職業情報提供サイト（日本版 O-NET）のインプットデータ開発に関する研究」
- 労働政策研究・研修機構「職業情報・就職支援ツール」

第 5 章

- キャリアコンサルティング協議会（2016）「キャリアコンサルタント倫理綱領」
- キャリアコンサルティング協議会（2020）「2 級キャリアコンサルティング技能検定試験の試験科目及びその範囲並びにその細目」

- キャリアコンサルティング協議会（2020）『キャリアコンサルタントに求められるもの（読み物編）』キャリアコンサルティング協議会.
- キャリアコンサルティング協議会（2021）「令和２年度厚生労働省委託 キャリアコンサルタントの実践力強化に関する調査研究事業 報告書」
- 平木典子（2017）『心理臨床スーパーヴィジョン：学派を超えた統合モデル 増補改訂』金剛出版.
- 石崎一記（2011）「Ⅳ 第４章 自己研鑽とスーパービジョン」『キャリア・コンサルティング研修テキスト〜理論編〜』厚生労働省職業安定局首席職業指導官室.
- 厚生労働省（2018）「キャリアコンサルタントの能力要件の見直し等に関する報告書（キャリアコンサルタント登録制度等に関する検討会）」
- 厚生労働省（2019）「キャリアコンサルタントの継続的な学びの促進に関する報告書」
- 厚生労働省（2020）「キャリアコンサルタントの継続的な学びの促進等に関する報告書」
- 三川俊樹（2021）「スーパービジョンとメンタリングの構造に関する一考察」『追手門学院大学心理学部紀要』第15巻, 19-32.

参考文献

第 1 章

- 浅川正健（2019）『企業内キャリアコンサルティング入門　個人の気づきを促し、組織を変える』ダイヤモンド社.
- キャリアコンサルティング協議会「受験要件（受験資格や実務経験）について」
- 平野光俊（2010）「戦略的パートナーとしての日本の人事部—その役割の本質と課題」『国民経済雑誌』第 202 巻第 1 号，41-67.
- 人材育成学会編（2019）『人材育成ハンドブック』金子書房.
- 経済産業省（2020）「持続的な企業価値の向上と人的資本に関する研究会報告書〜人材版伊藤レポート〜」
- KMPG コンサルティング（2020）「Future of HR 2020 〜岐路に立つ日本の人事部門、変革に向けた一手〜」
- 厚生労働省（2020）「日本産業カウンセリング学会説明資料」
- 厚生労働省「キャリアコンサルティング・キャリアコンサルタント」
- 厚生労働省「キャリアコンサルタントになりたい方へ」
- 三菱 UFJ リサーチ＆コンサルティング（2012）「平成 23 年度『キャリア・コンサルティング研究会—キャリア・コンサルタント自身のキャリア形成のあり方部会』報告書」（厚生労働省委託事業）
- Patterson, M. G., West, M. A., Lawthom, R., Nickell, S. (2016) Impact of People Management Practices on Business Performance, Institute of Personnel and Development, p.1-28.
- 労務行政研究所編（2021）『進化する人事部　次代に向けた役割・機能変革の視点』労務行政.
- 島貫智行（2018）「日本企業における人事部門の企業内地位」『日本労働研究雑誌』No.698，15-27.

第 2 章

- キャリアコンサルティング協議会（2020）「2 級キャリアコンサルティング技能検定試験の試験科目及びその範囲並びにその細目」
- キャリアコンサルティング協議会（2020）『キャリアコンサルタントに求められるもの（読み物編）』キャリアコンサルティング協議会.
- 厚生労働省（2020）「今後の人材開発政策の在り方に関する研究会報告書〜コロナ禍を受けて産業・就業構造や働き方が変化する中での人材開発政策の当面の課題等を踏まえて〜」

第 3 章

- Adams, J. S. (1963) Towards an understanding of inequity. The journal of abnormal and social psychology, 67(5), 422-436.
- Alderfer, C. P. (1972) Existence, relatedness, and growth: Human needs in organizational settings. Free Press.

- 安藤史江 (2008)『コア・テキスト　人的資源管理』新世社.
- Argyris, C. (1957) Personality and Organization: the Conflict between System and the Individual, NY, Harper & Row.
- Argyris, C. (2010) Organizational Traps: Leadership, Culture, Organizational Design, NY, Oxford University Press.（クリス・アージリス原著、河野昭三監訳（2016）『組織の罠：人間行動の現実』文眞堂.）
- アージリス，C.「『ダブル・ループ学習』とは何か」『Harvard Business Review』ダイヤモンド社，2007年4月号，100-113.
- Arthur, M. B. (1994) The Boundaryless Career: A New Perspective for Organizational Inquiry. Journal of Organizational Behavior, 15, 295-306.
- Arthur, M. B. & Rousseau, D. M. (1996) The Boundaryless Career — A New Employment Principle for a New Organizational Era —, NY: Oxford University Press.
- 浅野浩美 (2019)『45歳からのキャリア研修』高齢・障害・求職者雇用支援機構.
- 浅野浩美、渡部昌平 (2020)「アメリカのキャリアカウンセリングの歴史的変化と日本のキャリアコンサルティング制度の課題と展望」『秋田県立大学総合科学研究彙報』Vol.21，17-24.
- 東洋編 (1980)『心理学の基礎知識—補習と復習のために』有斐閣ブックス.
- 東洋、大山正、詫摩武俊、藤永保編 (1981)『心理用語の基礎知識—整理と検証のために』有斐閣ブックス.
- 馬場昌雄、馬場房子監修、岡村一成、小野公一編集 (2005)『産業・組織心理学』白桃書房.
- Bandura, A. (1994) Self-efficacy. In V. S. Ramachaudran (Ed.), Encyclopedia of human behavior (Vol.4, pp.71-81). New York: Academic Press. (Reprinted in H. Friedman [Ed.], Encyclopedia of mental health. San Diego: Academic Press, 1998).
- Barnard C. I. (1938) The functions of the executive. Cambridge, MA: Harvard University Press. (C. I. バーナード著、山本安次郎、田杉競、飯野春樹訳 (1968)『新訳 経営者の役割』ダイヤモンド社.）
- Bridges, W. (2004) Transitions: Making sense of life's changes 2nd ED. Da Capo Press.（ウィリアム・ブリッジズ著、倉光修、小林哲郎訳（2014）『トランジション：人生の転機を活かすために』パンローリング.）
- Briscoe, J. P. & Hall, D. T. (2006) The interplay of boundaryless and protean careers: Combinations and implications, Journal of Vocational Behavior, 69, pp.4-18.
- Burns, J. M. (1978) Leadership. Harper & Row.
- Carkhuff, R. R. (2000) The Art of Helping in the 21st Century. Human Resource Development Press.
- 中央教育審議会 (1996)「21世紀を展望した我が国の教育の在り方について（第一次答申）」
- 中央教育審議会 (1999)「初等中等教育と高等教育との接続の改善について（答申）」
- 中央教育審議会大学分科会 (2008)「学士課程教育の構築に向けて（審議のまとめ）」用語解説」
- 中央労働災害防止協会 (2018)「エイジアクション100」
- 中央労働災害防止協会、労働者の自殺予防マニュアル作成検討委員会 (2010)「職場における自殺の予防と対応」
- Cochran, L. (1997) Career Counseling: A Narrative Approach. London: SAGE Publications, Inc.（ラリー・コクラン著、宮城まり子、松野義夫訳（2016）『ナラティブ・キャリアカウンセリング—「語り」が未来を創る』生産性出版.）

- Cooper, C. L. & Marshall, J. (1976) Occupational Sources of Stress: A Review of the Literature Relating to Coronary Heart Disease and Mental Ill Health. Journal of Occupational Psychology, 49(1), 11-28.
- Csikszentmihalyi, M. (1990) Flow: The Psychology of Optimal Experience. Harper & Row.
- David, D., Lynn, S. J. & Ellis, A. (2010) Rational and Irrational Beliefs: research, theory, and clinical practice, Oxford University Press, Inc., NY, p.3-22.
- Deci, E. L. (1975) The Intrinsic Motivation of Behavior. In Intrinsic Motivation, pp.93-125. (E. L. デシ著、安藤延男、石田梅男訳 (1980)『内発的動機付け：実験社会心理学的アプローチ』誠信書房.)
- Drucker, P. F. (1954) The Practice of Management, NY: Harper & Row. (P. F. ドラッカー著、上田惇生訳 (2006)『現代の経営（上・下）』ダイヤモンド社.)
- Drucker, P. F. (1999) Management challenges for the 21st century, NY: HarperBusiness. (P. F. ドラッカー著、上田惇生訳 (1999)『明日を支配するもの：21世紀のマネジメント革命』ダイヤモンド社.)
- Edmondson, A. C. (1999) Psychological Safety and Learning Behavior in Work Teams.
- Edmondson, A. C. (2018) The Fearless Organization — Creating Psychological Safety in the Workplace for Learning, Innovation, and Growth, Wiley. (A. C. エドモンドソン著、野津智子訳 (2021)『恐れのない組織 「心理的安全性」が学習・イノベーション・成長をもたらす』英治出版.)
- エドウィン・L. ハー著、雇用促進事業団雇用職業総合研究所訳 (1985)「職研資料シリーズⅢ−34 先端技術時代における雇用カウンセリングの方向（翻訳）」
- e-Gov 法令検索 https://elaws.e-gov.go.jp/ 各法令
- e- ヘルスネット https://www.e-healthnet.mhlw.go.jp/
- Ellis, A. & Harper, R. A., A New Guide to Rational Living, Prentice-Hall, Inc., Englewood Cliffs, New Jersey（A. エリス、R. A. ハーパー著、國分康孝、伊藤順康訳 (1981)『論理療法：自己説得のサイコセラピイ』川島書店.)
- Erikson, E. H. (1959) Identity and the life cycle. New York: International Universities Press, (エリク・H. エリクソン著、小此木啓吾訳編 (1973)『自我同一性：アイデンティティとライフ・サイクル』誠信書房.)
- Erikson, E. H., Erikson, J. M. (1997) The life cycle completed Extended Version, New York: Norton. (E. H. エリクソン、J. M. エリクソン著、村瀬孝雄、近藤邦夫訳 (2001)『ライフサイクル、その完結（増補版）』みすず書房.)
- Festinger, L. (1957) A theory of cognitive dissonance. Stanford University Press. (フェスティンガー著、末永俊郎監訳 (1965)『認知的不協和の理論：社会心理学序説』誠信書房.)
- Fiedler, F. E. (1967) A theory of leadership effectiveness. McGraw-Hill.
- 船越多枝 (2021)『インクルージョン・マネジメント 個と多様性が活きる組織』白桃書房.
- 二村敏子 (2004)『現代ミクロ組織論 その発展と課題』有斐閣.
- Gelatt, H. B. (1989) Positive Uncertainty: A New Decision-Making Framework for Counseling, Journal of Counseling Psychology, Vol.36, No.2, 252-256.
- Ginzberg, E., Ginsburg, S. W., Axelrad, S., & Herma, J. L. (1951) Occupational choice, an approach to a general theory. Columbia University Press.
- Ginzberg, E. (1952) Toward a Theory of Occupational Choice, The Vocational Guidance Journal, 30, 491-494.
- Greenleaf, R. K. (1977) Servant Leadership: A Journey into the Nature of Legitimate

Power and Greatness. New York, Paulist Press.
- Hackman, J. R., & Oldham, G. R. (1975) Development of the job diagnostic survey. Journal of Applied psychology, 60(2), 159-170.
- Hall, Douglas T. (1976) Careers in Organizations. Glenview. IL. Scott, Foresman & Co, 1-7.
- Hall, Douglas T. & Associates (Eds.) (1996) The career is dead — Long live the career: A relational approach to careers. San Francisco: Jossey-Bass Publishers.（ダグラス・ティム・ホール著、尾川丈一、梶原誠、藤井博、宮内正臣監訳（2015）『プロティアン・キャリア—生涯を通じて生き続けるキャリア：キャリアへの関係性アプローチ』亀田ブックサービス.）
- 濱口桂一郎（2013）『若者と労働—「入社」の仕組みから解きほぐす』中央公論新社.
- 濱口桂一郎（2021）『ジョブ型雇用社会とは何か—正社員体制の矛盾と転機—』岩波書店.
- 花田光世、宮地夕紀子、大木紀子（2003）「キャリア自律の新展開—能動性を重視したストレッチング論とは（特集 キャリアをつくる）」『一橋ビジネスレビュー』51(1), 6-23.
- Hansen, L. S. (1997) Integrative Life Planning: Critical Tasks for Career Development and Changing Life Patterns, Wiley.（サニー・S. ハンセン著、平木典子、今野能志、平和俊、横山哲夫監訳、乙須敏紀訳（2013）『キャリア開発と統合的ライフ・プランニング—不確実な今を生きる六つの重要課題』福村出版.）
- 波田野匡章、菊入みゆき、堀口康太、濱野裕貴子、御手洗尚樹、吉田朋子（2016）「キャリア構築理論（Career Construction Theory）の現代的意義の検討—企業、公的機関、教育機関での適用と課題—」『経営行動科学』Vol.28, No.3, 279-304.
- 働き方改革実現会議（2017）「働き方改革実行計画」
- 服部泰宏（2013）『日本企業の心理的契約：組織と従業員の見えざる契約　増補改訂版』白桃書房.
- Heifetz, R. A. (1994) Leadership without easy answers. Boston, MA: Harvard Business School Press.（R. A. ハイフェッツ著、幸田シャーミン訳（1996）『リーダーシップとは何か！』産業能率大学出版部.）
- Hersey, P., Blanchard, K. H., Johnson, D. E. (2000) Management of organizational behavior: Utilizing Human Resources, 7th Edition, Prentice Hall, Inc.（P. ハーシィ、K. H. ブランチャード、D. E. ジョンソン著、山本成二、山本あづさ訳（2000）『入門から応用へ　行動科学の展開　新版　人的資源の活用』生産性出版.）
- 平木典子（2004）『カウンセリングの話　新版』朝日新聞社.
- 平木典子（2009）『アサーション・トレーニング：さわやかな〈自己表現〉のために　改訂版』金子書房.
- Holland, J. L. (1997) Making vocational choices: a theory of vocational personalities and work environments (3rd Edition). Psychological Assessment Resources.（J. L. ホランド著、渡辺三枝子、松本純平、道谷里英共訳（2013）『ホランドの職業選択理論—パーソナリティと働く環境—』雇用問題研究会.）
- House, R. J. (1971) A path goal theory of leader effectiveness. Administrative science quarterly, 16(3), 321-339.
- 一億総活躍国民会議（2016）「ニッポン一億総活躍プラン」（平成28年6月2日閣議決定）
- 今田幸子、平田周一（1995）『ホワイトカラーの昇進構造』日本労働研究機構.
- Iresearchnet. Co., Ltd. "Tiedeman's Theory", Psychology Research and Reference.
- 石山恒貴（2018）『越境的学習のメカニズム　実践共同体を往還しキャリア構築するナレッジ・ブローカーの実像』福村出版.

- 人生 100 年時代構想会議（2018）「人づくり革命　基本構想」
- 人材育成学会編（2019）『人材育成ハンドブック』金子書房.
- ジョブ・カード制度推進会議（2015）「新ジョブ・カード制度推進基本計画」
- ジョブ・カード推進協議会（2008）「ジョブ・カード制度『全国推進基本計画』」
- Johnson, J. V. & Hall, E. M. (1988) Job Strain, Work Place Social Support, and Cardiovascular Disease: A Cross-Sectional Study of a Random Sample of the Swedish Working Population, American Journal of Public Health, Vol.78, No.10, 1336-1342.
- 金井壽宏（1991）『変革型ミドルの探求：戦略・革新指向の管理者行動』白桃書房.
- 金井壽宏（2002）『働くひとのためのキャリア・デザイン』PHP 研究所.
- 金井壽宏・髙橋潔（2004）『組織行動の考え方：ひとを活かし組織力を高める 9 つのキーコンセプト』東洋経済新報社.
- 加藤敏、神庭重信、中谷陽二、武田雅俊、鹿島晴雄、狩野力八郎、市川宏伸編（2011）『現代精神医学事典』弘文堂.
- 経済産業省・文部科学省・厚生労働省（2020）「外国人留学生の採用や入社後の活躍に向けたハンドブック～実践企業に学ぶ 12 の秘訣～」
- 小池和男、猪木武徳（2002）『ホワイトカラーの人材形成：日米英独の比較』東洋経済新報社.
- 國分康孝（1979）『カウンセリングの技法』誠心書房.
- 國分康孝（1980）『カウンセリングの理論』誠心書房.
- 國分康孝（1991）『〈自己発見〉の心理学』講談社.
- 國分康孝監修、瀧本孝雄編集責任、井上勝也ほか編（2001）『現代カウンセリング事典』金子書房.
- 國分康孝著、國分久子監修（2018）『構成的グループエンカウンターの理論と方法：半世紀にわたる探究の成果と継承』図書文化社.
- 国立教育政策研究所（2012）「我が国の学校教育制度の歴史について（『学制百年史』等より）」
- 国立教育政策研究所生徒指導研究センター（2002）「児童生徒の職業観・勤労観を育む教育の推進について（調査研究報告書）」
- 高齢・障害・求職者雇用支援機構（2018）「継続雇用制度の現状と制度進化―『60 歳以降の社員に関する人事管理に関するアンケート調査』結果より―」
- 高齢・障害・求職者雇用支援機構（2019）「65 歳超雇用推進マニュアル（その 3）」
- 高齢・障害・求職者雇用支援機構（2020）「進化する高齢社員の人事管理― 65 歳定年時代における高齢社員の人事管理研究委員会」
- 厚生労働省（2001）「第 7 次職業能力開発基本計画」
- 厚生労働省（2006）「第 8 次職業能力開発基本計画　働く者を育てる環境の再構築―職業キャリアの持続的発展のために―」
- 厚生労働省（2011）「第 9 次職業能力開発基本計画―成長が見込まれる分野の人材育成と雇用のセーフティネットの強化―」
- 厚生労働省（2015）「派遣元事業主の皆さまへ　労働者派遣を行う際の主なポイント」
- 厚生労働省（2015）「労働者の心の健康の保持増進のための指針」
- 厚生労働省（2016）「第 10 次職業能力開発基本計画―生産性向上に向けた人材育成戦略―」
- 厚生労働省（2016）「ジョブ・カード活用ガイド」
- 厚生労働省（2018）「キャリアコンサルタントの能力要件の見直し等に関する報告書（キャリアコンサルタント登録制度等に関する検討会）」

- 厚生労働省（2018）「職場における心の健康づくり〜労働者の心の健康の保持増進のための指針〜」
- 厚生労働省（2019）「キャリアコンサルタントの継続的な学びの促進に関する報告書」
- 厚生労働省（2019）「第1回 今後の人材開発政策の在り方に関する研究会 参考資料『人材開発政策関係資料集』」
- 厚生労働省（2019）「フレックスタイム制のわかりやすい解説＆導入の手引き」
- 厚生労働省（2019）「平成29年 患者調査の概況」
- 厚生労働省（2019）「平成30年 労働者派遣法改正の概要〈同一労働同一賃金〉」
- 厚生労働省（2019）「時間外労働の上限規制 わかりやすい解説」
- 厚生労働省（2019）「高度プロフェッショナル制度 わかりやすい解説」
- 厚生労働省（2019）「年5日の年次有給休暇の確実な取得 わかりやすい解説」
- 厚生労働省（2020）「キャリアコンサルタントの継続的な学びの促進等に関する報告書」
- 厚生労働省（2020）「第1回これからのテレワークでの働き方に関する検討会 参考資料 テレワークを巡る現状について」
- 厚生労働省（2020）「働き方改革関連法のあらまし（改正労働基準法編）」
- 厚生労働省（2020）「事業場における労働者の健康保持増進のための指針」
- 厚生労働省（2020）「事業主が職場における優越的な関係を背景とした言動に起因する問題に関して雇用管理上講ずべき措置等についての指針」
- 厚生労働省（2020）「改訂 心の健康問題により休業した労働者の職場復帰支援の手引き」
- 厚生労働省（2020）「今後の人材開発政策の在り方に関する研究会報告書〜コロナ禍を受けて産業・就業構造や働き方が変化する中での人材開発政策の当面の課題等を踏まえて〜」
- 厚生労働省（2020）「高年齢労働者の安全と健康確保のためのガイドライン（エイジフレンドリーガイドライン）」
- 厚生労働省（2020）「『高年齢労働者の安全と健康確保のためのガイドライン』（エイジフレンドリーガイドライン）を公表します 別添資料1 高年齢労働者の安全と健康確保のためのガイドライン 概要」
- 厚生労働省（2020）「求人企業の皆さまへ 改正職業安定法（求人不受理）について」
- 厚生労働省（2020）「毎月勤労統計調査令和2年分結果確報」
- 厚生労働省（2020）「令和2年版 自殺対策白書」
- 厚生労働省（2020）「令和2年賃金構造基本統計調査」
- 厚生労働省（2020）「職業紹介事業者の皆さまへ 改正職業安定法（求人不受理）について」
- 厚生労働省（2021）「第11次職業能力開発基本計画」
- 厚生労働省（2021）「副業・兼業の促進に関するガイドライン」
- 厚生労働省（2021）「事業場における治療と仕事の両立のためのガイドライン」
- 厚生労働省（2021）「全ての都道府県で地域別最低賃金の答申がなされました」
- 厚生労働省（2021）「パートタイム・有期雇用労働法のあらまし」
- 厚生労働省（2021）「労働者派遣事業関係業務取扱要領」（令和3年1月1日以降）
- 厚生労働省（2021）「青少年雇用対策基本方針」
- 厚生労働省（2021）「知って役立つ労働法」
- 厚生労働省「安全・衛生」
- 厚生労働省「キャリアコンサルタントの能力要件の見直し等」
- 厚生労働省「キャリアコンサルティング・キャリアコンサルタント」
- 厚生労働省「同一労働同一賃金ガイドライン」
- 厚生労働省「副業・兼業」

- 厚生労働省「平成 27 年労働者派遣法の改正について」
- 厚生労働省「平成 28 年就労条件総合調査」
- 厚生労働省「平成 29 年職業安定法の改正について」
- 厚生労働省「平成 30 年度　第 1 回雇用政策研究会　資料 6 雇用を取り巻く環境と諸課題について」
- 厚生労働省「育児・介護休業法について」
- 厚生労働省「一般職業紹介状況（職業安定業務統計）」
- 厚生労働省「人材開発」
- 厚生労働省「ジョブ・カード講習について」
- 厚生労働省「ジョブ・カード制度」
- 厚生労働省「ジョブ・カード制度総合サイト」
- 厚生労働省「女性活躍推進法特集ページ（えるぼし認定・プラチナえるぼし認定）」
- 厚生労働省「情報通信技術を利用した事業場外勤務の適切な導入及び実施のためのガイドライン」
- 厚生労働省「企業・学校等においてキャリア形成支援に取り組みたい方へ」
- 厚生労働省こころの耳　https://kokoro.mhlw.go.jp/
- 厚生労働省「高年齢者雇用安定法　改正の概要」
- 厚生労働省「高年齢労働者の安全衛生対策について」
- 厚生労働省「雇用動向調査」
- 厚生労働省「モデル就業規則（令和 3 年 4 月版）」
- 厚生労働省「労働契約法が平成 20 年 3 月より施行されました！　なぜ労働契約法が制定されたのですか」
- 厚生労働省「労働基準」
- 厚生労働省「青少年の雇用の促進等に関する法律（若者雇用促進法）について」
- 厚生労働省仕事と治療両立支援ナビ　https://chiryoutoshigoto.mhlw.go.jp/index.html
- 厚生労働省「仕事と生活の調和」
- 厚生労働省「新型コロナウイルス感染症について　くらしや仕事の情報」
- 厚生労働省「心理的な負担の程度を把握するための検査及び面接指導の実施並びに面接指導結果に基づき事業者が講ずべき措置に関する指針」
- 厚生労働省「職場におけるハラスメントの防止のために（セクシュアルハラスメント／妊娠・出産・育児休業等に関するハラスメント／パワーハラスメント）」
- 厚生労働省「職業能力評価基準の策定業種一覧」
- 厚生労働省「障害者雇用対策」
- 厚生労働省「就職氷河期世代の方々への支援について」
- 厚生労働省「ストレスチェック等の職場におけるメンタルヘルス対策・過重労働対策等」
- 厚生労働省法令等データベースサービス　https://www.mhlw.go.jp/hourei/
- 厚生労働省委託事業キャリア形成サポートセンター公式サイト　https://carisapo.mhlw.go.jp/
- 厚生労働省自殺対策推進室・警察庁生活安全局生活安全企画課（2020）「令和元年中における自殺の状況」
- 厚生労働省職業安定局首席職業指導官（2021）「ハローワーク職員のためのキャリア・コンサルティングテキスト〜理論編〜」
- 厚生労働省・労働者健康安全機構（2019）「こころの健康　気づきのヒント集」
- 雇用職業総合研究所（1983）「職研資料シリーズⅢ－ 32　雇用カウンセリング体系的アプ

ローチ（翻訳）」
- 雇用促進事業団職業研究所訳編（1970）「職研資料シリーズⅢ－3　職業選択の理論をめざして」
- 雇用促進事業団職業研究所（1977）「職研資料シリーズⅢ－21　職業相談の理論：翻訳」
- Krumboltz, J. D. & Levin, Al S. (2004) Luck is no accident: making the most of happenstance in your life and career. Impact Publishers（J. D. クランボルツ、A. S. レヴィン著、花田光世、大木紀子、宮地夕紀子訳（2005）『その幸運は偶然ではないんです！：夢の仕事をつかむ心の練習問題』ダイヤモンド社．）
- Levinson, D. J. (1978) The seasons of a man's life. Random House Digital, Inc.（ダニエル・レビンソン著、南博訳（1992）『ライフサイクルの心理学（上・下）』講談社．）
- Locke, E. A., & Latham, G. P. (1990) A theory of goal setting & task performance. Prentice-Hall, Inc..
- Maslow, A. H. (1954) Motivation and Personality. New York: Harper & Row.（A. H. マズロー著、小口忠彦訳（1987）『人間性の心理学：モチベーションとパーソナリティ　改訂新版』産業能率大学出版部．）
- Maslow, A. H. (1998) Maslow on Management. New York: John Wiley & Sons.（A. H. マズロー著、金井壽宏監訳、大川修二訳（2001）『完全なる経営』日本経済新聞社．）
- 松尾睦（2006）『経験からの学習　プロフェッショナルへの成長プロセス』同文舘出版．
- McGregor, D. (1960) The human side of enterprise, New York: McGraw-Hill.（D. マクレガー著、高橋達男訳（1970）『企業の人間的側面：統合と自己統制による経営　新版』産業能率短期大学．）
- Merry, T. (2002) Learning and Being in Person-centred Counselling. 2nd edition: PCCS Books.
- 三村隆男（2008）『キャリア教育入門：その理論と実践のために　新訂』実業之日本社．
- 三隅二不二（1984）『リーダーシップ行動の科学』有斐閣．
- Mitchell, K. E., Levin, Al S., & Krumboltz, J. D. (1999) Planned happenstance: Constructing unexpected career opportunities. Journal of counseling & Development, 77(2), 115-124.
- 宮城まり子（2002）『キャリアカウンセリング』駿河台出版社．
- 文部科学省（2004）「キャリア教育の推進に関する総合的調査研究協力者会議　報告書～児童生徒一人一人の勤労観、職業観を育てるために～」
- 文部科学省（2011）「中学校キャリア教育の手引き」
- 文部科学省（2011）「高等学校キャリア教育の手引き」
- 文部科学省「『キャリア・パスポート』例示資料等について」
- 文部科学省「『キャリア・パスポート』の様式例と指導上の留意事項」
- 文部科学省「学制第214号」
- 文部科学省「学制百年史」
- 文部科学省「教育振興基本計画」
- Mowday, R. T., Steers, R. M. & Porter, L. W. (1979) The measurement of organizational commitment, Journal of Vocational Behavior 14(2), 224-247.
- 宗方比佐子、渡辺直登編著（2002）『キャリア発達の心理学：仕事・組織・生涯発達』川島書店．
- 内閣府（2018）「経済財政運営と改革の基本方針2018～少子高齢化の克服による持続的な成長経路の実現～」
- 内閣府（2019）「経済財政運営と改革の基本方針2019～『令和』新時代：『Society 5.0』

への挑戦～」

- 内閣官房（2017）「未来投資戦略 2017 ― Society 5.0 の実現に向けた改革―」（平成 29 年 6 月 9 日閣議決定）
- 内閣官房（2018）「未来投資戦略 2018 ―『Society 5.0』『データ駆動型社会』への変革―」（平成 30 年 6 月 15 日閣議決定）
- 中原淳（2012）『経営学習論：人材育成を科学する』東京大学出版会.
- 中島義明、安藤清志、子安増生ほか編（1999）『心理学辞典』有斐閣.
- National Career Development Association (1994) The Career Development Quarterly Volume 43 Number 1（全米キャリア発達学会著、仙﨑武、下村英雄編訳（2013）『Ｄ・Ｅ・スーパーの生涯と理論：キャリアガイダンス・カウンセリングの世界的泰斗のすべて』図書文化社.
- 日本キャリア教育学会編（2020）『キャリア教育概説　新版』東洋館出版社.
- 日本学生支援機構（2019）「平成 29 年度私費外国人留学生生活実態調査概要」
- 日本銀行「『短観（全国企業短期経済観測調査）』の解説」
- 日本交流分析学会ホームページ　http://www.js-ta.jp/
- 日本労働組合総連合会（2021）「2021 春季生活闘争　第 7 回（最終）回答集計結果」
- 日本産業カウンセリング学会監修、松原達哉、木村周、桐村晋次、平木典子、楡木満生、小澤康司編著（2008）『産業カウンセリング辞典』金子書房.
- 二村英幸（2015）『個と組織を生かすキャリア発達の心理学：自律支援の人材マネジメント論』金子書房.
- 尾高煌之助（1993）「企業内教育と公共職業訓練」『一橋大学経済研究叢書　企業内教育の時代』岩波書店.
- 岡田昌毅、小玉正博編（2012）『生涯発達の中のカウンセリングⅢ　個人と組織が成長するカウンセリング』サイエンス社.
- 岡田昌毅（2013）『働くひとの心理学＝Psychology of Working Person：働くこと、キャリアを発達させること、そして生涯発達すること』ナカニシヤ出版.
- 岡本祐子（1994）「生涯発達心理学の動向と展望―成人発達研究を中心に―」『教育心理学年報』vol.33, 132-143.
- 岡村一成（1994）『産業・組織心理学入門　第 2 版』福村出版.
- 岡崎淳一（2018）『働き方改革のすべて』日本経済新聞出版社.
- 奥林康司、上林憲雄、平野光俊編著（2010）『入門 人的資源管理　第 2 版』中央経済社.
- Parsons, F. (1909) Choosing a vocation, Gay & Hancock Ltd., London.
- Peavy, R.V.et al. (1982) Individual Employment Counselling. A Systematic Approach. Canada, Employment and Immigration Commission（雇用職業総合研究所（1983）「職研資料シリーズⅢ－32　（翻訳)」)
- Robert A. Karasek, Jr. (1979) Job Demands, Job Decision Latitude, and Mental Strain: Implications for Job Redesign. Administrative Science Quarterly Vol.24, No.2, 285-308.
- Roe, A. (1957) Early determinants of vocational choice. Journal of Counseling Psychology, 4(3), 212–217.
- Rogers, C. R. (1951) A theory of personality and behavior. In Client-centered therapy: Its current practice, implications and theory. London: Constable（C. R. ロージァズ著、伊東博編訳（1967）『ロージァズ全集 8　パースナリティ理論』岩崎学術出版社.）
- 労働政策研究・研修機構編（2007）『プロジェクト研究シリーズ No.6　日本の職業能力開発と教育訓練基盤の整備：職業能力開発に関する労働市場の基盤整備の在り方に関する研

究』労働政策研究・研修機構.
・労働政策研究・研修機構（2011）「雇用ポートフォリオ・システムの実態に関する研究：要員管理と総額人件費管理の観点から」
・労働政策研究・研修機構編（2016）『新時代のキャリアコンサルティング：キャリア理論・カウンセリング理論の現在と未来』労働政策研究・研修機構.
・労働政策研究・研修機構（2016）「JILPT 資料シリーズ No.165　職業相談場面におけるキャリア理論及びカウンセリング理論の活用・普及に関する文献調査」
・労働政策研究・研修機構（2018）「労働政策研究報告書 No.200　キャリアコンサルタント登録者の活動状況等に関する調査」
・労働政策審議会 職業安定分科会 労働力需給調査部会（2021）「雇用仲介事業の制度の改正について（報告書）」
・労務行政研究所編（2017）『労働法コンメンタール 8　職業能力開発促進法　改訂 8 版』労務行政.
・Rousseau, D. M. (1989) Psychological and implied contracts in organizations. Employee Responsibilities and Rights Journal, 2(2), 121-139.
・佐藤郁哉、山田真茂留（2004）『制度と文化：組織を動かす見えない力』日本経済新聞社.
・Savickas, M. L. (2005) The Theory and Practice of Career Construction. In Brown, S. D. & Lent, R. W. (Eds.), Career development and counseling: Putting theory and research to work. John Wiley & Sons, Inc.. 42–70.
・Savickas, M. L. (2011) Career Counseling, American Psychological Association（マーク・L・サビカス著、日本キャリア開発研究センター監訳、乙須敏紀訳（2015）『サビカス キャリア・カウンセリング理論：〈自己構成〉によるライフデザインアプローチ』福村出版.）
・Savickas, M. L. (2013) Career construction theory and practice. In Brown, S. D. & Lent, R. W. (Eds.), Career Development and Counseling: Putting Theory and Research to Work, NJ: John Wiley & Sons, Inc.. 147-183.
・Schein, E. H. (1978) Career Dynamics: Matching individual and organizational needs, Addison-Wesley（エドガー・H. シャイン著、二村敏子、三善勝代訳（1991）『キャリア・ダイナミクス：キャリアとは、生涯を通しての人間の生き方・表現である。』白桃書房.）
・Schein, E. H. (1979) Organizational Psychology 3rd edition, NJ: Prentice-Hall.
・Schein, E. H. (1990) Career Anchors: Discovering Your Real Values Revised Edition, John Wiley & Sons, Inc.（エドガー・H. シャイン著、金井壽宏訳（2003）『キャリア・アンカー：自分のほんとうの価値を発見しよう』白桃書房.）
・Schein, E. H. (1995) Career Survival: Strategic Job and Role Planning, John Wiley & Sons, Inc.（エドガー・H. シャイン著、金井壽宏訳（2003）『キャリア・サバイバル：職務と役割の戦略的プラニング』白桃書房.）
・Schlossberg, N. K. (1989) Overwhelmed: Coping With Life's Ups and Downs. New York: Lexington Books.（ナンシー・K. シュロスバーグ著、武田圭太、立野了嗣監訳（2000）『「選職社会」転機を活かせ　自己分析手法と転機成功事例 33』日本マンパワー出版.）
・Schlossberg, N. K. (2011) Counseling Adults in Transition: Linking Practice with Theory 3rd Edition, Springer Publishing Company.
・Sharry, J. (2001) Solution-focused Groupwork., Sage Publications.（ジョン・シャリー著、袴田俊一、三田英二監訳（2009）『解決志向グループワーク：臨床心理学の応用とその展開』晃洋書房.）
・下村英雄著、労働政策研究・研修機構編（2013）『成人キャリア発達とキャリアガイダン

ス：成人キャリア・コンサルティングの理論的・実践的・政策的基盤』労働政策研究・研修機構.

・下村英雄（2020）『社会正義のキャリア支援：個人の支援から個を取り巻く社会に広がる支援へ』図書文化社.

・Shore, L. M., Randel, A. E., Chung, B. G., Dean, M. A., Ehrhart, K. H. and Singh, G. (2011) Inclusion and diversity in work groups: A review and model for future research, Journal of Management, 37(4), 1262-1289.

・Siegrist, J. (1998) Adverse health effects of effort-reward imbalance at work: Theory, empirical support, and implications for prevention. In: Cooper, C. L. ed. Theories of Organizational Stress. UK: Oxford University Press.

・総務省統計局「2020年（令和2）年平均結果　労働力調査」

・総務省統計局「平成29年就業構造基本調査」

・Sullivan, S. E. & Arthur, M. B. (2006) The evolution of the boundaryless career concept: Examining physical and psychological mobility, Journal of Vocational Behavior 69(1), 19–29.

・Super, D. E. & Bohn, M. J. (1970) Occupational Psychology. CA; Wadsworth Publishing（D. E. スーパー、M. J. ボーン著、藤本喜八、大沢武志訳（1973）『職業の心理』ダイヤモンド社.）

・Super, D. E. & Jordaan, J. P. (1974) The Prediction of Early Adult Vocational Behavior. In M. Roff, D. F. Ricks (Eds.) Life history research in psychopathology, Volume 1, 108-130, University of Minnesota Press.

・Super, D. E. (1980) A Life-Span, Life-Space Approach to Career Development, Journal of Vocational Behavior 16(3), 282-298.

・諏訪康雄（2017）『雇用政策とキャリア権：キャリア法学への模索』弘文堂.

・鈴木竜太（2007）『自律する組織人：組織コミットメントとキャリア論からの展望』生産性出版.

・鈴木竜太、服部泰宏（2019）『組織行動　組織の中の人間行動を探る』有斐閣ストゥディア.

・武石恵美子（2016）『キャリア開発論＝Textbook of Career Development：自律性と多様性に向き合う』中央経済社.

・竹内洋（2016）『日本のメリトクラシー＝Japan's Meritocracy：構造と心性　増補版』東京大学出版会.

・田中博秀（1980）『現代雇用論』日本労働協会.

・田中萬年（1996）「近年の公的職業訓練の実情と課題」『日本労働研究雑誌』No.434, 25-36.

・田中茉莉子（2017）「リカレント教育を通じた人的資本の蓄積」『経済分析』No.196, 49-81.

・Taylor, F. W. (1911) The principles of Scientific Management, Cosmo Inc.（フレデリック・W. テイラー著、有賀裕子訳（2009）『新訳　科学的管理法：マネジメントの原点』ダイヤモンド社.）

・The American Group Psychotherapy association, Clinical Practice Guidelines for Group Psychotherapy.

・Tiedeman, D. V. & O'Hara, R. P. (1963) Career development: Choice and adjustment; differential and integration in career development. Princeton, NJ: College Entrance Examination Board.

- Vroom, V. H. (1964) Work and motivation. Wiley.（V. H. ヴルーム著、坂下昭宣、榊原清則、小松陽一、城戸康彰共訳（1982）『仕事とモティベーション』千倉書房.）
- 若林満監修、松原敏浩、渡辺直登、城戸康彰編（2008）『経営組織心理学』ナカニシヤ出版.
- 渡辺三枝子、E. L. ハー（2001）『キャリアカウンセリング入門：人と仕事の橋渡し』ナカニシヤ出版.
- 渡辺三枝子（2007）『キャリアの心理学：キャリア支援への発達的アプローチ　新版』ナカニシヤ出版.
- 渡部昌平（2016）「社会構成主義からライフ・キャリア適応を考える：社会構成主義キャリア・カウンセリング各派からの示唆」『秋田県立大学総合科学研究彙報』17, 19-23.
- 渡部昌平（2019）『よくわかるキャリアコンサルティングの教科書』金子書房.
- 渡部昌平編著、下村英雄、新目真紀、五十嵐敦、楡野潤、高橋浩、宗方比佐子著（2015）『社会構成主義キャリア・カウンセリングの理論と実践：ナラティブ、質的アセスメントの活用』福村出版.
- 渡部昌平編著、高橋浩、新目真紀、三好真、松尾智晶著（2018）『グループ・キャリア・カウンセリング：効果的なキャリア教育・キャリア研修に向けて』金子書房.
- Williamson, E. G. (1939) How to counsel students: A manual of techniques for clinical counselors. McGraw-Hill Book Company.
- Williamson, E. G. (1939) The Clinical Method of Guidance, Review of Educational Research Vol.9, No.2, pp.214-217.
- 山本寛（2006）『昇進の研究：キャリア・プラトー現象の観点から』創成社.
- 吉田辰雄（2002）「わが国の職業指導の成立と展開」『アジア・アフリカ文化研究所研究年報』37, 13(142)-20(135)

第 4 章

- キャリアコンサルティング協議会（2019）「田中春秋解説　キャリアコンサルティング面談における『問題把握』～面談のプロセスとフレーム～」
- 平野光俊、江夏幾多郎（2018）『人事管理＝HUMAN RESOURCE MANAGEMENT：人と企業、ともに活きるために』有斐閣ストゥディア.
- Holland, J. L. (1985) Making vocational choices: a theory of vocational personalities and work environments, Prentice-Hall Inc.（J. L. ホランド著、渡辺三枝子、松本純平、舘暁夫共訳（1990）『職業選択の理論』雇用問題研究会.）
- 人材育成学会編（2019）『人材育成ハンドブック』金子書房.
- 厚生労働省（2001）「キャリア・コンサルティング技法等に関する調査研究報告書の概要」
- 厚生労働省（2011）「厚生労働省編職業分類（平成 23 年改定）」
- 厚生労働省（2016）「ジョブ・カード活用ガイド」
- 厚生労働省（2019）「第 1 回　人生 100 年時代に向けた高年齢労働者の安全と健康に関する有識者会議　資料 2『高年齢労働者の雇用・就業と労働災害の現状』」
- 厚生労働省（2020）「職務経歴書の作り方　パンフレット」
- 厚生労働省（2020）「『職務経歴書の作り方』別冊ワークブック　書き込んで作ろう！職務経歴書作成のためのマスターシート」
- 厚生労働省ハローワークインターネットサービス　https://www.hellowork.mhlw.go.jp/index.html
- 厚生労働省一般事業主行動計画公表サイト　https://ryouritsu.mhlw.go.jp/hiroba/

- 厚生労働省職場情報総合サイト　しょくばらぼ　https://shokuba.mhlw.go.jp/
- 厚生労働省職業情報提供サイト（日本版 O-NET）（愛称：job tag［じょぶたぐ］）　https://shigoto.mhlw.go.jp
- 雇用問題研究会（1983）「労働省編一般職業適性検査手引（改訂新版）」
- 雇用問題研究会（2001）「厚生労働省編一般職業適性検査手引き」
- 日本 MBTI 協会ホームページ　https://www.mbti.or.jp/
- 日本産業カウンセリング学会監修、松原達哉、木村周、桐村晋次、平木典子、楡木満生、小澤康司編（2008）『産業カウンセリング辞典』金子書房.
- 日経連職務分析センター編（1986）『職務分析・調査入門：人の活性化・仕事の効率化』日本経営者団体連盟弘報部.
- 奥林康司、上林憲雄、平野光俊編著（2010）『入門 人的資源管理　第 2 版』中央経済社.
- 大沢武志、芝祐順、二村英幸編（2000）『人事アセスメントハンドブック』金子書房.
- パート・有期労働ポータルサイト　職務分析・職務評価の導入支援　https://part-tanjikan.mhlw.go.jp/estimation/support/
- 労働政策研究・研修機構（2002）『VPI 職業興味検査手引　改訂第 3 版』日本文化科学社.
- 労働政策研究・研修機構（2006）「職業レディネス・テスト手引　第 3 版」
- 労働政策研究・研修機構（2010）「厚生労働省編一般職業適性検査　中高年齢者（45 歳以上）用活用手引」
- 労働政策研究・研修機構（2010）「VRT カード」
- 労働政策研究・研修機構（2010）「VRT カード利用の手引」
- 労働省（1999）「労働省編職業分類」
- 社会経済生産性本部生産性労働情報センター編（2000）『労使関係用語の手引き　新版』社会経済生産性本部生産性労働情報センター.
- 総務省（2009）「日本標準職業分類」

第 5 章

- ACCN（オールキャリアコンサルタントネットワーク）ホームページ　https://www.allccn.org/
- エドガー・H. シャイン著、稲葉元吉、尾川丈一訳（2002）『プロセス・コンサルテーション：援助関係を築くこと』白桃書房.
- エドガー・H. シャイン、尾川丈一、石川大雅著、松本美央、小沼勢矢訳（2017）『シャイン博士が語る組織開発と人的資源管理の進め方：プロセス・コンサルテーション技法の用い方』白桃書房.
- 人材育成学会ホームページ　http://www.jahrd.jp/
- 國分康孝監修、瀧本孝雄編集責任、井上勝也ほか編（2001）『現代カウンセリング事典』金子書房.
- 三菱 UFJ リサーチ＆コンサルティング（2016）「平成 27 年度『キャリア・コンサルティング研究会』報告書」（厚生労働省委託事業）
- 日本キャリアデザイン学会ホームページ　http://www.career-design.org/
- 日本キャリア教育学会ホームページ　http://jssce.wdc-jp.com/
- 日本産業カウンセリング学会ホームページ　https://www.jaic.jp/
- 日本産業カウンセリング学会監修、松原達哉、木村周、桐村晋次、平木典子、楡木満生、小澤康司編（2008）『産業カウンセリング辞典』金子書房.

事項索引

A

ABC（DE）理論 ························· 99

ACCN ····································· 328

E

ERG 理論 ································· 78

G

GATB（厚生労働省編一般職業適性検査）
····································· 294

J

job tag（職業情報提供サイト，
　日本版 O-NET）
····· 136, 284, 291, 299, 308, 310-315, 317

J 字型カーブ ···························· 71

L

LGBT ···························· 274, 333

LTCC（キャリアカウンセリングにおける
　学習理論）··························· 55

M

MBO（目標管理制度）·········· 80, 154

N

NIOSH モデル ··················· 241, 243

O

Off-JT ················ 119, 154-158, 314

OHBY カード ··················· 315, 316

OJT ················ 119, 154-156, 158, 314

P

PM 理論 ································· 81

POMS（気分プロフィール検査）····· 243

PTSD（心的外傷後ストレス障害）····· 248

R

RIASEC（六角形モデル）········· 49, 51, 298

RJP ···································· 142

S

SL 理論 ································· 82

SOGI ···································· 274

V

VPI 職業興味検査 ············ 291, 297, 298

VRT（職業レディネス・テスト）······· 294

VRT カード ····················· 296, 297

あ

アサーション・トレーニング
　（自己表現訓練）··········· 86, 93, 244

アセスメント・スキル ··········· 19, 292

アセスメントツール
··········· 292-294, 299, 300, 317

アルコール依存症 ··············· 246, 247

アンガーマネジメント ··············· 244

い

育児・介護休業法 ········· 17, 121, 206, 210

意識化技法 ······················· 106, 107

意思決定理論 ················· 47, 49, 53

一次予防 ······························· 229

一般教育訓練給付金 ················· 128

一般事業主行動計画公表サイト ··· 304, 317

一般職業紹介状況 ··············· 186, 187

イド（エス）························· 86, 89

インターンシップ
··········· 20, 224, 225, 227, 309, 318

う

うつ病 ····· 85, 87, 100, 208, 233, 245-247, 249

え

エゴグラム ······················· 97, 98

エス（イド）························· 89

越境学習 ························· 158, 159

エンプロイアビリティ（Employability）
··························· 119, 287, 288

お

応答技法 ························· 106, 107

オペラント条件付け（道具的条件付け）
··· 92

か

外的キャリア（external career）
··························· 49, 62, 64

カウンセリング・プロセス ···· 105, 107, 109
カウンセリング技法 ··············· 35, 85, 96
カウンセリング理論
·············· 17, 46, 84, 86, 89, 101, 105, 109
科学的管理法（テイラーリズム）·········· 72
課業（タスク，Task）
······················ 49, 72, 73, 80, 306, 307
学卒者訓練 ·································· 126
確定給付年金 ································ 151
確定拠出年金 ································ 152
関係性アプローチ ····················· 49, 66
感情的アプローチ ············ 86, 91, 94, 101
完全失業者 ······························ 187, 188
完全失業率 ··············· 17, 182, 183, 188

き

基礎的・汎用的能力 ······ 221, 222, 225, 226
技能検定制度 ························· 166, 167
気分プロフィール検査 ···················· 243
技法の統合 ······················· 87, 102-106
基本的かかわり技法 ············· 87, 102-105
脚本分析 ································ 97, 98
キャリア・アダプタビリティ
　（career adaptability）···· 49, 60, 70, 71
キャリア・アンカー
　（career anchor）··········· 49, 62, 64, 65
キャリア・インサイト ········· 297-299, 317
キャリア・カオス理論 ················· 68, 69
キャリア・コーン ······················· 49, 65
キャリア・サバイバル ······················ 66
キャリア・デザイン ··················· 71, 264
キャリア・ドリフト ·························· 71
キャリア・パスポート ··············· 224-228
キャリアカウンセリングにおける
　学習理論（LTCC）······················ 55
キャリア教育 ····· 15, 17, 218, 220-225, 227,
　228, 314, 334
キャリア形成サポートセンター
················· 27, 122, 123, 133, 136, 165
キャリア権 ··································· 77
キャリア研修 ····· 26, 123, 162-164, 259, 260,
　269, 326, 342
キャリア構築カウンセリング ···· 72, 87, 111
キャリア構築理論 ·············· 49, 69, 70, 111
キャリアコンサルタント倫理綱領

·· 324, 337, 345
キャリアコンサルティング協議会
·········· 37-40, 266, 268, 324, 338, 340, 345
キャリアシート
········· 18, 19, 35, 283, 284, 292, 333
キャリアシート作成技法 ·················· 35
キャリアストーリー ······ 70, 72, 87, 111, 112
キャリアストレッチング ···················· 71
キャリアマップ ··························· 170
休業者 ··································· 187
休業手当 ······························ 199, 200
求職者支援訓練 ····················· 122, 125, 127
教育訓練給付制度 ········· 120-122, 128, 134
教育測定運動 ······························· 85
境界人（marginal man）················· 251
共感的理解 ················ 94, 96, 113, 282
業績給 ··································· 150
強迫性障害 ································ 248
筋弛緩法 ································· 244
勤務地限定社員制度 ······················ 146

く

クライアント観察技法 ··············· 102-104
グループ・ダイナミクス ······· 115, 251, 339
グループアプローチ ············· 17, 18, 283
グループエンカウンター
·· 17, 108, 115, 116
グループガイダンス ··········· 17, 113-115
グループカウンセリング
·· 17, 113-115, 117
グループワーク ···· 17, 38, 108, 113-117, 292

け

計画された偶発性（プランドハプンスタン
　ス理論）························· 49, 55, 56, 66
経験学習モデル ····················· 158, 159
経済人モデル ··························· 49, 72
傾聴 ··············· 18, 19, 102, 281, 283
系統的脱感作法（systematic desensitization）
·· 86, 93, 94
ゲーム分析 ································ 97, 98
ゲシュタルト療法 ············ 84, 87, 90, 101
月間有効求職者数 ····················· 186, 187
月間有効求人数 ························· 187
月例経済報告 ····················· 182, 188
健康診断 ································ 202

健康保険 ——————— 152, 209-211

こ

公共職業訓練 ——————— 119, 125, 334
構成的グループエンカウンター
　　（構成的グループカウンセリング）
　　　——————— 108, 115, 116
構成的グループカウンセリング
　　（構成的グループエンカウンター）
　　　——————— 115
厚生年金保険 ——————— 152, 210
厚生労働省編一般職業適性検査（GATB）
　　　——————— 294
厚生労働省編職業分類 ——————— 301
構造分析 ——————— 97
公的職業訓練 ——————— 124, 125, 127
行動カウンセリング ——————— 55, 85, 92
行動主義的学習理論 ——————— 56, 57
行動的アプローチ ——————— 86, 91, 92, 101
行動療法（行動理論）—— 84, 92, 93, 100, 244
行動理論（行動療法） ——————— 84
高年齢者雇用安定法
　　——————— 17, 121, 149, 194, 255, 256, 259, 269
公平理論 ——————— 79
交流パターン分析 ——————— 97
交流分析（transactional analysis）
　　——————— 84, 87, 90, 97, 98
コーヒーカップ・モデル ——————— 87, 106-108
心の健康づくり計画 ——————— 229, 230
こころの耳 ——————— 233
個人環境適合理論（Person-Environment
　　fit theory, P-E fit theory）
　　——————— 47, 50, 69, 70
古典的条件付け
　　（レスポンデント条件付け） ——————— 92
コミットメント ——————— 108, 139, 163, 164
雇用調整 ——————— 139, 148, 182
雇用動向調査 ——————— 141, 189
雇用ポートフォリオ ——————— 146, 147
雇用保険 —— 126, 127, 134, 152, 175, 208, 317
コンサルテーション
　　——————— 108, 113, 329, 330, 337-339
コンピテンシー（Competency）
　　——————— 119, 288, 290

さ

在職者訓練 ——————— 126
最低賃金 ——————— 149, 150
サポートグループ ——————— 17, 114, 116, 117
産業分類 ——————— 182, 301, 303
三次予防 ——————— 229

し

自我（エゴ） ——————— 86, 89, 97
自我同一性 ——————— 252
自己一致 ——————— 94-96, 113, 282
思考特性・行動特性 —— 286, 288, 290-292
自己概念 ——— 49, 51, 54, 58, 61, 62, 64, 86,
　　94-96, 109
自己啓発 ——— 20, 21, 24, 25, 122, 124, 154, 155,
　　157, 158, 162, 266, 281, 312, 314, 318
自己研鑽 ——————— 21, 330, 331, 340, 345
自己効力感（Self-Efficacy）
　　——————— 49, 56, 57, 271
自己実現人モデル ——————— 49, 72, 74
自己実現欲求 ——————— 49, 74, 78, 95
自己申告制度 ——————— 146, 159, 160, 342
自己表現訓練
　　（アサーション・トレーニング） —— 93
自己理解・自己管理能力 —— 221, 222, 226
自己理論（来談者中心療法）—— 84, 94, 95
システマティック・アプローチ
　　——————— 87, 108, 109, 113
自動思考（Automatic Thoughts） —— 100
自閉スペクトラム症（ASD） —— 248, 249
社会構成主義 ——————— 69, 84
社会構成主義的アプローチ ——— 86, 110
社会人基礎力 ——————— 134, 288, 289, 335
社会人モデル ——————— 49, 72, 73
社会正義のキャリアガイダンス ——— 78
社会的学習理論 ——————— 47, 49, 55-57
社会的再適応評価尺度 ——————— 243
社会的認知理論
　　（Social Cognitive Theory） —— 56, 57
社内 FA 制 ——————— 159, 160
社内検定認定制度 ——————— 166-169
社内公募制 ——————— 146, 159, 160, 342
就業構造基本調査 ——————— 189
就業者 ——————— 187, 188, 253, 255
従業者 ——————— 187

就職援助技法 ································· 117
就職協定 ······································· 144
就職件数 ······································· 186
就職氷河期世代 ················ 122, 272, 273
集団力学 ······································· 115
受講あっせん ································· 125
受講推薦 ······································· 125
出向 ························· 139, 141, 146, 148, 203
守秘義務 ·········· 22, 36, 118, 341, 343–345
受容的態度 ······························· 96, 282
障害者雇用促進法 ······················ 17, 196
障害者職業訓練 ···························· 128
障害者職業能力開発校 ········· 125, 126, 128
条件適合理論 ································· 82
昇進管理 ······································· 153
職業安定法 ··· 17, 143, 145, 190, 193, 203, 301
職業価値観 ······················ 286, 291, 292, 302
職業教育 ···························· 219, 220, 225
職業興味検査（VPI） ········· 49, 51, 299, 312
職業指導運動 ······················ 47, 85, 91
職業情報提供サイト（日本版 O-NET,
　　job tag） ····················· 136, 299, 310
職業調査 ······································· 308
職業適合性モデル ························ 290
職業適性 ···························· 289, 290, 317
職業適性検査 ···················· 19, 50, 290
職業的発達段階 ···························· 59
職業的発達の 12 の命題 ·············· 60, 61
職業的発達理論 ······················ 57, 58
職業能力開発基本計画
　　·················· 22, 26, 120, 122, 123
職業能力開発校 ···················· 125–128
職業能力開発推進者 ······················ 156
職業能力開発促進法 ········· 14, 17, 22, 23, 25,
　　36, 38, 78, 88, 119–121, 130, 162, 167, 198,
　　324, 341, 343–345
職業能力評価基準 ········· 166, 167, 169, 170
職業能力評価シート ···················· 170, 172
職業能力評価制度 ······················ 166, 167
職業パーソナリティ
　　（vocational personality） ·········· 49, 70
職業分類 ································· 50, 301
職業レディネス・テスト（VRT）
　　························· 291, 294–297

職能給 ····················· 138, 150, 151, 307
職能資格制度 ············· 138, 151, 153, 307
職場見学 ······························· 20, 318
職場情報総合サイト（しょくばらぼ）
　　·························· 304, 317
職場復帰支援プログラム ·············· 235
しょくばらぼ（職場情報総合サイト）
　　·················· 304, 314, 315, 317
職務給 ························· 150, 151, 307
職務経歴等記録書（ジョブ・カード）
　　·························· 19, 130
職務限定社員制度 ······················ 146
職務ストレスモデル ···················· 240
職務調査 ······································· 307
職務等級制度 ············· 138, 153, 307
職務特性理論 ······························· 80
職務分析 ········· 19, 50, 73, 294, 306, 307, 313
女性活躍推進法 ··· 17, 121, 194, 206, 207
ジョブ・カード（職務経歴等記録書） ···· 17,
　　19, 43, 123, 130, 132, 165, 228, 284, 333
ジョブ・カード制度 ·············· 17, 130, 133
ジョブ型雇用 ···· 42, 147, 148, 176, 177, 307
ジョブクラブ ······························· 117
自律訓練法 ································· 244
自律神経失調症 ···························· 249
事例検討会 ································· 337
新規求職申込件数 ···················· 186, 187
新規求人数 ······························· 186, 187
新規求人倍率 ···················· 182, 187
人材育成学会 ······························· 329
人事評価 ········· 67, 137, 139, 152, 174, 290
新ジョブ・カード制度 ·············· 130, 131
心身症 ······························· 242, 249
人生の午後 ································· 253
人生の四つの L ······················ 49, 67
新卒一括採用 ···················· 42, 139, 144
信念（ビリーフ） ···················· 86, 87, 99
信頼性（reliability） ···················· 293
心理社会的モラトリアム ·············· 252
心理的安全性 ······················ 77, 173
心理的契約（psychological contract）
　　·························· 77, 145
心理的ストレスモデル ···················· 243
心理的な親和関係（ラポール） ······ 19, 285

進路指導 ―――――― 51, 88, 90, 220, 297, 314

す

スーパーバイザー（SVor）
―――――― 21, 336, 338-340
スーパーバイジー（SVee）―――――― 336-340
スーパービジョン ――― 21, 107, 330, 335-340
スキーマ（Schemas）―――――― 100
ストレスチェック指針 ―――――― 231
ストレスチェック制度 ― 202, 228-231, 235
ストローク ―――――― 98
スリーレターコード ―――――― 51

せ

精神衛生運動 ―――――― 85
精神分析 ――――― 86, 87, 96, 98, 100
精神分析的カウンセリング ――― 86, 89, 90
精神分析理論（精神分析的カウンセリング）
―――――― 50, 84, 89, 90
セクシュアルハラスメント ――― 205, 206
積極技法 ――――― 87, 102, 104, 105
積極的不確実性（Positive Uncertainty）
―――――― 53, 54
接続答申 ―――――― 220
セルフ・キャリアドック ― 17, 21, 23, 24, 26, 27, 43, 123, 133, 162-165, 259, 326, 340
セルフヘルプ・グループ ―――――― 117
専門実践教育訓練給付金 ――― 128, 134

そ

相談技法 ―――――― 46
ソーシャルスキル・トレーニング（SST）
―――――― 244
属人給 ―――――― 150, 151
ソシオダイナミック・カウンセリング
―――――― 87, 112
組織コミットメント ―――――― 146

た

退職管理 ――――― 137, 139, 148
退職金 ――――― 149, 151
対人援助技法 ―――――― 114
代理的体験 ―――――― 56, 57
対話的な傾聴 ――――― 87, 112
タスク（課業, Task）
――― 49, 72, 73, 80, 306, 307, 310-312, 314
妥当性（validity）―――――― 293
男女雇用機会均等法

―――――― 17, 121, 143, 204, 205, 210

ち

超自我（スーパーエゴ）―――――― 86, 89
賃金構造基本統計調査 ――― 178, 189

つ

通年採用 ―――――― 139

て

テイラーリズム（科学的管理法）――― 72
適応障害 ―――――― 247
手ほどき技法 ――――― 106, 107
テレワーク ――― 42, 121, 173-175, 177, 183, 185, 223, 313, 314
転機（トランジション）
――― 18, 48, 49, 68, 70, 145, 261-265
転籍 ――――― 139, 146, 148, 259

と

同一労働同一賃金 ――― 149, 217
道具の条件付け（オペラント条件付け）
―――――― 92
統合失調症 ――――― 244-246
統合的ライフ・プランニング（ILP）
―――――― 49, 67, 68
東大式エゴグラム（TEG）――― 97, 98
特性・因子カウンセリング
―――――― 50, 84, 86, 90, 91
特性・因子理論
―――――― 47, 49, 50, 69, 86, 87, 90, 91
特定一般教育訓練給付 ――― 121, 128
トライアル雇用 ――――― 20, 310, 318
トラウマ反応 ―――――― 248
トランジション（転機）――― 70, 145, 261, 264
努力報酬不均衡モデル（Effort-Reward
Imbalance Model）――― 242

な

内定 ――――― 140, 143, 145, 335
内的キャリア（internal career）
―――――― 49, 62, 64
ナラティブ・アプローチ ――― 87, 110, 111

に

二次予防 ―――――― 229
日銀短観 ―――――― 188
日本キャリア教育学会 ―――――― 328
日本キャリアデザイン学会 ―――――― 328
日本的雇用慣行 ――― 136, 146, 307, 342

日本版 O-NET（職業情報提供サイト，
　　job tag）――― 136, 299, 310, 313
日本標準産業分類一般原則 ――― 303, 304
ニュートラルゾーン ――― 49, 263, 264
人間関係論 ――― 49, 73, 74
認知行動療法 ――― 92, 244
認知的アプローチ ――― 86
認知的不協和理論 ――― 49, 54
認知療法 ――― 87, 100

は

パートタイム・有期雇用労働法 ――― 204, 216
配置・異動 ――― 137-139, 145, 146
バウンダリーレス・キャリア
　　（boundaryless career）――― 76, 77
パス・ゴール理論 ――― 82
働き方改革
　　――― 23, 173, 197, 199, 203, 211, 212, 268
発達障害 ――― 21, 33, 248, 249, 330, 333
発達的カウンセリング ――― 87, 109, 110
パニック障害 ――― 100, 247, 248
パラレルキャリア ――― 176
ハロートレーニング ――― 127
ハローワークインターネットサービス
　　――― 127, 136, 141, 314-317
パワーハラスメント ――― 194, 195

ひ

非構成的グループカウンセリング ――― 115
標準化（standardization）――― 293
ビリーフ（信念）――― 86, 87
非労働力人口 ――― 187, 188
非論理的ビリーフ（Irrational Belief）
　　――― 99, 100

ふ

ファシリテーター ――― 114, 115, 117, 118, 283
不安階層表 ――― 86, 93
副業・兼業 ――― 174-176
複合技法 ――― 102
プランドハプンスタンス理論
　　（計画された偶発性）――― 49, 55, 66
フロー理論 ――― 79
プロティアン・キャリア（protean career）
　　――― 49, 66, 76, 77

へ

ヘルピング技法 ――― 87, 96, 106, 107

変革型リーダーシップ ――― 83

ほ

包括的・折衷的アプローチ ――― 86, 101, 102,
　　280, 283
ホーソン実験 ――― 49, 73
ポリテクカレッジ（職業能力開発大学校，
　　職業能力開発短期大学校）――― 125, 126
ポリテクセンター（職業能力開発促進セン
　　ター）――― 125-127

ま

マイクロカウンセリング
　　――― 87, 96, 102-106, 283
毎月勤労統計調査 ――― 189
マキシサイクル ――― 60
マッチング理論 ――― 47

み

ミニサイクル ――― 60

む

無条件の肯定的配慮 ――― 94, 282

め

面接技法 ――― 102, 340
メンバーシップ型雇用 ――― 147, 177

も

目標管理制度（MBO）――― 80, 154
モチベーション ――― 73, 74, 79, 80, 139, 160,
　　162, 163, 255, 257, 259, 261, 332
モチベーション理論 ――― 76, 78
モデリング ――― 56, 244

や

役割給 ――― 138, 150
役割等級制度 ――― 138, 150

ゆ

有効求人倍率 ――― 17, 182, 187, 312
ユースエール認定制度 ――― 197

よ

欲求階層説 ――― 49, 50, 74, 78
四つの S（4S モデル）――― 49, 262, 263

ら

来談者中心カウンセリング
　　――― 86, 94, 96, 100
来談者中心療法（自己理論）――― 84, 92, 94
ライフ・キャリア・レインボー
　　――― 49, 58, 60
ライフイベント理論 ――― 243

ライフサイクル ……………………… 251
ライフステージ
…… 18, 49, 58, 60, 250, 254, 262, 319, 346
ライフスペース ………………… 49, 58
ライフテーマ ……………… 49, 70, 72
ラポール（心理的な親和関係）
……………… 19, 91, 105, 285

り

リアリティ・ショック …… 142, 145
リーダーシップ理論 ……… 76, 81
リカレント教育 …… 17, 23, 42, 121, 122,
124, 128, 133-135, 256, 333
離職者訓練 ……………… 125, 126
リスキリング（再教育）
……………… 42, 124, 135, 256
リテラシー ……………… 289
リファー（紹介）
…… 18, 107, 240, 274, 329, 330, 340

れ

レスポンデント条件付け
（古典的条件付け）………… 92
連続的意思決定モデル ……… 49, 53, 54

ろ

労災保険 ……… 152, 208, 209, 319
労働安全衛生法 …… 17, 201-203, 211, 216,
228, 231, 235, 239, 270, 344

労働基準法 …… 17, 121, 199-201, 210, 211,
213, 214, 216
労働経済動向調査 ……………… 189
労働経済白書（労働経済の分析）
……………… 181, 182, 185
労働契約法 …… 17, 121, 203, 204, 211, 216
労働災害発生率 ……………… 257, 258
労働時間等設定改善法 …… 211, 216
労働施策総合推進法
…… 22, 78, 125, 143, 193, 195, 212
労働者派遣法 …… 17, 121, 197, 211, 212, 216
労働力人口 ……… 121, 187, 188
労働力調査 ……………… 186, 187
ロールシャッハ・テスト ……… 90
ロジャーズの 19 の命題 ……… 95
六角形モデル（RIASEC）…… 49, 51, 52, 70
論理・認知などを重視したアプローチ
……………… 97, 101
論理的ビリーフ（Rational Belief）…… 99
論理療法 …… 84, 87, 90, 92, 93, 99, 100

わ

ワーク・ライフ・バランス
……………… 17, 152, 171, 174, 185, 189
ワークタスク・ディメンション
……………… 49, 52, 53
若者雇用促進法 ……………… 17, 196

人名索引

あ

アーサー（Arthur, M.B.）……… 76
アージリス（Argyris, C.）……… 76
アイビイ（Ivey, A.E.）…… 87, 96, 102, 105
浅野浩美 ……………… 259
アズリン（Azrin, N.H.）……… 117
アダムス（Adams, J.S.）……… 79
アドラー（Adler, A.）……… 90
アルダーファー（Alderfer, C.P.）…… 78
安藤史江 ……………… 29

い

石山恒貴 ……………… 159
今田幸子 ……………… 153
今野浩一郎 ……………… 137

う

ウイリアムソン（Williamson, E.G.）
……………… 48, 50, 86, 90
ウォルピ（Wolpe, J.）……… 86, 93
ウルリッチ（Ulrich, D.）……… 28

え

エドモンドソン（Edmondson, A.）・・・・・・ 77

エリクソン（Erikson, E.H.）・・・ 90, 251-253

エリス（Ellis, A.）・・・・・・・・・・・・・・・ 87, 90, 99

お

オールダム（Oldham, G.R.）・・・・・・・・・・ 80

岡本祐子 ・・・・・・・・・・・・・・・・・・・・・・・・・・・ 253

か

カーカフ（Carkhuff, R.R.）・・・・・・ 87, 96, 106

金井壽宏 ・・・・・・・・・・・・・・・・・・・ 71, 75, 83

カラセック（Karasek, R.A.）・・・・・・ 241

き

木村周 ・・・・・・・ 88, 91, 92, 94, 96, 101, 108, 109, 112, 113, 117

ギンズバーグ（Ginzberg, E.）・・・・・ 48, 57, 58

く

クーパー（Cooper, C.L.）・・・・・・・・・・ 240

クランボルツ（Krumboltz, J.D.）
・・・・・・・・・・・・・・・・ 48, 53, 55-57, 66

グリーンリーフ（Greenleaf, R.K.）・・・・・・ 83

こ

小池和男 ・・・・・・・・・・・・・・・・・・・・・・・・・ 153

國分康孝 ・・・・・・ 36, 84, 87, 88, 91, 96, 106, 116

コクラン（Cochran, L.）・・・・・・・・ 87, 110, 111

コルブ（Kolb, D.A.）・・・・・・・・・・・・・・・ 158

さ

佐藤博樹 ・・・・・・・・・・・・・・・・・・・・・ 137, 171

サビカス（Savickas, M.L.）
・・・・・・・・・・ 48, 60, 69, 70, 72, 87, 111

し

シーグリスト（Siegrist, J.）・・・・・・・・・ 242

ジェラット（Gelatt, H.B.）・・・・・・・・ 48, 53

ジェンドリン（Gendlin, E.T.）・・・・・・ 86

島貫智行 ・・・・・・・・・・・・・・・・・・・・・・・・・・・ 28

下村英雄 ・・・・・・・・・・・・・・・・・ 78, 89, 253

シャーリー（Sharry, J.）・・・・・・・・・・・ 118

シャイン（Schein, E.H.）
・・・・・・・・・・ 48, 62-66, 71, 72, 250

シュロスバーグ（Schlossberg, N.K.）
・・・・・・・・・・・・・・・・ 48, 66, 262, 263

ショア（Shore, L.M.）・・・・・・・・・・・ 83, 173

ジョウン（Erikson, J.M.）・・・・・・・・・・ 253

ショーン（Schön, D.A.）・・・・・・・・・・・・ 76

ジョンソン（Johnson, J.V.）・・・・・・・・ 241

す

スーパー（Super, D.E.）
・・・・・・・・・・ 48, 49, 57, 58, 60, 69, 70, 289

スキナー（Skinner, B.F.）・・・・・・・・・・ 92

鈴木竜太 ・・・・・・・・・・・・・・・・・・・・・・・・・・・ 71

諏訪康雄 ・・・・・・・・・・・・・・・・・・・・・・・・・・・ 77

せ

セリエ（Selye, H.）・・・・・・・・・・・・・・・・ 240

そ

ソーンダイク（Thorndike, E.L.）・・・・・・ 92

た

武石恵美子 ・・・・・・・・・・・・・・・・・・・・・・・ 171

田中博秀 ・・・・・・・・・・・・・・・・・・・・・・・・・ 176

ち

チクセントミハイ（Csikszentmihalyi, M.）
・・・・・・・・・・・・・・・・・・・・・・・・・・・・・・・・ 79

て

ティードマン（Tiedeman, D.V.）
・・・・・・・・・・・・・・・・・・・・・・・ 48, 53, 54

テイラー（Taylor, F.W.）・・・・・・・・・・ 48, 72

デシ（Deci, E.L.）・・・・・・・・・・・・・・・・・・ 78

デュセイ（Dusay, J.M.）・・・・・・・・・・・・ 97

と

ドラッカー（Drucker, P.F.）・・・・ 80, 154, 176

な

中原淳 ・・・・・・・・・・・・・・・・・・・・・・・・・・・ 159

に

ニコルソン（Nicholson, N.）・・・・・ 48, 66, 264

は

ハーシー（Hersey, P.）・・・・・・・・・・・・・ 82

ハーズバーグ（Herzberg, F.）・・・・・ 48, 75, 78

パーソンズ（Parsons, F.）
・・・・・・・・・・・・ 47, 48, 50, 69, 85, 90

バーナード（Barnard, C.I.）・・・・・・・・ 48, 73

パールズ（Perls, F.S.）・・・・・・ 87, 90, 101, 116

バーン（Berne, E.）・・・・・・・・・ 87, 90, 97

バーンズ（Burns, J.M.）・・・・・・・・・・・・ 83

ハイフェッツ（Heifetz, R.A.）・・・・・・・・ 83

ハヴィガースト（Havighurst, R.J.）・・・・・ 251

ハウス（House, R.J.）・・・・・・・・・・・・・・・ 82

ハックマン（Hackman, J.R.）・・・・・・・・ 80

服部泰宏 ・・・・・・・・・・・・・・・・・・・・・・・・・ 145

花田光世 ・・・・・・・・・・・・・・・・・・・・・・・・・・・ 71

パブロフ（Pavlov, I.P.）・・・・・・・・・・・・ 92

濱口桂一郎 176
ハンセン（Hansen, L.S.） 48, 67, 68
バンデューラ（Bandura, A.）
　　　　　　　　　　　　49, 53, 56, 57

ひ

ビアーズ（Beers, C.W.） 85
ピーヴィー（Peavy, R.V.） 87, 112
平木典子 85, 339
平田周一 153
平野光俊 28, 148
ヒルトン（Hilton, T.J.） 48, 53, 54

ふ

フィードラー（Fiedler, F.E.） 82
フェスティンガー（Festinger, L.） 54
フォルクマン（Folkman, S.） 243
ブライト（Bright, J.） 48, 68
プライヤー（Pryor, R.G.L.） 48, 68
ブランチャード（Blanchard, K.H.） 82
ブリッジス（Bridges, W.）
　　　　　　　　　 48, 66, 263, 264
ブルーム（Vroom, V.H.） 79
プレディガー（Prediger, D.J.） 48, 52
フロイト（Freud, S.） 49, 50, 86, 89

へ

ベック（Beck, A.T.） 87, 100

ほ

ポーター（Porter, L.W.） 79
ホームズ（Holmes, T.H.） 243
ホール（Hall, D.T.） 48, 66, 67, 77
ホール（Hall, E.M.） 241
ホランド（Holland, J.L.）
　　　　　　 48-52, 69, 70, 291, 297
ホワイト（White, R.W.） 290

ま

マーシャル（Marshall, J.） 240

マウディ（Mowday, R.T.） 146
マクレガー（McGregor, D.M.）
　　　　　　　　　　　　48, 75, 78
マクレランド（McClelland, D.C.） 290
マズロー（Maslow, A.H.）
　　　　　　　　　 48-50, 74, 75, 78

み

三隅二不二 81
宮城まり子 88

め

メイヨー（Mayo, E.） 48, 73, 74

ゆ

ユング（Jung, C.G.） 90, 253, 300

ら

ラザルス（Lazarus, R.S.） 243

る

ルソー（Rousseau, D.M.） 77

れ

レイ（Rahe, R.H.） 243
レイサム（Latham, G.P.） 80
レヴィン（Lewin, K.Z.） 115, 251
レスリスバーガー（Roethlisberger, F.J.）
　　　　　　　　　　　　　　　 73
レビンソン（Levinson, D.J.） 251, 252

ろ

ロー（Roe, A.） 48, 50
ローラー（Lawler, E.E.） 79
ロジャーズ（Rogers, C.R.）
　　　　　　 86, 94-96, 115, 282
ロック（Locke, E.A.） 80

わ

渡辺三枝子 88
ワナウス（Wanous, J.P.） 142, 145

■著者プロフィール

浅野浩美 (あさの　ひろみ)

事業創造大学院大学事業創造研究科教授。

厚生労働省で、人材育成、キャリアコンサルティング、就職支援、女性活躍支援等の政策の企画
立案、実施に当たる。この間、職業能力開発局キャリア形成支援室長としてキャリアコンサルティ
ング施策を拡充・前進させたほか、職業安定局総務課首席職業指導官としてハローワークの職業
相談・職業紹介業務を統括、また、栃木労働局長として働き方改革を推進した。

社会保険労務士、国家資格キャリアコンサルタント、2級キャリアコンサルティング技能士、産
業カウンセラー。日本キャリアデザイン学会理事、人材育成学会理事、経営情報学会理事、国際
戦略経営研究学会理事、NPO法人日本人材マネジメント協会執行役員など。

筑波大学大学院ビジネス科学研究科博士後期課程修了。修士（経営学）、博士（システムズ・マ
ネジメント）。法政大学キャリアデザイン学研究科非常勤講師、産業技術大学院大学産業技術研
究科非常勤講師、成蹊大学非常勤講師など。

専門は、人的資源管理論、キャリア論

主な論文：

「高学歴女性の昇進とライフ・キャリアに関する一考察—社会科学系A大学の調査結果から—」
　　『キャリアデザイン研究』, 17, 87-95, 2021年.

「テキストマイニングによる求人企業のコメントからの採否決定要因の抽出」『経営情報学会誌』,
　　26(4), 221-240, 2018年.（共著・筆頭著者）

Study of hiring decisions by companies using text mining: Factors other than experience, Artificial
　　Intelligence Research 6(1), 16-26, 2016年.（共著・筆頭著者）

カバー・本文デザイン／株式会社ライラック
印刷・製本／三美印刷株式会社

キャリアコンサルタント・人事パーソンのための
キャリアコンサルティング

2022年6月11日　初版発行

著　者　浅野浩美
発行所　株式会社 **労務行政**
　　　　〒141-0031　東京都品川区西五反田3-6-21
　　　　　　　　　　住友不動産西五反田ビル３階
　　　　TEL：03-3491-1231
　　　　FAX：03-3491-1299
　　　　https://www.rosei.jp/

ISBN978-4-8452-2422-7